我国固定资本服务核算的理论、方法及其实证研究

THE ORETICAL FRAMEWORK, METHODOLOGY, AND EMPIRICAL RESEARCH ON THE ACCOUNTING OF FIXED CAPITAL SERVICES IN CHINA

王开科 等 著

人民出版社

总　序

近年来，山东财经大学高度重视高水平科研创新，相继出台系列科研支持政策，不断加强制度保障，极大地促进了高水平成果的产出。为进一步发挥学校优秀科研成果和科研人才的示范带动作用，彰显学校财经优势学科建设成效，促进学校哲学社会科学高质量发展，山东财经大学推出系列优质精品学术著作在人民出版社出版。本系列著作以党的二十大、二十届二中全会精神和习近平总书记重要论述作为选题重点，完整、准确、全面贯彻新发展理念，主动服务和融入新发展格局，通过深入分析和系统研究，探讨新时代背景下财经领域的战略性问题，致力于推动学术研究和实践相结合，为国家的繁荣发展贡献智慧和力量。

山东财经大学是财政部、教育部、山东省共建高校，一直秉持"立德树人、经世济民"的办学宗旨，弘扬"克明峻德、格物致知"的校训精神，全力推进内涵式高质量发展，建立起以经济学、管理学为主体，文学、理学、法学、工学、教育学、艺术学等多学科协调发展的学科体系，形成鲜明的办学特色，为国家培养了大批高素质人才，在国内外享有较高声誉和知名度。学校现设有24个教学院（部），全日制在校本科生、研究生30000余人。拥有58个本科专业，29个国家级一流本科专业建设点。拥有应用经济学、管理科学与工程、统计学3个博士后科研流动站，应用经济学等4个一级学科博士学位授权点，11个一级学科硕士学位授权点，20种硕士专业学位类别。在"2024软科中国大学专业排名"中，学校A以上专业29个，位居全国财经类高校第13位。工程学、计算机科学和社会科学进入ESI全球排名前1%。

学校以全国一流财经特色名校为发展目标，坚定高质量内涵式发展方向，扎实推进学术创新，科研工作取得了明显成效。近五年，学校承担国家级科研课题180余项，其中，国家重点研发计划1项，国家社会科学基金重大项目5项，立项层次不断提升，学科分布逐年拓宽。学校累计获批省部级科研奖励110余项，成功入选《国家哲学社会科学成果文库》，实现人文社科领域研究成果的重大突破。学校教师发表3500余篇高水平学术论文，其中，被SCI、SSCI收录1200余篇，被CSSCI收录1100余篇，在《中国社会科学》《经济研究》《管理世界》等中文权威期刊发表20余篇。科研成果的竞相涌现，不断推进学校哲学社会科学知识创新、理论创新和方法创新。

　　2024年是新中国成立75周年，是扎实推进中国式现代化的关键时期。在新的起点上，山东财经大学的学术研究将进一步体现鲜明的时代特征、时代价值与实践要求，以习近平新时代中国特色社会主义思想为指导，围绕迈向中国式现代化道路上面临的亟待解决的新问题，在新时代新征程上，稳中求进，积极关注并引领财经学术研究前沿，聚焦国家发展战略和地方经济社会转型实际，力求提出符合国家发展战略的具有针对性、现实性和较强参考价值的思路与对策。我相信，山东财经大学在人民出版社的系列专著出版计划将为全校教师营造更加浓厚的科研学术氛围，构建更加有利于人才汇集和活力迸发的学术生态环境，进一步激励广大教师持续产出具有重大影响的原创性、标志性、引领性学术成果，在积极构建中国特色哲学社会学科体系、学术体系、话语体系方面充分展现齐鲁特质、发出财大声音，谱写学校高质量发展新篇章。

山东财经大学校长：洪俊杰
2024年4月16日

序

开展资本服务核算是《国民账户体系（2008）》（以下简称"SNA 2008"）新增的一项重要内容，旨在更好地测度生产中的资本投入，进一步完善国民经济核算体系。与资本存量指标不同，资本服务指标属于流量范畴，它能够反映本期资本要素对生产的实际投入，并且可以与生产函数中的劳动等其他投入要素的流量口径相匹配，因而被认为是最佳的反映生产过程中资本投入流量的指标。

固定资产所提供的服务流量被称为固定资本服务。《经济合作与发展组织资本测度手册》（简称"OECD资本测度手册"）提供了详细的固定资本服务核算理论方法，但鉴于我国固定资本核算基础和资本调查实践条件相对薄弱，特别是分资本品、分行业、分地区固定资本核算数据不足，导致OECD建议的资本服务测度方法在我国实际应用面临诸多困难，这不利于客观评判经济增长中的资本贡献，对全要素生产率、资本回报率等关键指标的正确测度产生了不利影响。因此，探索符合当前中国实际的固定资本服务核算理论、方法以及相应的数据应用研究，显得尤为迫切。

本书正是从这一背景出发，依托国家社会科学基金青年项目《我国固定资本服务核算理论、方法及其实证研究》，围绕固定资本服务核算基本理论与方法、核算框架、基础数据整合、实证测算、测算结果应用与政策建议等多个方面，开展系统研究所形成的一本专著。

本书的作者王开科现任山东财经大学统计与数学学院副院长。他是本人曾经指导过的优秀博士毕业生之一。曾协助本人完成国家社会科学基金重大项目与国家社会科学基金重点项目各一项，其作为第二作者与本人合作完成的《中国政府统计数据质量管理问题研究》一书曾入选国家哲学社会科学成果文库，并被评为第八届高等学校科学研究优秀成果奖（人文社科类）二等奖。王开科本人作为第一作者已在《统计研究》等核心期刊上发表了10多篇学术论文。

本书是王开科主编的第一本专著。整体来看，本书有以下几个特点：

1. 本书是国内第一本比较全面、系统地对我国资本服务核算进行深入研究的专著。

以往的一些研究成果虽然也有提出过资本服务核算的概念，但基本上仅仅限于理论探讨，缺少系统的理论构建和全面的实证分析。本书则不仅较系统地论述了资本服务核算的基本概念及对其开展核算的必要性，而且具体设计了开展中国资本服务核算的基本框架与核算思路，并在此基础上，收集实际的数据进行实际估算，利用有关模型和方法验证了核算方法的可行性与估算结果的真实性。

2. 本书关于固定资本服务核算框架的设计兼顾了国际准则和中国统计实际。

本书明确了我国固定资本服务核算的范围和八大类资本品的基本分类，提出数据资本服务核算问题。遵循自下而上的资本服务核算逻辑，分别设计全国、分行业、分地区三个层面资本服务测算的逻辑框架，提出我国多维度固定资本服务核算的方法路径，以不同类型资本品固定资本形成额测算为基准，基于"同一资本品资本测算要素一致"原则，设计出"分资本品、分行业和分地区"的统一核算方法。在此基础上，针对不同役龄同类资本品的资本服务核算，设计"固定资本形成→生产性资本存量→资本服务"的流程框架，针对异类资本品的资本服务汇总核算，构建行业、地区、全国层面的汇总流程框架。最终，构建出涵盖资产分类、逻辑方法、核算流程在内的固定资本服务核算基本框架。同时，设计出数据资本服务核算衔接固定资本服务基本核算框架以及嵌入现有国民账户体系的路径。

3. 本书收集的基础数据资料丰富、来源相对可靠、处理比较恰当。

对标自下而上的固定资本服务核算要求，本书系统剖析现有资本流量指标存在的问题，特别是区分资本品的基础数据缺失问题，以及异质性资本品的耐用年限、退役模式、役龄—效率模式等关键参数估计和模式选择问题。结合现有数据基础，充分挖掘各类资本流量指标之间的内在关联，辨析主要指标在统计内涵、编制原理、数据口径等方面的差异，构建不同指标间的匹配和关联规则，设计出系统的"基础数据匹配关系挖掘→数据整合的架构与规则→基础数据整合分析→数据整合的合理性检验"全流程数据整合方法路径。在此基础上，测算各类别资本品流量数据，以及能够为资本服务核算关键参数和指标测算提供支持的其他基础数据，形成全国层面区分资本品类别的核算基础数据集。

4. 本书的实证测算比较严谨，依据充分，方法具有较强的可操作性。

第一，从役龄—效率模式选择的视角，探索了我国生产性资本存量核算应用永续盘存法的标准做法。在此基础上，从全要素生产率检验的角度选定了本课题生产性资本存量测算中的役龄—效率模式。第二，收集、整理分行业、分地区维度信息，以全国层面固定资本形成总额数据为基础，通过固定资产投资额数据的调整处理，构建固定资本形成总额数据的分行业、分地区拆分系数，测算1978—2020年的分行业、分地区固定资本形成额数据。在此基础上，测算全国、分行业、分地区各类资本品的生产性资本存量和资本服务物量指数，形成系统的测算结果数据集。第三，借鉴加拿大"信息价值链"的数据资产核算框架，在选定数据、数据库和数据科学对应的职业分类的基础上，开展了数据要素支出统计试算，并以此作为应用成本法核算数据资产的算例，开展数据投资测算、数据资产的生产性资本存量测算和数据资本服务物量指数测算。第四，围绕全要素增长率测算、资本利用率测算、供给侧结构性改革下的资本回报率变动分析问题展开数据应用研究，重点突出了宏微观基础数据整合视角的资本测算及其应用。

5. 本书提出的基本设想和政策建议具有较强的可行性。

第一，在遵循 SNA 2008 和 OECD 资本测度手册基本方法制度的基础上，研究资本服务核算与我国国内生产总值表、资金流量表、资产负债表的关联关系，围绕"统一的资本测算框架和方法制度""固定资产投资、固定资本形成统计与固定资本存量、固定资本服务核算协调一致的核算框架""建立完善涵盖资本存量和资本服务的资本账户"等方面开展了固定资本服务核算纳入中国国民经济核算体系（简称"CSNA"）的路径和方式探讨。第二，从补齐固定资本服务核算的基础数据缺口、完善我国固定资产统计调查制度、形成固定资本测算数据处理和分析的标准做法、明确"分资本品、分行业、分地区"协同一致的固定资本服务测度逻辑、积极推进数据资产核算理论与实践进展等多个方面提出了推进我国固定资本服务核算的政策建议。

  总而言之，本书的研究对于进一步健全和完善我国的国民经济核算体系特别是资本核算体系，具有重要的理论价值和实践意义。我相信该专著的出版，一定能够为国内外读者进一步了解中国资本服务核算问题提供有益的参考，并为政府部门的宏观调控和企业经营决策提供重要的依据。

  当然，资本服务核算及其应用研究是一个系统性和全局性的研究主题，本书所提出的测算框架和分析方法，也存在一些有待进一步深入研究的问题。我希望有更多的学者能够关心这一领域，同时也希望王开科及其团队，今后一方面要抓紧有关现有成果的宣传和推广，另一方面还要在现有成果的基础上进一步深化研究，取得更加丰硕的成果。

曾五一
2024 年 2 月于上海

目　录

前　言 1

绪　论 1

第一章　固定资本服务核算基本问题 30
　　一、基本概念和理论内涵 30
　　二、固定资本服务核算范围 36
　　三、固定资产分类研究 38
　　四、核算路径研究 41
　　五、账户关联与记录 44
　　六、数据资本服务核算问题 47
　　本章小结 49

第二章　固定资本服务核算方法研究 50
　　一、生产性资本存量核算 50
　　二、基期资本存量测算 56
　　三、使用者成本测算 60
　　四、固定资本服务核算 72
　　本章小结 75

第三章　我国固定资本服务核算框架设计 76
　　一、框架设计原则 76

二、基础核算设计　　78
　　三、基础数据整合设计　　80
　　四、数据资本服务核算设计　　90
　　本章小结　　99

第四章　整合数据集构建研究　　101
　　一、固定资本形成数据集　　101
　　二、价格指数数据集　　125
　　三、关键参数数据集　　131
　　本章小结　　158

第五章　全国层面总量固定资本服务实证测算　　159
　　一、不同"退役+效率"组合模式下的固定资本服务测算　　159
　　二、效率模式选择　　162
　　三、"正态型退役+双曲线型效率"模式下的测算结果分析　　166
　　本章小结　　172

第六章　分行业固定资本服务实证测算　　173
　　一、分行业固定资本形成数据拆分系数　　173
　　二、生产性资本存量测算结果　　182
　　三、固定资本服务物量指数结果及其分析　　191
　　本章小结　　195

第七章　分地区固定资本服务实证测算　　197
　　一、分地区固定资本形成数据拆分系数　　197
　　二、生产性资本存量测算结果　　209
　　三、固定资本服务物量指数结果及其分析　　217
　　本章小结　　222

第八章　数据资本服务核算　224
一、数据资本服务核算方法研究　224
二、数据资本服务实证测算　230
三、"信息价值链"视角的数据资本核算框架对我国的启示　235
四、理论研究有待深入的问题　237
本章小结　238

第九章　资本服务纳入 CSNA 的基本构想　240
一、SNA 2008 国民账户与 CSNA 2016 的基本核算表式　240
二、固定资本服务核算纳入中国国民经济核算体系的路径　245
本章小结　247

第十章　测算结果数据应用研究　249
一、全要素增长率测算　249
二、资本利用率测算　253
三、供给侧结构性改革下的资本回报率变动分析　265
本章小结　273

第十一章　政策建议　274

附　录　280

参考文献　379

后　记　393

前　言

　　固定资产是生产中使用最为普遍的资产,开展固定资本服务核算有助于更好地测度生产中的固定资本投入,这也是积极回应《国民账户体系(2008)》改革的重要核算内容。与固定资本存量不同,固定资本服务是流量范畴,能够与生产函数中的劳动等其他投入要素的流量口径相匹配,又可以考虑到生产中固定资本使用的价格调整和效率衰减问题,衡量的是固定资本存量对生产的贡献部分,被认为是"测度固定资本投入的最佳指标"。目前,固定资本服务核算的理论、方法和统计实践已取得较大进展,并逐渐演化为普遍接受的标准测算方法。然而,我国固定资本服务核算基础和实践条件与发达国家存在一定差距,现有统计中分类资本品的宏观统计数据较为缺乏,有关的资本品耐用年限、退役分布、效率下降分布等信息不足,导致国际标准方法在我国应用存在较大数据制约。加之,我国政府统计尚未正式开展固定资本服务核算工作,而相关理论研究基于自下而上的核算逻辑开展固定资本服务测算时,也难免会存在不同程度的简化处理或者采用严格的假设前提,导致缺少科学测算依据。因此,在固定资本服务核算国际基本准则的基础上,开展符合我国实际的固定资本服务核算理论、方法及其实证研究显得尤为重要。

　　同时,数字经济的快速发展也使得固定资本服务核算面临着资本品类型细化、范围和边界扩展等挑战。现阶段国内对数据作为生产要素的核算探索仍处于起步阶段,在国民经济核算框架中,对数据价值的衡量主要体现在数据库及其支持软件,以及包含在研发活动中的相关数据增值环节,无法系统全面地衡量数据要素在经济活动中的重要作用。因此,从理论角度分析数据资产纳入固定资产的特征类型与计入路径，开展数据资产估价方法和资本服务核算方法的相关研究亦非常必要。

鉴于上述问题，本书将基础数据整合处理引入我国固定资本服务的核算研究之中，设计出符合我国实际的固定资本服务核算方法框架，以突破当前核算数据的制约，实现自下而上的固定资本服务核算，力求在基础数据处理、核算方法框架和测算应用上有所创新。这对于丰富固定资本服务核算理论、提升生产率测算和经济增长研究水平、辅助国家资产负债表编制，以及开展数据资产识别与核算等均具有重要的理论价值和实践意义。

本书的主要内容有：

（1）在兼顾国际准则和中国统计实际的基础上，设计出固定资本服务"分资本品、分行业、分地区"统一的核算方法框架。对标自下而上的固定资本服务核算逻辑要求，从指标数据口径调整、衔接与数据拆分处理的角度开展基础数据集的整合设计。从固定资产投资额的行业分类调整问题、第四次经济普查后的投资统计数据调整问题、固定资产投资额与固定资本形成额数据的口径衔接问题、以研究与试验发展（R&D）资本化核算为代表的资本品核算范围扩展问题四个方面设计了区分资本品的固定资本形成额测算路径。为保证与全国层面固定资本服务核算的一致性，设计了分行业、分地区各类资本品固定资本形成额数据的拆分处理路径。

（2）根据固定资本测算统计数据之间的联系与区别，构建不同指标数据间的匹配和关联规则，测算了全国、分行业、分地区层面区分资本品类别的固定资本形成额数据。基于"基础数据匹配关系挖掘→数据整合的规则→基础数据整合分析→数据整合的合理性检验"的全流程数据整合方法路径，综合利用固定资本形成额统计、固定资产投资统计、投入产出表、科技统计、电子信息产业统计、国土资源统计、第三产业统计、房地产统计等多源统计数据信息，开展了全国层面八大类资本品的固定资本形成额数据测算。在此基础上，挖掘基础数据的分行业、分地区维度信息，构建拆分系数测算得到系统的分行业、分地区各类资本品固定资本形成额数据集。

（3）从"役龄—效率"模式选择的视角，探索了我国固定资本服务核算应用永续盘存法的标准做法。在此基础上，从全要素生产率检验的角度开展了生产性资本存量测算中的"役龄—效率"模式选择研究，揭示出双曲线型"役龄—效率"模式更适合在我国应用。

（4）研究了数据资本流量测算、关键参数与模式设定、实证测算方法，以及纳入现有固定资本服务核算的路径问题。结合加拿大"信息价值链"的数据资产核算框架，在选定数据、数据库和数据科学对应的职业分类基础上，以我国人口普查的细分数据为基准，结合历年工资总额数据和工资增长数据推算相应年份的数据从业者职业工资，并以此作为应用成本法核算数据资产的简化算例。在此基础上，开展了数据投资测算、数据资产的生产性资本存量测算和数据资本服务物量指数测算。这为数据要素价值的理论测度提供了借鉴框架和方法支持，也为我国数据资产核算实务进展提供了参考。

（5）提出了固定资本服务核算纳入中国国民经济核算体系的基本构想。第一，建立固定资本服务核算与我国国内生产总值表、资金流量表、资产负债表的关联关系。第二，确保固定资本服务核算国际可比性的同时，结合中国实际开展专门的资本品普查清查，探索差异化的资本品耐用年限、退役模式、"役龄—效率"模式、"役龄—价值"模式，以及相关参数的统计估算，形成统一的固定资本测算框架和方法制度。第三，在中国国民经济核算体系（2016）的基础上，进一步优化固定资产分类，建立固定资产投资、固定资本形成统计与固定资本存量、固定资本服务核算协调一致的统计框架。

（6）从宏微观数据整合视角开展了固定资本服务测算数据的综合开发应用研究。第一，资本利用率指标的设计与测算研究。在设计资本利用强度维度、数量维度和综合维度指标的基础上，利用总固定资本存量和生产性资本存量测算结果开展了资本利用率数量维度指标的实证测算，针对基于宏观统计数据开展资本利用率强度指标的测算困难，本书设计了通过上市公司固定资产周转率数据测算资本利用综合维度指标，进而倒推资本利用强度的测算路径，为扩展固定资本测算领域的基础数据来源提供了借鉴。第二，供给侧结构性改革下资本回报率变动分析。针对资本回报率宏观核算结果所揭示出的供给侧结构性改革影响问题，利用上市公司微观数据测算净资产收益率

（ROE），并从分行业层面解释资本回报率变动的微观成因，为宏微观数据整合视角的固定资本测算结果分析提供了新范式。

（7）提出了推进我国固定资本服务核算的政策建议。包括"完善固定资本形成统计，补齐固定资本服务核算的基础数据缺口""健全固定资产统计调查制度，确定经验信息下的参数取值""有效利用微观数据结构信息，拓展固定资本服务核算数据来源""积极应对数字化挑战，推进数据资产核算理论与实践进展"等九个方面。

本书的重要观点有：

（1）在现有统计条件下，我国固定资本服务应采用统一核算的方法路径。固定资本耐用年限、退役模式及其参数、"役龄—效率"模式及其参数均应以固定资本品为基本单位，在全国、分行业、分地区三个层面采用一致设定。用于测算使用者成本的资本回报率主要从一般意义上的固定资本出发，所有资本品采用统一的内生回报率数据；折旧率和单位资本品价格变动数据也只突出资本品差异，在全国、分行业、分地区均同样采用一致设定。

（2）从节省统计成本的角度来看，短期要积极开展宏观统计指标数据的整合研究和微观调查数据的信息挖掘研究，为建立我国固定资本服务核算制度和开展有关理论研究提供基础数据支撑。从长期来看，政府统计应改革调整现有的固定资本形成统计，逐步建立分类详细的、更加完善的固定资本形成统计制度。同时，在衔接口径和涵盖范围方面也要做好固定资本形成额历史数据的修订工作。

（3）固定资本服务核算理论研究和实践探索要积极应对数据要素化的挑战，探索符合我国国情的数据资产核算方法与路径，进一步提升数字经济时代我国政府统计的国际话语权。

（4）为确保国民经济核算与固定资本服务核算的一致性，我国应建立完善涵盖固定资本存量和固定资本服务的资本账户，在国内生产总值核算表下以二级科目形式纳入固定资本服务核算的相关内容。同时，有关方法制度建设也要为应对数字经济发展影响固定资本服务核算的边界扩展问题预留衔接空间。

绪　论[①]

开展资本服务核算是2008年国民账户体系做出的一项重大调整，旨在更好地测度生产中的资本投入，进一步完善国民经济核算体系。与资本存量不同，资本服务是流量范畴，能够与劳动等其他投入要素的流量口径相匹配，同时又考虑到了生产中资本使用的价格调整和效率衰减问题，衡量的是资本存量对生产的贡献部分；因而，被认为是资本投入的最佳衡量指标。目前，发达国家资本服务核算理论研究已取得较大进展，并在部分国家付诸统计实践，演化为普遍接受的标准测算方法。然而，鉴于我国资本核算的数据基础和资本调查的实践条件相对薄弱，特别是分行业、分类别资产宏观核算数据的欠缺，国内多数研究没有严格遵循"先微观核算，再宏观加总"的

---

① 固定资本服务是指固定资产在生产中提供的服务流量，为行文表达的准确性和简洁性，本书采用"固定资本服务"的表达。除此之外，"固定资本"与"固定资产"两种不同的写法指代的对象是一致的。两者共同出现在书中，主要是出于中文表达的便利性和专业术语表达的要求。除此之外，尽可能使用"资本品"一词，主要用于泛指某一类或几类资本，并无特定指向。若是特指某类资本，从表述简洁性出发，一部分由"具体固定资本类别名称+资产"表示，如"数据资产"，另一部分则不加"资产"后缀，如住宅建筑、非住宅建筑和构筑物等。当然，对于部分特定说法或者专用词而言，本书尽可能使用标准说法，如"固定资产投资额""固定资产折旧""固定资产周转率""净资产收益率"（ROA）等。一般情况下，"固定资产折旧""固定资产周转率""净资产收益率"（ROA）等更多的是会计上的范畴，当然，理论研究和统计实务中也被用于国民经济核算中，这本身也体现了两者间的联系。

关于这一问题，作者咨询了国内部分国民经济核算领域的专家，得到的反馈普遍是，需要根据具体问题采用具体的说法，以能够有效简洁说明问题为准则。作者在相关前期成果和阶段性成果中，针对这一问题即是采用了这种处理，本书亦是延续了这种处理。同时，作者还查阅了与固定资本服务核算相关的中文文献，发现也普遍存在着同时使用"固定资产""固定资本""资本品"等表达的现象。

流程，而主要是基于严格的假设条件从宏观视角展开简化测算。这种做法难以有效捕捉资产异质性，也不能反映资本结构变化，用它测算全要素生产率有失准确，不利于客观评判经济增长中的资本贡献。

对此，本书充分梳理了我国固定资本统计方法制度，挖掘了固定资本服务核算基础数据的匹配关系，构建了资本服务测算的数据整合规则，进而搭建出我国资本服务核算框架，围绕固定资产使用年限估计、总资本存量推算、效率衰减模式选择、资本回报率测算等关键问题，探索构建数据整合下的核算方法集。在此基础上，本书系统测算了我国分行业、分地区固定资本服务数据，并围绕全要素生产率测度和经济增长分析的相关主题开展了应用研究。

一、研究背景与意义

固定资产是生产中使用最为普遍的资产，开展固定资本服务核算有助于更好地测度生产中的固定资本投入，这也是积极回应《国民账户体系（2008）》（以下简称"SNA 2008"）改革的重要核算内容。与固定资本存量不同，固定资本服务是流量范畴，能够与生产函数中的劳动等其他投入要素的流量口径相匹配，又可以考虑到生产中资本使用的价格调整和效率衰减问题，衡量的是固定资本存量对生产的贡献部分（OECD，2009）[1]，被认为是"测度固定资本投入的最佳指标"。目前，固定资本服务核算的理论、方法和统计实践已取得较大进展，并逐渐演化为普遍接受的标准测算方法。然而，我国固定资本核算基础和实践条件与发达国家存在一定差距，现有统计中分类资本品的宏观统计数据较为缺乏，有关的资本品耐用年限、退役分布、效率下降分布等信息不足，导致国际标准方法在我国应用存在较大数据制约。我国政府统计尚未正式开展固定资本服务核算工作，而相关理论研究

---

[1] "OECD"是经济合作与发展组织的英文缩写，全书若无专门说明，则均采用英文缩写表示。OECD, *Measuring Capital OECD Manual-Measurement of Capital Stocks, Consumption of Fixed Capital and Capital Services*, France: OECD Publishing, 2009.

基于自下而上核算逻辑开展固定资本服务测算时，也难免会存在不同程度的简化处理或者采用严格的假设前提，导致缺少科学测算依据。因此，在固定资本服务核算国际基本准则的基础上，开展符合我国实际的固定资本服务核算理论、方法及其实证研究显得尤为重要。

鉴于上述问题，本书将基础数据整合处理引入我国固定资本服务的核算研究之中，设计符合我国实际的固定资本服务核算方法框架，以突破当前统计数据的制约，实现自下而上的固定资本资本服务核算，力求在基础数据处理、核算方法框架和测算应用上有所创新。这对于丰富固定资本服务核算理论、提升生产率测算和经济增长研究水平、辅助国家资产负债表编制等均具有重要的理论价值和实践意义。

二、文献综述

除固定资产以外，其他非金融资产所提供的固定资本服务很难估计。长期以来，固定资本服务核算研究及实践主要针对固定资产而言。

（一）内涵界定和理论范畴研究

固定资本服务核算理论研究可追溯到霍特林（Hotelling，1925）[①] 对固定资本存量和资本租赁价格之间的关系分析。但因固定资本服务面临诸多测算方面的困难，随后的相当部分研究依然采用固定资本存量作为资本投入的衡量，也就导致长期以来理论研究和实务进展中对于固定资本服务的理论内涵和范畴研究明显不足。在国内，早期文献很少关注固定资本服务的理论范畴研究，通常将财富性资本存量作为生产函数中的资本投入项，这种处理存在两方面问题：一是生产函数中其他变量均为流量，用固定资本存量度量资本投入存在口径不一致问题；二是无论是总固定资本存量还

---

① Hotelling, H., "A General Mathematical Theory of Depreciation", *Journal of the American Statistical Association*, Vol. 20, No. 151 (1925), pp. 340-353.

是财富性资本存量，均不能有效反映资本的生产效率变动（OECD，2009）[1]。近年来，随着生产率测算和经济增长研究的深入，国内理论界也开始越来越重视固定资本服务的基本概念、核算思想及其与固定资本存量之间的关系研究（孙琳琳和任若恩，2005[2]；曾五一和任涛，2016[3]；王春云，2020[4]），对固定资本服务的理论内涵和统计外延的研究也日益丰富（王亚菲和王春云，2017[5]；姬卿伟，2017[6]；王春云和王亚菲，2019[7]；王开科和曾五一，2022[8]）。

固定资本服务是指资本在投入生产过程中产生的服务价值，衡量了生产中的资本投入情况，是开展生产率测算和经济增长研究的关键指标。SNA 2008 认为，固定资本服务是"固定资本品在生产过程中提供的服务流量"，代表资本投入的服务水平和实际使用效率。具体来看，固定资本服务核算涉及"役龄—效率"模式（以下简称"效率模式"）问题，它反映了资本品在耐用年限内生产能力的衰减过程。将历年固定资本流量经过退役模式和效率模式调整后的数值进行加总，便得到生产性资本存量[9]。固定资本服务是将资本的生产能力传递给产品的生产性服务，生产性资本存量可以被看作固定资本服务的来源。最后，固定资本服务的价格，即使用者成本或租金，需

---

[1] OECD, *Measuring Capital OECD Manual-Measurement of Capital Stocks, Consumption of Fixed Capital and Capital Services*, France: OECD Publishing, 2009.

[2] 孙琳琳、任若恩：《资本投入测量综述》，《经济学（季刊）》2005 年第 4 期。

[3] 曾五一、任涛：《关于资本存量核算的若干基本问题研究》，《统计研究》2016 年第 9 期。

[4] 王春云：《固定资本服务核算的国际研究新进展及启示》，《统计学报》2020 年第 1 期。

[5] 王亚菲、王春云：《中国行业层面信息与通信技术固定资本服务核算》，《统计研究》2017 年第 12 期。

[6] 姬卿伟：《中国固定资本服务测算及其稳健性研究》，《统计研究》2017 年第 10 期。

[7] 王春云、王亚菲：《数字化资本回报率的测度方法及应用》，《数量经济技术经济研究》2019 年第 12 期。

[8] 王开科、曾五一：《关于资本利用率宏观测算指标与方法的研究》，《统计研究》2022 年第 7 期。

[9] 本书的研究对象是固定资产，为便于表达，除"固定资本存量""总固定资本存量"外，"生产性资本存量""财富性资本存量""基期资本存量"等不再专门强调固定资本的表述。

要利用资本的内在报酬率、折旧和重估价值等信息进行估算。需要强调的是，固定资本服务总额包含固定资本服务数量和价格两个层面，这二者之间也需要保持一致。

因此，固定资本服务并不仅仅是财富性资本存量核算的副产品。固定资本服务与财富性资本存量共同构成资本的双重内涵，即生产特性与财富特性，二者相辅相成。

（1）作为固定资本服务载体的生产性资本存量是一个内涵概念，内生于生产中的各类资本中。测算时，需要运用效率模式对历年固定资本进行调整，再将调整后的数值加总。生产性资本存量首先是测算固定资本服务（生产性资本在生产中提供的服务）的基础。一般而言，假设固定资本服务和生产性资本存量构成某一固定比例关系，即可以从生产性资本存量的变化推算出固定资本服务的变化。

（2）财富特性与生产特性所基于的视角虽然不同，但也存在一定联系。例如，折旧模式和效率模式便是相关的，折旧模式不仅是财富性资本存量测算的基础，也构成了使用者成本的一部分，而使用者成本是生产性存量测算（使用者成本作为生产性资本存量测算的权重）的基础。

（3）效率模式和"役龄—价值"模式（以下简称"价值模式"）是测算生产性资本存量与度量财富性资本存量时所用到的调整参数，二者呈现出对偶性的关系，并且可以相互推导。如前所述，效率模式主要有三种形式：直线型、几何型、双曲线型，效率模式的选择直接影响着相应的价值模式，显然，有什么样的效率，使用者就会愿意付出什么样的成本。另外，由于折旧是相邻两期资本价值的差额部分，因此，对于效率模式的考虑直接决定着对价值模式的选择。当然，财富性资本存量不仅是财富性概念，也在一定程度上代表了固定资本的生产能力。也就是说，固定资本存量估算的两个调整参数效率模式和价值模式是有着内在联系的。

（二）核算方法与实证测算研究

霍特林（Hotelling，1925）[①] 对固定资本存量和资本租赁价格之间的关系分析，奠定了固定资本服务测量的基础。此后，固定资本服务测量成为生产理论的重要组成部分。1960 年以前，对固定资本服务和资本租赁价格的研究几乎都是关于固定资本服务可测性的讨论。但到了 20 世纪 60 年代，乔根森（Jorgenson，1963）[②]、格里利谢斯（Griliches，1963）[③] 首次对固定资本服务进行"严格意义"上的测量，即在资产分类基础上，定义各种类型资产的固定资本服务流量，并以资本租赁价格为权数，选用"高级指数"汇总不同类型资产的固定资本服务，以得到总固定资本服务测算结果［乔根森（Jorgenson），1963；迪沃特（Diewert），1976[④]；哈珀等（Harper，et al.），1987[⑤]；英克拉尔（Inklaar），2010[⑥]；乔根森等（Jorgenson，et al.），2011[⑦]］，相关理论与方法集中于《OECD 资本测算手册》和《OECD 生产率测算手册》。这些成果主要产生于发达经济体，涉及理论层面［迪沃特和

[①] Hotelling, H., "A General Mathematical Theory of Depreciation", *Journal of the American Statistical Association*, Vol. 20, No. 151 (1925), pp. 340-353.

[②] Jorgenson, D. W., "Capital Theory and Investment Behavior", *American Economic Review*, No. 2 (1963), pp. 247-259.

[③] Griliches, Z., "Capital Stock in Investment Functions: Some Problems of Concept and Measurement", in *Measurement in Economics*, C. Christ, et al. (eds.), Stanford: Stanford University Press, 1963, Reprinted as pp. 123-143 in Griliches, Z., *Technology, Education and Productivity*, New York: Basil Blackwell, 1988.

[④] Diewert, E. W., "Exact and Superlative Index Numbers", *Journal of Econometrics*, Vol. 4, No. 2 (1976), pp. 115-145.

[⑤] Harper, M. J., et al., "Rates of Return and Capital Aggregation Using Alternative Rental Prices", Cambridge, Mass.: Sloan School of Management, Massachusetts Institute of Technology, 1987.

[⑥] Inklaar, R., "The Sensitivity of Capital Services Measurement: Measure All Assets and the Cost of Capital", *Review of Income and Wealth*, No. 2 (2010), pp. 389-412.

[⑦] Jorgenson, D. W., et al., "Information Technology and US Productivity Growth: Evidence from a Prototype Industry Production Account", *Journal of Productivity Analysis*, Vol. 36, No. 2 (2011), pp: 159-175.

劳伦（Diewert，Lawrence），2000①；比亚图尔等（Biatour et al.），2007②]、总量层面［施赖尔等（Schreyer，et al.），2003］③、行业层面［埃斯泰（Ester），2010］④、应用层面［奥尔顿和沃利斯（Oulton，Wallis），2016⑤；魏和程（Wei，Cheng），2018⑥；贡佩尔特（Gumpert），2019⑦］。

国内学者对固定资本服务估算的研究成果则相对较少，相关测算主要集中在经济增长、生产率等相关研究领域的资本投入测算中，且研究对象主要是传统固定资产。早期研究可追溯到20世纪90年代，李京文与乔根森等人合著的《生产率与中美日经济增长研究》⑧一书采用乔根森等的资本投入测算方法，对中国的部门固定资本服务物量指数进行了估算。但是受到可得数据的限制，其研究在数据的选择上存在值得商榷的地方。汪向东（1996）⑨对乔根森的固定资本服务估算方法进行了改进，并实证测算了我国的资本投入水平，但受可得数据的限制以及估算中较多假定和估计，在一定程度上制约了估算的准确性。正因如此，长期以来纳入生产函数的"K"多以财富性

---

① Diewert, W. E., Lawrence, D. A., *Progress in Measuring the Price and Quantity of Capital*, Cambridge: MIT Press, 2000, pp. 273-32.

② Biatour, B., et al.,"Capital Services and Total Factor Productivity Measurements: Impact of Various Methodologies for Belgium", Working Paper, Federal Planning Bureau of Belgium, 2007. Schreyer, P., et al.,"OECD Capital Services Estimates: Methodology and a First Set of Results", Working Papers, OECD Statistics, 2003.

③ Schreyer, P., et al.,"OECD Capital Services Estimates: Methodology and a First Set of Results", Working Papers, OECD Statistics, 2003.

④ Ester, G. S., "Capital Services Estimates in Portuguese Industries, 1977-2003", *Portuguese Economic Journal*, Vol. 9, No. 1 (2010), pp. 35-74.

⑤ Oulton, N., Wallis, G., "Capital Stocks and Capital Services: Integrated and Consistent Estimates for the United Kingdom, 1950-2013", *Economic Modelling*, Vol. 54, No. C (2016), pp. 117-125.

⑥ Wei, X. I., Cheng, X.,"The Difference of Capital Input and Productivity in Service Industries: Based on Four Stages Bootstrap-DEA Model", *Journal of Systems Science and Information*, Vol. 6, No. 4 (2018), pp. 320-335.

⑦ Gumpert, M.,"Regional Economic Disparities Under the Solow Model", *Quality and Quantity* (2019). https://doi.org/10.1007/s11135-019-00836-2.

⑧ 李京文等：《生产率与中美日经济增长研究》，中国社会科学出版社1993年版。

⑨ 汪向东：《资本投入度量方法及其在中国的应用》，《数量经济技术经济研究》1996年第12期。

资本存量衡量。主要是两种测算路径：第一，基于永续盘存法的测算，因早期研究对固定资本存量的类型关注不足，相关文献中并未注明固定资本存量的类型（张军，2002[①]；张军和章元，2003[②]；单豪杰，2008[③]），但从其测算过程来看，典型的属于财富性资本存量的范畴。大量散落在生产率分析、增长效应研究中的资本投入指标，多是财富性资本存量范畴。第二，利用积累数据衡量固定资本存量。在MPS体系下，我国发布的是固定资产的积累额数据，该指标是扣除折旧后的净额部分，因此，贺菊煌（1992）[④]、张军和章元（2003）均采用了这一处理。但因扣除的折旧来自企业财务记录，与实际折旧有很大差别，因此净投资和资本积累与资本形成总额之间的差距较大。

除了固定资本存量口径差异外，用于固定资本测算的流量指标也存在范畴问题。OECD（2009）[⑤] 建议采用固定资本形成额开展固定资本测算，但鉴于我国固定资本形成额指标无分行业、分构成数据，部分研究采用固定资产投资额数据开展全国层面（李治国和唐国兴，2003）[⑥] 和行业层面（黄勇峰和任若恩，2002[⑦]；孙琳琳和任若恩，2008[⑧]；王益煊和吴优，2003[⑨]；席玮和李昂，2016[⑩]）的资本投入测算。然而，我国固定资本形成额指标和

[①] 张军：《增长、资本形成与技术选择：解释中国经济增长下降的长期因素》，《经济学（季刊）》2002年第1期。

[②] 张军、章元：《对中国资本存量K的再估计》，《经济研究》2003年第7期。

[③] 单豪杰：《中国资本存量K的再估算：1952~2006年》，《数量经济技术经济研究》2008年第10期。

[④] 贺菊煌：《我国资产的估算》，《数量经济技术经济研究》1992年第8期。

[⑤] OECD, *Measuring Capital OECD Manual-Measurement of Capital Stocks, Consumption of Fixed Capital and Capital Services*, France: OECD Publishing, 2009.

[⑥] 李治国、唐国兴：《资本形成路径与资本存量调整模型——基于中国转型时期的分析》，《经济研究》2003年第2期。

[⑦] 黄勇峰、任若恩：《中美两国制造业全要素生产率比较研究》，《经济学（季刊）》2002年第4期。

[⑧] 孙琳琳、任若恩：《我国行业层次固定资本服务量的测算（1981~2000年）》，《山西财经大学学报》2008年第4期。

[⑨] 王益煊、吴优：《中国国有经济固定资本存量初步测算》，《统计研究》2003年第5期。

[⑩] 席玮、李昂：《工业行业固定资本服务测度与生产效率差异》，《价格理论与实践》2016年第12期。

固定资产投资额指标在核算范围上存在较为显著的差异,两者间混用会导致不同程度的测度偏误问题。

近年来,越来越多的国内研究开始关注固定资本服务问题(曾五一和任涛,2016①;王春云,2020②),部分研究也从国际标准做法入手开展了我国的固定资本服务核算,如孙琳琳和任若恩(2005③、2008④)注意到了资产效率下降与价值折旧的区别,并采用了资本租赁价格作为权数和托恩奎斯特指数形式对中国的固定资本服务进行了估算和应用。蔡晓陈(2009)⑤ 基于效率模式选择的角度测算了我国的资本投入,并从不同的指数公式选择和效率假设等角度对固定资本服务测算的敏感性进行了分析。王和西尔毛伊(Wang,Szirmai,2012)⑥ 对中国资本投入的测算更是细化到了经济总量和分行业层面。王亚菲和王春云(2017)⑦ 利用 SNA 框架下的国际统计标准固定资本服务核算方法,对我国分行业大类资产,特别是信息与通信技术业固定资本服务情况进行了测算。姬卿伟(2017)⑧ 在运用平均效率、各类资产初始存量和永续盘存法估算生产性存量的基础上,通过引入固定质量因子和托恩奎斯特指数权重测算中国的固定资本服务。此外,在对中国全要素生产率等相关问题的研究中,也开始出现了基于国际标准方法开展的固定资本

---

① 曾五一、任涛:《关于资本存量核算的若干基本问题研究》,《统计研究》2016 年第 9 期。
② 王春云:《固定资本服务核算的国际研究新进展及启示》,《统计学报》2020 年第 1 期。
③ 孙琳琳、任若恩:《中国资本投入和全要素生产率的估算》,《世界经济》2005 年第 12 期。
④ 孙琳琳、任若恩:《我国行业层次固定资本服务量的测算(1981～2000 年)》,《山西财经大学学报》2008 年第 4 期。
⑤ 蔡晓陈:《中国资本投入:1978～2007——基于年龄—效率剖面的测量》,《管理世界》2009 年第 11 期。
⑥ Wang, L., Szirmai, A., "Capital Inputs in the Chinese Economy: Estimates for the Total Economy, Industry and Manufacturing", *Journal Economic Review*, Vol. 23, No. 1 (2012), pp. 81-104.
⑦ 王亚菲、王春云:《中国行业层面信息与通信技术固定资本服务核算》,《统计研究》2017 年第 12 期。
⑧ 姬卿伟:《中国固定资本服务测算及其稳健性研究》,《统计研究》2017 年第 10 期。

服务测算，如高等（Gao，et al.，2018）①、徐忠和贾彦东（2019）② 等的研究。彭素静和王开科（2022）③ 针对数字经济快速发展的实际，通过优化资本品分类和商品流量法的应用，开展了数字化基础设施的固定资本服务核算研究。即使如此，局限于我国二手资本品市场建设相对滞后，资本统计基础数据相对缺乏，导致固定资本服务核算中普遍存在着参数和模式设定的主观性问题。另外，分行业固定资本服务核算等因无对应的固定资本形成额数据，指标替代处理中也存在不同程度的偏误问题。

（三）固定资本服务核算纳入国民账户体系的路径研究

在《国民账户体系（1993）》（以下简称"SNA 1993"）中，固定资本存量主要有两个重要作用：一是作资产负债表中的财富存量；二是用来推算折旧或者说固定资本消耗，除后者外，固定资本存量和国内生产总值之间无法联系起来，也无法解释国内生产总值与净值的区别。"营业盈余是如何产生的？""与资本价值是如何联系起来的？""资本价值在一段时期内是以何种方式变化的？"等，SNA 对于这些问题都没有做出解释。当然，鉴于固定资本服务在经济增长分析和生产率研究中的应用必要性，理论研究一直都在关注固定资本服务与其他重要经济指标和国民经济账户之间的关联关系。

SNA 2008 推出之前，代表性研究普遍认可固定资本服务核算的重要性，但对其纳入国民账户体系的具体路径却存在着认识上的差异［叶樊妮，2009④；施赖尔等（Schreyer，et al.），2005⑤］。SNA 2008 推出之后，上述争论有了初

---

① Gao, Y. N., et al.,"Input-Output-Based Genuine Value Added and Genuine Productivity in China's Industrial Sectors（1995 - 2010）", *The Singapore Economic Review*, Vol. 63, No. 2 (2018), pp. 213-228.

② 徐忠、贾彦东：《中国潜在产出的综合测算及其政策含义》，《金融研究》2019 年第 3 期。

③ 彭素静、王开科：《数字化基础设施资本服务测算：2002—2019》，《统计学报》2022 年第 4 期。

④ 叶樊妮：《资本存量与固定资本服务核算研究》，西南财经大学博士学位论文，2009 年。

⑤ Schreyer, P., et al.,"Cost of Capital Services and the National Accounts", AEG Meeting Paper on National Accounts, No. 7 (2005), SNA /M1. 05 /04.

步的统一，固定资本服务核算正式以补充表的形式进入国民账户体系。这为开展固定资本服务核算与国民经济核算的融合研究提供了基础条件。这一处理的目的是，揭示如何将生产中所使用资本的价值与所创造的总营业盈余之间建立起联系，显示非金融资产所提供的隐性服务。通过将固定资本服务的估算与增加值的标准组成成分联系起来，就可以用生产率分析中所采用的与SNA账户完全一致的方法，来描述劳动和资本对生产的贡献。

将固定资本服务纳入国民经济核算体系中后，必须在测算上与财富性资本存量保持一致。如此，国民账户中固定资本服务、折旧及净收益的测算才能和资产负债表高度融合，研究者和统计局也才能得到一致性的生产率指标，使得相关分析才更具意义。然而，如何促进固定资本服务、折旧及净收益等测算与资产负债表的融合，如何保持固定资本服务测算与财富性资本存量的一致性，实现固定资本服务核算与国民账户体系的有效衔接，关键在于做好固定资本服务与总营业盈余之间的关系研究。"SNA的修订与中国国民经济核算体系改革"课题组（2013）[1]指出，资本报酬与收入法增加值构成项之间的对应关系、营业盈余和生产税净额在劳动和资本中的分配问题、非市场产出是否考虑资本回报等问题是当前理论研究有待突破的重点。同时，近年来数字经济卫星账户设计与核算要素探讨等问题取得了一定进展（OECD，2019[2]；杨仲山和张美慧，2019[3]；向书坚和吴文君，2019[4]），有关数字经济的投资统计与资本核算问题也被建议纳入卫星账户的关键表式，这为固定资本服务核算向数字经济扩展，以及数字经济资本核算与国民账户体系的衔接提供了理论框架上的支撑。

---

[1] "SNA的修订与中国国民经济核算体系改革"课题组：《SNA关于固定资本服务的测算及对国民账户的影响》，《统计研究》2013年第5期。

[2] OECD, "A Framework for Digital Supply-Use Tables", https://unstats.un.org/unsd/national account/aeg/2019/M13_2_3_2_SA_Digital_Economy_Pres.pdf, 2019.

[3] 杨仲山、张美慧：《数字经济卫星账户：国际经验及中国编制方案的设计》，《统计研究》2019年第5期。

[4] 向书坚、吴文君：《中国数字经济卫星账户框架设计研究》，《统计研究》2019年第10期。

（四）基础数据来源与开发应用研究

西方发达经济体的资本核算体系与调查制度建设较为完备，在基础数据整合方面的研究较为成熟，无论是固定资本形成额数据还是用于资本品耐用年限估计、效率模式（age-efficiency profile）选择等方面的基础统计调查数据，都较为完备，有效支撑了不同资本品、不同领域，以及分行业分地区层面的固定资本服务测算。在我国，受基础统计资料制约，有关的固定资本服务核算实证研究应用的基础数据类型多，涵盖 MPS 体系下的积累额统计、固定资产投资统计、固定资本形成统计、经济普查数据、工业企业统计数据、R&D 资源清查数据、国土资源统计等。

第一，在 MPS 体系下，固定资本积累数据衡量的是固定资本净流量，可直接应用于固定资本测算，不需要考虑固定资本折旧问题［张军扩，1991[1]；贺菊煌，1992[2]；邹（Chow），1993[3]］。20 世纪 80 年代以后，该数据停止发布，有关的固定资本测算研究开始采用固定资产投资额数据（古明明和张勇，2012）[4]，鉴于该指标区分构成和区分行业维度的数据较为丰富，因此，利用固定资产投资抑或是在此基础上利用构成比例、分行业比例拆分固定资本形成额数据的应用研究较多，此类处理在早期研究中较为普遍，如王和姚（Wang, Yao, 2003）[5]、何枫等（2003）[6]、徐杰等（2010）[7]、贾润崧和张四灿（2014）[8]。

---

[1] 张军扩：《"七五"期间经济效益的综合分析——各要素对经济增长贡献率测算》，《经济研究》1991 年第 4 期。

[2] 贺菊煌：《我国资产的估算》，《数量经济技术经济研究》1992 年第 8 期。

[3] Chow, G. C., "Capital Formation and Economic Growth in China", *The Quarterly Journal of Economics*, Vol. 108, No. 3 (1993), pp. 809-842.

[4] 古明明、张勇：《中国资本存量的再估算和分解》，《经济理论与经济管理》2012 年第 12 期。

[5] Wang, Y., Yao, Y. D., "Sources of China's Economic Growth 1952-1999: Incorporating Human Capital Accumulation", *China Economic Review*, Vol. 14, No. 1 (2003), pp. 32-52.

[6] 何枫等：《我国资本存量的估算及其相关分析》，《经济学家》2003 年第 5 期。

[7] 徐杰等：《中国资本存量的重估》，《统计研究》2010 年第 12 期。

[8] 贾润崧、张四灿：《中国省际资本存量与资本回报率》，《统计研究》2014 年第 11 期。

第二，根据我国固定资产投资统计与固定资本形成统计之间的关联性，部分研究开展了对固定资产投资额的调整处理，包括研究和试验发展（R&D）的资本化核算、信息与通信技术（ICT）硬件和ICT软件固定资本形成测算、矿藏勘探与评估（以下简称"矿藏勘探"）等，此类规范研究近年来开始丰富起来，姬卿伟（2017）[1] 按照自下而上的核算逻辑开展固定资本服务测算，围绕区分资本品类型的固定资本形成额数据测算，综合利用固定资产投资、固定资本形成、R&D内部经费支出、ICT产品收入，以及投入产出表数据等做了大量基础性工作。此外，王亚菲和王春云（2017[2]、2019[3]）、王开科等（2021）[4]、彭素静和王开科（2022）[5] 等的研究已有一定代表性。

第三，综合利用多源数据，从基础数据整合视角开展固定资本服务核算关键指标和参数的测算。较具代表性的研究有：曾五一和赵昱焜（2019）[6] 以经济普查和农业普查中的固定资产原价数据作为参照对象，通过线性规划方法推算了我国固定资本的平均耐用年限，为开展固定资本测算中关系参数的定量估算研究提供了很好的借鉴。王开科等（2021）开展了适用于中国的效率模式研究，利用MPS体系下的积累数据为参照对象，估算了双曲线型效率模式下的效率参数。朱发仓等（2019）[7] 利用有效发明专利的持续年限数据估算了R&D的平均资本耐用年限。王亚菲和王春云（2017）主要利用投入产出表的固定资本

---

[1] 姬卿伟：《中国固定资本服务测算及其稳健性研究》，《统计研究》2017年第10期。

[2] 王亚菲、王春云：《中国行业层面信息与通信技术固定资本服务核算》，《统计研究》2017年第12期。

[3] 王春云、王亚菲：《数字化资本回报率的测度方法及应用》，《数量经济技术经济研究》2019年第12期。

[4] 王开科等：《"效率—年限"模式选择与中国的生产性资本存量核算》，《统计研究》2021年第3期。

[5] 彭素静、王开科：《数字化基础设施资本服务测算：2002—2019》，《统计学报》2022年第4期。

[6] 曾五一、赵昱焜：《关于中国总固定资本存量数据的重新估算》，《厦门大学学报（哲学社会科学版）》2019年第2期。

[7] 朱发仓等：《一种R&D资本平均服务寿命的估计方法及应用研究》，《数量经济技术经济研究》2019年第2期。

形成数据、产出数据，基于商品流量法开展 ICT 行业的固定资本服务核算。

第四，固定资本形成价格缩减指数。对于总量层面的固定资本形成额价格指数而言，现有的常见做法是 2003 年之前采用国民经济历史核算资料测算隐含的固定资本形成额平减指数，2004 年及以后的年份采用固定资产投资价格指数〔霍尔兹（Holz），2006①；单豪杰，2008②；林仁文和杨熠，2013③；陈昌兵，2014④；王开科和曾五一，2020⑤；王开科等，2021⑥〕。但是，根据 OECD（2009）⑦ 的建议，严格按照自下而上的固定资本服务核算逻辑的话，缩减指数涉及不同的资本品类别，因此，需要不同资本品的价格指数数据。已有研究对此的处理存在较明显的差异，部分研究利用按构成划分的固定资产投资价格指数加权汇总总指数〔白等（Bai,et al.），2006〕⑧，孙琳琳和任若恩（2014）⑨ 采用建筑业价格指数和工业产品价格指数汇总总指数。对于更进一步的细分资本品而言，R&D 价格指数多从成本角度构建综合指数（朱发仓，2014⑩；江永宏和孙凤娥，2016⑪；王开科，2018⑫）。

---

① Holz, C. A., "New Capital Estimates for China", *China Economic Review*, No. 2 (2006), pp. 142–185.

② 单豪杰：《中国资本存量 K 的再估算：1952~2006 年》，《数量经济技术经济研究》2008 年第 10 期。

③ 林仁文、杨熠：《中国的资本存量与投资效率》，《数量经济技术经济研究》2013 年第 9 期。

④ 陈昌兵：《可变折旧率估计及资本存量测算》，《经济研究》2014 年第 12 期。

⑤ 王开科、曾五一：《资本回报率宏观核算法的进一步改进和再测算》，《统计研究》2020 年第 9 期。

⑥ 王开科等：《"效率—年限"模式选择与中国的生产性资本存量核算》，《统计研究》2021 年第 3 期。

⑦ OECD, *Measuring Capital OECD Manual-Measurement of Capital Stocks, Consumption of Fixed Capital and Capital Services*, France: OECD Publishing, 2009.

⑧ Bai, C. E., et al., "The Return to Capital in China", *Brookings Papers and Economic Activity*, Vol. 37, No. 2 (2006), pp. 61–88.

⑨ 孙琳琳、任若恩：《转轨时期我国行业层面资本积累的研究——资本存量和资本流量的测算》，《经济学（季刊）》2014 年第 3 期。

⑩ 朱发仓：《工业 R&D 价格指数估计研究》，《商业经济与管理》2014 年第 1 期。

⑪ 江永宏、孙凤娥：《研发支出资本化核算及对 GDP 和主要变量的影响》，《统计研究》2016 年第 4 期。

⑫ 王开科：《R&D 资本存量估计：1995~2017》，《税务与经济》2018 年第 5 期。

第五，固定资本测算中微观数据应用和开发不足。国内的固定资本服务核算研究大多基于宏观数据视角展开，有关微观数据的开发相对较弱，主要是对为数不多的工业（制造业）企业实际固定资本存量的估计［陈诗一，2011①；勃兰特等（Brandt，et al.），2012②；张天华和张少华，2016③；吴利学等，2016④］以及资本回报率的测算研究（张勋和徐建国，2014）⑤。另外，谢和克莱诺（Hsieh，Klenow，2009）⑥、李玉红等（2008）⑦ 的研究中也涉及企业层面的微观数据应用，只是此类研究直接采用固定资本原值（净值）来衡量生产函数中的资本投入。上述研究对利用微观数据开展分部门分行业固定资本服务测算有很好的借鉴意义，但此类研究尚未扩展到专门固定资本服务测算领域。整体来看，国内利用微观数据开展的固定资本服务核算研究还不够充分，如何将经济普查数据、上市公司财务数据、企业财务调查数据，以及工业企业微观数据与宏观资本核算数据进行整合，是亟须解决的重要问题。

（五）数字化资本服务核算探索

第一，ICT 固定资本服务测算。现有数字化资本有关测算理论和统计实践主要围绕信息与通信相关产业展开，更多研究偏向于以 ICT 整体或某几类资本品测算资本投入。在具体测算方法的中国化应用中，国内学者逐步探索

---

① 陈诗一：《中国工业分行业统计数据估算：1980—2008》，《经济学（季刊）》2011 年第 3 期。

② Brandt, L., et al., "Creative Accounting or Creative Destruction? Firm-Level Productivity Growth in Chinese Manufacturing", *Journal of Development Economics*, Vol. 97, No. 2 (2012), pp. 339–351.

③ 张天华、张少华：《中国工业企业全要素生产率的稳健估计》，《世界经济》2016 年第 4 期。

④ 吴利学等：《中国制造业生产率提升的来源：企业成长还是市场更替？》，《管理世界》2016 年第 6 期。

⑤ 张勋、徐建国：《中国资本回报率的再测算》，《世界经济》2014 年第 8 期。

⑥ Hsieh, C. T., Klenow, P. J., "Misallocation and Manufacturing TFP in China and India", *Quarterly Journal of Economics*, Vol. 124, No. 4 (2009), pp. 1403–1448.

⑦ 李玉红等：《企业演化：中国工业生产率增长的重要途径》，《经济研究》2008 年第 6 期。

适合中国实际的关键参数与指标处理方法，促进了数字化资本测算理论的进一步发展，王春云和王亚菲（2019）[①]在数字化资本回报率测算中，引入了数字化资本服务核算，是为数不多的专门研究。此外，中国信息通信研究院在历年产业数字化规模测算中，也引入了 ICT 资本的测算研究。然而，整体来看现有理论研究对数字化资本品的分类处理基本上仍是简单的硬软件划分，缺乏细分类别的相关研究，未将数字化资本品进行细致的异质性分类。在实际测算中，固定资本流量数据是固定资本服务核算的基础，除了使用固定资产投资额（郭鹏飞和罗玥琦，2018）[②]、累计完成投资额（詹宇波等，2014）[③]外，以投入产出表提供的固定资本形成总额是多数文献的选择，对未编表年份投资序列的估算直接决定了固定资本服务测算结果的精度，特别是内需数据的选择决定了投资序列的高低。

从区域尺度来看，有关的数字化资本测算主要涉及全国总量层面［乔根森和元桥（Jorgenson, Motohashi），2005[④]；庄雷和王云中，2015[⑤]］和行业层面［官川等（Miyagawa, et al.），2004]⑥ 分析，甚至是国家间的比较上［施赖尔（Schreyer），2000]⑦，而省际层面的测算研究较少，特别是专门的数字化资本服务水平测算及其空间分布特征的研究更为鲜见。区域发展不协调是我国发展过程中面临的重大问题，作为数字经济时代的一个关键发展领域，数字化资本投入衡量和区域协调发展问题不可轻视。

---

① 王春云、王亚菲：《数字化资本回报率的测度方法及应用》，《数量经济技术经济研究》2019 年第 12 期。

② 郭鹏飞、罗玥琦：《中国信息通信技术分行业资本存量的估算》，《统计与决策》2018 年第 13 期。

③ 詹宇波等：《中国信息通信技术制造业资本存量度量：1995—2010》，《世界经济文汇》2014 年第 4 期。

④ Jorgenson, D. W., Motohashi, K.,"Information Technology and the Japanese Economy", Journal of the Japanese & International Economies, Vol. 19, No. 4 (2005), pp. 460-481.

⑤ 庄雷、王云中：《中国区域信息网络基础设施投资效应的实证研究》，《技术经济》2015 年第 4 期。

⑥ Miyagawa, T., et al.,"The IT Revolution and Productivity Growth in Japan", Journal of Japanese International Economics, Vol. 18, No. 3 (2004), pp. 362-389.

⑦ Schreyer, P.,"The Contribution of Information and Communication Technology to Output Growth: A Study of the G7 Countries", Working Paper, OECD, No. 2000/2.

第二，数字化资本服务核算。国外已存在相应的数据要素价值宏观测算方法，部分研究从数据资产角度开展了初步的统计测算。艾哈迈德等（Ahmad, et al., 2017）[1]总结了衡量数据资产的三种主要方法，即市场法、收入法和成本法。市场法将数据资产价值界定为市场上可比商品的市场价格。收入法提出测算价值取决于对未来能够从数据中获取的现金流数额的估计。成本法则认为数据资产的价值取决于生产信息时的成本价值。加拿大统计局（Statistics Canada, 2019a[2]、2019b[3]）率先提出了"信息价值链"视角的数据资产测度框架，从"数据—数据库—数据科学"的价值链条界定数据资产的核算范围，探讨了数据活动的有关统计属性，并提出了成本法核算的具体做法。从职业分类出发，分别选取从事数据、数据库和数据科学生产活动的相关职业类型，以其工资收入为成本衡量的基础，测算数据资产的价值。这一框架有重要的理论价值，对于政府统计部门开展数据资产核算亦有较强的借鉴意义。

与此相比，国内对于宏观层面的价值衡量仍处于初步的探索阶段，数据要素价值核算研究还停留在对数据内涵的讨论阶段，有关数据的概念、数据要素纳入核算体系的路径以及相关的价值测算方法均未形成共识，关于数据资产价值的实证核算研究成果较少。

总的来看，现有核算框架尚未涉及数据资产及其核算范围的界定问题，如何在账户中记录和确认数据资产更是无从谈起；而有关的理论研究尽管取得了不同程度的进展，但在方法路径与核算细节上，仍有进一步讨论和深入研究的空间。

（六）研究述评

上述文献中，固定资本服务核算的理论范畴研究和方法应用实践，对本

---

[1] Ahmad, N., et al., "Can Potential Mismeasurement of the Digital Economy Explain the Post-crisis Slowdown in GDP and Productivity Growth?", Working Paper, OECD, No. 2017/09.

[2] Statistics Canada, "Measuring Investment in Data, Databases and Data Science: Conceptual Framework", https://www150.statcan.gc.ca/n1/pub/13-605-x/2019001/article/00008-eng.htm, 2019a-6-24.

[3] Statistics Canada, "The Value of Data in Canada: Experimental Estimates", https://www150.statcan.gc.ca/n1/pub/13-605-x/2019001/article/00009-eng.htm, 2019b-7-10.

书有重要的启发意义。特别是近年来标准永续盘存法在固定资本服务核算中的应用不断深入，已有研究结合我国固定资产投资统计和固定资本形成额统计之间的联系，围绕资本品分类开展了日益丰富的区分资本品类型的固定资本形成额数据测算，为本书构建我国固定资本服务核算基础数据集提供了很好的借鉴和参考。同时，企业微观层面的数据应用也逐渐受到重视，部分研究开始挖掘微观财务指标与宏观统计对象之间的关联关系，并基于微观数据开展固定资本测算（张二华和原鹏飞，2018[①]；王开科和曾五一，2022[②]）。总的来看，当前国内研究已经开始重视资本投入的规范测算问题，且越来越多的研究开始区分资本品类型，按照自下而上的逻辑开展实证测算。但鉴于我国固定资本测算数据缺口较大，二手资本品市场发展和统计相对滞后，详细的资本品分类统计以及开展固定资本服务核算的经验参数缺失问题依然较为突出，因此，加强此类问题的进一步研究非常必要。同时，数字经济的快速发展也对固定资本服务核算的范围、边界等产生了影响，如何应对固定资本测算领域的数字化挑战，也是理论研究需要关注的重点。对此，本书重点围绕以下方面展开研究：

第一，固定资本服务核算基础数据整合问题。我国固定资本服务核算研究严格遵循自下而上的逻辑步骤存在较大困难。究其原因，是现有统计中宏观分类资产数据信息较为缺乏，有关资本耐用年限、效率模式等理论研究较少。而我国固定资本服务测算研究又较少关注微观数据的应用，特别是在确定资本品类别、部门行业划分、重要指标和基础参数估计等方面对已有数据资料挖掘不足。从当前情况来看，主要研究需求是：基于国民经济核算理论和我国政府统计实际，研究主要固定资本基础数据指标间的价格调整、核算转化等问题，构建固定资本服务核算基础数据指标间的匹配关系，构建不同资本品的资本流量数据集和相应的参数集。鉴于我国固定资本统计实

[①] 张二华、原鹏飞：《基于核算视角的企业部门固定资本存量估算》，《统计研究》2018年第11期。

[②] 王开科、曾五一：《关于资本利用率宏观测算指标与方法的研究》，《统计研究》2022年第7期。

际，特别是大量基础数据缺失的问题，本书在测算全国层面区分资本品类型的固定资本形成数据基础上，分别构建区分行业和地区的固定资本形成拆分系数，进而测算得到分行业分地区数据集，并以资本品为基本核算单元采用一致的价格指数和核算参数，确保全国、分行业和分地区三个层面的数据可衔接。

第二，我国固定资本服务核算方法框架构建问题。固定资本服务核算国际标准做法在我国的实际应用面临着一系列制约，当前研究大多基于不同程度的假设前提或简化处理进行测算，特别是效率模式的选择、资本品耐用年限估计等方面，或者直接采用国外经验值，或者采用主观设定的方式（蔡跃洲和付一夫，2017）[①]，缺少科学的测算依据。国际标准做法在资产分类框架、核算逻辑框架、核算流程框架上是否符合我国当前的实际情况，数字经济快速发展的影响该如何体现，固定资本服务核算的范围是否需要进一步扩展与调整，这些问题仍需做深入研究。贯穿于固定资本服务核算过程的环节众多，涉及诸多关键参数估计和指标测算，现有研究大多通过个别参数或指标等的改进来优化测算过程，对各个环节的一致性改进研究较少。如何将关键技术方法集合融入核算框架，探索符合我国国情的固定资本服务核算理论方法和测算应用，是本书的研究重点。

三、主要内容

本书围绕固定资本服务核算基本理论与方法、固定资本服务核算框架、基础数据整合、固定资本服务实证测算、数据应用与政策建议五大方面开展总体框架设计，有关研究内容共计十二章，分别是：

绪论。阐述本书的研究背景、意义和研究目标，梳理固定资本服务核算的有关国内外文献，总结归纳已有研究存在的问题并指明进一步研究的

[①] 蔡跃洲、付一夫：《全要素生产率增长中的技术效应与结构效应》，《经济研究》2017年第1期。

方向。介绍本书的研究内容、方法和技术路线，总结本书研究的创新点。

第一章固定资本服务核算基本问题。主要内容有：第一，固定资本服务相关概念辨识。阐述固定资本服务的基本内涵及其核算的意义，梳理归纳其与生产性、财富性资本存量之间的关系。第二，固定资本服务核算范围。在我国现行固定资产基本分类的基础上，研究数字化资本的涵盖范围及其与传统固定资本之间的联系，探讨数字化资本品的属性及归类问题，明确纳入固定资本服务核算的数字化资本品类型。第三，固定资本服务核算与国民经济账户体系间的相互关系。从国民账户中识别与固定资本有关的项目，结合SNA中心核算框架与有关卫星账户的理论研究，围绕固定资本服务核算，梳理固定资本服务与总营业盈余的关系。

第二章固定资本服务核算方法研究。梳理基于标准永续盘存法开展固定资本服务核算的基本原理与步骤，分析退役模式、价值模式、效率模式、使用者成本测算等基本问题，介绍固定资本服务物量指数的测算方法。

第三章我国固定资本服务核算框架设计。搭建我国固定资本服务核算的框架，其中：（1）资产分类框架①。提出我国固定资本服务核算的资本品划分方法，并根据数据整合研究情况进一步细化资本品分类。（2）基本逻辑框架。遵循自下而上的固定资本服务核算逻辑步骤，分别设计全国、分行业、分地区固定资本服务测算的逻辑框架。（3）核算流程框架。针对不同役龄的同类资本品固定资本服务核算，设计"固定资本形成→生产性资本存量→固定资本服务价值"的流程框架，明确各个流程的核算要求，开展关键参数与指标的测算研究；针对异类资本品的固定资本服务汇总核算，构建行业、地区、全国层面的汇总流程框架，并就汇总权重的设计与测算进行研究。（4）针对数字经济发展对固定资本服务核算边界的影响，重点研究数字化基础设施、数据资本服务核算的基本问题。

第四章整合数据集构建研究。根据固定资本测算统计数据之间的联系与

---

① 采用"资产分类"的说法而不是"资本品分类"，主要原因：一方面是资产分类是自下而上开展固定资本服务核算的前提，另一方面是国际组织、国内外政府统计对此多称为"资产分类"或者"固定资产分类"。

区别，构建不同指标数据间的匹配和关联规则。基于"基础数据匹配关系挖掘→数据整合的规则→基础数据整合分析→数据整合的合理性检验"的全流程数据整合方法路径，综合利用固定资本形成额统计、固定资产投资统计、投入产出表、科技统计、电子信息产业统计、国土资源统计、第三产业统计、房地产统计等多源数据信息，开展八大类资本品固定资本形成额数据拆分测算。同时，构建固定资本服务核算的关键参数数据集，包括不同类型资本品的"退役—效率"综合模式系数、折旧率、固定资本回报率等。

第五章至第七章全国、分行业、分地区固定资本服务实证测算。（1）从效率模式选择的视角，探索了我国生产性资本存量核算应用永续盘存法的标准做法。在此基础上，从全要素生产率检验的角度对本书生产性资本存量测算中的效率模式选择问题进行了研究。（2）挖掘基础数据的分行业、分地区维度信息，以全国层面固定资本形成总额数据为基础，通过固定资产投资额数据的调整处理，构建固定资本形成总额数据的分行业、分地区拆分系数，测算1978—2020年的分行业、分地区固定资本形成额基础数据。（3）以资本品为基本核算单元，测算了全国、分行业、分地区三个层面各类资本品的生产性资本存量和固定资本服务物量指数，构建了系统的测算结果数据集。

第八章数据资本服务核算。从生产过程中的要素投入视角出发，提出了广义数据产出的核算及其资本化问题，将数据及其再加工、再处理的产出形态纳入统计核算范围，提出系统的数据要素形态演化链条和数据要素价值构成来源划分。基于GDP核算平台搭建"产出—投资—资产"三位一体的数据要素资本化核算理论框架，设计出涵盖"成本→投入→产出→资本形成→数据资产"的核算路径，改进并突出以"价值增值"为核心的成本核算方法。在此基础上，本章开展了我国数据资本形成和数据资产规模的试算。

第九章资本服务纳入CSNA的基本构想。（1）从SNA 2008国民账户与CSNA 2016的基本核算表式对比的角度，描述固定资本服务核算有关指标的账户（核算表）记录问题。（2）遵循 SNA 2008 与 OECD 固定资本测算的基本原则和方法制度，兼顾中国资本统计实际，开展固定资本服务核算纳入中国国民经济核算体系的路径和方式研究。

第十章测算结果数据应用研究。分别围绕全要素增长率测算、资本利用率测算、供给侧结构性改革下的资本回报率变动分析展开应用研究。在关于资本利用率和资本回报率的测算应用研究中，还综合利用宏观统计指标数据和上市公司微观财务数据开展了专门的宏微观数据整合研究。

第十一章政策建议。包括"完善固定资本形成统计，补齐固定资本服务核算的基础数据缺口""健全固定资产统计调查制度，确定经验信息下的参数取值""有效利用微观数据结构信息，拓展固定资本服务核算数据来源""积极应对数字化挑战，推进数据资产核算理论与实践进展"等九个方面。

本书的研究内容框架如图 1 所示。

四、研究方法

（一）基础数据整合方法

（1）数据衔接和插补，有关固定资本服务测算的基础数据存在口径调整、数据缺失等问题，围绕我国资本积累问题的相关研究方法，开展相关指标数据的调整与衔接研究，并在数据匹配过程中采用移动平均、趋势插补、计量模型和核算调整等方法进行衔接和插补处理。（2）数据匹配，主要体现在几个方面：一是根据我国固定资产投资统计与固定资本形成统计的涵盖范围，建立两者之间数据口径调整的匹配关系，为不同资本品的固定资本形成额数据测算提供基础条件。二是结合我国 R&D 资本化核算实际，建立从 R&D 内部经费支出出发，到 R&D 产出，再到 R&D 投资的指标关联关系。三是验证年度核算数据和投入产出表数据之间的关联，为 ICT 硬件、ICT 软件固定资本形成额数据的测算和剥离提供支撑。（3）整合数据分析（inte-

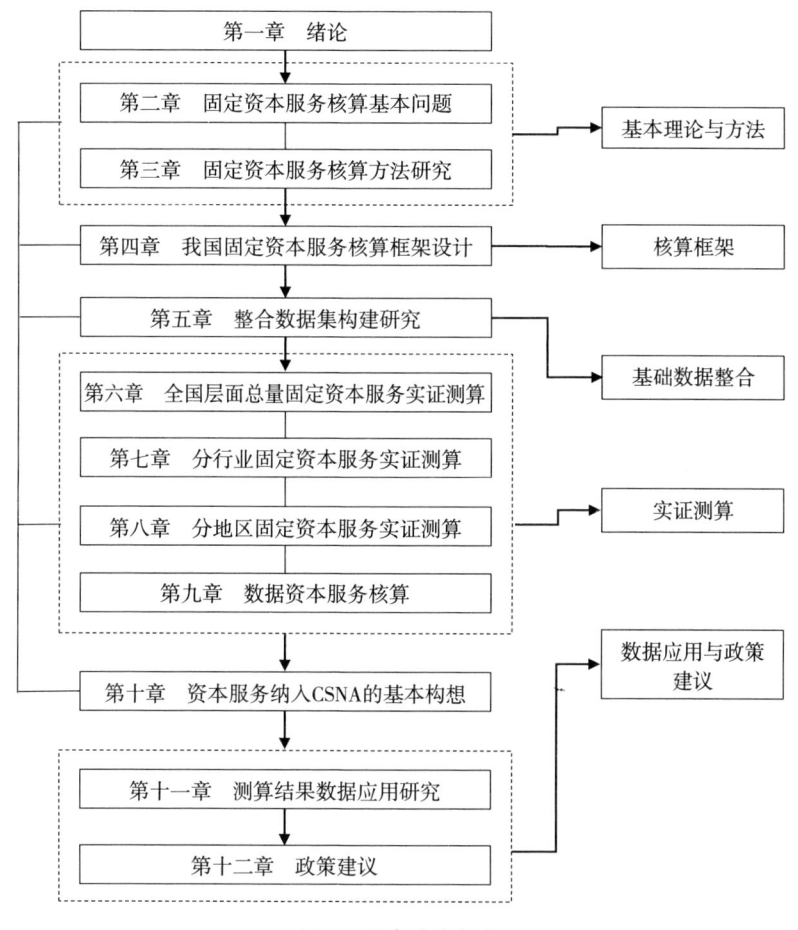

```
┌─────────────────────────────┐
│    第一章  绪论              │
└─────────────────────────────┘
    ┌─────────────────────────────┐
    │  第二章  固定资本服务核算基本问题  │ → 基本理论与方法
    │  第三章  固定资本服务核算方法研究  │
    └─────────────────────────────┘
    ┌─────────────────────────────┐
    │  第四章  我国固定资本服务核算框架设计  │ → 核算框架
    └─────────────────────────────┘
    ┌─────────────────────────────┐
    │  第五章  整合数据集构建研究       │ → 基础数据整合
    └─────────────────────────────┘
    ┌─────────────────────────────┐
    │  第六章  全国层面总量固定资本服务实证测算 │
    │  第七章  分行业固定资本服务实证测算    │ → 实证测算
    │  第八章  分地区固定资本服务实证测算    │
    │  第九章  数据资本服务核算          │
    └─────────────────────────────┘
    ┌─────────────────────────────┐
    │  第十章  资本服务纳入CSNA的基本构想  │ → 数据应用与政策建议
    └─────────────────────────────┘
    ┌─────────────────────────────┐
    │  第十一章  测算结果数据应用研究    │
    │  第十二章  政策建议             │
    └─────────────────────────────┘
```

图 1　研究内容框架

grative data analysis），基于固定资本服务核算的基础数据匹配关系和整合规则，将多源数据合并成为一个数据集，采用一套系统的统计分析策略对数据集进行综合分析。（4）整合的合理性检验，具体包括检验数据统计合理性和经济意义合理性，检验基础数据整合关系的稳健性和相关指标的经济趋势性。

（二）固定资本服务核算基本方法

此为针对不同资本品类型测算的一般化方法，具体的方法流程为：结合我国固定资本服务核算基础数据情况，改进总固定资本存量测算方法；按照标准永续盘存法的基本原理，基于效率模式开展生产性资本存量测算，并构建适用于我国的固定资本服务质量因子，测算固定资本服务价值；在此基础上，以固定资本消耗率和资本回报率估计的使用者成本为权重，汇总得到全部资产的固定资本服务。测算中主要涉及：（1）基于永续盘存法测算生产性资本存量的标准做法。（2）效率模式和汇总方式选择等假定和测算技术。（3）使用者成本测算，改进资本报酬测算方法，优化营业盈余、生产税净额在投入要素间的分配，并在资本回报率测算中应用宏观模型化方法和微观非模型化方法。

（三）关键参数估算和模式选取方法

考虑到固定资本服务核算基础数据的多源特征，尝试将线性规划分析方法拓展到资本平均耐用年限估计、资本品效率损失参数测算和效率模式选择研究之中。基于不同数据来源和测算过程，将研究数据划分为参照组和目标组，在利用参照组数据测算的基础上，通过线性规划方法求取目标组数据的最优测算值，并据此开展关键参数、模式的选择研究。

（四）固定资本服务测算结果应用中的相关方法

结合所测算的固定资本服务数据，本书拟开展的应用研究中主要涉及以下方法：（1）构建增长核算方程，分别利用本书测算的固定资本服务物量指数增速数据和正态钟形退役、几何型价值模式下的财富性资本存量增速测算全要素增长率，对比两组测算结果的走势和数值差异，说明资本投入数据在经济增长分析和全要素增长率测算中的重要性。（2）从资本利用不充分问题的理论研究和现实成因入手，构建涵盖资本生产能力、资本开动强度和复合资本利用的资本利用率测度框架，综合利用本书测算的总固定资本存量数据、生产性资本存量数据和基于微观数据测算的资本利用率数据，开展分行业的资本利用强度指标测度研究，综合研判近年来我国固定资本投资领域的存量调整和增量提升问题。

五、研究思路

本书遵循"基本理论与基本方法→固定资本服务核算问题→基础数据整合→核算框架与关键技术方法→固定资本服务测算及其应用"的基本思路。首先,有针对性地研究固定资本服务核算的基本理论与方法,分析固定资本服务内涵、核算范围、核算方法与步骤等基本问题,通过梳理研究国际标准测算方法的数据要求和我国固定资本服务核算基础数据现状,厘清应用国际标准做法存在的主要数据制约问题。其次,挖掘固定资本服务核算的基础数据匹配关系,从数据整合架构与方法设计入手构建核算数据整合规则,以资产分类、核算逻辑和核算流程研究为切入点搭建核算框架,围绕关键核算环节开展基础数据整合视角下固定资本服务核算的关键技术方法研究。最后,按照自下而上的核算逻辑开展固定资本服务测算应用研究,以解决我国的资本投入有效衡量问题。具体技术路线如图 2 所示。

六、研究创新

(一)研究内容方面的创新

第一,开展了兼顾国际准则和我国实际的固定资本服务核算方法框架研究。一方面,在细化资本品分类的基础上,分别设计了全国、分行业、分地区三个层面固定资本服务测算的逻辑方法框架。针对不同役龄的同类资产固定资本服务核算,设计"固定资本形成→生产性资本存量→固定资本服务价值"的流程框架,针对异类资本品的固定资本服务汇总核算,构建行业、地区、全国层面的汇总流程框架。另一方面,从行业分类调整、经济普查影响、数据口径衔接、核算范围扩展等角度入手设计了区分资本品的固定资本形成额测算路径,提出了"分行业、分地区固定资本形成额数据"的拆分

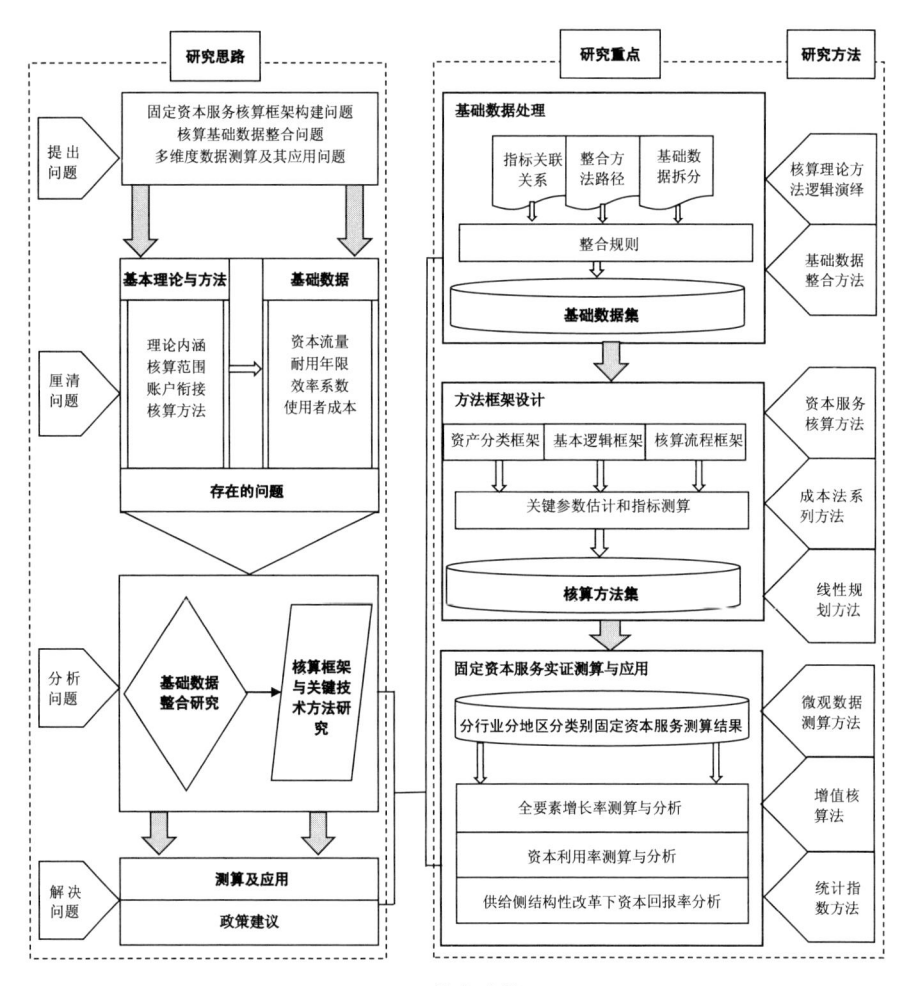

图 2 技术路线图

思路，以及"关键参数和模式以资本品为基本单位，全国、分行业、分地区三个层面一致设定"的方案。

第二，从"分资本品、分行业、分地区"固定资本服务统一核算的角度开展多维度固定资本服务数据实证测算研究。以全国层面固定资本形成额数据为基础，通过挖掘基础数据的分行业、分地区维度信息，构建固定资本形成额数据的分行业、分地区拆分系数，测算了1978—2020年的分行业、分地区固定资本形成额基础数据。在此基础上，以资本品为基本核算单元，测算了全国、分行业、分地区三个层面各类资本品的生产性资本存量和固定资本服务物量指数，构建了系统的测算结果数据集。

第三，开展了固定资本服务纳入中国国民经济核算体系的基本设想研究。在遵循《国民账户体系（2008）》和经济合作与发展组织（OECD）资本测算手册关于固定资本服务核算基本原则和方法制度基础上，研究了固定资本服务核算与我国国内生产总值表、资金流量表、资产负债变化表的关联关系，开展了固定资本服务核算纳入中国国民经济核算体系（CSNA）的路径和方式研究，提出了方法制度建设、核算表衔接与记录、资本账户建设等基本设想。

第四，在固定资本服务测算结果数据的应用研究中，进行了资本利用率统计指标体系的设计和测算研究。在设计资本利用强度维度、数量维度和综合维度指标的基础上，利用总固定资本存量和生产性资本存量测算结果开展了数量维度指标的实证测算，针对基于宏观统计数据开展资本利用强度测算面临的困难，本书通过上市公司固定资产周转率数据测算了资本利用综合维度指标，进而倒推得到了资本利用强度指标，这一探索是从宏微观数据整合视角开展的数据综合应用研究。

（二）研究方法及其应用中的创新

第一，基于全流程的数据整合方法测算了全国层面区分资本品类别的固定资本形成额数据。根据固定资本测算统计数据之间的联系与区别，本书构建了不同指标数据间的匹配和关联规则，并基于"基础数据匹配关系挖掘→数据整合的规则→基础数据整合分析→数据整合的合理性检验"的全流程数据整合方法路径，综合利用固定资本形成统计、固定资产投资统计、投入产出表、科技统计、电子信息产业统计、国土资源统计、第三产业统计、房地产统计等多源统计数据信息，开展了全国层面八大类资本品的固定资本形成额数据测算。

第二，挖掘基础数据的分行业、分地区维度信息，通过构建分行业、分地区资本流量拆分系数，解决分行业、分地区资本品固定资本形成测算问题。

第三，改进了固定资本回报率的宏观核算方法。在白等（Bai, et al., 2006）[①] 所搭建的固定资本回报率实证测算框架以及后续的相关改进研究基础上，本书提出了我国资本报酬的归类方法和部分构成项的具体分摊方法，剥离出了生产税净额中由资本创造的部分。同时，探讨了固定资本回报率测算时的固定资本存量口径问题，将生产性资本存量纳入核算方法中进行测算。测算结果与我国经济发展进程和相关统计指标走势相吻合，更加贴近官方统计的实际情况。同时，研究过程的可操作性和数据的可延续性较好，为我国固定资本回报率的宏观核算法应用提供了一个较为标准的做法。

七、研究价值

（一）理论价值

第一，从资产分类、核算逻辑、核算流程三个方面构建我国固定资本服务核算的理论框架，整体设计嵌入参数估计和指标测算的关键技术方法，实现了"分资本品、分行业、分地区"的固定资本服务统一核算，这为规范国内固定资本服务核算理论研究，提高固定资本服务实证测算科学性提供了理论框架支撑和技术方法参考。

第二，在《中国国民经济核算体系（2016）》固定资产分类的基础上，根据资本品异质性特征，将我国固定资本进一步划分为住宅建筑、非住宅建筑和构筑物、R&D、其他机器和设备、信息与通信技术（ICT）软件、ICT硬件、矿藏勘探、其他八个类别。在此基础上，本书开展了细分资本品类别的固定资本形成测算，构建了较为完备的固定资本测算基础数据集。这为优化固定资本服务核算范围，挖掘资本品异质性特征，进而更好地开展自下而上的固定资本服务核算研究奠定了数据基础。

第三，针对资本利用率指标体系设计与测算、供给侧结构性改革下的资

---

① Bai, C. E., et al., "The Return to Capital in China", *Brookings Papers and Economic Activity*, Vol. 37, No. 2 (2006), pp. 61–88.

本回报率变动分析中宏观统计指标数据面临的制约问题,本书尝试从微观数据应用的角度寻找解决对策,较好地利用了固定资产周转率、净资产收益率等企业层面财务指标数据,为开展宏微观数据整合视角的固定资本测算及其应用研究提供了借鉴思路。

(二) 应用价值

第一,兼顾国际准则的基础上,本书构建了符合我国实际的固定资本服务核算框架,围绕全国层面、分行业、分地区的固定资本服务核算,设计了包括固定资本流量指标测算、关键参数和模式设定、不同役龄同类资本品的固定资本服务核算、不同类别资本品的汇总核算等在内的系统完备的核算方法路径,能够克服固定资本服务核算国际标准方法在我国应用所面临的制约问题,为统计部门建立我国固定资本服务核算制度提供参考。

第二,通过《国民账户体系 (2008)》与《中国国民经济核算体系 (2016)》基本核算表式的对比研究,进一步梳理了固定资本服务核算与我国"五大基本核算"及其对应核算表之间的关联关系,并从核算表结构、内容、指标与固定资本服务核算衔接的角度,阐释了"营业盈余"的产生问题。这不仅能够揭示生产中使用资产的价值与所创造营业盈余之间的关系,还可以改进固定资本消耗和固定资本存量价值的估算,为我国完善流量与存量相互衔接的固定资本统计制度提供支撑,进而提升国民经济核算与固定资本核算的一致性。

第三,依托固定资本服务核算整合数据和所构建的核算方法框架,自下而上测算了一套涵盖分行业、分地区区分资本品类别的生产性资本存量数据和固定资本服务数据,形成了有效衡量我国固定资本投入情况的流量数据集。这为提升我国生产率测算和经济增长研究水平奠定了数据基础。同时,基础数据来源扩展、方法改进和核算范围的优化调整也能够进一步改进对固定资本投入的衡量,为宏观调控部门把握经济发展全貌,分析不同地区不同行业经济发展差异,进行宏观、中观和微观各层面的增长核算分析提供基础条件。

第 一 章

固定资本服务核算基本问题[①]

资本核算是国民财富分析与经济增长分析的重要内容,也是制定宏观经济调控政策的依据,厘清相关核算指标概念、明确相关指标的联系和区别是开展资本核算研究的基础。本章主要就固定资本服务核算的有关概念、指标辨析、核算范围、资本分类、账户记录等基本问题展开分析,并针对数字经济发展对固定资本服务核算的挑战进行归纳。

一、基本概念和理论内涵

(一) 固定资本服务的基本概念

固定资本服务衡量了生产中的资本投入情况,是开展生产率测算和经济增长研究的关键指标。《国民账户体系(2008)》(以下简称"SNA 2008")认为,固定资本服务是"资本品在生产过程中提供的服务流量",代表资本投入的服务水平和实际使用效率。OECD(2009)[②] 对固定资本服务的定义是:每一时期从资本(资产)流向生产过程的生产投入。

对于这一定义,有以下要点:

(1) 固定资本服务是一个物量概念,是资本所提供的服务流量。

[①] 本章部分内容发表于《统计学报》2022 年第 4 期。
[②] OECD, *Measuring Capital OECD Manual-Measurement of Capital Stocks, Consumption of Fixed Capital and Capital Services*, France: OECD Publishing, 2009.

(2) 固定资本服务作为生产要素之一，它有自己的价格或价值。

(3) 固定资本服务的价值是该资产所提供的服务数量乘以这些服务的价格。

(4) 固定资本服务的价值也被简称为固定资本服务。

生产性资本存量作为这一服务价值的载体，二者的测度具有内在的联系。一方面，生产性资本存量作为资本的物量载体，有其自身的价值，不过这种价值是以总量来考虑的，当其投入生产过程中，和劳动一样，会在每一阶段获得相应的报酬，我们把这一报酬称为资本收入或资本回报；另一方面，固定资本服务作为资本在生产过程中的实际流量，代表的是各期实际价值形态，如果从收入角度来讲，可以把固定资本服务看成是资本每期对生产的贡献价值，只不过这种贡献价值是抽象的。因此，理论上来讲，固定资本存量在生产过程中的总收入应等于固定资本服务的各期价值之和。

固定资本服务的价值可以看作资本在生产过程中全部回报的现值，对资本回报的测度有助于把握资本在生产中的作用。目前，以整个国民核算体系来看，只有收入法为了解各个要素的报酬提供一定的参考基准。在收入法国民核算中，把国民收入分为固定资本消耗、营业盈余、劳动报酬和生产税净额四个部分。劳动者报酬与生产税净额分别对应劳动与政府对国民收入的索取价值，那么对于营业盈余和固定资本消耗而言，只有资本这一要素与之对应。考虑到技术进步等其他因素对生产的影响，固定资本消耗和营业盈余可大致被当成资本回报，即固定资本服务的全部价值。

固定资本服务的价值在国民核算中的地位如表 1-1 所示。

表 1-1　固定资本服务的价值在国民核算中的地位

增加值	劳动	资本
	劳动者报酬	劳动报酬
生产税净额	生产税净额中的劳动部分	生产税净额中的资本部分
固定资本消耗		固定资本消耗
营业盈余		营业盈余

（二）固定资本服务与固定资本存量的概念辨析

以新古典生产理论为基石的资本核算理论框架〔列昂季耶夫（Leontief），1947①；费希尔（Fisher），1965②；赫尔滕（Hulten），1991③；乔根森（Jorgenson），1963④；乔根森等（Jorgenson, et al.，2005⑤）〕强调，财富性资本存量是价值概念，用来分析资产负债，而与生产和经济增长紧密相关的是源于生产性资本存量的固定资本服务流量，该指标也是测算资本质量变化的关键变量，而资本质量变化指标可以解释经济增长中资本体现式技术的影响。

资本既可以累积为财富存量，又能为生产贡献服务流量，资本核算主要涉及存量和流量两个方面，分别对应于固定资本存量和固定资本服务。其中，固定资本存量是国民账户体系的重要组成部分，其测算主要涉及总固定资本存量和净资本存量，后者可进一步划分为财富性资本存量和生产性资本存量。对于固定资本服务基本概念的辨析和统计内涵的阐述，主要从固定资本服务与固定资本存量的差异着手，突出生产中的资本投入作用。固定资本服务核算及相关统计指标关系如图1-1所示。

1. 总固定资本存量是测算固定资本服务的传统起点

对于过往投资的且仍在服役的资本品，按某一参考年份新资本品价格重新估价后进行累计，反映出一定时点资本品的总规模，需要考虑同龄资本品逐渐退出生产过程直至退役的情形。总固定资本存量扣除耐用品在使用过程中发生的损耗价值即为财富性资本存量净额，它是资产负债表中记录的真正

---

① Leontief, W., "Introduction to a Theory of the Internal Structure of Functional Relationships", *Econometrica*, Vol. 15, No. 4 (1947), pp. 361-373.

② Fisher, F. M., "Embodied Technical Chang and the Existence of an Aggregate Capital Stock", *The Review of Economic Studies*, Vol. 32, No. 4 (1965), pp. 263-288.

③ Hulten, C. R., *The Measurement of Capital*, Chicago: University of Chicago Press, 1991.

④ Jorgenson, D. W., "Capital Theory and Investment Behavior", *American Economic Review*, No. 2 (1963), pp. 247-259.

⑤ Jorgenson, D. W., et al., *Information Technology and the American Growth Resurgence*, Cambridge: The MIT Press, 2005.

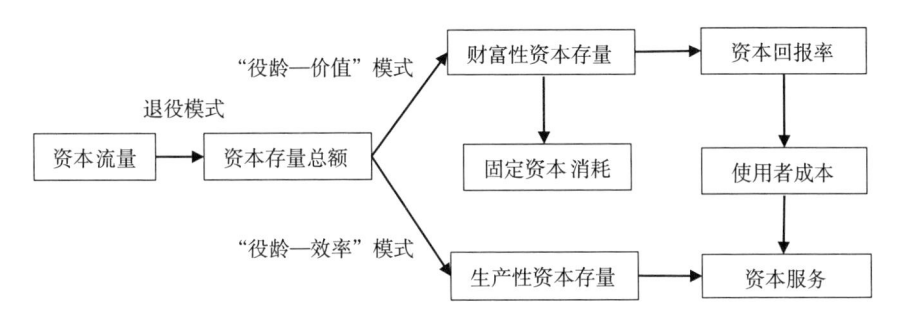

图 1-1 固定资本服务核算及相关统计指标关系

资料来源:《OECD 资本测算手册 (2009)》。

度量社会财富的指标,出现在 SNA 的期初和期末资产负债表中。而总固定资本存量的价值衰减被称为固定资本消耗,即一定时期内固定资本存量现值的耗减部分,一方面它是增加值的构成项,出现在生产账户中;另一方面,它也是累积账户的具体记录项目。

固定资本消耗是核算期内由于自然退化、正常淘汰或正常事故损坏导致的生产者拥有和使用的固定资本存量的现期价值的损耗,是反映一段时间内资本品价值变动的流量指标。固定资本消耗作为资本核算的核心变量,在传统永续盘存法核算路径下,可根据折旧函数直接测算,是通过总固定资本存量估算财富性资本存量的中间变量。

当然,固定资本消耗也可以通过总固定资本存量与财富性资本存量之差衡量。财富性资本存量净额是反映资本品市场价值的财富存量的概念,是衡量国家和地区财富量的价值指标,能在经济活动中直接观察并记录于资产负债表,它与生产账户、积累账户及收入形成账户都是国民账户体系的重要组成部分,是宏观经济分析的重要依据。

2. 生产性资本存量是固定资本服务的载体

生产性资本存量是不同时期相同类型的资产,通过效率模式转换为标准效率单位后的数量,反映的是资产的生产能力,也被认为是资产所能提供的固定资本服务总和;也可以认为是总固定资本存量扣除生产过程中效率损失后的余额,是反映资本品服务能力或效率的指标,测算的是对当前正在使用的资本品按照效率单位进行折算的生产能力存量。其中，资本品（组合）的效率损失可进行价值化测度，但不进行账户记录。一定时期内的固定资本服务也通常被认为是生产性资本存量的一个比例［乔根森和元桥（Jorgenson，Motohashi），2005[①]］。

作为一个物量指标，生产性资本存量可以反映资本品提供的服务数量，固定资本服务数量可以看作生产性资本存量的固定比例，是固定资本服务测算的基础。生产性资本存量以效率模式衡量资本品随役龄的增加其生产能力下降的过程，是产生固定资本服务的存量。生产性资本存量以资本存量总额为基础，在相对效率为不变常数时，总固定资本存量与生产性资本存量等值，在固定资本流量序列经过退役函数调整的基础上，生产性资本存量以效率模式折算，资本存量净额以价值函数折算，但在几何效率模式下，生产性资本存量与资本存量净额等值。

与生产性资本存量一样，固定资本服务也是一个物量概念，反映了某一时期资本品在投入生产过程中所提供的服务流量，反映资本对生产的服务水平和实际利用效率，可用于全要素生产率分析，OECD（2009）[②] 指出固定资本服务是衡量资本投入的最佳测度指标。固定资本提供的服务流量无法直接观测和计量，通常以固定资本服务价值度量资本品在该期提供的服务流量，固定资本服务价值是在资本品分类基础上以固定资本服务价格为权数进行加权。因此，固定资本服务价值具有物量和价格双重属性，而固定资本服务价值通常被简称为固定资本服务，固定资本服务核算的内容包括对固定资本服务物量、固定资本服务价值和固定资本服务物量指数的测算。

3. 固定资本服务与财富性资本存量共同构成固定资本的双重内涵

固定资本服务与财富性资本存量共同构成资本的双重内涵，即生产特性与财富特性，二者相辅相成，如图1-2所示。（1）生产性资本存量首先是

[①] Jorgenson, D. W., Motohashi, K.,"Information Technology and the Japanese Economy", *Journal of the Japanese & International Economies*, Vol. 19, No. 4 (2005), pp. 460-481.

[②] OECD, *Measuring Capital OECD Manual-Measurement of Capital Stocks, Consumption of Fixed Capital and Capital Services*, France：OECD Publishing, 2009.

测算固定资本服务的基础，通常假设固定资本服务和生产性资本存量构成某一固定比例关系，即可以从生产性资本存量的变化推算出固定资本服务的变化。（2）生产性资本存量的测算关键是效率模式，衡量了资本品在耐用年限内的生产能力衰减。将历年固定资本流量经过退役模式和效率模式调整后的数值进行加总，便得到生产性资本存量。固定资本服务是将资本的生产能力传递给产品的生产性服务。（3）财富性资本存量属于国民收入和财富视角的固定资本测算指标，其变动受固定资本流量和折旧的共同影响。（4）财富特性与生产特性所基于的视角虽然不同，但也存在一定联系。例如，折旧模式和效率模式是相关的，折旧模式不仅是财富性资本存量测算的基础，也构成了使用者成本的一部分，而使用者成本是汇总不同类型资本品固定资本服务的基础。

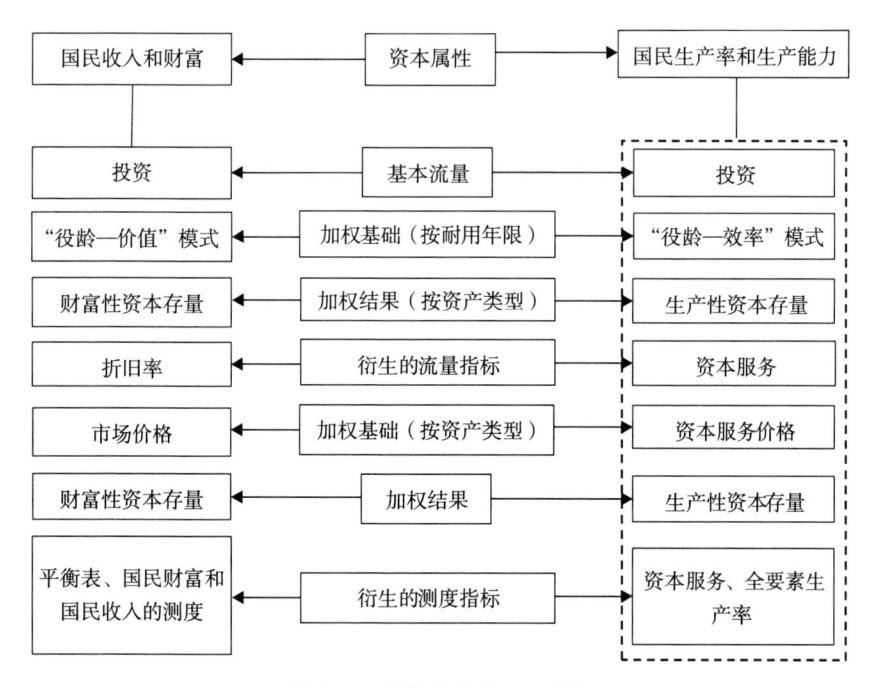

图 1-2　固定资本的双重内涵

资料来源：《OECD 资本测算手册（2009）》。

4. 混淆固定资本服务和固定资本存量的影响

在很长一段时间里，研究者将固定资本存量作为生产函数中的资本投入项，会造成经济增长分析偏误和全要素生产率偏估。

（1）只有其中流入生产的固定资本提供的服务才对当期产出作贡献，固定资本存量衡量的是载体的价值，是存量概念，固定资本服务衡量的是载体提供的服务流量价值，是流量概念，生产函数中的劳动要素投入为流量指标，资本要素投入指标也应为流量指标，以固定资本存量衡量会造成口径不一致问题，以固定资本服务作为资本投入概念更符合生产理论。

（2）不同类型固定资本品的生产率不同，测算投入生产后的固定资本投入量需要将所有参与生产的异质性资本品的产量和价格加总，涉及相同属性或用途性质的资本品归并和不同属性资本品的分类问题，但固定资本存量无法反映资本品的异质性，而固定资本服务能够反映资本的结构。

（3）资本利用率的影响，部分新资本品并非即时投入生产，另外，某些闲置资本品并不参与生产过程，而当这些资本品以固定资本存量纳入生产函数中，会高估资本投入量，降低测算精度。

（4）投入生产后的固定资本品在循环使用过程中会发生价值和产出效率的改变，固定资本存量忽略了资本品在使用过程中的效率损失和磨损，而固定资本服务可以反映不同时期生产效率的变化，ICT资本品快速更新换代的特点，造成其价值下降速度快于生产能力的下降速度，以ICT资本存量衡量也会造成较大偏误。

因此，真正的资本投入量是固定资本在生产过程中提供的服务流量，而不是反映某一时点总固定资本存量指标，固定资本服务才是反映资本实际生产能力的资本投入指标。

二、固定资本服务核算范围

SNA 2008强调，在生产中使用非金融资产，或者在一段时期内持有非金融资产，均可产生收益。产生固定资本服务的资本品是那些对生产有贡献的非金融资产。具体来讲，它包括固定资产、存货、自然资源和那些在生产中使用的合约、租约和许可。那么，这些是否属于产生固定资本服务的资本品范围？主要通过以下几个方面判断：

（1）是否参与生产过程？

（2）在生产中的使用是否带来了资本品价值下降？

（3）参与生产过程是否带来了收益增加？

对于固定资本而言，满足资产的一般属性，包括耐用性、收益性，且通常耐用年限在一年以上，典型的满足上述特征。而存货，无论是原材料、在制品还是制成品，或是能够平滑生产经营过程，或是充当中间投入，抑或是促进商品流通，均参与了生产过程，并伴随着价值转移和生产过程的收益增加。因此，无论固定资产还是存货、自然资源，以及生产中使用的合约、租约和许可均属于产生固定资本服务的资产范围。

在过去很长一段时间，固定资本服务的测算主要针对固定资产。这是因为在实际测算中，很难估计除固定资产外的其他非金融资产所提供的固定资本服务。尽管如此，SNA认为固定资本服务应该来自任何能带来预期收益的资产，包括存货、自然资源等。

本书以生产过程中固定资产所提供的服务流量为研究对象，探讨固定资本服务的基础数据整合及核算方法框架设计问题。依据《中国国民经济核算体系（2016）》的规定，固定资产是指"生产活动生产的，在生产活动中使用一年以上、单位价值在规定标准以上的资产，不含自然资产、耐用消费品、小型工器具"。从这样的界定入手，本书研究的固定资本服务是宽口径的范围，是指除存货、贵金属以外的生产性资产。从涵盖范围来看，R&D、ICT资产都包含在固定资本的范围内，而数据资产部分属于现有SNA核算范畴[1]，部分尚未包含在内。

---

[1] 关于数据资产的核算范围，将在第八章数据资本服务核算专门讨论。

三、固定资产分类研究

固定资本分类是在核算范围的基础上,依据资本品属性差异进行的归类划分。同时,因为固定资本核算范围的变化,分类所涵盖的范围也在不断扩展,从早期的机器设备、建筑物等传统固定资本,逐渐扩展到 R&D、ICT 资本品、数据资本等方面。

(一)国际统计标准及其变化

从 SNA 1993 到 SNA 2008,固定资产范围得以扩展,最为典型的就是 R&D 的资本化,并且这一变化在固定资产的分类中得以体现。SNA 2008 对固定资产的分类是住宅、其他建筑和构筑物、机器和设备、培育性生物资源、非生产性资产所有权转移费用、知识产权产品,《中国国民经济核算体系(2016)》(以下简称"CSNA 2016")中采用了同样的资产分类[①]。这与 OECD(2009)[②] 的固定资产分类也基本一致,如表 1-2 和表 1-3 所示。

表 1-2 OECD 的固定资产分类

类别	细分类别
住房	
其他房屋与构筑物	非住宅建筑物
	其他构筑物
	土地改良

---

① 本书后续基本内容和测算将围绕以 CSNA 2016 的资本品分类为基础,结合资本品属性差异进一步细化分类。其中,单列的 ICT 资本品将以单独章节形式展开分析,而鉴于数据资产在内涵界定、分类以及核算方法上尚未统一共识,本书也将以单独的章节详细讨论。

② OECD, *Measuring Capital OECD Manual-Measurement of Capital Stocks, Consumption of Fixed Capital and Capital Services*, France: OECD Publishing, 2009.

续表

类别	细分类别
机械设备	交通设备
	信息技术设备
	其他机械设备
兵器	
培育性资产	生产重复产品的牲畜
	生产重复产品的树、庄稼、植物等资源
非生产性资产所有权转换成本	
知识产权资产	研究与开发
	矿产开采与估值
	电脑软件与数据库
	文学、艺术原作
	其他知识产权资产

资料来源：《OECD 资本测算手册（2009）》。

表1-3　CSNA 2002 和 CSNA 2016 资产负债表中的固定资产分类

CSNA 2002	CSNA 2016
固定资产	固定资产
有形生产资产	住宅
住宅	其他建筑和构筑物
非住宅建筑	机器和设备
机器设备	培育性生物资源
培育资产和大牲畜	知识产权产品
无形生产资产	研究与开发
矿藏勘探	矿藏勘探
计算机软件	计算机软件和数据库
	娱乐、文学和艺术品原件

（二）理论研究中的分类探索

从表 1-4 的代表性分类来看，已有文献在国际分类基础上开展了不同程度的细化探索，以尽可能捕捉资本品属性和结构差异。特别是，随着数字经济的快速发展，ICT 硬件和软件、数据资本①的相关研究备受关注。

表 1-4　固定资产代表性分类

地区/作者	分类
美国	26 类机器与设备、2 类建筑物、3 类存货和土地
澳大利亚	6 种机器和设备、建筑物、4 种无形资产、存货和土地
黄勇峰和任若恩（2002）②	建筑、设备
王益煊和吴优（2003）③	城镇住宅、农村住宅、非住宅建筑、市政建设、机器设备购置、役畜产品畜、其他共七类
孙琳琳和任若恩（2008）④	建筑、设备和汽车
王亚菲和王春云（2017）⑤	ICT 软件、ICT 硬件、建筑安装工程、设备工器具购置⑥及其他固定资产
姬卿伟（2017）⑦	住宅建筑、非住宅建筑、交通运输设备、通信等电子设备、其他设备、软件、矿藏勘探、土地改良、其他
王春云和王亚菲（2019）⑧	R&D、计算机软件、计算机硬件与通信设备、矿藏勘探、其他机器和设备、住宅与非住宅建筑物

---

① 数据资本的研究和统计实践刚刚起步，有关的基础理论尚不完善，关于资本品分类的研究也未形成一致共识。
② 黄勇峰、任若恩：《中美两国制造业全要素生产率比较研究》，《经济学（季刊）》2002 年第 4 期。
③ 王益煊、吴优：《中国国有经济固定资本存量初步测算》，《统计研究》2003 年第 5 期。
④ 孙琳琳、任若恩：《我国行业层次固定资本服务量的测算（1981~2000 年）》，《山西财经大学学报》2008 年第 4 期。
⑤ 王亚菲、王春云：《中国行业层面信息与通信技术固定资本服务核算》，《统计研究》2017 年第 12 期。
⑥ "设备、工具、器具购置"和"设备、工具、器具投资"为全称，为便于表达，本书均采用"设备工器具购置"或者"设备工器具投资"。
⑦ 姬卿伟：《中国固定资本服务测算及其稳健性研究》，《统计研究》2017 年第 10 期。
⑧ 王春云、王亚菲：《数字化资本回报率的测度方法及应用》，《数量经济技术经济研究》2019 年第 12 期。

四、核算路径研究

根据"SNA 的修订与中国国民经济核算体系改革"课题组（2013）[①]的研究，固定资本服务核算有两条具体的路径[②]：一是基于使用者成本的核算路径，二是基于生产性资本存量的核算路径。

（一）基于使用者成本的核算路径

该路径下固定资本服务测算遵循一个基本原则，即代表性资本品在任一时刻的价值，由其剩余使用年限所提供的固定资本服务价值之和衡量。以耐用年限为 5 年的某代表性资本品为例，其各年对生产的贡献为 Z_1、Z_2、Z_3、Z_4、Z_5，折现率为 γ，那么，根据固定资本服务和资产价值的关系，可以计算出每年的资产价值。更进一步地，可以计算出该资产每年的价值衰减率，其衰减的价值为固定资本消耗。

对于表 1-5 的测算，代表性资本品各年对生产的贡献记为该资本品的固定资本服务。这一路径下，可通过测算资本回报和衰减价值[③]测算固定资本服务或者给定各年的资本品价值、价值留存率和贴现率，进而测算各年固定资本服务价值。但通常情况下，实际统计数据难以支撑该方法的测算，多数停留在理论方法的探讨环节。因此，实证测算研究中基于该路径的研究极少。

[①] "SNA 的修订与中国国民经济核算体系改革"课题组：《SNA 关于固定资本服务的测算及对国民账户的影响》，《统计研究》2013 年第 5 期。

[②] Schreyer, P., "The Contribution of Information and Communication Technology to Output Growth: A Study of the G7 Countries", *Working Paper*, OECD, No. 2000/2.

[③] 其中，资本回报衡量的是持有资本品的机会成本，而衰减价值被认为是固定资本的消耗部分，对应于生产能力的下降。

表 1-5 基于使用者成本路径的测算原理

各年资产贡献的贴现值	第1年	第2年	第3年	第4年	第5年
第1年	Z_1				
第2年	$\dfrac{Z_2}{1+\gamma}$	Z_2			
第3年	$\dfrac{Z_3}{(1+\gamma)^2}$	$\dfrac{Z_3}{1+\gamma}$	Z_3		
第4年	$\dfrac{Z_4}{(1+\gamma)^3}$	$\dfrac{Z_4}{(1+\gamma)^2}$	$\dfrac{Z_4}{1+\gamma}$	Z_4	
第5年	$\dfrac{Z_5}{(1+\gamma)^4}$	$\dfrac{Z_5}{(1+\gamma)^3}$	$\dfrac{Z_5}{(1+\gamma)^2}$	$\dfrac{Z_5}{1+\gamma}$	Z_5
当年资产价值	$\sum_{\varphi=0}^{4}\dfrac{Z_{\varphi+1}}{(1+\gamma)^{\varphi}}$	$\sum_{\varphi=0}^{3}\dfrac{Z_{\varphi+2}}{(1+\gamma)^{\varphi}}$	$\sum_{\varphi=0}^{2}\dfrac{Z_{\varphi+3}}{(1+\gamma)^{\varphi}}$	$\sum_{\varphi=0}^{1}\dfrac{Z_{\varphi+4}}{(1+\gamma)^{\varphi}}$	Z_5
价值留存率	$\dfrac{\sum_{\varphi=0}^{3}\dfrac{Z_{\varphi+2}}{(1+\gamma)^{\varphi}}}{\sum_{\varphi=0}^{4}\dfrac{Z_{\varphi+1}}{(1+\gamma)^{\varphi}}}$	$\dfrac{\sum_{\varphi=0}^{2}\dfrac{Z_{\varphi+3}}{(1+\gamma)^{\varphi}}}{\sum_{\varphi=0}^{3}\dfrac{Z_{\varphi+2}}{(1+\gamma)^{\varphi}}}$	$\dfrac{\sum_{\varphi=0}^{1}\dfrac{Z_{\varphi+4}}{(1+\gamma)^{\varphi}}}{\sum_{\varphi=0}^{2}\dfrac{Z_{\varphi+3}}{(1+\gamma)^{\varphi}}}$	$\dfrac{Z_5}{\sum_{\varphi=0}^{1}\dfrac{Z_{\varphi+4}}{(1+\gamma)^{\varphi}}}$	0
衰减价值（固定资本消耗）	G_1 $\sum_{\varphi=0}^{4}\dfrac{Z_{\varphi+1}}{(1+\gamma)^{\varphi}} - \sum_{\varphi=0}^{3}\dfrac{Z_{\varphi+2}}{(1+\gamma)^{\varphi}}$	G_2 $\sum_{\varphi=0}^{3}\dfrac{Z_{\varphi+2}}{(1+\gamma)^{\varphi}} - \sum_{\varphi=0}^{2}\dfrac{Z_{\varphi+3}}{(1+\gamma)^{\varphi}}$	G_3 $\sum_{\varphi=0}^{2}\dfrac{Z_{\varphi+3}}{(1+\gamma)^{\varphi}} - \sum_{\varphi=0}^{1}\dfrac{Z_{\varphi+4}}{(1+\gamma)^{\varphi}}$	G_4 $\sum_{\varphi=0}^{1}\dfrac{Z_{\varphi+4}}{(1+\gamma)^{\varphi}} - Z_5$	G_5 Z_5
收入（资本回报）	$Z_1 - G_1$	$Z_2 - G_2$	$Z_3 - G_3$	$Z_4 - G_4$	$Z_5 - G_5$

注：（1）根据"SNA 的修订与中国国民经济核算体系改革"课题组（2013）[①] 的研究进一步整理。（2）设定役龄为 0 时，对应的是资本品使用的第 1 年，以此类推，役龄为 $N-1$ 时，对应的是资本品使用的第 N 年，如无特别说明，本书的后续内容均采用此处理。

[①] "SNA 的修订与中国国民经济核算体系改革"课题组：《SNA 关于固定资本服务的测算及对国民账户的影响》，《统计研究》2013 年第 5 期。

（二）基于生产性资本存量的核算路径

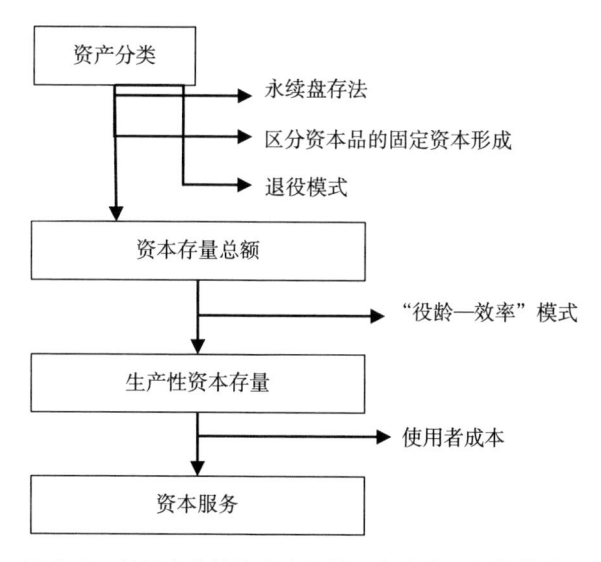

基于生产性资本存量的固定资本服务核算路径如图1-3所示。该路径下的固定资本服务核算主要取决于生产性资本存量与使用者成本两个指标。其中，前者可以借助永续盘存法测算，将经过价格指数调整的固定资本形成总额序列作为不变价投资序列，利用退役模式与效率模式衡量资本品的退役与效率衰减过程，进而将调整后的不变价投资序列加总得到生产性资本存量；而后者主要是用于汇总不同类型资本品的固定资本服务，具体会涉及资本回报率、折旧率以及资本品价格等参数的估计与测算。所体现出的依然是自下而上的核算逻辑。

图1-3 基于生产性资本存量的固定资本服务核算路径

该路径下的具体测算结果主要是两种形式：一是固定资本服务价值，利用固定资本服务与生产性资本存量之间的比例关系，通过构建比例系数间接获取固定资本服务价值；二是固定资本服务物量指数，通过生产性资本存量与使用者成本以Tornqvist指数进行汇总得到，以描述固定资本服务的增减变化。兼顾数据的可获得性和OECD的建议，本书采用基于生产性资本存量的方法路径开展我国的固定资本服务核算。

(三) 核算路径选择

从方法的可操作性角度来看，本书选择基于生产性资本存量的核算路径，并基于自下而上的核算逻辑，分别测算单个资本品的生产性资本存量，并汇总得到全国（地区）层面生产性资本存量，进而测算固定资本服务价值和固定资本服务物量指数。

五、账户关联与记录

固定资本服务核算纳入国民账户体系是 SNA 2008 的主要变动之一，是固定资本测算的主要内容，更是与存量核算相对应的流量核算，确保了资本核算的完整性。从账户关联角度来看，固定资本服务核算主要通过与相关固定资本测算指标关联，建立起与国民账户体系的衔接关系。其中，主要指标有总固定资本形成总额、财富性资本存量、固定资本消耗等，涉及的账户主要是生产账户、积累账户、收入账户、资产负债账户。在图 1-1 的基础上，进一步纳入账户关联，如图 1-4 所示。

根据乔根森和兰德费尔德（Jorgenson, Landefeld, 2009）[①] 关于固定资本服务核算纳入国民账户体系的设计思路，固定资本服务相关的账户记录指标主要有固定资本服务、财富性资本存量、固定资本消耗、固定资本形成。基于指标的账户关联主要有：

第一，财富性资本存量属于资产负债表的记录项目，用于反映资本的财富价值。

第二，固定资本消耗是一定时期内固定资本存量现值的耗减部分，一方面它是增加值的构成项，出现在生产账户中；另一方面，它也是累积账户的具体记录项目。

---

① Jorgenson, D. W., Landefeld, J. S., "A New Architecture for the U. S. National Accounts", *Review of Income and Wealth*, Vol. 55, No. 1 (2009) pp. 1–42.

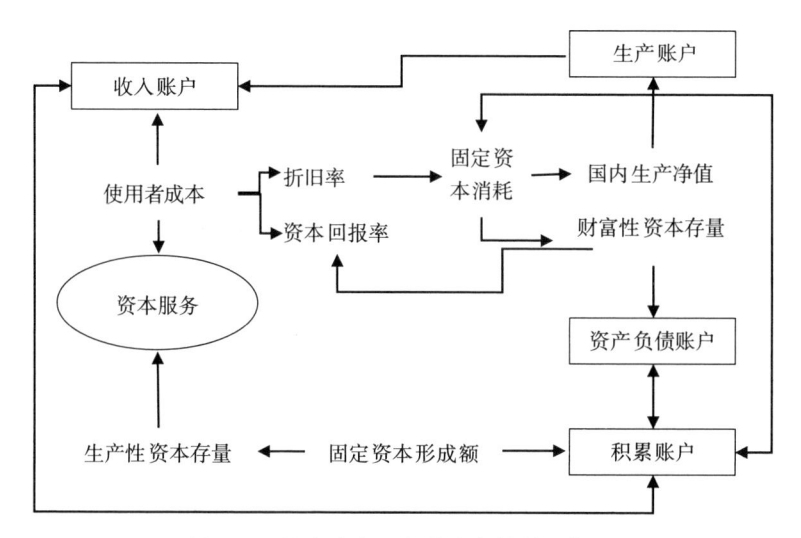

图 1-4 固定资本服务的账户关联示意图

注：根据《OECD 资本测算手册（2009）》相关资料整理。

第三，从收入法 GDP 的角度来看，营业盈余和固定资产折旧合计记为总营业盈余，其中，SNA 2008 认为营业盈余是一个余值的概念，即收入法 GDP 按要素分配的剩余项（平衡项），但归属于资本要素所有。而固定资本服务可以看作生产过程中资本要素的贡献部分，可以由产出扣除中间投入和劳动投入后的余额衡量，即表示为营业盈余、固定资产折旧[①]、生产税净额中的资本部分三者之和。因此，从账户关联角度来看，固定资本服务因与营业盈余之间的关联，进而也涉及收入账户。若考虑到固定资本消耗的问题，还会涉及生产账户和积累账户。

进一步地，由指标关联性和基本测算等式可将总固定资本存量、生产性资本存量建立起与国民经济账户之间的间接关联。

固定资本存量本身并不是 SNA 的构成项目，但它是测算资本存量净额和固定资本服务的传统起点，扣除固定资本消耗后成为财富性资本存量，因此，能够与生产账户和资产负债表建立关联。经效率模式调整后形成生产性资本存量，在此基础上，经使用者成本加权得到固定资本服务，因此，又与

---

① 折旧是会计概念，但因固定资本消耗衡量困难，通常由固定资产折旧替代。

收入账户建立关联。

具体的账户记录上，1993年SNA中的生产账户是一个纯粹的增加值账户，而并不是一个严格意义上的生产账户，它没有反映出资产对生产的贡献或资产的资本投入，如表1-6所示。后续的理论研究中，存在两个代表性的具体做法：一种观点是重构现有的生产账户和收入形成账户，建立一个更加综合的生产账户。其中，固定资本服务与雇员报酬在这个账户中并列记录。另一种观点是不改变现有的国民账户，只是在原有账户的基础上以补充表的形式增加固定资本服务的内容。

表1-6 SNA资本账户的基本构成

SNA 1993	SNA 2008
固定资本形成总额	固定资本形成总额
现有资产	现有固定资产
融资租赁中的有形固定资产	现有资产的重大改良
现有资产的重大改善	资产的获得和处置费用
所有权转移费用	存货变化
有形固定资产的获得减处置	贵重物品的获得减处置
无形固定资产的获得减处置	固定资本消耗
存货变化	所有权转移费用
珍贵物品的获得减处置	终期费用
固定资本消耗	非生产非金融资产的获得减处置
非生产非金融资产的获得减处置	资本转移
资本转移	

SNA 2008采用了后一种处理，并针对这一问题做出较大改进，指出在原有国民账户的基础上以补充表的形式增加固定资本服务的内容。具体的记录项目和记录形式可见SNA 2008中的"国民账户中可能的补充表"。

从补充表的内容和布局来看：（1）在原有收入形成账户中直接增加了固定资本服务的核算内容，并以非金融资产分类形式列示。（2）固定资本服务按价值衰减和资产回报两个部分单独列出，其中，价值衰减对应于固定资本消耗，资本回报对应于营业盈余和生产税净额中的资本部分，这一分类恰当地反映出了固定资本服务的构成及其平衡关系。

六、数据资本服务核算问题

在数字经济时代，数据作为一种新的生产要素在社会生产活动中发挥着重要作用，谁能掌握数据，谁就拥有先发优势。在全世界范围内，信息捕获日益便利，数据在经济社会中无处不在，将信息转换为数字格式储存，进而通过分析提取有价值的知识，使数据的使用呈指数级增长。马尼卡等（Manyika，et al.，2011）[①] 指出，数据不可或缺，是除劳动力和资本以外的又一重要生产力因素。2019 年，在党的十九届四中全会上，数据首次被列为生产要素。2020 年，中共中央和国务院印发《关于构建更加完善的要素市场化配置体制机制的意见》，明确提出要"加快培育数据要素市场"。数据作为一种生产要素，其价值核算是当前的理论研究热点。即便如此，由于数据要素具有虚拟性等特殊属性，其价值确定困难，虽然其商业价值已在社会上取得普遍认可，但对数据的价值测算研究却远落后于数字经济的发展速度，价值测算仍缺乏合理有效的方法路径。现阶段国内对数据作为生产要素的核算探索仍处于起步阶段，在我国国民经济核算框架中，对数据价值的衡量主要体现在数据库及其支持软件，以及包含在研发活动中的相关数据增值环节，无法系统全面地衡量数据要素在经济活动中的重要作用。因此，需要就数据要素价值的测度问题开展系统研究，以弥补现有国民经济核算框架在衡量数据要素价值方面的不足。

---

① Manyika, J., et al., "Big Data will Become a Key Basis of Competition, Underpinning New Waves of Productivity Growth, Innovation, and Consumer surplus—as long as the Right Policies and Enablers are in Place", in "Big Data: The Next Frontier for Innovation, Competition, and Productivity", McKinsey Global Institute, https：//www.mckinsey.com/capabilities/mckinsey-digital/our-insights/big-data-the-next-frontier-for-innovation, 2011-6.

徐翔等（2021）①认为，数据具有许多其他生产产品和服务没有的独特特性，如虚拟性、非竞争性、排他性、规模报酬递增、正外部性、产权模糊性以及衍生性等。正是数据这些特性，使其与传统生产要素差异较大，核算存在难度。现阶段的研究普遍认为，从资产角度出发开展数据要素价值测度是构建相关核算体系的重要路径。近年来，国内学者逐渐重视对数据资产的研究。中国对数字经济卫星账户设计与核算要素讨论等问题取得了一定进展，部分学者建议将有关数字经济的投资统计与资本核算问题纳入卫星账户的关键表式［向书坚和吴文君，2019②；加拿大统计局（Statistics Canada），2019③］。然而在这些研究中，对数据资产的具体核算关注较少，缺少深入研究。作为具有资产属性的数据要素，李花菊（2021）④明确指出数据资产核算作为一个新的研究课题，许多问题亟待研究。数据要素属性就是其中的一个重要问题，李静萍（2020）⑤指出数据具有明确的经济所有权归属和收益性，应当将数据纳为资产核算的范围，并将数据作为非生产性资产在国民经济核算体系中加以记录。而许宪春等（2022）⑥的研究则明确指出数字资产应作为生产资产纳入国民经济核算。除此之外，基于什么样的数据基础和测算方法衡量数据资产规模也是理论研究亟待深入的问题，许宪春等（2022）根据理论研究和国内实地调研情况，提出了从数据收集、存储、分析、应用四个阶段开展基于成本收益角度的数据资产核算，是对这一问题的一个很好的回答，也为本书的研究提供了很好的借鉴。

总的来看，现有核算框架尚未涉及数据资产及其核算范围的界定问题，如何在账户中记录和确认数据资产更是无从谈起；而有关的理论研究尽管取

---

① 徐翔等：《数据生产要素研究进展》，《经济学动态》2021年第4期。
② 向书坚、吴文君：《中国数字经济卫星账户框架设计研究》，《统计研究》2019年第10期。
③ Statistics Canada, "Measuring Investment in Data, Databases and Data Science: Conceptual Framework", https://www150.statcan.gc.ca/n1/pub/13-605-x/2019001/article/00008-eng.htm, 2019a-6-24.
④ 李花菊：《关于数据资产核算》，《中国统计》2021年第2期。
⑤ 李静萍：《数据资产核算研究》，《统计研究》2020年第11期。
⑥ 许宪春等：《数据资产统计与核算问题研究》，《管理世界》2022年第2期。

得了不同程度的进展，但在方法路径与核算细节上，仍有进一步讨论和深入研究的空间。

本章小结

本章根据固定资本服务核算的国际准则、统计实践和有关理论研究成果，围绕固定资本服务基本概念、固定资本服务核算范围、固定资本服务核算与国民经济账户体系间的相互关系，以及数字经济发展对固定资本服务核算影响等基本问题进行梳理归纳。首先，阐述了固定资本服务的基本内涵及其核算意义，厘清了固定资本服务与生产性资本存量、财富性资本存量之间的联系和区别。其次，从国民账户中识别与固定资本有关的项目，结合SNA中心核算框架与有关卫星账户的理论研究，梳理固定资本服务与总营业盈余的关系。本章的研究有助于明晰固定资本服务核算的基本问题，为后续的方法和实证测算研究奠定理论基础。

第 二 章
固定资本服务核算方法研究[①]

根据第一章对于固定资本服务核算路径的探讨，基于生产性资本存量的核算路径在现实应用中的可操作性较强。该路径下，固定资本服务核算的基本步骤：单一资本品固定资本服务数量通常以生产性资本存量为基础，将固定资本服务数量看作是生产性资本存量的常数比例，价格因素以固定资本服务价格或使用者成本衡量，这样单一类型固定资本服务价值就可以表示为生产性资本存量与单位使用者成本的乘积，但参与生产过程的往往不止一种类型的资本品，需要对异质资本品的固定资本服务进行汇总，固定资本服务物量指数将各类型资本品的固定资本服务价值加权汇总，以综合反映固定资本服务的增减变化情况。基于此，遵循生产性资本存量的核算路径，对测算过程中涉及的关键测算方法逐一介绍。

一、生产性资本存量核算

固定资本服务是一个流量概念，是指资本品在生产过程中提供的服务流量，代表资本投入的服务水平和实际使用效率。由于流量无法直接观测到，测算中通常将固定资本服务作为生产性资本存量的一定比例，生产性资本存量的变化即代表固定资本服务的数量变化。

对于生产性资本存量测算而言，突出对历史时期投资并具有可观测使

---

① 本章部分内容发表在《统计研究》2020 年第 9 期。

年限的资本品以生产效率为单位进行累加，在测算中扣除了资本退役与效率损失，从而得到生产性资本存量。根据 OECD（2009）[1] 的定义，生产性资本存量[2]是指总固定资本存量扣除生产过程中的效率损失后的余额。该指标较为准确地反映了资本实际的"生产能力"。其内涵可以用下式进行反映：

$$K_{it} = G_{it} - E_{it} = \sum_{\tau=0}^{N_i-1} h_{i\tau} I_{i,t-\tau} = \sum_{\tau=0}^{N_i-1} g_{i\tau} f_{i\tau} I_{i,t-\tau} \tag{2-1}$$

式中，K_{it}、G_{it}、E_{it} 分别表示 t 期 i 类资本品的生产性资本存量、总固定资本存量、累积效率损失价值，$h_{i\tau}$ 表示整体"退役—效率"模式，N_i 表示 i 类资本品的平均耐用年限，τ 表示资本品的役龄。$g_{i\tau}$ 表示资本品的效率模式[3]，是从生产能力角度刻画资本品生产效率的时间序列特性，是估算生产性资本存量和固定资本服务的基础，表示 $t-\tau$（$\tau=0,1,2,\cdots,N_i-1$）年投资的资本品在第 t 年时与全新资本品的相对效率，满足 $g_{i\tau} - g_{i,\tau-1} \leq 0$，即资本效率会随着役龄 τ 的增加而下降。同时，在资本品的初始状态时，其效率为最大，为 $g_i(0)=1$；而在退役状态时，价值最小，为 $g_i(N)=0$。理论上讲，凡是能够影响资本品经济寿命的因素都应在效率模式的构造上得到体现。$f_{i\tau}$ 是资本品的残存比例（对应于退役模式），是用来反映随时间推移资本品残存比例分布情况的函数。

通常认为生产性资本存量是固定资本服务的载体，即固定资本服务量是生产性资本存量的固定比例[4]。除了不变价的投资序列外[5]，还需要明确资本品残存模式、效率模式、初始资本存量。

---

[1] OECD, *Measuring Capital OECD Manual-Measurement of Capital Stocks, Consumption of Fixed Capital and Capital Services*, France：OECD Publishing，2009.

[2] "生产性资本存量"所对应的是"已失去实际生产能力的固定资本存量"。

[3] 如无特别说明，"役龄—效率"模式简称"效率模式"，"役龄—价值"模式简称"价值模式"。

[4] 该固定比例通常被设定为 1，具体可见姬卿伟：《中国固定资本服务测算及其稳健性研究》，《统计研究》2017 年第 10 期；王春云、王亚菲：《数字化资本回报率的测度方法及应用》，《数量经济技术经济研究》2019 年第 12 期。

[5] 后面的分析中会结合我国固定资产投资统计、GDP 核算和投入产出数据情况重点讨论区分资本类别的资本流量数据测算问题。此处不再展开说明。

（一）永续盘存法

永续盘存法是国内外应用最广泛的间接的固定资本测算方法，其核心思想是耐用品的效率在使用中会随着年限的增加而改变，对耐用资本品存量的估计则是在估算耐用年限的基础上对资本品进行累加。设定任意时点上的资本均由不同役龄的资本品组成，而对于不同役龄的资本品而言，会存在相对效率上的差异，这是永续盘存法应用的一个基本前提，如图2-1所示。

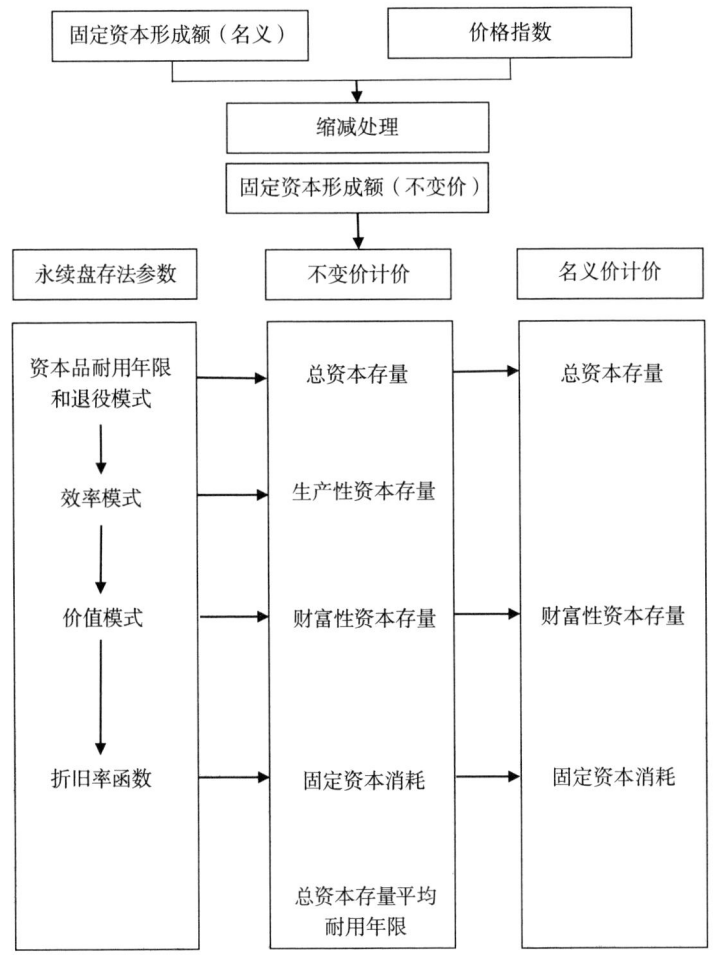

图2-1 永续盘存法流程图

为便于分析和说明问题，首先通过一次性退役模式的设定，来简化阐述永续盘存法的基本原理。此时，式（2-1）可写为：

$$K_{it} = \sum_{\tau=0}^{N_i-1} g_{i\tau} I_{i,\,t-\tau} \qquad (2-2)$$

假设某类代表性资本品在初始状态时的效率最大，为 $g(0) = 1$；在退役状态时的效率最小，为 $g(N) = 0$。资本品役龄从第 τ 期到第 $\tau + 1$ 期（$\tau = 0, 1, 2, \cdots, N - 1$），效率损失比例可表示为 $g(\tau) - g(\tau + 1)$。在生产过程中，为保持资本品效率，需要通过"维护或投资"进行资本的重置，役龄从第 τ 期到第 $\tau + 1$ 期的资本重置比例可记为 $m(\tau + 1)$，则有：

$$m(\tau + 1) = g(\tau) - g(\tau + 1) \qquad (2-3)$$

考虑到资本品在达到退役状态时，$g(N) = 0$，此时的重置率为1，对于式（2-3）可记为：

$$\sum_{\tau=0}^{N-1} m(\tau + 1) = -\sum_{\tau=0}^{N-1} [g(\tau + 1) - g(\tau)] = g(0) = 1 \qquad (2-4)$$

在此基础上，对于式（2-2），相邻两期固定资本存量相减可得：

$$K_t = K_{t-1} + I_t - [g(0) - g(1)] I_{t-1} - [g(1) - g(2)] I_{t-2} - \cdots - [g(N-1) - g(N-2)] I_{t-N+1} - [g(N) - g(N-1)] I_{t-N} = K_{t-1} + I_t - m(1) I_{t-1} - m(2) I_{t-2} - \cdots - m(N) I_{t-N} \qquad (2-5)$$

定义资本重置需求为 R_t，表示为使资本生产能力保持不变的投资水平。

$$R_t = m(1) I_{t-1} + m(2) I_{t-2} + \cdots + m(N) I_{t-N} = \sum_{\tau=0}^{N-1} m(\tau + 1) I_{t-(\tau+1)}$$

$$(2-6)$$

此时，式（2-2）可写为

$$K_t = K_{t-1} + I_t - R_t \qquad (2-7)$$

式中，K_t 受 K_{t-1} 的影响。每一期的固定资本存量都受上一期固定资本存量的影响，但通常 R_t 是未知的，因此，在具体应用永续盘存法时引入了退役模式、价值模式和效率模式。

（二）退役模式

记 i 类资本品退役模式为 $F_i(\tau)$，反映 $t - \tau$（$\tau = 0, 1, 2, \cdots, N_i - 1$）

年投资的资本品至 t 年已退役的比例,那么,对应的残存比例可记为 $f_{i\tau}$ = $1 - F_i(\tau)$,即 $t-\tau$ (τ = 0, 1, 2, …, N_i - 1) 年投资的资本品至 t 年残存的比例。目前,较为常见的退役模式主要有线性模式(直线型、一次性、延迟型)、钟形分布模式、对数正态分布模式。

(1) 同时退役,也被称为一次性模式,是同龄 ICT 资本品在达到耐用年限后全部同时退出生产过程。该模式是指同一类型的固定资本在其达到该资本品平均耐用年限后一起从固定资本存量中扣除,其原理如下:

$$F_i(\tau) = \begin{cases} 0 & \tau < N_i \\ 1 & \tau \geq N_i \end{cases} \tag{2-8}$$

其中,N 表示全社会平均资本耐用年限。将其改写为残存比例的表达式如下:

$$f_{i\tau} = \begin{cases} 1 & \tau < N_i \\ 0 & \tau \geq N_i \end{cases} \tag{2-9}$$

式(2-2)是引入一次性残存模式后的生产性资本存量表达式。通常,在缺乏相对完善的二手资本品市场数据情况下,对退役模式进行合理模拟的方式尚不可行。对此,本书认为在条件有限的情形下,资本品退役模式不应过于复杂,复杂形态也许能够更合理描述实际情况,但同时蕴含着多种假设,且这种假设通常存在预先设定的可能,很难以一定的规则进行判断。一次性退役模式虽然在逻辑上较为简单,即假设资本在退役之前以百分之百的形态存在,耐用年限内不考虑退役情况,但在实际中常常却较为合理,因为很多经济主体在资本品耐用年限内并不考虑其退役情况,而只考虑折旧或重置等因素来进行投资替换。

(2) 钟形退役模式是理论研究和统计实务中使用最普遍的模式之一[①],记资本品的退役模式为 $f(\tau)$,其对数正态分布模式下的概率密度函数为:

---

① 该模式下仍有不同的具体形式,钟形退役模式除了正态频率分布外,还有 Winfrey 曲线模式、Weibull 曲线模式和对数正态退役模式等。荷兰统计局和法国统计局(INSEE)对不同的退役方式进行了考察。相关研究表明,不同的钟形退役模式对估算结果的影响较小。

$$\vartheta_i(\tau) = \frac{1}{\sqrt{2\pi}\, S_i} exp\left[-\frac{(\tau - \bar{T}_i)^2}{2 S_i^2}\right] \tag{2-10}$$

其中，$\bar{T}_i$ 为资本品的平均耐用年限，为最大耐用年限的一半，S_i 为标准差，OECD（2009）[①] 建议 $S_i \in \left[\frac{\bar{T}}{4}, \frac{\bar{T}}{2}\right]$，此处 $S_i = \bar{T}_i/4$。残存比例可表示为：

$$f_i(\tau) = 1 - \int_0^\tau \vartheta_i(\tau) d\tau \tag{2-11}$$

（三）效率模式

效率模式反映了资本品在使用过程中，由于磨损和腐蚀造成其生产效率随时间延长而不断下降的过程。实践中，效率模式常用的具体形式有以下三种：

1. 双曲线型模式

$$g_{i\tau} = \frac{N_i - \tau}{N_i - \beta_i \tau} \tag{2-12}$$

式中，$0 \leq \beta_i \leq 1$ 代表了 i 类资本品双曲线型效率模式的形态，称为效率损失参数。双曲线型效率形态特点是资本品在其服役早期效率损失的速率较低，在越接近资本品经济寿命末期效率下降得越快。效率损失参数代表着相应的资本品效率损失程度，β_i 越大资本品效率下降得越慢。通常情况下煤矿开采的 β 值被设定为 1，表示效率在开采过程中不会有变化，而 0 经常作为艺术原创作品效率损失参数的取值。

澳大利亚统计局（ABS）参照美国劳工统计局（BLS），将各类资本品的 β_i 值设定为：机器与设备类为 0.5，建筑安装类为 0.75，计算机软件类为 0.5，培育性生物资源类为 0.5，矿藏勘探类为 1，娱乐、文学或艺术品原件为 0（OECD，2009）[①]。

[①] OECD, *Measuring Capital OECD Manual-Measurement of Capital Stocks, Consumption of Fixed Capital and Capital Services*, France: OECD Publishing, 2009.

2. 直线型模式

这类效率模式属于双曲线的特殊形式（$\beta=0$），即

$$g_{i\tau} = 1 - \frac{\tau}{N_i} \tag{2-13}$$

该形态假定生产效率以一个常数值在服役期内逐期递减，即 $g_{i\tau} - g_{i,\tau+1} = \frac{1}{N_i}$。

3. 几何型模式

$$g_{i\tau} = (1 - e_i)^\tau \tag{2-14}$$

式中，e_i 为 i 类资本品的效率损失率，是对资本效率损失进行的数量补偿比例。该模式的特点是假定资本品效率以一个不变的速率 e_i 下降，即 $(g_{i\tau} - g_{i,\tau+1})/g_{i\tau} = e_i$。在几何型模式下，价值模式即效率模式，资本品退役时的生产效率等于残存资本品占总资本品价值的比率（OECD，2009[①]；王亚菲和王春云，2017[②]）。

整体来看，几何型模式下，效率损失率在起始阶段效率下降得最快，但随着时间的增加，效率损失会越来越平缓；而双曲线型效率模式在某种程度上依赖于 β 值的取舍，在描述效率损失程度时，起始阶段下降慢而更临近末期时下降快。

二、基期资本存量测算

严格按照永续盘存法的固定资本测算，会导致固定资本形成总额数据的损失，特别是对于住宅建筑一类的资本品，因其耐用年限较长，通过逐年累加固定资本形成额测算资本存量，仅能获得较短时序的存量数据。

[①] OECD, *Measuring Capital OECD Manual-Measurement of Capital Stocks, Consumption of Fixed Capital and Capital Services*, France: OECD Publishing, 2009.

[②] 王亚菲、王春云：《中国行业层面信息与通信技术固定资本服务核算》，《统计研究》2017 年第 12 期。

（一）基本方法

严格按照永续盘存法测算固定资本存量，可直接累计不变价固定资本形成额，但会损失部分数据量，前 $N-1$ 年的固定资本存量无法直接测算。因此，较常见的处理方法是测算基期资本存量。

在固定资本服务测算过程中，选择的初始年份投资额并非为零，基期之前一段时间的投资量已经积累一定规模的固定资本存量。作为核算的起点，选择离观察期越远的基期，对后续年份固定资本存量影响程度越小，基期更新越及时，所得到的价值或物量指数序列越准确，因此就需要选择合适的基期估算基年固定资本存量。较流行的估算基期资本存量的方法主要有五种。

1. 比例法

张军和章元（2003）[1] 假设上海市与全国的固定资本存量、投资与GDP占比相同，根据上海市固定资本存量推算出全国1952年的固定资本存量；孙琳琳和任若恩（2008）[2] 通过设定汽车资本存量与国有企业固定资本存量之比值，等于汽车固定资产与国有企业固定资产之比值，进而估算出汽车的基期资本存量。

2. 稳态估计法

由哈伯格（Harberger，1978）[3] 提出可由资本—产出比与初始产出的乘积得到基期资本存量，后续如哈勒和琼斯（Hall，Jones，1999）[4]、张军扩（1991）[5]、何枫等（2003）[6] 均采用了这一处理。以何枫等（2003）的研究

---

[1] 张军、章元：《对中国资本存量K的再估计》，《经济研究》2003年第7期。

[2] 孙琳琳、任若恩：《我国行业层次固定资本服务量的测算（1981~2000年）》，《山西财经大学学报》2008年第4期。

[3] Harberger, C., *Perspective on Capital and Technology in Less Developed Countries*, London: Croom Helm, 1978, pp. 69-151.

[4] Hall, R., Jones, C., "Why do Some Countries Produce So Much More Output per Worker than Others?", *The Quarterly Journal of Economics*, Vol. 114, No. 1 (1999), pp. 83-116.

[5] 张军扩：《"七五"期间经济效益的综合分析——各要素对经济增长贡献率测算》，《经济研究》1991年第4期。

[6] 何枫等：《我国资本存量的估算及其相关分析》，《经济学家》2003年第5期。

为例，该文沿用张军扩（1991）[①]对于基期资本—产出比的设定，利用1953年的GDP测算得到年均总固定资本存量，但是，这一方法面临着较多严格的假设条件，且多数设定与实际情况相差较远。

3. PIM倒推法

根据折旧率与观察期前的固定资本存量，黄勇峰等（2002）[②]由1921—1952年投资序列测算得到1952年的基本存量；由于在获取早期资本流量数据存在困难，且资本流量数据以固定比例增长的假设也不切实际，这种方法使用较少。

4. 整体法

也称为计量法。该方法除了假定每年的投资额按固定比例增长外，还要求投资额是之前年份投资额的累计之和，在已知某年投资额时就可以推算基期资本存量，如曹跃群等（2012）[③]利用此方法递推得到1978年的固定资本存量，最后根据资产类型的比例划分得到基期资本存量。陈昌兵（2014）[④]指出这种方法并没有引入折旧率，不会退役的资本在现实生活中并不存在，这种假设投资序列是指数增长的方法也存在高估的局限性。

5. 增长率法

该方法主要是在PIM方法下利用投资增长率和折旧率，通过迭加方法得到基期资本存量［科利（Kohli），1982］[⑤]。基于增长率法的测算依赖于投资增长率和折旧率，不需要设定其他参数，因而，是实证研究中使用最广泛的基期资本存量测算方法。以一个代表性资本品 i 为例：

$$K_{i0} = \frac{I_{i0}(1+\bar{g}_t)}{\bar{g}_t+\delta} \tag{2-15}$$

[①] 张军扩：《"七五"期间经济效益的综合分析——各要素对经济增长贡献率测算》，《经济研究》1991年第4期。

[②] 黄勇峰等：《中国制造业资本存量永续盘存法估计》，《经济学（季刊）》2002年第2期。

[③] 曹跃群等：《中国固定资本服务估算》，《统计研究》2012年第12期。

[④] 陈昌兵：《可变折旧率估计及资本存量测算》，《经济研究》2014年第12期。

[⑤] Kohli, U., "Production Theory, Technological Change, and the Demand for Imports", *European Economic Review*, Vol. 18, No. 2 (1982), pp. 369-386.

其中，I_{i0} 表示基期的固定资本流量，g_t 为某一观察期内固定资本流量序列的年均复合增长率，δ 表示折旧率。在实际应用时，不同研究基于增长率法的具体测算处理存在差异，彭素静和王开科（2022）[①] 在测算基期资本存量时，引入了与 g_t 相对应的平均折旧率，使得测算过程更加贴合实际情况。此外，顾乃华和李江帆（2006）[②]、张军等（2004）[③]、金戈（2012）[④]、吴明娥等（2016）[⑤]、田友春（2016）[⑥]、王恕立和胡宗彪（2012）[⑦] 的研究均做了不同程度的改进。对于 g_t 的测算，不同研究的处理也存在差异，王春云和王亚菲（2019）[⑧] 研究指出，g_t 可设定初始年份后 N 年（资本品耐用年限）的固定资本形成额增长率。彭素静和王开科（2022）则是利用初始年份后五年的固定资本形成额数据测算增长率。

（二）基期的选择

理论研究中，基期的选择主要出于测算的便利性，同时也会考虑基础数据的支撑情况，以及经济发展的阶段特征。目前，国内相关文献中较常见的处理是 1952 年、1978 年，其中，1952 年的基期资本存量测算存在较大困难，理论研究中较多采用张军和章元（2003）[⑨] 的测算结果，但在具体处理

---

① 彭素静、王开科：《数字化基础设施资本服务测算：2002—2019》，《统计学报》2022 年第 4 期。
② 顾乃华、李江帆：《中国服务业技术效率区域差异的实证分析》，《经济研究》2006 年第 1 期。
③ 张军等：《中国省际物质资本存量估算：1952—2000》，《经济研究》2004 年第 10 期。
④ 金戈：《中国基础设施资本存量估算》，《经济研究》2012 年第 4 期。
⑤ 吴明娥等：《中国省际公共资本投入效率差异及影响因素》，《数量经济技术经济研究》2016 年第 6 期。
⑥ 田友春：《中国分行业资本存量估算：1990~2014 年》，《数量经济技术经济研究》2016 年第 6 期。
⑦ 王恕立、胡宗彪：《中国服务业分行业生产率变迁及异质性考察》，《经济研究》2012 年第 4 期。
⑧ 王春云、王亚菲：《数字化资本回报率的测度方法及应用》，《数量经济技术经济研究》2019 年第 12 期。
⑨ 张军、章元：《对中国资本存量 K 的再估计》，《经济研究》2003 年第 7 期。

上也存在差异，如蔡晓陈（2009）① 设定 1952 年的固定资本存量全部由新增投资形成，不考虑基期资本存量的耐用年限问题，从永续盘存法的应用角度来看，通常基期越早，其对最近年份的资本存量影响越小。因此，这一处理会对早期资本存量的测算结果产生影响，但对后续年份的影响较小。

因基础数据制约，特别是分行业、分资本品类型的固定资本测算，以及数字经济相关的固定资本测算数据序列较短，部分研究选择 2012 年（王春云和王亚菲，2019）②、2001 年（彭素静和王开科，2022）③ 作为初始年份。

三、使用者成本测算

使用者成本是在新古典投资理论下推导出的衡量固定资本服务的"价格"。资本品被视为构成生产过程实际投入的固定资本服务的载体。

资本品使用者需要按照市场租赁价格向资本品持有者支付一定数额的租赁费，即资本租赁价格④。但大部分情况是资本品持有者兼具使用者的双重身份，此种情况下，产生的资本租赁价格无法在租赁市场中直接反映出来，这一内部交易就需要以虚拟价格的形式估算融资的机会成本，即单位使用者

---

① 蔡晓陈：《中国资本投入：1978~2007——基于年龄—效率剖面的测量》，《管理世界》2009 年第 11 期。
② 王春云、王亚菲：《数字化资本回报率的测度方法及应用》，《数量经济技术经济研究》2019 年第 12 期。
③ 彭素静、王开科：《数字化基础设施资本服务测算：2002—2019》，《统计学报》2022 年第 4 期。
④ 使用者成本或者资本租金的术语在本质上没有区别，仅区分资产的使用者与所有者的视角。资本租金或资本使用者成本，在均衡状态下忽略不确定性和调整成本，投资者在两种选择间是无差异的。详见 OECD, *Measuring Capital OECD Manual-Measurement of Capital Stocks, Consumption of Fixed Capital and Capital Services*, France：OECD Publishing, 2009。在均衡状态下，对投资企业而言，资本的租金成本等于资本的边际产出。当加总一个产业或整个经济的各种异质性资本类型时，使用者成本或者租金价格会自然而然地作为权重。例如，两种资产可能具有相同的投资价值，但若折旧率或价格趋势不同，就会具有完全不同的使用者成本。资产的使用者与所有者可以是一致的也可以是非一致的。而在大部分情况下资产使用者与所有者是一致的，此时就需要通过估算得到使用者成本的要素，进而估计所有者向自己收取的"租金"。

成本。在完全竞争市场中，根据收入总额等于资本投入成本，以"资本品价值等于资本品在服役期间预期产生的租赁收入贴现值的累积和"为标准衡量使用者成本。由资产定价公式，单项资本品的价值 V_t 表示为：

$$V_{it} = \sum_{\tau=1}^{T_i} \frac{C_{i,\,t+\tau-1}}{(1+r_i)^\tau} \tag{2-16}$$

此处的 V_t 是不变价价值，$C_{t+\tau}$ 为单项资本品在耐用年限各期的实际租赁收入，也称使用者成本，贴现率 r 又称为资本回报率，假定在每年的年末获得租金收入，进一步地，V_t 和 V_{t+1} 可写为：

$$V_{it} = \frac{C_{it}}{(1+r_i)} + \frac{C_{i,\,t+1}}{(1+r_i)^2} + \cdots + \frac{C_{i,\,t+T_i-1}}{(1+r_i)^{T_i}} \tag{2-17}$$

$$V_{i,\,t+1} = \frac{C_{i,\,t+1}}{(1+r_i)} + \frac{C_{i,\,t+2}}{(1+r_i)^2} + \cdots + \frac{C_{i,\,t+T_i-1}}{(1+r_i)^{T_i-1}} \tag{2-18}$$

由式（2-17）和式（2-18）可得：

$$C_{it} = (1+r_i) V_{it} - V_{i,\,t+1} = V_{it} - V_{i,\,t+1} + r_i V_{it} = D_{it} + r_i V_{it} = (\delta_{it} + r_i) V_{it} \tag{2-19}$$

其中，D_{it} 为折旧额，δ_{it} 为折旧率，此时租赁收入 C_{it} 衡量的是实际使用者成本，名义使用者成本可写为：

$$C_{it} = \delta_{it} V_{it} + r_{it} V_{it} - (V_{it} - V_{i,\,t-1}) \tag{2-20}$$

则使用者成本由三部分组成，第一部分折旧率与资本品价值的乘积 $\delta_{it} V_{it}$ 描述了资本品的折旧损失，第二部分资本回报率与资本品价值的乘积 $r_{it} V_{it}$ 描述了资本品的名义利息支付，最后一部分 $(V_{it} - V_{i,\,t-1})$ 描述了由价格变动带来的资本获得或损失，以资本品的价格指数变动测算，因此除价格指数外，决定使用者成本的其余两个关键参数是资本回报率和折旧率。

（一）资本回报率测算

资本回报率又称利息率，代表资本品的机会成本。可以通过事前估计得到预期资本回报率，也可以通过事后得到实际回报率，有两种途径可以得到事后资本回报率，分别为内生方式和外生方式。

1. 内生回报率①

内生回报率的测算基础是乔根森和格里利谢斯（Jorgenson，Griliches，1967）②的资本租金公式：

$$r_t^{K_N} = \frac{R_t}{\Psi_t} - \delta_t \tag{2-21}$$

其中，$r_t^{K_N}$表示完全竞争市场上的价格接受者在生产中投入1单位资本的名义回报率，R_t为名义资本收入、Ψ_t为名义固定资本存量、δ_t为资本的折旧率。实际应用时，式（2-21）可表示为：

$$r_t^{K_N} = \frac{\alpha_t p_t^Y Y_t}{p_t^{sK} K_t} - \delta_t \tag{2-22}$$

其中，K_t、p_t^{sK}、Y_t和p_t^Y分别为实际固定资本存量、固定资本存量价格指数、实际产出和产出价格指数，α_t为资本收入的份额。对于上述两式，名义资本回报率等于名义资本收入与名义固定资本存量的比值，并以折旧率进行调整。

白等（Bai，et al.，2006）③在乔根森和格里利谢斯（Jorgenson，Griliches，1967）资本租金公式的基础上，考虑了通货膨胀和资本品价格变化的因素后，将实际资本回报率表述为：

$$r_t^{K_R} = \frac{\alpha_t p_t^Y Y_t}{p_t^{sK} K_t} + (i_t^K - \rho_t - \delta_t) \tag{2-23}$$

其中，$r_t^{K_R}$表示价格接受者在生产中投入1单位资本的实际回报率，i_t^K、ρ_t分别为名义资本持有损益（固定资本的名义价格变动）和一般通货膨胀水平。

---

① 关于内生资本回报率的测算，是从一般化资本范畴的分析，未区分不同类型资本品。且在后续实证测算中，因数据制约，各类资本品均采用了统一的回报率数据。王春云和王亚菲（2019）的研究也认为，资本回报率等于资本获取的租金价格（收入）与所消耗的资本成本之差。若假设资本品市场运行有效，那么，每类资本品的投资收益也相等。具体可见王春云、王亚菲：《数字化资本回报率的测度方法及应用》，《数量经济技术经济研究》2019年第12期。

② Jorgenson, D. W., Griliches, Z.,"The Explanation of Productivity Change", *Review of Economic Studies*, Vol. 34, No. 7 (1967), pp. 249-283.

③ Bai, C. E., et al.,"The Return to Capital in China", *Brookings Papers and Economic Activity*, Vol. 37, No. 2 (2006), pp. 61-88.

如果将上述完全竞争假设进一步放松到垄断竞争的情形,那么,此时的名义资本回报率和实际资本回报率可分别记为:

$$r_t^{K_n^c} = \frac{(\alpha_t - \frac{\mu-1}{\mu}) p_t^Y Y_t}{p_t^{sK} K_t} - \delta_t \qquad (2-24)$$

$$r_t^{K_n^c} = \frac{(\alpha_t - \frac{\mu-1}{\mu}) p_t^Y Y_t}{p_t^{sK} K_t} + (i_t^K - \rho_t - \delta_t) \qquad (2-25)$$

式中,μ 表示厂商的垄断势力。

乔根森和格里利谢斯(Jorgensonn, Griliches, 1967)[①] 的资本租金公式和白等(Bai, et al., 2006)[②] 构建的资本回报率测算框架,奠定了宏观核算法的现有测度范式。后续的相关研究,均借助这一范式或在此基础上进行更深入的改进探索,较具代表性的是张勋和徐建国(2014)[③]、方文全(2012)[④]、许捷和柏培文(2017)[⑤]、柏培文和许捷(2017[⑥]、2018[⑦])等的研究。

(1) 扣除属于劳动者承担的间接税部分。

张勋和徐建国(2014)将资本回报中属于劳动者承担的那部分间接税扣除,作为对白等(Bai, et al., 2006)的改进。

$$r_t^{K_n^c} + \delta_t = \frac{\alpha_t p_t^Y Y_t - (1-\alpha_t) T_t}{p_t^{sK} K_t} + (i_t^K - \rho_t) \qquad (2-26)$$

其中,T_t 表示间接税。

---

① Jorgenson, D. W., Griliches, Z., "The Explanation of Productivity Change", *Review of Economic Studies*, Vol. 34, No. 7 (1967), pp. 249-283.
② Bai, C. E., et al., "The Return to Capital in China", *Brookings Papers and Economic Activity*, Vol. 37, No. 2 (2006), pp. 61-88.
③ 张勋、徐建国:《中国资本回报率的再测算》,《世界经济》2014 年第 8 期。
④ 方文全:《中国的资本回报率有多高?——年份资本视角的宏观数据再估测》,《经济学(季刊)》2012 年第 2 期。
⑤ 许捷、柏培文:《中国资本回报率嬗变之谜》,《中国工业经济》2017 年第 7 期。
⑥ 柏培文、许捷:《中国省际资本回报率与投资过度》,《经济研究》2017 年第 10 期。
⑦ 柏培文、许捷:《中国三大产业的资本存量、资本回报率及其收敛性:1978—2013》,《经济学(季刊)》2018 年第 3 期。

（2）对价格变动因素的简化处理。

方文全（2012）① 在乔根森和格里利谢斯（Jorgenson, Griliches, 1967）② 资本租金公式的框架下，将扣除价格变动的实际回报率写为：

$$r_t^{K_n} = \frac{R_t / p_t^Y}{K_t / p_t^{sK}} - \delta_t \tag{2-27}$$

其中，p_t^{sK}、p_t^Y 分别定义为资本品价格指数和通货膨胀指数，前者以固定资产投资价格指数代表，后者以 GDP 缩减指数表示。

（3）对折旧率偏误的修正研究。

从乔根森和格里利谢斯（Jorgenson, Griliches, 1967）和白等（Bai, et al., 2006）③ 的研究来看，在固定流量和资本报酬确定的情况下，固定资产折旧率成为资本回报率测算的关键。在方文全（2012）的测算方法基础之上，许捷和柏培文（2017）④、柏培文和许捷（2017⑤、2018⑥）又指出 t 年固定资本存量提取折旧时需要采用的折旧率为 δ_{t+1}，而前述方法则均基于 δ_t 进行计算，这种处理存在偏误。并对该方法进行了如下修正：

$$r_t^{K_n} = \frac{R_t^* / p_t^Y}{K_t} \tag{2-28}$$

$$K_t = K_{t-1} + (I_t - D_t) / p_t^{sK} \tag{2-29}$$

其中，R_t^* 表示不含固定资产折旧的资本报酬部分，D_t 表示第 t 期的名义固定资产折旧，I_t 表示第 t 期的名义投资。按照许捷和柏培文（2017）、柏培文

---

① 方文全：《中国的资本回报率有多高？——年份资本视角的宏观数据再估测》，《经济学（季刊）》2012 年第 2 期。

② Jorgenson, D. W., Griliches, Z., "The Explanation of Productivity Change", *Review of Economic Studies*, Vol. 34, No. 7 (1967), pp. 249–283.

③ Bai, C. E., et al., "The Return to Capital in China", *Brookings Papers and Economic Activity*, Vol. 37, No. 2 (2006), pp. 61–88.

④ 许捷、柏培文：《中国资本回报率嬗变之谜》，《中国工业经济》2017 年第 7 期。

⑤ 柏培文、许捷：《中国省际资本回报率与投资过度》，《经济研究》2017 年第 10 期。

⑥ 柏培文、许捷：《中国三大产业的资本存量、资本回报率及其收敛性：1978—2013》，《经济学（季刊）》2018 年第 3 期。

和许捷（2017①、2018②）的说明，在固定资本存量估计时，为了避免主观设定折旧率可能导致的偏误，该文借鉴徐现祥等（2007）③的方法，基于地区 GDP 收入法核算公式确定资产折旧。

从宏观核算法实际研究进展来看，已有研究均未偏离乔根森和格里利谢斯（Jorgenson，Griliches，1967）④的资本租金公式和白等（Bai, et al., 2006）⑤构建的资本回报率测算框架。主要的改进和优化均是基于局部环节开展的便利化处理或者测算指标的调整。

2. 外生回报率

官方机构并没有指定具体采用何种方式估算资本回报率，早期研究多采用内生方式计算资本回报率，施赖尔（Schreyer，2001）⑥建议当处于不完全竞争市场中，难以区分政府和市场部门时，外生回报率优于内生回报率，现今研究更多倾向于不受假设条件影响的外生方式。

（二）折旧率测算

资本品的重要特征之一是连续参与多个生产周期并保持原有的实物形态，但其价值随使用逐渐磨损至剩余残值，对资本品折旧的估算是对其耐用年限内分摊原值与残值的差，折旧描述的是资本品随着使用年限的增加价值损耗的过程。OECD（2009）⑦将折旧定义为"已经使用了 τ 年的资本品与

---

① 柏培文、许捷：《中国省际资本回报率与投资过度》，《经济研究》2017 年第 10 期。
② 柏培文、许捷：《中国三大产业的资本存量、资本回报率及其收敛性：1978—2013》，《经济学（季刊）》2018 年第 3 期。
③ 徐现祥等：《中国省区三次产业资本存量估计》，《统计研究》2007 年第 5 期。
④ Jorgenson, D. W., Griliches, Z., "The Explanation of Productivity Change", *Review of Economic Studies*, Vol. 34, No. 7 (1967), pp. 249-283.
⑤ Bai, C. E., et al., "The Return to Capital in China", *Brookings Papers and Economic Activity*, Vol. 37, No. 2 (2006), pp. 61-88.
⑥ Schreyer, P., "Measuring Productivity: Measurement of Aggregate and Industry-level Productivity Growth", in *OECD Manual* 2001, Paris: OECD Publishing, 2001.
⑦ OECD, *Measuring Capital OECD Manual-Measurement of Capital Stocks, Consumption of Fixed Capital and Capital Services*, France: OECD Publishing, 2009.

已经使用了 $\tau+1$ 年的资本品的价值差异",李宾（2011）[①]、宗振利和廖直东（2014）[②]、王亚君和孙巍（2017）[③] 认为折旧率能对固定资本服务核算结果产生重要影响。

OECD（2009）[④] 以一个数值示例展示了资本品的效率模式与价值模式的匹配关系[⑤]，借用这一关系能够实现效率模式向价值模式的转化，从而得到时变折旧率。基本过程是在考虑价值模式与退役模式的情况下，将固定资本流量累加得到财富性资本存量，进而得到折旧额，最后将折旧率表示为折旧额与财富性资本存量的比值。关键在于计算财富性资本存量，该指标与资本品的价值模式有关，可以通过资产价值公式推导"价值"函数。由于各期的租赁收入 $C_{i,t+\tau-1}$ 等于资本品产出的固定资本服务的数量乘以单位价格，因此，资本品的效率衰减速率和价格变化速率都会影响资本品在使用年限各期的价格，资本品的效率衰减速率与效率模式有关，是资本品磨损导致的固定资本服务数量的下降，资产价格的变化速率以资本品的价格指数衡量，则租赁收入是两个因素综合作用的结果：

$$C_{i,t+\tau-1} = d_{i\tau} Q_{i,t+\tau-1} P_{i,t+\tau-1}, \tau = 1, 2, \cdots, T \qquad (2-30)$$

其中，$Q_{i,t+\tau-1}$ 代表各期固定资本服务的数量，$d_{i\tau} Q_{i,t+\tau-1}$ 是考虑了效率损失率的固定资本服务数量，P_{it} 为 i 资本品的单位价格，以资本品价格指数衡量，$Q_{it} P_{it}$ 为新资本品的租赁价格。此时，各年租赁收入可看作新资本品租赁收入的加权，V_{it} 可进一步写为：

---

① 李宾：《我国资本存量估算的比较分析》，《数量经济技术经济研究》2011 年第 12 期。

② 宗振利、廖直东：《中国省际三次产业资本存量再估算：1978—2011》，《贵州财经大学学报》2014 年第 3 期。

③ 王亚君、孙巍：《基于资本品效率几何递减模式的我国服务业资本存量测算》，《数理统计与管理》2017 年第 6 期。

④ OECD, *Measuring Capital OECD Manual-Measurement of Capital Stocks, Consumption of Fixed Capital and Capital Services*, France: OECD Publishing, 2009.

⑤ 因资本品的价值模式刻画了资本品的价值衰减过程，而效率模式反映了资本品生产效率的衰减过程，同一资本品在生产效率衰减过程中，其价值也在减少。可以由资本品的效率模式唯一地得到资产的价值模式，也可以由资产的价值模式唯一地得到效率模式。

$$V_{it} = \sum_{\tau=1}^{T_i} d_{i\tau} \prod_{s=1}^{\tau} \frac{1}{1+r_{i,\,t+s}} Q_{i,\,t+\tau-1} P_{i,\,t+\tau-1} \tag{2-31}$$

$\prod\limits_{s=1}^{\tau} \dfrac{1}{1+r_{i,\,t+s}}$ 为各期的贴现率。

则第 t 期的价值函数 $AP_i(t)$ 表示为：

$$AP_i(t) = \frac{V_{it}}{V_{i0} P_{i,\,t+\tau-1}},\ \tau = 1,\ 2,\ \cdots,\ T \tag{2-32}$$

V_{i0} 代表新资本品的价值，折旧测算的是资本品随着使用年限增加的价值损失，与财富性资本存量有关，在考虑价值模式与退役模式的基础上，将固定资本流量数据进行累加得到不变价资本存量净额：

$$W_{it} = \sum_{\tau=0}^{T_i-1} AP_i(\tau) F_i(\tau) I_{i,\,t-\tau} \tag{2-33}$$

根据永续盘存法的定义，折旧额 D_{it} 可表示为：

$$D_{it} = I_{it} + (W_{i,\,t-1} - W_{it}) \tag{2-34}$$

折旧率表示为折旧额与财富性资本存量的比值：

$$\delta_{it} = \frac{D_{it}}{W_{i,\,t-1}} \tag{2-35}$$

前述方法测算时变折旧率需要事先掌握折旧和财富性资本存量数据，现实中这一前提要求往往难以满足。因此，在折旧率测算中该方法应用较少，多通过其他路径进行处理。

除利用"积累额"作为投资数据从而替代对折旧率的计算［邹（Chow），1993］[1]，或是通过国民经济恒等式推算折旧率外[2]。现有关于折旧率的测算方法可分为三类：一是根据 PIM 法下的价值模式（age-price profile）直接测算，这类方法通常面临着较为严格的假设；二是基于资本租金公式的推算方法；三是基于经济计量方法的可变折旧率估算法，主要包括市场估计模型（market valuation model）和生产函数法（production function ap-

---

[1] Chow, G. C.,"Capital Formation and Economic Growth in China", *The Quarterly Journal of Economics*, Vol. 108, No. 3 (1993), pp. 809–842.
[2] 如邹至庄采用的公式为"GDP＝国民收入－补贴＋间接税＋折旧额"，则"折旧额＝GDP－国民收入＋补贴－间接税"。

proach)。

1. 基于 PIM 法下的价值模式的测算

曹跃群等（2012）[①] 利用效率模式与价值模式之间的关系，推导得到了历年折旧额与财富性资本存量，并将二者比值作为折旧率，得到了时变折旧率序列。而白重恩和张琼（2014）[②] 认为，按照几何效率递减模式计算的折旧率具有较好理论基础，且根据不同资本品类型汇总得到的综合折旧率会随时间变化而变化。

（1）直线型价值模式。

对于耐用年限为 T_i 的资本品而言，在直线折旧模式下，资本品价值每年按照总价值的 $1/T_i$ 的固定比例递减，此时，折旧率用公式表示为：

$$\delta_{i\tau} = \frac{1}{T_i} \tag{2-36}$$

其中，τ 表示役龄，即资本品的服役年限（已使用年限），在直线型模式下，折旧率与役龄没有直接联系。

（2）几何型价值模式。

在几何型价值模式下，折旧率满足下式：

$$(1 - \delta_{i\tau})^{T_i} = d_i \tag{2-37}$$

其中，d_i 表示 i 资本品退役时的残值率，在我国，根据财政部门的规定，残值率的范围是 3%—5%。式（2-37）变形为：

$$\delta_{i\tau} = 1 - (d_i)^{\frac{1}{T_i}} \tag{2-38}$$

相比于直线折旧模式，几何折旧模式下的资本品生产效率与折旧率是一致的，成为美国、加拿大、澳大利亚等多数国家测算固定资产折旧的常用方法（经济合作与发展组织，2008）[③]。但在该模式下，资本品在其服务年限

[①] 曹跃群等：《中国固定资本服务估算》，《统计研究》2012 年第 12 期。
[②] 白重恩、张琼：《中国的资本回报率及其影响因素分析》，《世界经济》2014 年第 10 期。
[③] 经济合作与发展组织：《OECD 生产率测算手册——基于总量层次和产业层次生产率增长的测算》，科学技术文献出版社 2008 年版。

内不会完全退役，而且常数折旧率的假设被认为与现实情况不符。黄勇峰等（2002）[1] 假设残值率为 5%，设备与建筑物的耐用年限分别为 16 年和 40 年，则按照几何效率模式估算的设备与建筑物的折旧率分别为 17% 和 8%。

张军等（2004）[2] 取残值率的中间值 4%，将资本品分成建筑安装工程、设备工器具购置和其他费用三个部分，计算出三者的折旧率分别为 6.9%、14.9% 和 12.1%。同时，又以三类资本品在固定资本中的比重为权数，在相对效率几何递减的模式下，计算得到固定资本形成总额的综合折旧率为 9.6%。

（3）双曲线型价值模式。

蔡晓陈（2009）[3] 在引用孙琳琳和任若恩（2005）[4] 对资本品寿命假设的前提下，由双曲线型效率模式推导出建筑、设备及其他费用综合折旧率分别为 4%、12% 和 5.4%。

2. 资本租赁价格法

该方法主要是通过资本租赁价格将资本品价值下降与资本品的效率下降联系起来，那么，对于因资本品效率下降而导致的资本租金收入下降部分即为折旧额，在此基础上，可进一步通过与固定资本存量之比值测算得到折旧率。其基本原理如下：

$$\delta_t(\tau) P_t(\tau) = P_t(\tau) - P_t(\tau+1) = \sum_{\pi=0}^{\infty} \frac{[\phi(\tau+\pi) - \phi(\tau+\pi+1)] P_{T+\pi}^K(0)}{(1+r)^{\pi+1}}$$

(2-39)

其中，$P_t(\tau)$ 表示役龄为 τ 的代表性资本品在第 t 期时的购买价格，$P_{T+\pi}^K(0)$ 代表的是新资本品的预期租金收入，$\phi(\tau+\pi)$ 表示的是役龄为 $\tau+\pi$ 的资本

---

[1] 黄勇峰等：《中国制造业资本存量永续盘存法估计》，《经济学（季刊）》2002 年第 2 期。
[2] 张军等：《中国省际物质资本存量估算：1952—2000》，《经济研究》2004 年第 10 期。
[3] 蔡晓陈：《中国资本投入：1978~2007——基于年龄-效率剖面的测量》，《管理世界》2009 年第 11 期。
[4] 孙琳琳、任若恩：《中国资本投入和全要素生产率的估算》，《世界经济》2005 年第 12 期。

品效率，r 为外生的名义利率。

3. 计量经济方法

(1) 市场估计模型。

具体测算时，主要利用二手资本品市场的有关价格信息，以役龄 $\tau = 1$ 的旧资本品价格与新资本品价格之比值衡量折旧率［黄（Huang），2002①；鲍德温等（Baldwin, et al.），2005②］。

$$\delta_t(\tau) = -\left[\frac{P_t(\tau+1)}{P_t(\tau)} - 1\right] \quad (2-40)$$

赫尔滕和怀科夫（Hulten, Wykoff, 1981）③ 的研究强调，对于那些提前退役（未达到平均耐用年限便退役）的资本品不会出现在二手资本品市场，因此，需要据此进行调整，主要的思路是针对相同役龄的资本品，估算那些未到平均耐用年限的资本品比重，进而测算调整后的折旧率。奥利纳（Oliner, 1993）④、格斯克等（Geske, et al., 2007）⑤、多姆斯等（Doms, et al., 2004）⑥ 进一步给出了可直接用于计量分析的市场估计模型形式，如式（2-41）所示。

$$\ln P_{t,v}(\tau) = \alpha + \beta D(\tau) + \gamma D_v + \mu D_t + \varepsilon \quad (2-41)$$

其中，$P_{t,v}(\tau)$ 表示第 t 期、役龄为 τ、属性特征为 v 的资本品价格；参数

---

① Huang, J. C., "Forms and Rates of Economic and Physical Depreciation by Type of Assets in Canadian Industries", *Journal of Economic and Social Measurement*, No. 3 (2002), pp. 89–108.

② Baldwin, J., et al., "OECD Workshop on Productivity Measurement", in *Estimating Depreciation Rates for the Productivity Accounts*, Madrid Spain, 2005, pp. 17–19.

③ Hulten, C. R., Wykoff, F. C., "The Measurement of Economic Depreciation", in *Depreciation, Inflation, and the Taxation of Income from Capital*, Washington D C: The Urban University Press, 1981, pp. 81–125.

④ Oliner, S. D., "Constant-Quality Price Change, Depreciation, and Retirement of Mainframe Computers", in *Price Measurements and Their Uses*, Murray, F., et al. (eds.), Chicago: University of Chicago Press, 1993.

⑤ Geske, M. J., et al., "Why do Computers Depreciate?", in *Hard-to-Measure Goods and Services: Essays in Honor of Zvi Griliches*, Chicago: University of Chicago Press, 2007, pp. 121–150.

⑥ Doms, M. E., et al., "How Fast do Personal Computers Depreciate? Concepts and New Estimates", *NBER Working Paper*, 2004, pp. 37–79.

β、γ、μ 分别衡量的是役龄变动、资本品特征变动、同一役龄同类资本品平均价格变动引起的资本品价值变动部分。基于该模型，可以估算不同特征资本品在不同时期的折旧率，但该方法依赖于发达的二手资本品市场和相对完备的二手资本品统计，因此，该方法的实际使用需要满足基本前提。

（2）生产函数法。

基于生产函数法的折旧率测算，需要在确定产出、资本投入和劳动投入的基础上，基于收益最大化或者成本最小化的假设前提，通过生产函数估计得到折旧率。迪沃特（Diewert，2005）① 较早阐述了生产函数法的理论基础，这也是美国经济分析局（BEA）推荐的研发（R&D）资产折旧率测算方法［黄和迪沃特（Huang，Diewert），2011］②。

以耐用年限为 N 的代表性资本品（组合）为例，设定满足一次性退役模式、几何型价值模式和固定折旧率 δ 设定，那么，可构建如下生产函数：

$$Y_t = F\left[X_t, \sum_{\tau=0}^{N-1} (1-\delta)^\tau I_{t-\tau}\right] \tag{2-42}$$

在大量的实证研究中，基于生产函数法的资本品折旧率也得到了广泛应用［爱泼斯坦和丹尼（Epstein，Denny），1980③；保凯斯和格里利谢斯（Pakes，Griliches），1982④；纳德里和普鲁查（Nadiri，Prucha），1996⑤；

---

① Diewert, E.,"The Measurement of Business Capital, Income and Performance", *A Tutorial Presented at the University Autonoma of Barcelona*, 2005.

② Huang, N., Diewert, E., "Estimation of R&D Depreciation Rates: A Suggested Methodology and Preliminary Application", *Canadian Journal of Economics*, No. 2 (2011), pp. 387-412.

③ Epstein, L., Denny, M., "Endogenous Capital Utilization in a Short-Run Production Model: Theory and an Empiral Application", *Journal of Econometrics*, Vol. 12, No. 2 (1980), pp. 189-207.

④ Pakes, A., Griliches, Z.,"Estimating Distributed Lags in Short Panels with an Application to the Specification of Depreciation Patterns and Capital Stock Constructs", *Review of Economic Studies*, No. 2 (1982), pp. 243-262.

⑤ Nadiri, M. I., Prucha, I. R.,"Estimation of the Depreciation Rate of Physical and R&D Capital in the US Total Manufacturing Sector", *Economic Inquiry*, No. 1 (1996), pp. 43-56.

多姆斯（Doms），1996①]。陈昌兵（2014）② 在生产函数法的基础上测算了我国 1978—2012 年的固定折旧率与时变折旧率。

当然，利用该方法也存在着一些制约因素，比如对产出和其他投入要素数据的要求较高，同时，整个测算过程也隐含着一个假定，即不同役龄资本品满足可加性，Diewert（2005）③ 认为这与实际情况不符。

四、固定资本服务核算

（一）同类资本品的固定资本服务测算

对于同类资本品而言，固定资本服务流量的直接观测是存在很大困难的。实证研究中，存在两个处理路径：

1. 依托生产性资本存量测算固定资本服务流量

国内研究中，姬卿伟（2017）④、王春云和王亚菲（2019）⑤ 均采用了这一测算路径，根据乔根森等（Jorgenson, et al., 2005）⑥ 的研究处理，假设第 t 期 i 类资本品的固定资本服务流量 Z_{it} 与第 t 期和第 $t-1$ 期的生产性资本存量之算术平均值成正比，此时，同类资本役龄汇总的服务流量 Z_{it} 为：

$$Z_{it} = \frac{(K_{it} + K_{i,t-1})}{2} Q_i \qquad (2-43)$$

其中，K_{it}、$K_{i,t-1}$ 分别表示第 t 期和第 $t-1$ 期 i 类资本品的生产性资本存量，与前文的设定一致。Q_i 为固定的质量因子，用来反映资本品的质量差异，通

---

① Doms, M. E., "Estimating Capital Efficiency Schedules within Production Functions", *Economic Inquiry*, No. 1 (1996), pp. 78-92.
② 陈昌兵：《可变折旧率估计及资本存量测算》，《经济研究》2014 年第 12 期。
③ Diewert, E., "The Measurement of Business Capital, Income and Performance", *A Tutorial Presented at the University Autonoma of Barcelona*, 2005.
④ 姬卿伟：《中国固定资本服务测算及其稳健性研究》，《统计研究》2017 年第 10 期。
⑤ 王春云、王亚菲：《数字化资本回报率的测度方法及应用》，《数量经济技术经济研究》2019 年第 12 期。
⑥ Jorgenson, D. W., et al., *Information Technology and the American Growth Resurgence*, Cambridge: The MIT Press, 2005.

常不失一般性对其赋值为 1 ［比亚图尔等（Biatour, et al.），2007］①。

2. 利用使用者成本测算资本品的固定资本服务价值

代表性文献是王亚菲和王春云（2017）② 对我国 ICT 行业固定资本服务的核算研究。以使用者成本衡量固定资本服务价格，将各类资本品的生产性资本存量与对应的各类资本品使用者成本乘积作为各类资本品的固定资本服务价值。

（二）不同类别资本品的固定资本服务加权汇总

在实际生产过程中，往往涉及多种类型的资本品，在得到单一类型资本品的生产性资本存量后，考虑到资本投入一般是以资本品组合的形式参与生产，需要从异质性角度出发，构建专门的权数用于汇总不同类型的资本品，以反映固定资本服务的异质性。③

因此，对于不同类型资本品的汇总而言，以各类资本品的固定资本服务价值占比为汇总权重构建固定资本服务物量指数，来整体反映固定资本服务的增减情况，从资本品长期投入生产环节而言，固定资本服务物量指数可以

---

① Biatour, B., et al., "Capital Services and Total Factor Productivity Measurements: Impact of Various Methodologies for Belgium", *Federal Planning Bureau of Belgium Working Paper*, 2007.

② 王亚菲、王春云：《中国行业层面信息与通信技术固定资本服务核算》，《统计研究》2017 年第 12 期。

③ Jorgenson 和 Griliches（1967）发展了加总异质固定资本服务的测度方法并引入固定资本服务的质量指数概念，根据各类资本品提供固定资本服务的数量，再应用各类资本品的使用者成本作为权重来加总不同类型资本品的固定资本服务获取固定资本服务指数。为验证更适合异质固定资本服务加总的指数，Diewert 首先探讨经济理论下的指数构建，使用离散经济数据和 Tornqvist 指数方法验证 Jorgenson 和 Griliches（1967）的生产率测算技术；其次，利用生产函数研究各类资本和不同部门资本加总问题，指出 Fisher 指数和 Tornqvist 指数是较为理想的衡量物量水平变动的指数（Diewert, 1976、1980、2005）。详见 Jorgenson, D. W., Griliches, Z., "The Explanation of Productivity Change", *Review of Economic Studies*, Vol. 34, No. 7 (1967), pp. 249-283. Diewert, E. W., "Exact and Superlative Index Numbers", *Journal of Econometrics*, Vol. 4, No. 2 (1976), pp. 115-145; Diewert, W. E., "Aggregation Problems in the Measurement of Capital", in *The Measurement of Capital*, Dan Usher (ed), Chicago, IL: University of Chicago Press, 1980, pp. 433-528; Diewert, W. E., *Issues in the Measurement of Capital Services, Depreciation, Asset Price Changes, and Interest Rates*, Chicago: University of Chicago Press, 2005, pp. 479-556。

反映资本的利用效率及其对当期生产的贡献比例,记 i 类型资本品的固定资本服务价值占比为 ξ_{it},则

$$\xi_{it} = \frac{C_{it} Z_{it}}{\sum_i C_{it} Z_{it}} \tag{2-44}$$

$$\bar{\xi}_{it} = \frac{1}{2}(\xi_{it} + \xi_{i,t-1}) \tag{2-45}$$

其中,$C_{it} Z_{it}$ 是 i 类型资本品的使用者成本与固定资本服务流量之乘积,用于衡量 i 类型资本品的固定资本服务价值,$\sum_i C_{it} Z_{it}$ 是所有类型资本品的合计固定资本服务价值。具体测算时,可按照两种不同的具体处理方法:

一是根据乔根森(Jorgenson,1963)[①] 的处理,将第 t 期的固定资本服务总物量指数 Θ_t 写为:

$$\Theta_t = \sum_i \bar{\xi}_{it} \Delta \ln Z_{it} = \sum_i \frac{1}{2}(\xi_{it} + \xi_{i,t-1}) \Delta \ln Z_{it} \tag{2-46}$$

其中,$\Delta \ln Z_{it}$ 衡量的是 Z_{it} 的变动:

$$\Delta \ln Z_{it} = \ln Z_{it} - \ln Z_{i,t-1} = \frac{Z_{it}}{Z_{i,t-1}} - 1 \tag{2-47}$$

国内研究中,王亚菲和王春云(2017)[②]、姬卿伟(2017)[③]、王春云和王亚菲(2019)[④] 均采用了这一处理方法。

二是借鉴蔡晓陈(2009)[⑤]、曹跃群等(2012)[⑥] 的研究,基于生产性资本存量增长率,采用 $Tornqvist$ 链式指数进行汇总处理:

[①] Jorgenson, D. W., "Capital Theory and Investment Behavior", *American Economic Review*, No. 2 (1963), pp. 247-259.
[②] 王亚菲、王春云:《中国行业层面信息与通信技术固定资本服务核算》,《统计研究》2017 年第 12 期。
[③] 姬卿伟:《中国固定资本服务测算及其稳健性研究》,《统计研究》2017 年第 10 期。
[④] 王春云、王亚菲:《数字化资本回报率的测度方法及应用》,《数量经济技术经济研究》2019 年第 12 期。
[⑤] 蔡晓陈:《中国资本投入:1978~2007——基于年龄—效率剖面的测量》,《管理世界》2009 年第 11 期。
[⑥] 曹跃群等:《中国固定资本服务估算》,《统计研究》2012 年第 12 期。

$$\Theta_t = \prod_i \left(\frac{Z_{it}}{Z_{i,\,t-1}}\right)^{\xi_a} \tag{2-48}$$

本章小结

本章以 OECD（2009）[①] 建议的方法制度为基础，着重梳理了基于生产性资本存量路径的固定资本服务核算方法，围绕永续盘存法的基本原理和实证研究中的标准做法，详细整理了固定资本测算中各个环节涉及的关键参数和模式，梳理介绍了退役模式、价值模式、效率模式的主要类型和适用情形，介绍了主要的基期资本存量测算方法。在使用者成本测算方面，针对常见的资本回报率、折旧率测算方法问题，指出了更加一般化的测算方法改进方向。在此基础上，本章从不同役龄的同质资本品生产性资本存量测算、异质资本品的固定资本服务汇总两个方面介绍了固定资本服务价值和固定资本服务物量指数的测算方法。

[①] OECD, *Measuring Capital OECD Manual-Measurement of Capital Stocks, Consumption of Fixed Capital and Capital Services*, France：OECD Publishing, 2009.

第 三 章

我国固定资本服务核算框架设计[①]

本章主要工作是搭建我国固定资本服务核算的框架，其中：（1）资产分类框架。制定固定资本服务核算中固定资产的分类原则，从数据来源与处理入手提出我国固定资本服务核算的资本品划分方法，并根据数据整合研究情况进一步细化资本品分类。（2）基本逻辑框架。遵循自下而上的固定资本服务核算逻辑步骤，分别设计全国、分行业、分地区三个层面固定资本服务测算的逻辑框架。（3）核算流程框架。针对不同役龄的同类资本品固定资本服务核算，设计"固定资本形成→生产性资本存量→固定资本服务价值"的流程框架，明确各个流程的核算要求，开展关键参数与指标的测算研究；针对异类资本品的固定资本服务汇总核算，构建行业、地区、全国层面的汇总流程框架，并就汇总权重的设计与测算进行研究。（4）针对数字经济发展对固定资本服务核算边界的影响，重点研究数字化基础设施、数据资本服务核算的基本问题。

一、框架设计原则

（一）科学衔接国际方法制度

科学衔接，主要是指在基础方法制度与基本核算路径上遵循国际统计规

[①] 本章部分内容发表在《统计学报》2022 年第 4 期。

范，但也需要兼顾中国实际，在资本品分类、固定资本形成数据测算、效率模式选择等方面突出中国经济特征。

第一，现阶段我国固定资本服务核算要将永续盘存法作为基本核算方法，后期逐渐确立基准年份盘存法作为基本核算方法制度，能够与《OECD资本测算手册》和《OECD生产率测算手册》的有关方法制度安排，以及美国、加拿大、澳大利亚等国家的统计实践衔接一致，有利于确保核算框架的国际可比性。

第二，将固定资本形成总额作为用于开展固定资本服务核算的基础流量指标。OECD（2009）[1] 指出"固定资本形成额是衡量投资的最佳指标"，在多个国家的统计实践中，均采用固定资本形成指标测算固定资本服务。近年的文献大多使用该指标作为投资额，如蔡跃洲和付一夫（2017）[2]、姬卿伟（2017）[3]、陈昌兵（2014）[4]、贾润崧和张四灿（2014）[5]、曹跃群等（2012）[6]、王亚菲和王春云（2017）[7]、姬卿伟（2017）[8]、王春云和王亚菲（2019）[9]、王开科和曾五一（2020[10]、2022[11]）、王开科等（2021）[12]。

第三，按照自下而上的核算逻辑开展固定资本服务测算。鉴于固定资产

---

[1] OECD, *Measuring Capital OECD Manual-Measurement of Capital Stocks, Consumption of Fixed Capital and Capital Services*, France：OECD Publishing, 2009.

[2] 蔡跃洲、付一夫：《全要素生产率增长中的技术效应与结构效应》，《经济研究》2017年第1期。

[3] 姬卿伟：《中国固定资本服务测算及其稳健性研究》，《统计研究》2017年第10期。

[4] 陈昌兵：《可变折旧率估计及资本存量测算》，《经济研究》2014年第12期。

[5] 贾润崧、张四灿：《中国省际资本存量与资本回报率》，《统计研究》2014年第11期。

[6] 曹跃群等：《中国固定资本服务估算》，《统计研究》2012年第12期。

[7] 王亚菲、王春云：《中国行业层面信息与通信技术固定资本服务核算》，《统计研究》2017年第12期。

[8] 姬卿伟：《中国固定资本服务测算及其稳健性研究》，《统计研究》2017年第10期。

[9] 王春云、王亚菲：《数字化资本回报率的测度方法及应用》，《数量经济技术经济研究》2019年第12期。

[10] 王开科、曾五一：《资本回报率宏观核算法的进一步改进和再测算》，《统计研究》2020年第9期。

[11] 王开科、曾五一：《关于资本利用率宏观测算指标与方法的研究》，《统计研究》2022年第7期。

[12] 王开科等：《"效率—年限"模式选择与中国的生产性资本存量核算》，《统计研究》2021年第3期。

的涵盖范围广泛，包括的资本品类型众多，且不同资本品之间存在耐用年限、退役模式和效率模式等多方面差异，因此，从"不同役龄的同类资本品测算汇总→不同资本品的测算汇总"路径出发，开展的固定资本服务测算能够有效刻画资本品的结构特征，有助于提高测算数据的准确性。OECD国家普遍基于该路径开展固定资本服务测算。

（二）兼顾我国政府统计基础

我国有相对翔实的固定资产投资额统计数据资料，包括区分构成的固定资产投资额和分行业、分地区投资额。而固定资本形成统计则带有明显的固定资产投资统计烙印，是在固定资产投资统计基础上调整而来，仅有全国层面和地区层面的总额数据。因此，开展自下而上的固定资本服务核算，需要充分利用固定资产投资统计数据开展区分资本品类型、分行业、分地区的固定资本形成额数据拆分测算。但鉴于我国国民经济行业分类口径多次调整，以及固定资产投资统计与固定资本形成统计涵盖范围差异等问题，在数据的整合框架设计方面，还要重点关注：（1）分行业固定资产投资额的行业分类调整问题；（2）第四次经济普查之后的投资统计数据调整问题；（3）固定资产投资额与固定资本形成额数据的口径衔接问题；（4）以 R&D 资本化核算为代表的资产核算范围扩展问题。

二、基础核算设计

（一）资本品分类

本书力求在现有数据基础上，考虑资本品之间的属性差异，尽可能细化资本品分类，将固定资产划分为住宅建筑、非住宅建筑和构筑物、R&D、其他机器和设备①、ICT 软件、ICT 硬件、矿藏勘探、其他八个类别。其中，

---

① 其他机器和设备主要是指扣除 ICT 硬件以后的"机器和设备"部分。

单独设立 ICT 软件和硬件分类，主要是考虑数字经济迅速发展的背景，且此类资本品属性差异突出。

（二）核算方法路径

自下而上的核算逻辑，主要是指从资本品组合角度开展核算，首先是单一资本品不同役龄的固定资本服务汇总，其次是不同资本品的固定资本服务汇总。全国、分地区、分行业三个层面固定资本服务核算均采用这一逻辑，如图 3-1 所示。

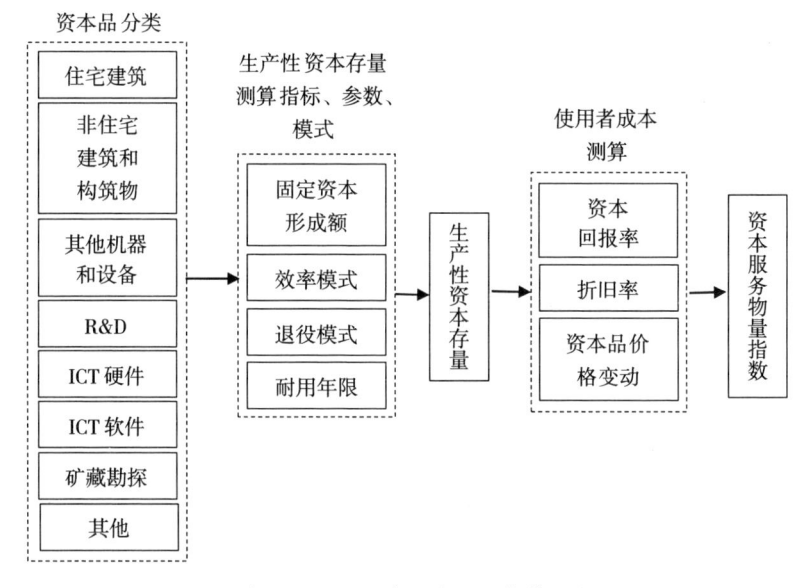

图 3-1　自下而上的固定资本服务核算逻辑示意图

1. 全国层面固定资本服务核算

主要是四个核算环节：（1）区分资本品类型的固定资本形成额数据测算；（2）各类资本品的生产性资本存量核算；（3）测算各类资本品的使用者成本；（4）全国层面固定资本服务物量指数核算。

2. 分行业、分地区层面固定资本服务核算

整体核算环节与全国层面一致，不同之处是分行业分地区各类资本品的固定资本形成额数据由全国数据拆分而来。同时，为保证与全国层面测算的

一致性，使用者成本的各个构成要素均以资本品为基本核算单元，全国、分行业和分地区三个层面使用统一的使用者成本测算结果，如图 3-2 所示。

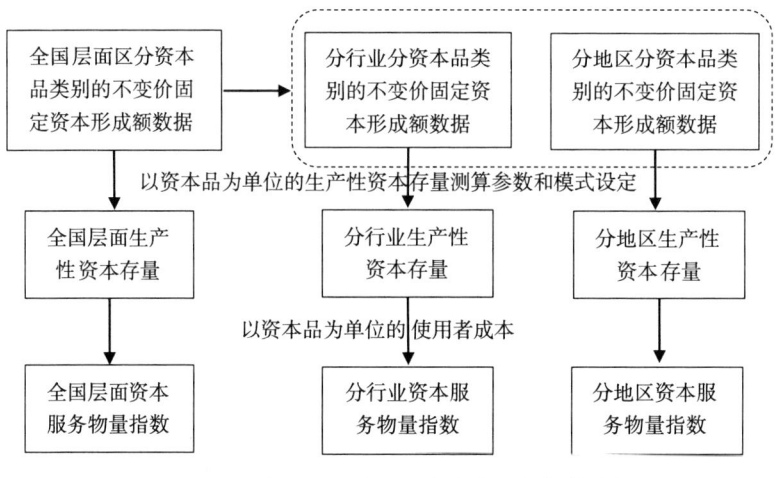

图 3-2　分行业、分地区固定资本服务核算路径

三、基础数据整合设计

基础数据整合的目的是，为开展固定资本服务核算的基本测算指标和关键参数设定提供数据支撑。其中，前者主要是指固定流量指标，通过口径调整或者指标之间的关联关系，获得较长时序的固定资本流量数据。后者主要是应用永续盘存法时涉及的测算参数，如资本耐用年限、价值衰减系数、效率衰减系数等。整合的要点围绕自下而上的核算逻辑开展数据研究。

（一）区分资本品的固定资本形成测算设计

目前，从国家统计局网站可以获取 1952 年以来的全国层面固定资本形成总额指标数据[①]以及 1992—2017 年的分省份固定资本形成总额数。但官方没有公布历年分资产类型的固定资本形成总额数据，早期文献对于区分资

---

① 第四次经济普查之后，国家统计局对该指标数据进行了历史修订。

本品类型的固定资本形成额数据,多是利用固定资产投资额分类数据,从建筑安装工程、设备工器具购置和其他三个类别拆分固定资本形成总额获得(曹跃群等,2012①;蔡跃洲和付一夫,2017②)。近几年,相关研究更加细致严谨,综合利用投入产出表数据、国土资源调查数据、信息行业统计数据、研发核算改革数据等多源数据开展不同类别的固定资本流量测算研究(姬卿伟,2017③;王春云和王亚菲,2019④)。

1. 分行业固定资产投资额的行业分类调整问题

以2017年行业分类标准为基准,按照历次行业分类的实施时间段逐次扩大调整范围。具体调整如下:

1985年以来,我国《国民经济行业分类和代码》实行了五个行业分类。本书按照1978—1993年数据调整为GB1994口径,进而将调整后的1978—1993年数据和1994—2002年数据调整为2002年口径数据,再将调整后的1978—2002年数据和2003—2011年数据调整为2011年口径数据。以2017年分类标准为基准调整行业口径。其中,主要变化是1984年分类标准、1994年分类标准与2002年分类标准衔接的工作量较大,其他分类口径间变动较小。

(1)从1984年分类标准到1994年分类标准的变化。

与1984年分类相比,1994年分类主要变化如下:第一,将1984年分类中的工业进一步拆分为"采掘业""制造业""电力、煤气及水的生产和供应业"。第二,新设立"地质勘查和水利管理业",将"地质勘查业、水利管理业"从原有"综合技术和生产服务业"中分离出来。第三,将1984年分类中的"农林牧渔服务业"从原有"综合技术和生产服务业"中分离出来,形成两个一级行业。第四,新设立"交通运输、仓储及邮电通信业",

---

① 曹跃群等:《中国固定资本服务估算》,《统计研究》2012年第12期。
② 蔡跃洲、付一夫:《全要素生产率增长中的技术效应与结构效应》,《经济研究》2017年第1期。
③ 姬卿伟:《中国固定资本服务测算及其稳健性研究》,《统计研究》2017年第10期。
④ 王春云、王亚菲:《数字化资本回报率的测度方法及应用》,《数量经济技术经济研究》2019年第12期。

包括1984年分类中的"交通运输、邮电通信业"，以及"商业饮食、物资供销和仓储业"中的"仓储业"。第五，设立新的行业门类"科学研究和综合技术服务业"，由1984年分类"综合技术和生产服务业"中的综合技术服务业与原"科学研究"合并组成。第六，设立"社会服务业"，由原有行业分类"公用事业""居民服务业""综合技术和生产服务业"中的部分行业整合而来。第七，行业门类名称变动较大，1994年分类中不再使用"商业饮食、物资供销业""教育、文艺和广播电视事业"等行业名称。第八，部分行业增加了新兴生产活动，例如，在"房地产业"中增加了"房地产经纪与代理业"，在"社会服务业"中增加了"自然保护区管理业""租赁服务业""计算机应用服务业""市场管理服务业"等。

（2）从1994年分类标准到2002年分类标准的变化。

相对于1994年的分类标准，2002年行业分类变动主要有：第一，新增四个门类，分别是"信息传输、计算机服务和软件业""租赁和商务服务业""水利、环境和公共设施管理业""居民服务和其他服务业"。第二，取消了"农林牧渔服务业""地质勘查业、水利管理业""社会服务业"三个一级分类，其中，"农林牧渔服务业"被调整到"农林牧渔业"。第三，取消门类"地质勘查业、水利管理业"，"地质勘查业"被调整到新设立门类"科学研究、技术服务和地质勘查业"，"水利管理业"被调整到新设立门类"水利、环境和公共设施管理业"。第四，取消门类"社会服务业"，有关一级分类分别被调整到其他行业。其中，"城市公共交通业"被调整到"交通运输、仓储和邮政业"，"计算机应用服务业"被调整到"信息传输、计算机服务和软件业"，"旅馆业"被调整到"住宿和餐饮业"，"租赁服务业"被调整到"租赁和商务服务业"，"居民服务业"被调整到"居民服务和其他服务业"，"娱乐服务业"被调整到"文化、体育和娱乐业"，等等。第五，新设立门类"批发和零售业""住宿和餐饮业"，原行业门类"批发和零售贸易、餐饮业"被拆分调整。第六，原行业门类"卫生体育和社会福利业""教育、文化艺术和广播"被调整为新门类"教育""卫生、社会保障和社会福利业""文化、体育和娱乐业"。

(3) 从 2002 年分类标准到 2011 年分类标准的变化。

第一，原"信息传输、计算机服务和软件业"更名为"信息传输、软件和信息技术服务业"，原"科学研究、技术服务和地质勘查业"更名为"科学研究和技术服务业"。第二，2002 年分类中的"居民服务和其他服务业"调整为"居民服务、修理和其他服务业"，其中，包含在原"制造业"中的汽车修理部分和包含在原"信息传输、计算机服务和软件业"中的计算机维修部分被调整到原"居民服务和其他服务业"中，形成"居民服务、修理和其他服务业"。第三，原"卫生、社会保障和社会福利业"调整为"卫生和社会工作"，原"公共管理和社会组织"调整为"公共管理、社会保障和社会组织"，包含在原"卫生、社会保障和社会福利"中的社会保障部分被调整到原"公共管理和社会组织"中，分别形成"卫生和社会工作以及公共管理""社会保障和社会组织"两个行业。对于上述变化，需要将 1978—2011 年的数据均做调整处理。

(4) 从 2011 年分类标准到 2017 年分类标准的变化。

因 2017 年分类较 2011 年变动较小，行业门类没有变化，涉及部分中小类的变动，主要是"房地产业""水利、环境和公共设施管理业"，对此，做了专门的调整。主要处理有：第一，从 2011 年分类的"房地产业"中剥离"土地管理业"，调至新的"水利、环境和公共设施管理业"。第二，从原"房地产业"中剥离部分物业管理，调至"租赁和商务服务业"。

具体的调整处理是，采用固定资产投资统计年鉴中国民经济行业小类国有控股、内资、外商及港澳台城镇投资中"修理业""土地管理业""物业管理业"的投资占比作为拆分系数。其中，"修理业"和"土地管理业"1978—2002 年的数据，均采用 2003 年比例调整。"物业管理业"1978—2017 年的数据均调整，2002 年及以前采用 2002 年比例，2011 年后采用 2011 年比例。

2. 第四次经济普查之后的投资统计数据调整问题

第一，以全国层面固定资本形成总额数据为基准。《2021 年中国统计年鉴》公布了 1978 年以来的固定资本形成总额数据，系第四次经济普查之后的最新调整数据，1978年以前的数据可由国家统计局数据查询系统获取。通过对比《2020年中国统计年鉴》数据，可以发现，此次调整后部分年份固定资本形成额数据下降而部分上升。对此，本书开展的固定资本服务核算采用最新调整的固定资本形成额数据。

第二，调整全社会固定资产投资额的数据口径。对比《2018年中国统计年鉴》和《2021年中国统计年鉴》，确定不同口径的调整系数（经对比，主要是2003年以来的固定资产投资额数据发生调整）。通过新老口径固定资产投资额数据，测算得到调整比例系数，并利用国家统计局最新固定资产投资总额数据，对建筑安装工程投资、设备工器具投资、其他投资数据按照对应占比调整口径，如表3-1所示。

表3-1 固定资产投资额数据口径调整　　　　　单位：亿元

年份	全社会固定资产投资	口径调整比例	建筑安装工程投资	设备工器具投资	其他投资	住宅投资
1978	734	1.46	440.54	242.76	50.31	246.00
1979	808	1.46	503.44	252.00	52.77	297.04
1980	911	1.46	558.01	287.27	65.62	358.66
1981	961	1.00	689.82	223.64	47.54	295.75
1982	1230	1.00	870.84	291.32	67.85	356.99
1983	1430	1.00	993.28	358.29	78.43	416.08
1984	1833	1.00	1217.67	509.27	106.07	465.64
1985	2543	1.00	1655.34	718.03	169.64	641.58
1986	3121	1.00	2059.92	852.06	209.02	777.91
1987	3792	1.00	2475.85	1038.86	277.28	944.28
1988	4754	1.00	3099.79	1305.42	348.78	1187.17
1989	4410	1.00	2994.66	1115.34	300.01	1194.72
1990	4517	1.00	3008.72	1165.54	342.74	1164.48
1991	5595	1.00	3648.01	1460.32	486.67	1417.54
1992	8080	1.00	5163.31	2125.12	791.57	1716.89

续表

年份	全社会固定资产投资	口径调整比例	建筑安装工程投资	设备工器具投资	其他投资	住宅投资
1993	13072	1.00	8201.02	3315.84	1555.14	2725.69
1994	17042	1.00	10785.98	4328.04	1927.98	3806.17
1995	20019	1.00	13173.15	4262.40	2583.45	4736.63
1996	22974	1.00	15153.39	4940.78	2879.83	5198.53
1997	24941	1.00	15613.95	6044.81	3282.23	5370.65
1998	28406	1.00	17874.43	6528.49	4003.08	6393.77
1999	29855	1.00	18796.11	7053.11	4005.78	7058.85
2000	32918	1.00	20536.43	7785.68	4595.89	7594.20
2001	37214	1.00	22955.19	8833.91	5424.90	8339.21
2002	43500	1.00	26578.94	9884.49	7036.56	9407.12
2003	53841	0.97	32408.47	12288.07	9144.46	10457.19
2004	66235	0.94	40227.01	15532.16	10475.83	12653.60
2005	80994	0.91	48704.45	19545.56	12743.99	14075.28
2006	97583	0.89	59239.04	22678.58	15665.38	17150.99
2007	118323	0.86	71962.20	27205.90	19154.89	21545.17
2008	144587	0.84	87807.85	33960.70	22818.45	25834.97
2009	181760	0.81	112292.32	41146.45	28321.23	29480.11
2010	218834	0.79	134824.40	48532.73	35476.87	36143.82
2011	238782	0.77	153468.42	49945.23	35368.35	44327.75
2012	281684	0.75	183144.20	58430.60	40109.21	48423.57
2013	329318	0.74	220205.60	67203.31	41909.09	55246.66
2014	373637	0.73	255251.69	73706.56	44678.75	58827.32
2015	405928	0.72	280367.41	80254.01	45306.58	57962.26
2016	434364	0.72	303038.65	81211.68	50113.67	59919.29
2017	461284	0.72	323080.42	83192.61	55010.97	62574.15
2018	488499	0.72	336376.95	85780.38	66341.67	71233.79

续表

年份	全社会固定资产投资	口径调整比例	建筑安装工程投资	设备工器具投资	其他投资	住宅投资
2019	513608	0.72	355283.03	84933.69	73391.28	81323.88
2020	527270	0.73	369783.60	79041.17	78445.23	87655.27

注：我国 1980 年开始公布固定资产投资额及其构成数据，2018 年起，各项构成数据仅公布增速。1978—1979 年全社会固定资产投资额以及区分构成的投资额数据经推算得来，主要是利用基本设施投资、更新改造投资中的建安工程、设备工器具投资和其他投资增速，结合 1980 年全社会固定资产投资额推算得来。2018—2020 年全社会固定资产投资数据和分行业数据，均按照增速测算得来。

3. 固定资产投资额与固定资本形成额数据的口径衔接问题

尽管我国固定资本形成额数据是在固定资产投资额统计基础上调整而来的，但两者之间存在涵盖范围上的差异，若直接采用固定资产投资的构成比例拆分固定资本形成额数据，会导致偏误发生（姬卿伟，2017）[①]。因此，利用固定资产投资额在不同资本品固定资本形成额、分行业固定资本形成额等的测算中，需要首先调整统计口径。

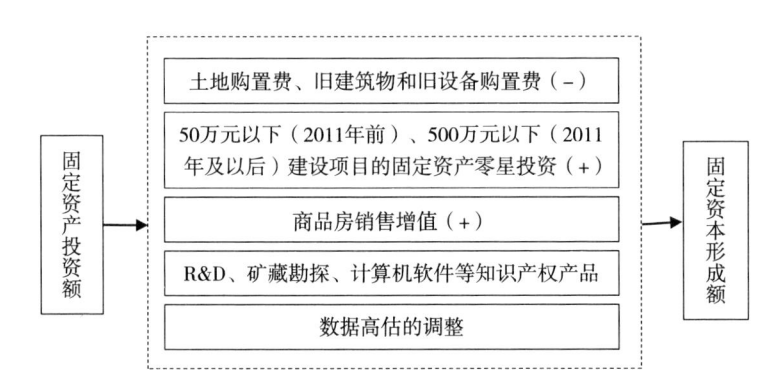

图 3-3 固定资产投资额与固定资本形成额数据的口径衔接路径

从图 3-3 的衔接路径来看，对于部分资本品固定资产投资额向固定资本形成额的调整，主要是：（1）测算住宅建筑、非住宅建筑和构筑物固定资本形成时，需要将固定资产投资统计中的土地购置费、旧建筑物购置费剔

[①] 姬卿伟：《中国固定资本服务测算及其稳健性研究》，《统计研究》2017 年第 10 期。

除，同时，需要补充商品房的销售增值部分。（2）其他机器和设备固定资本形成额测算时，需要补充零星固定资产投资，其中，2010年及以前主要是50万元以下投资，2011年起是500万元以下投资；同时，还需要剔除旧设备购置费。（3）需要单独测算R&D、矿藏勘探、计算机软件等知识产权产品的固定资本形成额。

4. 以R&D资本化核算为代表的资本核算范围扩展问题

根据许宪春和郑学工（2016）[①]、江永宏和孙凤娥（2016）[②]的说明，对于我国R&D投资的衡量是从成本角度开展的，其基本原理如图3-4所示。

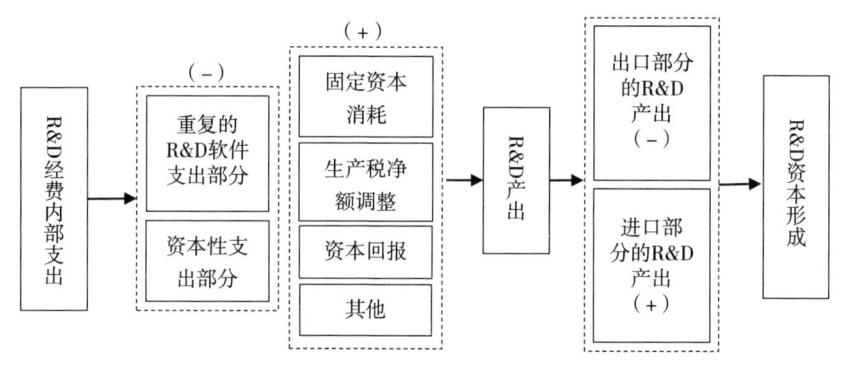

图3-4 R&D资本化核算

从图3-4的R&D资本化核算原理来看，R&D资本形成测算主要是从R&D经费内部支出出发，经过软件支出和资本性支出的减项调整，固定资本消耗、生产税净额、资本回报以及其他项目的补充调整得到R&D产出，在此基础上，通过进出口部分的R&D产出调整得到。

[①] 许宪春、郑学工：《改革研发支出核算方法更好地反映创新驱动作用》，《国家行政学院学报》2016年第5期。
[②] 江永宏、孙凤娥：《研发支出资本化核算及对GDP和主要变量的影响》，《统计研究》2016年第4期。

（二）分行业、分地区固定资本形成数据拆分

鉴于缺少专门的分行业、分地区固定资本形成额数据，本书以各类资本品的全国层面固定资本形成额数据为基准，按照自上而下的数据处理路径，通过构建分行业层面、分地区层面的资本品拆分系数，推算得到各行业分资本品的投资数据和各地区分资本品的投资数据。

1. 分行业拆分思路

已有分行业固定资本测算研究中，孙琳琳和任若恩（2014）[①]、许宪春等（2020）[②] 区分了建筑和设备两类资本品，此类研究对于资本品只是进行了简化的处理。分类较为完备的是：第一，王亚菲和王春云（2017）[③] 区分了 ICT 软件、ICT 硬件、建筑安装工程、设备工器具购置及其他固定资产五种类型，并利用投入产出表和固定资产投资行业分配情况试算了行业层面这五种资产类型的投资序列。第二，王春云和王亚菲（2019）[④] 进一步区分了建筑物、其他机器和设备、ICT 硬件、计算机软件、R&D、矿藏勘探六种类型。主要的做法是，按照《中国 2012 年投入产出表编制方法》提供的不同资产类型固定资本形成所归属的产品部门信息。第三，姬卿伟（2017）[⑤] 将资本品区分为九个类别，采用倒推法测算各资本品固定资本形成额数据。以全国固定资本形成额为基准，结合全社会固定资产投资额构成比例，以及三次经济普查数据和历年工业企业有关设备投资数据测算分行业资本品数据。

为保证全国层面数据测算结果与分行业测算的一致性，区分资本品类型的分行业固定资本形成数据，主要通过构建各资本品行业拆分系数，分拆资

[①] 孙琳琳、任若恩：《转轨时期我国行业层面资本积累的研究——资本存量和资本流量的测算》，《经济学（季刊）》2014 年第 3 期。

[②] 许宪春等：《中国分行业全要素生产率估计与经济增长动能分析》，《世界经济》2020 年第 2 期。

[③] 王亚菲、王春云：《中国行业层面信息与通信技术固定资本服务核算》，《统计研究》2017 年第 12 期。

[④] 王春云、王亚菲：《数字化资本回报率的测度方法及应用》，《数量经济技术经济研究》2019 年第 12 期。

[⑤] 姬卿伟：《中国固定资本服务测算及其稳健性研究》，《统计研究》2017 年第 10 期。

本品资本形成数据得来。其中，借鉴王春云和王亚菲（2019）[①] 的处理思路，将矿藏勘探的投资数据全部计入科学研究和技术服务业固定资本形成，如图 3-5 所示。

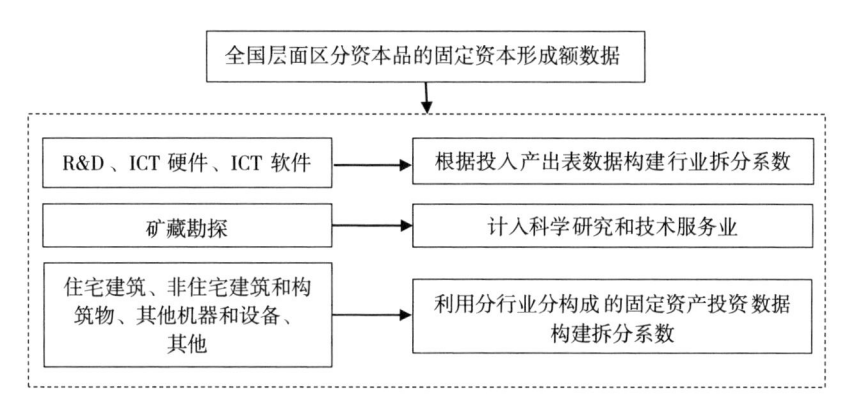

图 3-5　分行业固定资本形成额数据拆分思路

2. 分地区拆分思路

分地区层面的数据拆分思路，依然是区分不同资本品的实际数据情况，构建拆分系数，如图 3-6 所示。鉴于重庆、海南行政区划调整，部分早期数据采用了推算处理。

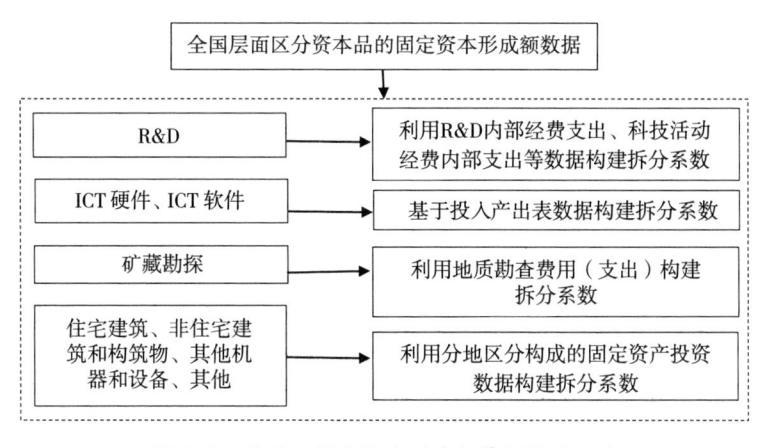

图 3-6　分地区固定资本形成额数据拆分思路

---

① 王春云、王亚菲：《数字化资本回报率的测度方法及应用》，《数量经济技术经济研究》2019 年第 12 期。

（三）关键参数集的整合设计

主要参数集用于测算全国、分行业、分地区三个层面的生产性资本存量和固定资本服务物量指数。其中，耐用年限、退役模式及其参数、效率模式及其参数均以资本品为研究单位，在全国、分行业、分地区三个层面采用一致的参数和模式设定。用于测算使用者成本的资本回报率主要从一般意义上的资本出发，故所有资本品采用统一的内生回报率数据；而折旧率和资本品价格变动数据也是区分资本品，但在全国、分行业、分地区三个层面均采用一致设定。

本书对于固定资本测算参数的处理，主要突出资本品差异，进而由资本品组合的结果差异反映到分行业、分地区差异上来。因国内二手资本品市场发展相对滞后，有关的统计资料不足，对于耐用年限的设定、退役模式和效率模式中的参数，采用了国际经验参数值。同时，考虑到上市公司财务数据等微观数据在结构性、比例性参数和资本品耐用年限方面的参考价值，本书最终的参数处理还考虑了部分微观数据反映出的数据信息。

四、数据资本服务核算设计

数字经济时代，固定资本服务核算也面临着范围和边界扩展等挑战。本书关于扩展核算的设计主要围绕数据资本服务核算展开，并在第八章根据设计思路进行了实证测算。

（一）数据资产的内涵与统计属性

1. 数据资产的内涵

（1）数据产品。

尽管现有 SNA 框架并没有严格意义上的数据核算，也未界定国民经济核算意义上的"数据"内涵与核算范围。但鉴于数据要素在现代经济中日益重要的作用，诸多国际组织和国家的政府统计部门开展了数据要素价值的核算探索。李花菊（2021）[①] 的研究指出，联合国等国际组织建议的"数据"定义是"通过对现象进行记录、整理和存储而得到的数字形式的信息"。而加拿大统计局（Statistics Canada，2019a[②]、2019b[③]）的内涵界定更为细致，认为数据是"已转换为可以存储、传输或处理并可以从中汲取知识的，以数字形式呈现的现象观测结果（observations）"，强调"数据是对现象进行观测的结果"。本书结合已有的相关研究和国民经济核算基本原理，提出"数据产品是指生产过程中产出的以数据为核心内容的商品或服务"，并就其内涵进一步界定如下：

其一，数据为核心内容，强调的是对现象的观测结果以数字形式呈现。

其二，"对现象的观测"既可以有人类活动参与，也可以是纯粹的自然现象；既可以被人类感知，也不必须被人类感知。换句话说，即使没有人观测，物体和环境现象也可以"发出观测"[④]。

其三，并不是数字化的所有内容都是数据产品，观测结果只有转换为可存储、传输或处理的形式，且能够从中汲取知识，才成为数据产品。

其四，数据产品的形式多样，包括对数据的再加工和再组织。

其五，数据产品的价值体现在有人类参与的观测活动，以及对观测结果的整理、加工和处理，体现的是后续生产环节的价值增值。

（2）数据资产。

满足上述内涵界定的数据产品有三种形式，分别是消费品、中间消耗品和资本品。其中，只有最后一种属于数据资产的核算对象。参照国民经济核算中关于资产内涵的讨论、会计上对资产处理的规定，以及中国信息通信研究院对数据资产的界定，本书将数据资产定义为：由过去的交易或者事项形

[①] 李花菊：《关于数据资产核算》，《中国统计》2021年第2期。

[②] Statistics Canada, "Measuring Investment in Data, Databases and Data Science: Conceptual Framework", https://www150.statcan.gc.ca/n1/pub/13-605-x/2019001/article/00008-eng.htm, 2019a-6-24.

[③] Statistics Canada, "The Value of Data in Canada: Experimental Estimates", https://www150.statcan.gc.ca/n1/pub/13-605-x/2019001/article/00009-eng.htm, 2019b-7-10.

[④] Statistics Canada（2019a、2019b）认为，尽管许多现象观测结果无关紧要，并且将永远不会被记录下来，但可以将它们视为代表所有活动（无论是人类还是其他活动）的总和。

成的，由机构主体控制或者拥有的，预期能够给机构主体带来经济利益的数据产品。对此可从以下四个方面展开：

其一，数据产品的所有权指的是经济所有权，主要强调的是对数据产品的拥有权或控制权，即具备数据产品的处置权，并承担由此带来的收益和风险。

其二，能够给数据产品的经济所有者带来未来收益。对于数据消费品而言，不能给经济所有者带来未来经济收益，而中间消耗品在使用中实现的是价值转移，亦不能带来未来收益。

其三，数据资产应是数据产品价值的储备形式，其经济所有者在一定时期内通过持有或使用该产品能够产生经济利益。鉴于数据产品自身物理特性，所产生的经济利益可以是一次性的，也可以是连续性的。

其四，数据资产的价值来自数据产品生产过程中的劳动、资本要素投入，以及生产环节的价值增值，根源是有人类活动参与的现象观测活动，以及对现象观测结果的存储、传输或处理和再加工、再组织等生产环节增加的价值。

2. 数据资产的统计属性

（1）生产属性。

其一，经济意义上的生产，是指由机构单位控制和管理下进行的，并且该机构单位拥有活动产出的所有权。从这个角度来讲，"现象"应不以人类活动或控制为前提，因此，典型的不满足生产属性。其二，经济意义上的生产经历了从投入到产出的过程。"现象"是数据的起点，且不以人类活动为存在前提，对现象的观测，有人类活动参与的满足生产性特征，否则属于非生产性。而数据区别于现象观测，是对观测结果进行收集、存储、加工等活动的结果，生成数据的过程包含了人类的劳动，且存在资本、劳动等要素的投入，产出也能够用于生产过程，属于典型的生产范畴[①]。其三，生产数据

[①] 李静萍（2020）的研究认为，"数据作为一种客观事实和观测，是经济社会活动的伴生物，独立于数据采集而存在"，其数据定义对应于本书的"现象"，正因如此，她认为数据具备非生产属性。这与本书对数据的界定不同。详见李静萍：《数据资产核算研究》，《统计研究》2020年第11期。

以及建立在此基础上的数据再加工、再组织活动具有可分工性，这也是构成经济意义上生产的必要条件之一。

（2）资产属性。

其一，从数据要素增值流程来看，现象观测结果是数据的基础，只有已转换为可以存储、传输或处理并可以从中汲取知识的数字形式的观测结果才是数据产品，对于其中的生产过程而言，从观测结果到数据之间的过程来看，发掘的价值和增加的资产价值部分，所有权均由数据的生产者所有。其二，数据资产的收益性体现在，充当价值贮藏手段，且在生产中发挥作用的基础上，能够获取未来收益。因数据相关主体并非确定经济所有权的必要条件，从价值创造及其与收益对应关系的角度来看，有三种情形：①资产公用情形，数据自身因为非竞争性，价值主要体现在发展过程中开发使用的增加值以及数据生产主体的有关成本；②数据开放情形，数据资产价值由政府部门的成本衡量；③数据交易情形，比较容易理解，由交易价格衡量的数据资产价值即是数据资产价值。其三，对于数据这类特殊的产品而言，耐用性也是区分数据资产和数据中间投入品的关键。当然，除了耐用年限超过一年的一般假定外，数据资产的"可重复使用"较为特殊，一是数据资产使用的时空分离问题，对于特定主体而言，数据资产可能当前没有使用需求，但未来可用，也可能在特点时点对于一类主体有用，但对于另一类主体没用。二是数据的存储和使用便利性，数字经济时代更多强调电子存储技术以及相应介质。

综合上述统计属性分析，本书认为数据资产属于生产资产，且典型地归于固定资产分类。

（二）数据资产的核算范围

一般意义上的资产核算范围主要是指在生产商品和服务的过程中连续使用了一年以上的价值存储，对于数据资产而言，同样满足这一约束。但根据数据资产的内涵和统计属性特征，对其核算范围的框定还要注意以下几个方面。

1. 只包含最终使用中的资本形成部分

作为观测的结果，数据产品的产出形式和用途多样（见表3-2），纳入资产核算的主要是用于资本形成的主要产品和副产品，不涉及中间消耗和最终使用中的数字化消费品。主要原因：一是从用途来看，数据消费品（如数字音乐和数字电影等）不属于本书探讨的生产中投入的数据产出①；二是满足本书数据内涵的最终消费品和中间消费品，与将数据用作资产相比，其价值规模可能很小；三是将数据用作中间投入并以个人账户为基础进行生产，该机构主体首先需要记录数据的生产然后再使用它们，因此，不会对GDP产生影响。SNA 2008的建议是不要对此进行记录。

表3-2 数据产品的产出形式和用途

产出形式	说明	用途
主要产品	符合机构主体生产主要目标的产品	中间使用（消耗品） 最终使用（消费品） 最终使用（资本品）
辅助产品	辅助主要产品的生产	中间使用（消耗品）
副产品	由于某些生产而存在，而本身并不打算作为主要产品或次要产品	中间使用（消耗品） 最终使用（消费品） 最终使用（资本品）

2. 再加工、再组织的数字化信息也属于资产核算范围

"数据"强调对"现象"的观测并以数字化的信息呈现，在所有权明确的情况下，典型的满足资产属性。但是，因存在对数字化信息的再加工和组织、存储形式的差异，使得具体的资产类型上存在差异。考虑到数据可以作为单独产品存在，也可以蕴含在其他产品之中。因此，在满足资产一般特征的基础上，数据以及建立在数据基础上的，经过再加工、再处理或再组织

---

① 在SNA 2008的固定资产分类中，包括娱乐、文学或艺术品原件。那么，以数字化形式提供的娱乐、文学或艺术品，在知识产权保护下，能够以许可费等形式提供市场服务，对于供给者而言，同样可以视为固定资产，但此时，它属于最终使用中的资本品，并不是此处的消费用途。

的，具备更高级形式的数据产品组合体都属于数据资产的核算对象，也都在核算范围内。

3. 数据资产的核算范围应以数据要素为核心内容

对于数据产品组合体而言，不同资产类型以及不同组织形式之间可能会存在边界模糊的问题。具体核算的应对上，数据产品组合体的核心内容依然是最基础的数据要素，再加工、再处理或再组织活动体现为数据要素的价值增值。资产的核算对象源自生产对象，那么，对于数据资产的核算有一个关键问题，即只有以数据核心指向的产出才纳入数据资产核算。以软件资产为例，部分数据资产组合体可能包含软件、系统等支撑内容，不能将其纳入数据资产核算，主要是因为开发数据库管理系统和数据分析工具（如软件、程序等）并非是针对数据的生产活动。

4. 核算范围体现出的价值增值链条

从数据的演化形式和参与生产活动的程度来看，数字化观测结果、数据库和数据科学三者之间存在明显的价值增值环节，如表3-3所示。以数据库为例，SNA 2008的定义是，"以某种允许高效访问和使用数据的方式组织起来的数据文件，且明确指出数据库价值包括以恰当的方式进行数据准备的费用，但不包括获取或取得数据的费用"。也就是说，数据库不包括数据本身的价值。

表3-3 数据资产核算范围体现出的价值链条

增值环节	生产活动边界
数据	为形成对现象的数字化观测结果，包括收集或获取、存储和加工等在内的现象观测活动
数据库	为形成便于检索和使用的结构化数据，对数据进行操作、分析、准备恰当格式及存储活动
数据科学	为形成用于决策的信息，对已经组织起来的结构化数据进行分析、判断和预测

同样地，本书认为数据科学不包含数据库的价值。当然，数据库和数据科学的边界较为模糊，数据库因种类多，特征千差万别，难以与其他生产

要素相区分，统计"能见度"较低、数据资产价值难以估计等难题，而且数据库投入与现行的企业研发投入存在一定的重复，在统计时需要甄别和剔除。为便于开展实际的统计核算，本书对数据库和数据科学的区分从生产活动边界展开，后者与前者的区别在于：数据科学是在数据库结构化数据的基层上的研发活动，而在数据库投入中与研发相关的活动环节作为数据库生产的过程。

（三）数据资产账户记录

1. 资产项目分类记录

根据基本统计属性的分析，数据资产作为生产资产在国民经济账户中记录。鉴于数据资产在生产中起作用的是知识（信息），对于数据、数据库、数据科学三种类型的数据资产均视为知识产权产品。从 SNA 1993 到 SNA 2008，一个大的变化是，固定资产项下的"无形固定资产"修订为"知识产权产品"。一方面，知识作为基本生产要素的重要性日益显著，同时，部分原来的无形资产转化为有形资产（商誉和营销资产），此时，无形与有形的划分本身意义不大；另一方面，为什么界定为知识产权产品，因为 SNA 是基于经济所有权视角核算经济资产的。此外，知识产权产品在原无形固定资产的核算范围上，还有所扩展和补充，一是 R&D 从中间消耗调整为固定资本形成，二是将非生产资产的专利权实体并入研究与开发项下。从这一角度来看，将数据资产记录在知识产权产品项下也符合 SNA 的调整脉络。

在具体的资产项目记录方面，首要的是明晰数据资产与知识产权产品，特别是与 R&D 之间的区别联系。根据 SNA 2008 的说明，R&D 支出主要是指"增加知识储备以及利用这种知识储备开发新的应用，系统从事创造性工作"支出的价值。与本书数据产品和数据资产内涵对比来看：第一，数据科学属于 R&D 资产核算范围，可记录在"研究和开发"项下；第二，数据尽管满足知识产权产品的统计属性，但与 R&D 存在差异，需在知识产权产品下单列一个新的分类；第三，尽管存在数字化的娱乐、文学或艺术品，可通过许可费等形式向市场提供，对于供给者而言具备资产持有者的有关统计属性，但这不同于原件，因此，数字化的娱乐、文学或艺术品包含在其他数据科学细分类中，娱乐、文学或艺术品原件保持不变。该处理兼顾了资产分类记录调整有效性和现有核算框架的稳定性，如表 3-4 所示。

表 3-4 数据资产分类记录路径

SNA 2008 分类	本书建议分类
住宅 其他建筑和构筑物 机器和设备 武器系统 培育性生物资源 知识产权产品 　研究和开发 　矿藏勘探和评估 　计算机软件和数据库 　　计算机软件 　　数据库 　娱乐、文学或艺术品原件 　其他知识产权产品	住宅 其他建筑和构筑物 机器和设备 武器系统 培育性生物资源 知识产权产品 　数据 　　研究和开发 　　数据科学 　　其他 R&D 　矿藏勘探和评估 　计算机软件和数据库 　　计算机软件 　　数据库 　娱乐、文学或艺术品原件 　其他知识产权产品

2. 机构部门分类记录

区别于传统生产活动，住户也是数据生产（部分环节生产）的主体。因此，关于数据资产的机构部门分类而言，非金融企业、金融机构、住户、政府和非营利组织、国外部门均是记录主体。从现有 SNA 的核算范围来看，主要是住户部门的部分生产活动可能不在 SNA 的生产范围内，对于数据的生产同样如此，其他机构部门主要是剥离并新增数据部分的相关记录。李静萍（2020）[①] 指出，住户建设数据库的可能性较小；同样地，住户部门开展数据科学的可能性也较小。住户部门生产的满足自身最终消费或资本形成所保留的知识载体产品不在 SNA 的生产范围中。

具体来看，住户部门生产数据的情形主要有两种：一是住户自身生产数

---

① 李静萍：《数据资产核算研究》，《统计研究》2020 年第 11 期。

据的过程，价值体现在数据交易价值方面，其中，交易或者交换出去的部分，记作数据价值，为尽可能减少对现有核算框架的影响，住户用于自己使用或者辅助决策的部分，账户中不做记录。二是住户获取"免费网络服务"时与服务提供者共同生产数据的过程，此时住户部门的数据资产价值体现为"免费网络服务"，但这一部分数据价值记录在企业（非金融企业、金融机构）项下。根据李静萍（2020）[①] 的研究，企业通过"免费数字服务"方式获取个人数据的情况，SNA 的处理是对获取个人数据的企业工作进行资本化，而不是对个人数据进行资本化。

3. 账户记录的影响

数据资本化后将与国民账户体系建立联系，所涉及的项目测算会对国民账户体系中的核心账户及相关经济总量指标产生影响。同研究与开发活动、娱乐文学和艺术品原件相类似，数据资产被纳入固定资产下的知识产权产品类别中，可参考知识产权产品纳入核算框架的具体范式。

数据资本化核算主要影响生产账户的总产出和中间消耗指标，进而影响增加值。从基本核算内容来看，数据库已纳入核算框架，主要是数据和数据科学的影响。其中，数据并不在现有核算范围内，资本化处理相当于在现有框架基础上整体新增了一个核算内容，将直接影响总产出和增加值统计。而数据科学属于研发的一种类型，其对账户体系的影响主要是增加值上调，但对不同主体而言影响路径存在差异，如表 3-5 所示。

表 3-5　数据资本化对产出和增加值核算的影响机制

资产项目	机构部门	产出	增加值	影响机制
自给性数据资产	企业	增加	上调	不再只是作为现有产品生产过程的中间消耗，而是单独确认了一项自给性资产
	政府及非营利组织			

---

① 李静萍：《数据资产核算研究》，《统计研究》2020 年第 11 期。

续表

资产项目	机构部门	产出	增加值	影响机制
外购数据资产	住户	新增记录	新增记录	现有 SNA 框架下，住户部门不是生产主体，外购数据资产的资本化，会新增产出和增加值记录；同时，原支出路径消费调整至中间消耗
	企业	无变化	上调	外购数据资产将视为固定资本形成而不再是中间消耗，从而导致中间消耗减少但总产出不受影响，故增加值上调
	政府及非营利组织	增加	上调	（1）外购数据资产不再作为最终消费支出而是固定资本形成；（2）提供给住户部门消费的非市场总产出因新增数据资本消耗成本而上调，又由于中间消耗不变，增加值上调源于总产出调整

从中心账户展开，着眼于现有的生产核算，以固定资本形成核算和资产存量核算为核心，在经常账户、积累账户和资产负债账户中记录数据资产，并建立账户之间的关联关系，最终实现国民经济账户体系的全面调整。为了避免重复测算，不同价值增加环节单独核算。

（四）核算路径与方法

对于数据资本服务核算而言，生产性资本存量和固定资本服务物量指数的核算路径与基本核算设计一致，如图 3-7 所示。不同之处在于，数据资本形成额的核算主要是从成本角度出发的价值增值核算。

本章小结

本章旨在搭建我国固定资本服务核算的框架，为接下来的基础数据整合、固定资本服务测算研究设计方法路径。

一是从数据来源与处理入手提出我国固定资本服务核算的资本品划分方

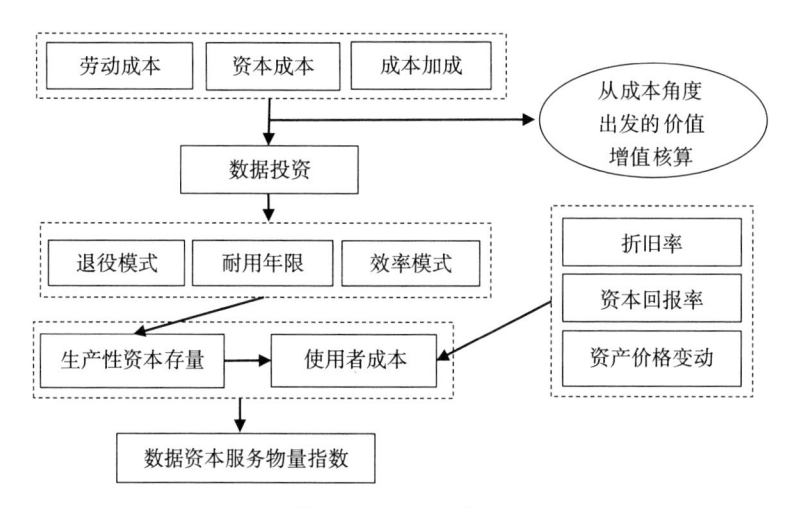

图 3-7 数据资本服务核算的方法路径

法，进一步细化资本品分类。在此基础上，遵循自下而上的固定资本服务核算逻辑，分别设计全国层面、分行业、分地区固定资本服务测算的逻辑方法框架。其中，针对不同役龄的同类资产固定资本服务核算，设计"固定资本形成→生产性资本存量→固定资本服务价值"的流程框架，针对异类资本品的固定资本服务汇总核算，构建行业、地区、全国层面的汇总流程框架，并就汇总权重的设计与测算进行研究。

二是开展了基础数据的整合设计。其中，从分行业固定资产投资额的行业分类调整问题、第四次经济普查之后的投资统计数据调整问题、固定资产投资额与固定资本形成额数据的口径衔接问题、以 R&D 资本化核算为代表的资本品核算范围扩展问题四个方面设计了区分资本品的固定资本形成额测算路径。对于分行业、分地区固定资本形成额数据而言，本章的设计思路是构建拆分系数进行测算处理。而关键参数集的整合设计中，耐用年限、退役模式及其参数、效率模式及其参数均以资本品为研究单位，在全国、分行业、分地区三个层面采用一致的参数和模式设定。

第 四 章
整合数据集构建研究

本章将围绕第三章的资本品分类，重点测算各类资本品的固定资本形成额数据，同时，区分资本品的初始固定资本存量，各类资本品的价格缩减指数以及使用者成本测算相关的资本回报率、折旧率和资产价格均是本章整合数据集的构成部分。本章的数据集将为全国、分行业、分地区三个层面的固定资本服务核算提供基础数据和关键参数支撑。

一、固定资本形成数据集

（一）R&D 资本形成

根据第三章的研究设计，采用许宪春和郑学工（2016）、江永宏和孙凤娥（2016）的部分处理方法[①]，通过对重复的 R&D 软件支出部分、生产税

[①] 2016 年我国政府统计开展研发资本化核算改革，自 2016 年《中国统计年鉴》发布开始，固定资本形成总额数据包含 R&D 资本化部分。王华（2017）、王春云和王亚菲（2019）、王开科和薛梅林（2020）均利用 2016 年和 2015 年《中国统计年鉴》中两个口径的固定资本形成额数据推算 R&D 投资数据，测算结果与许宪春和郑学工（2016）、江永宏和孙凤娥（2016）从 R&D 内部经费支出为起点的规范测算研究较为一致。详见许宪春、郑学工：《改革研发支出核算方法更好地反映创新驱动作用》，《国家行政学院学报》2016 年第 5 期；江永宏、孙凤娥：《研发支出资本化核算及对 GDP 和主要变量的影响》，《统计研究》2016 年第 4 期；王华：《中国 GDP 数据修订与资本存量估算：1952—2015》，《经济科学》2017 年第 6 期；王春云、王亚菲：《数字化资本回报率的测度方法及应用》，《数量经济技术经济研究》2019 年第 12 期；王开科、薛梅林：《投入成本、生产率调整与 R&D 产出价格指数测算》，《统计与信息论坛》2020 年第 6 期。

净额的调整部分，以及其他相关的数据处理测算 R&D 资本形成。

1. R&D 经费内部支出数据的整合

2009 年起《中国科技统计年鉴》公布按用途分的 R&D 经费内部支出，1995—2008 年有总量口径的 R&D 经费内部支出，对于各用途的构成数据主要通过推算得来。其中，2001—2008 年的各项支出构成采用 2000 年和 2009 年各构成的平均占比拆分，1995—1999 年的各项支出构成采用 2000 年各构成的占比拆分，2000 年的构成占比主要采用 2000 年 R&D 资源清查数据获取。

1995 年之前的各用途 R&D 经费内部支出数据由估算得来。其中：第一，1995 年之前 R&D 经费内部支出额数据，主要是利用国家科技财政支出数据与 R&D 经费内部支出数据之间的相关关系，通过构建线性回归插补模型估算。第二，各项构成的支出额数据，采用 2015 年的结构比例拆分得来。

2. 剔除重复的软件 R&D

我国研发统计调查资料中的 R&D 支出包含软件业 R&D 支出，但在 SNA 2008 的 GDP 核算框架中软件产品是与 R&D 产品并列的知识产权产品（高敏雪，2017）①，其支出已经计入 GDP，因此，需从 R&D 支出中扣除软件研发部分。

根据《2009 年第二次全国 R&D 资源清查资料汇编》，2009 年软件企业 R&D 的试验发展支出为 76.3 亿元，占企业 R&D 的 1.8%。考虑到软件业早期占比较低，近期占比较高，本书用该比例对 1978 年以来企业 R&D 支出做了适当剔除调整。

3. 固定资本消耗的计算

基本测算公式为：

$$CFC_t^{R\&D} = \delta^{R\&D} K_{t-1}^{R\&D} \qquad (4-1)$$

其中，$K_t^{R\&D}$ 表示 R&D 部门的固定资本存量。考虑到资本性支出由仪器和设备、土地和建筑物、软件和数据库等固定资产支出组成，而 SNA 2008 的固

---

① 高敏雪：《研发资本化与 GDP 核算调整的整体认识与建议》，《统计研究》2017 年第 4 期。

定资本存量不包括土地价值。同时，资本性支出的统计范围只涉及当年新购买资产的支出，未剔除原有资产的处置所得。因此，本书根据其比例关系对资本性支出向下调整约 5%。

为便于测算，$K_{t-1}^{R\&D}$ 采用几何价值模式下的永续盘存法测算，其中，$I_t^{R\&D}$ 由 R&D 经费内部支出中的资本性支出衡量。从可获得的数据来看，仪器设备占资本性支出的比重从 2009 年的 81.2% 到 2020 年的 83.9%，增幅较小。折旧率的测算：鉴于 R&D 部门的资本耐用年限一般低于其他部门，采用江永宏和孙凤娥（2016）[①] 的处理，假定仪器和设备的平均使用寿命为 15 年，其他固定资产的平均使用寿命为 30 年，残值率取 4%，仪器和设备的折旧率为 19.3%，其他固定资产的折旧率为 10.2%。根据资本性支出结构测算折旧率，1978—2008 年的比例采用 2009—2020 年的平均比例，最终采用的折旧率为 17.88%。1978—2020 年固定资本消耗测算结果见表 4-1。

表 4-1　1978—2020 年固定资本消耗测算结果　　单位：亿元

年份	固定资本形成平减指数	资本性支出（资本流量，当年价）	资本性支出（资本流量，1978 年价）	固定资本存量（1978 年价）	固定资本消耗（1978 年价）
1978	100.00	12.76	12.76	49.72	8.89
1979	102.16	15.02	14.71	55.53	9.93
1980	105.27	15.58	14.80	60.40	10.80
1981	108.68	14.85	13.67	63.27	11.31
1982	111.19	15.75	14.16	66.12	11.82
1983	113.92	19.06	16.73	71.03	12.70
1984	118.57	22.85	19.27	77.60	13.87
1985	127.10	24.74	19.47	83.20	14.87
1986	135.28	27.15	20.07	88.39	15.80
1987	142.32	27.45	19.28	91.87	16.43
1988	161.62	29.21	18.08	93.52	16.72

[①] 江永宏、孙凤娥：《研发支出资本化核算及对 GDP 和主要变量的影响》，《统计研究》2016 年第 4 期。

续表

年份	固定资本形成平减指数	资本性支出（资本流量，当年价）	资本性支出（资本流量，1978年价）	固定资本存量（1978年价）	固定资本消耗（1978年价）
1989	175.41	30.84	17.58	94.39	16.88
1990	184.96	33.56	18.14	95.65	17.10
1991	200.66	38.76	19.32	97.87	17.50
1992	226.78	46.26	20.40	100.77	18.02
1993	283.61	57.42	20.24	103.00	18.41
1994	312.91	71.07	22.71	107.29	19.18
1995	331.70	84.10	25.36	113.47	20.29
1996	344.71	97.56	28.30	121.48	21.72
1997	350.46	122.81	35.04	134.80	24.10
1998	350.55	132.93	37.92	148.62	26.57
1999	349.10	163.75	46.91	168.96	30.21
2000	352.81	216.03	61.23	199.98	35.75
2001	354.25	209.57	59.16	223.39	39.94
2002	355.07	258.85	72.90	256.35	45.83
2003	363.05	309.51	85.25	295.77	52.88
2004	385.66	395.29	102.50	345.39	61.75
2005	391.74	492.52	125.73	409.36	73.19
2006	397.64	603.71	151.82	488.00	87.25
2007	413.19	745.87	180.51	581.26	103.92
2008	450.20	927.96	206.12	683.46	122.20
2009	439.47	933.30	212.37	773.63	138.32
2010	455.21	1137.32	249.85	885.16	158.26
2011	485.25	1351.70	278.56	1005.46	179.77
2012	490.61	1491.20	303.95	1129.64	201.97
2013	492.04	1672.80	339.97	1267.65	226.64
2014	494.54	1803.50	364.68	1405.68	251.32
2015	485.60	1858.20	382.66	1537.02	274.80
2016	482.74	1981.50	410.47	1672.68	299.06

续表

年份	固定资本形成平减指数	资本性支出（资本流量，当年价）	资本性支出（资本流量，1978年价）	固定资本存量（1978年价）	固定资本消耗（1978年价）
2017	510.74	2120.22	415.13	1788.75	319.81
2018	538.32	2293.91	426.12	1895.06	338.82
2019	552.32	2190.51	396.60	1952.85	349.15
2020	566.13	2425.3	428.40	2032.10	363.32

对于 1978 年的初始固定资本存量而言，现有研究大多假定固定资本存量增长率与真实投资增长率相等，如五斗和铃木（Goto, Suzuki, 1989）[①]等的处理。本书则采用莱因斯多夫和科弗（Reinsdorf, Cover, 2005）[②] 的方法：

$$K_0^{R\&D} = RI_0(1 + \bar{g}^{R\&D})/(\bar{g}^{R\&D} + \delta^{R\&D}) \tag{4-2}$$

式（4-2）与式（2-15）在基本原理上是一致的。对于固定资本存量平均增长率 $\bar{g}^{R\&D}$ 的处理，主要通过回归估计法确定。$\bar{g}^{R\&D}$ 的测算公式为[③]：

$$\bar{g}^{R\&D} = e^m - 1 \tag{4-3}$$

对于斜率系数 m 的估计如下：

$$\ln RI_t = 1.9560 + 0.0995t \tag{4-4}$$

$$(20.16)\ (25.91)$$

$$\bar{R}^2 = 0.9410$$

式中，RI_t 表示 R&D 部门投资，根据式（4-3）求得的 $\bar{g}^{R\&D} = 10.4657\%$，在

[①] Goto, A., Suzuki, K., "R&D Capital, Rate of Return on R&D Investment and Spillover of R&D in Japanese Manufacturing Industries", *Review of Economics and Statiatics*, Vol. 71, No. 4 (1989), pp. 555-564.

[②] Reinsdorf, M., Cover, M., "Measurement of Capital Stocks, Consumption of Fixed Capital Services", Report on a Presentation to the Central American Ad Hoc Group on National Accounts, 2005.

[③] Inklaar, R., "The Sensitivity of Capital Services Measurement: Measure All Assets and the Cost of Capital", *Review of Income and Wealth*, No. 2 (2010), pp. 389-412.

$\delta^{R\&D}$ = 17.88% 的设定下，1978 年的初始固定资本存量为 49.72 亿元。

4. 生产税净额的处理

加计扣除税收优惠政策给企业带来的税收减免，可看成是对 R&D 活动的生产补贴，是负生产税。对此，1952—2009 年的生产税净额取为 0，2010—2015 年的生产税净额等于负的研究开发费用加计扣除税，数据取自历年的《工业企业科技活动统计年鉴》，2016—2020 年的数据来自 2021 年《中国科技统计年鉴》。

5. 资本回报部分

通过资本回报率和固定资本存量的乘积衡量，其中，资本回报率采用王开科和曾五一（2020）[①] 的处理方法。具体测算参见使用者成本测算部分，采用税后回报率测算。

6. 其他调整

其他调整不做处理。

7. 进出口部分

2010 年以前的数据（专有权利使用费和特许费）来自中国国际收支平衡表时间序列数据 1982—2014（BPM5），均为美元口径，采用人民币兑美元汇率中间价转换，汇率数据来自国家统计局数据查询平台。2010 年及以后的数据来自中国国际收支平衡表时间序列（BPM6），均采用人民币口径数据（指标为知识产权使用费），如表 4-2 所示。

表 4-2　1978—2020 年 R&D 投资测算中的进出口调整

年份	贷方（出口）（亿元）	借方（进口）（亿元）	规模以上工业企业境外技术引进费（亿元）	拆分系数	调整后的出口（亿元）	调整后的进口（亿元）
1978—1996	0	0				

---

① 王开科、曾五一：《资本回报率宏观核算法的进一步改进和再测算》，《统计研究》2020 年第 9 期。

续表

年份	贷方（出口）（亿元）	借方（进口）（亿元）	规模以上工业企业境外技术引进费（亿元）	拆分系数	调整后的出口（亿元）	调整后的进口（亿元）
1997	4.55	45.05		0.30	1.38	13.64
1998	5.19	34.74		0.30	1.57	10.52
1999	6.17	65.53		0.30	1.87	19.84
2000	7.46	114.10		0.30	2.26	34.55
2001	9.11	160.41		0.30	2.76	48.57
2002	10.99	257.75		0.30	3.33	78.04
2003	8.85	293.68		0.30	2.68	88.92
2004	19.56	372.17		0.30	5.92	112.69
2005	12.89	435.90		0.30	3.90	131.99
2006	16.30	528.86		0.30	4.94	160.13
2007	26.05	622.92		0.30	7.89	188.62
2008	39.62	716.70		0.30	12.00	217.01
2009	29.34	755.87		0.30	8.88	228.87
2010	56.18	882.63		0.30	17.01	267.26
2011	47.98	949.59		0.30	14.53	287.53
2012	65.86	1120.20	393.91	0.30	19.94	339.19
2013	54.93	1301.04	393.95	0.30	16.63	393.95
2014	41.53	1389.01	387.51	0.28	11.59	387.51
2015	67.34	1372.13	414.06	0.30	20.32	414.06
2016	77.85	1593.15	475.42	0.30	23.23	475.42
2017	323.85	1941.24	399.32	0.21	66.62	399.32
2018	368.01	2359.61	465.27	0.20	72.57	465.27
2019	455.02	2369.33	476.69	0.20	91.55	476.69
2020	591.23	2608.98	459.95	0.18	104.23	459.95

根据历年国际收支平衡表中的知识产权使用费，测算R&D进出口部分（借方为进口，贷方为出口）。采用江永宏和孙凤娥（2016）[1]的处理思路，

---

[1] 江永宏、孙凤娥：《研发支出资本化核算及对GDP和主要变量的影响》，《统计研究》2016年第4期。

利用规模以上工业企业境外引进技术经费测算 R&D 进口和出口的推算比例。与之不同的是，该文以 2013 年经济普查中的规模以上工业企业境外引进技术经费占知识产权使用费的比重作为固定拆分系数，本书则利用国家统计局数据查询平台中的相关年份数据（2004 年、2008 年、2011—2020 年）测算可变的拆分系数，2013 年之前，个别年份引进技术经费超过了知识产权使用费，不利于基于推算比例的测算。因此，采用了江永宏和孙凤娥（2016）[①] 的处理，统一采用 2013 年的比例进行拆分[②]，而 2013 年之后，则由各年实际比例拆分，如表 4-3 所示。

表 4-3　1978—2020 年 R&D 投资的测算结果（当年价）　单位：亿元

年份	R&D 经费内部支出	资产性支出（-）	重复的软件 R&D（-）	生产税净额	出口调整（-）	进口调整（+）	固定资本消耗（+）	资本回报调整（+）	R&D 投资
1978	52.89	12.76	0.95				8.89	6.64	54.71
1979	62.29	15.02	1.12				10.14	7.36	63.65
1980	64.59	15.58	1.16				11.37	8.19	67.40
1981	61.58	14.85	1.11				12.29	8.27	66.18
1982	65.29	15.75	1.18				13.15	8.87	70.38
1983	79.03	19.06	1.42				14.47	10.03	83.04
1984	94.72	22.85	1.70				16.45	11.90	98.52
1985	102.59	24.74	1.85				18.91	13.84	108.74
1986	112.57	27.15	2.03				21.38	14.52	119.29
1987	113.79	27.45	2.05				23.38	16.52	124.20
1988	121.12	29.21	2.18				27.02	19.25	136.00
1989	127.87	30.84	2.30				29.60	19.98	144.30
1990	139.12	33.56	2.50				31.63	19.56	154.25

---

① 江永宏、孙凤娥：《研发支出资本化核算及对 GDP 和主要变量的影响》，《统计研究》2016 年第 4 期。

② 2013 年我国规模以上工业企业从境外引进技术经费 394 亿元，知识产权使用费借方额为 1301 亿元，相对比例是 30.28%。

续表

年份	R&D经费内部支出	资产性支出（-）	重复的软件R&D（-）	生产税净额	出口调整（-）	进口调整（+）	固定资本消耗（+）	资本回报调整（+）	R&D投资
1991	160.69	38.76	2.89				35.11	22.33	176.48
1992	191.79	46.26	3.45				40.86	28.53	211.46
1993	238.04	57.42	4.28				52.23	37.58	266.15
1994	294.64	71.07	5.30				60.03	40.92	319.21
1995	348.69	84.10	6.28				67.29	42.89	368.49
1996	404.48	97.56	7.28				74.87	45.78	420.29
1997	509.16	122.81	9.16		1.38	13.64	84.47	48.96	522.88
1998	551.12	132.93	9.92		1.57	10.52	93.15	48.76	559.13
1999	678.91	163.75	12.22		1.87	19.84	105.46	53.77	680.13
2000	895.66	216.03	16.12		2.26	34.55	126.15	63.20	885.14
2001	1042.49	209.57	18.76		2.76	48.57	141.48	81.21	1082.66
2002	1287.64	258.85	23.18		3.33	78.04	162.74	94.76	1337.82
2003	1539.63	309.51	27.71		2.68	88.92	191.98	117.25	1597.89
2004	1966.33	395.29	35.39		5.92	112.69	238.15	169.28	2049.84
2005	2449.97	492.52	44.10		3.90	131.99	286.71	198.05	2526.20
2006	3003.10	603.71	54.06		4.94	160.13	346.93	246.21	3093.67
2007	3710.24	745.87	66.78		7.89	188.62	429.41	301.00	3808.72
2008	4616.02	927.96	83.09		12.00	217.01	550.13	334.17	4694.29
2009	5802.11	933.30	104.44		8.88	228.87	607.87	342.72	5934.95
2010	7062.58	1137.32	127.13	178.20	17.01	267.26	720.34	428.66	7019.23
2011	8687.01	1351.70	156.37	252.40	14.53	287.53	872.31	494.37	8566.23
2012	10298.41	1491.20	185.37	298.48	19.94	339.19	990.88	515.89	10149.38
2013	11846.60	1672.80	213.24	333.70	16.63	393.95	1115.17	552.26	11671.61
2014	13015.63	1803.50	234.28	379.76	11.59	387.51	1242.90	571.95	12788.86
2015	14169.88	1858.20	255.06	449.27	20.32	414.06	1334.46	565.82	13901.37
2016	15676.75	1981.50	282.18	610.30	23.23	475.42	1443.69	605.11	15303.75
2017	17606.13	2120.22	316.91	706.40	66.62	399.32	1633.41	656.93	17085.64

续表

年份	R&D经费内部支出	资产性支出（-）	重复的软件R&D（-）	生产税净额（-）	出口调整（-）	进口调整（+）	固定资本消耗（+）	资本回报调整（+）	R&D投资
2018	19677.93	2293.91	354.20	1101.50	72.57	465.27	1823.93	700.80	18845.76
2019	22143.58	2190.51	398.58	1872.30	91.55	476.69	1928.42	729.82	20725.56
2020	24393.10	2425.30	439.08	2421.90	104.23	459.95	2056.84	767.23	22286.61

注：正的生产税净额实际上是反向减扣项。

（二）ICT 硬件资本形成

现有统计数据中，没有直接可获取的 ICT 硬件资本形成数据，需要借助特定方法推算。商品流量法是国内普遍接受的估算固定资本形成总额的方法，即以内需数据与投资率的乘积估算投资额，蔡跃洲和张钧南（2015）[①]、王亚菲和王春云（2017）[②]、孙早和刘李华（2018）[③] 以总产值衡量内需产值，基本测算原理如下：

$$I_{it}^* = Q_{it} \frac{I_{it}^{IO}}{X_{it}^{IO}} \tag{4-5}$$

其中，I_{it}^* 为资本品 i 的固定资本形成总额，Q_{it} 为工业总产值，I_{it}^{IO} 为投入产出表中的固定资本形成额数据，X_{it}^{IO} 为投入产出表中的总产出，那么，I_{it}^{IO}/X_{it}^{IO} 表示 i 资本品在投入产出表年份的固定资本形成额与总产出的比值，定义为资本品的投资率。

ICT 硬件相关行业分类（投入产出表）见表 4-4。

[①] 蔡跃洲、张钧南：《信息通信技术对中国经济增长的替代效应与渗透效应》，《经济研究》2015 年第 12 期。

[②] 王亚菲、王春云：《中国行业层面信息与通信技术固定资本服务核算》，《统计研究》2017 年第 12 期。

[③] 孙早、刘李华：《信息化提高了经济的全要素生产率吗——来自中国 1979—2014 年分行业面板数据的证据》，《经济理论与经济管理》2018 年第 5 期。

表 4-4 ICT 硬件相关行业分类（投入产出表）

年份	行业	年份	行业
1987	电子计算机制造业	2012	计算机
	日用电子器具制造业		通信设备
	其他电子及通信设备制造业		广播电视设备和雷达及配套设备
	仪器仪表及其他计量器具制造业		视听设备
1992	电子及通信设备制造业		电子元器件
	仪器仪表及其他计量器具制造业		其他电子设备
			仪器仪表
1997	电子计算机制造业	2017	计算机
	日用电子器具制造业		通信设备
	电子元器件制造业		广播电视设备和雷达及配套设备
	其他电子及通信设备制造业		视听设备
	仪器仪表制造业		电子元器件
			其他电子设备
			仪器仪表
2002	通信设备制造业	2018	计算机
	电子计算机整机制造业		通信设备
	其他电子计算机设备制造业		广播电视设备和雷达及配套设备
	电子元器件制造业		视听设备
	家用视听设备制造业		电子元器件
	其他通信、电子设备制造业		其他电子设备
	仪器仪表制造业		仪器仪表
2007	通信设备制造业	2020	计算机
	雷达及广播设备制造业		通信设备
	电子计算机制造业		广播电视设备和雷达及配套设备
	电子元器件制造业		视听设备
	家用视听设备制造业		电子元器件
	其他电子设备制造业		其他电子设备
	仪器仪表制造业		仪器仪表

为保证数据测算的质量，尽可能涵盖相关细分行业，采用逢"2""7"编表年份的基础表和 2018 年、2020 年投入产出表测算，缺失年份 ICT 硬件固定资本形成和总产出分别按照已公布年份投入产出基本表中 ICT 硬件固定资本形成总额的年均增长率以及 ICT 硬件总产出增长率数据推算，结果见表 4-5。

表 4-5 基于投入产出表数据测算的 ICT 硬件固定资本
形成额和总产出增速（当年价）

年份	固定资本形成额（亿元）	总产出（亿元）	固定资本形成增速（%）	总产出增速（%）
1987	81.01	467.79		
1992	188.68	1237.34	18.42	21.47
1997	837.95	5473.69	34.74	34.64
2002	2821.81	13917.13	27.49	20.52
2007	5327.94	45159.25	13.56	26.54
2012	6835.25	70273.54	5.11	9.25
2017	9389.94	104086.32	6.56	8.17
2018	11722.44	113090.88	24.84	8.65
2020	10709.98	118852.20	-4.42	2.52

根据《中国电子信息产业60年统计数据》和《中国电子信息产业统计年鉴》可以获取历年包含通信设备、计算机及其他电子产品（ICT硬件）在内的规上电子信息制造业（经核实两个年鉴的口径，实为规上口径）的工业总产值数据。因数据制约，2013—2015年采用了销售产值数据，2016年起采用了主营业务收入数据。在此基础上，利用式（4-5）测算的ICT硬件资本形成额数据如表4-6所示。

表 4-6 1978—2020 年 ICT 硬件资本形成额测算结果（当年价）

单位：亿元

年份	规模以上电子制造业工业总产值 Q_{it}	I_{it}^{IO}	总产出 X_{it}^{IO}	ICT 硬件投资 I_{it}^*
1978	71.94	17.69	81.22	15.67
1979	76.43	20.95	98.66	16.23
1980	90.80	24.80	119.85	18.79
1981	101.56	29.37	145.59	20.49
1982	110.73	34.79	176.86	21.78
1983	127.99	41.19	214.84	24.54

续表

年份	规模以上电子制造业工业总产值Q_{it}	I_{it}^{IO}	总产出X_{it}^{IO}	ICT硬件投资I_{it}^*
1984	193.44	48.78	260.97	36.16
1985	324.50	57.77	317.02	59.13
1986	360.27	68.41	385.10	64.00
1987	391.21	81.01	467.79	67.75
1988	603.58	95.94	568.25	101.90
1989	651.59	113.61	690.28	107.24
1990	725.95	134.54	838.52	116.48
1991	725.80	159.32	1018.59	113.53
1992	1143.04	188.68	1237.34	174.30
1993	1667.39	254.22	1665.89	254.45
1994	2487.87	342.55	2242.87	379.96
1995	3070.72	461.55	3019.70	469.35
1996	3700.85	621.90	4065.57	566.11
1997	4764.20	837.95	5473.69	729.34
1998	5617.13	1068.27	6596.82	909.62
1999	6784.70	1361.89	7950.38	1162.21
2000	8767.50	1736.22	9581.69	1588.69
2001	10489.40	2213.43	11547.71	2010.58
2002	13617.20	2821.81	13917.13	2761.00
2003	17834.50	3204.31	17611.20	3244.93
2004	24501.67	3638.65	22285.81	4000.44
2005	30377.20	4131.87	28201.22	4450.68
2006	37748.50	4691.95	35686.77	4963.02
2007	44770.70	5327.94	45159.25	5282.10
2008	50203.30	5600.14	49335.07	5698.69
2009	51394.16	5886.24	53897.02	5612.89
2010	64477.82	6186.95	58880.81	6775.06
2011	77042.92	6503.03	64325.44	7788.71
2012	84425.86	6835.25	70273.54	8211.80

续表

年份	规模以上电子制造业工业总产值 Q_{it}	I_{it}^{IO}	总产出 X_{it}^{IO}	ICT 硬件投资 I_{it}^*
2013	93891.35	7283.44	76017.26	8996.00
2014	103902.01	7761.00	82230.43	9806.39
2015	113294.62	8269.89	88951.43	10533.09
2016	121754.00	8812.14	96221.76	11150.42
2017	130313.00	9389.94	104086.32	11755.93
2018	126297.00	11722.44	113090.88	13091.32
2019	134020.00	11204.78	115935.75	12952.56
2020	150898.04	10709.98	118852.20	13597.69

(三) 其他机器和设备资本形成

根据许宪春 (2013)[①] 的说明,我国机器和设备固定资本形成一般使用全社会固定资产投资额中的设备工器具购置投资额调整。根据姬卿伟 (2017)[②] 的处理,"机器和设备固定资本形成 = 全社会固定资产投资额中的设备工器具购置投资额 + 50 万元以下固定资产零星投资 − 购置旧设备的价值",其中,50 万元以下固定资产投资主要用于购置机器设备,国家统计局按固定资产投资额的 2‰估算,本书认为这部分进入固定资本形成额的小规模投资不应包含旧机器设备购置,根据姬卿伟 (2017) 的研究,将测算方法进一步调整为:

小规模投资 = (全社会设备固定资产投资 − 旧设备购置费) ×2‰ (4-6)

1978—1992 年其他机器和设备资本形成额测算结果见表 4-7。

---

① 许宪春:《准确理解中国的收入、消费和投资》,《中国社会科学》2013 年第 2 期。
② 姬卿伟:《中国固定资本服务测算及其稳健性研究》,《统计研究》2017 年第 10 期。

表 4-7 1978—1992 年其他机器和设备资本形成额测算结果（当年价）

单位：亿元

年份	资本形成额	年份	资本形成额	年份	资本形成额
1978	226.23	1993	3049.65	2008	28141.82
1979	234.88	1994	3932.76	2009	35387.94
1980	267.46	1995	3777.97	2010	41585.90
1981	202.36	1996	4357.19	2011	42873.81
1982	268.51	1997	5294.08	2012	51057.95
1983	332.49	1998	5595.76	2013	59172.44
1984	471.31	1999	5865.93	2014	64958.70
1985	656.35	2000	6169.44	2015	70873.48
1986	785.04	2001	6792.07	2016	71227.58
1987	967.44	2002	7088.51	2017	72631.45
1988	1198.90	2003	8999.64	2018	73920.98
1989	1004.15	2004	11476.76	2019	73200.90
1990	1044.94	2005	15025.70	2020	66578.63
1991	1341.63	2006	17635.30		
1992	1943.30	2007	21827.52		

考虑到全社会固定资产投资在 2010 年前不统计 50 万元以下的零星投资，从 2011 年开始不再统计 500 万元以下零星投资的情形，我们按照国家统计局计算固定资本形成总额的方法，用全社会固定资产投资乘以 2‰ 得到小额投资额。但考虑到 2011 年以来统计起点的提升，我们借鉴朱天等（2017）[①] 的做法，2011 年后用全社会固定资产投资乘以 2% 得到小额投资额。许宪春等（2020）[②] 也做了此类处理。

1981—2017 年的设备工器具投资数据来自历年《中国统计年鉴》和《中国固定资产投资统计年鉴》，2018—2020 年数据采用相应的投资增速推

---

① 朱天等：《中国的投资数据有多准确?》，《经济学（季刊）》2017 年第 3 期。
② 许宪春等：《中国分行业全要素生产率估计与经济增长动能分析》，《世界经济》2020 年第 2 期。

算得来,增速数据来自国家统计局查询系统。全社会固定资产投资数据来自国家统计局数据查询系统(1980—2020年),1978—1979年的数据根据1980—1981年增速推算得来。1980年及以前的设备工器具投资是基本建设投资和更新改造投资的合计数。其中,1980年的数据包括基本建设投资和更新改造投资项下的设备工器具投资,分别是136.53亿元、59.65亿元;1978年和1979年仅有基本建设投资项下的设备工器具投资,分别是165.78亿元、143.64亿元。1978年是改革开放的第一年,以基本建设为主,直接采用了基本建设投资口径。1979年的数据则根据1980—1981年增速推算得来。

目前,只能够获得的2003—2020年部分年份的旧设备购置费,数据缺失较多。本书的处理思路是,测算旧设备购置费占设备工器具购置额的平均比重(0.5528%),并据此测算需要扣除的旧设备购置额数据。考虑到ICT硬件的资本品性质,从上述测算结果中剥离出ICT硬件部分,余值即为其他机器和设备。

对于该余值,本书拟基于投入产出表数据测算相关部门其他机器和设备最终使用中的固定资本形成部分(涵盖范围见表4-8),测算结果为66150.80亿元,与上述测算结果高度接近。

表4-8 投入产出表中其他机器和设备的涵盖范围

行业	分类代码	行业	分类代码
锅炉及原动设备	34067	其他专用设备	35076b
金属加工机械	34068	汽车整车	36077
物料搬运设备	34069	汽车零部件及配件	36078
泵、阀门、压缩机及类似机械	34070	铁路运输和城市轨道交通设备	37079
烘炉、风机、包装等设备	34072a	船舶及相关装置	37080
文化、办公用机械	34071	其他交通运输设备	37081
其他通用设备	34072b	电机	38082
采矿、冶金、建筑专用设备	35073	输配电及控制设备	38083

续表

行业	分类代码	行业	分类代码
化工、木材、非金属加工专用设备	35074	电线、电缆、光缆及电工器材	38084
农、林、牧、渔专用机械	35075	其他电气机械和器材	38087
医疗仪器设备及器械	35076a		

（四）ICT 软件资本形成

根据王春云和王亚菲（2019）[①] 的研究，采用软件产品收入衡量计算机软件的固定资本形成，数据来自历年《中国统计年鉴》《中国信息产业统计年鉴》和国家统计局数据查询平台。从走势来看，2004—2005 年的数据异常，软件产品收入口径与后续年份不一致，如表 4-9 所示，2005 年未区分嵌入式系统软件收入和 IC 设计收入，为此，对 2004—2005 年的数据做了专门的调整，把嵌入式系统软件收入、IC 设计收入按照 2006 年占比进行剥离。

1982—1991 年、1992 年、1995 年、1997 年、2000 年软件产品收入数据采用了王春云和王亚菲（2019）、王开科等（2021）[②] 的结果，缺失数据按照平均增速填补。最终的 ICT 软件固定资本形成数据如表 4-10 所示。

表 4-9　软件产品收入口径对比（2005—2006 年）（当年价）

2006 年	单位	金额	2005 年	单位	金额
软件业务收入	万元	48008549	主营业务收入	万元	50066035
其中：软件产品收入	万元	12818955	其中：软件收入小计	万元	39063773
系统集成收入	万元	13245465	其中：软件产品收入	万元	19315013

---

① 王春云、王亚菲：《数字化资本回报率的测度方法及应用》，《数量经济技术经济研究》2019 年第 12 期。
② 王开科等：《"效率—年限"模式选择与中国的生产性资本存量核算》，《统计研究》2021 年第 3 期。

续表

2006年	单位	金额	2005年	单位	金额
软件技术服务收入	万元	10588769	系统集成收入	万元	10593391
嵌入式系统软件收入	万元	10282586	软件服务收入	万元	9155369
IC设计收入	万元	1072774	其中：软件产品出口额	万美元	359426
其中：软件外包服务收入	万元	1042347	系统集成出口额	万美元	2565
其中：软件业务出口额	万美元	606435	软件服务出口额	万美元	19105
其中：软件外包服务出口额	万美元	73714			
嵌入式系统软件出口额	万美元	296852			

表4-10 1978—2020年ICT软件资本形成额测算结果（当年价）

单位：亿元

年份	资本形成额	年份	资本形成额	年份	资本形成额
1978	—	1993	30.07	2008	2294.80
1979	—	1994	45.22	2009	3422.02
1980	—	1995	68.00	2010	4930.53
1981	—	1996	87.27	2011	6192.15
1982	—	1997	112.00	2012	7857.24
1983	1.00	1998	143.99	2013	9876.84
1984	1.00	1999	185.12	2014	12198.50
1985	1.00	2000	238.00	2015	13656.14
1986	2.00	2001	510.70	2016	15027.83
1987	3.00	2002	660.54	2017	16983.57
1988	4.00	2003	836.67	2018	17378.56
1989	6.00	2004	810.23	2019	20857.20
1990	9.00	2005	1024.22	2020	21045.01
1991	14.00	2006	1281.90		
1992	20.00	2007	1782.80		

（五）矿藏勘探资本形成

采用与王春云和王亚菲（2019）[①] 一致的处理，仅纳入了《中国国土资源统计年鉴》中地质勘查投入项下的地质勘查经费。数据主要来自《中国国土资源统计年鉴》、《中国国土资源年鉴》、《中国科技统计年鉴》（1996—1998 年），以及国泰安数据库中的地质勘探费用（1978—1985 年）。

表 4-11　1978—2020 年矿藏勘探资本形成额测算结果（当年价）

单位：亿元

年份	资本形成额	年份	资本形成额	年份	资本形成额
1978	20.66	1993	145.67	2008	735.76
1979	22.22	1994	185.06	2009	830.62
1980	23.14	1995	214.19	2010	1023.61
1981	22.40	1996	258.12	2011	1118.19
1982	23.63	1997	292.06	2012	1296.75
1983	24.20	1998	300.83	2013	1210.96
1984	26.88	1999	207.57	2014	1126.94
1985	30.33	2000	217.67	2015	929.09
1986	31.41	2001	222.37	2016	774.79
1987	31.02	2002	222.03	2017	795.81
1988	44.49	2003	259.76	2018	790.85
1989	54.08	2004	312.91	2019	690.67
1990	96.84	2005	344.41	2020	871.86
1991	106.00	2006	495.17		
1992	127.72	2007	622.83		

[①] 王春云、王亚菲：《数字化资本回报率的测度方法及应用》，《数量经济技术经济研究》2019 年第 12 期。

2018—2020 年《中国科技统计年鉴》中仅提供了非油气地质勘探费用，通过对比《中国国土资源统计年鉴》和《中国科技统计年鉴》关于 2017 年地质勘探费用情况可知，"地质勘探费用-石油天然气-煤层气-页岩气=非油气地质勘探费用"，假设 2017—2020 年地质勘探费用结构相对稳定，那么，可根据 2017 年非油气地质勘探费用占比（24.92%）和 2018—2020 年非油气地质勘探费用推算 2018—2020 年的地质勘探费用。

国家财政支出数据中，包含了 1950—2006 年的地质勘探费用，考虑到 1985 年以前，地质勘探主要资金来源是财政资金，根据 1985—1986 年全口径地质勘探费用和财政支出中的地质勘探费用之间的比例关系，插补 1978—1984 年的地质勘探费用数据。

（六）其他固定资产的资本形成

根据姬卿伟（2017）[①] 的说明，其他资产的固定资本形成主要为牲畜养殖、林木果园培育等支出，由"全社会固定资产投资中的其他费用-土地改良支出-矿藏勘探费-不形成固定资本的费用（如旧建筑和旧设备购置费、土地征用购置和迁移补偿费）"得到。照此处理，本书的测算结果如表 4-12 所示。

表 4-12　1978—2020 年其他固定资产的资本形成额测算结果（当年价）

单位：亿元

年份	资本形成额	年份	资本形成额	年份	资本形成额
1978	25.99	1993	1288.65	2008	15512.99
1979	26.40	1994	1577.94	2009	20745.35
1980	37.67	1995	2155.81	2010	23591.83
1981	19.78	1996	2341.77	2011	21771.55
1982	37.25	1997	2625.95	2012	25583.46

---

① 姬卿伟：《中国固定资本服务测算及其稳健性研究》，《统计研究》2017 年第 10 期。

续表

年份	资本形成额	年份	资本形成额	年份	资本形成额
1983	45.73	1998	3218.07	2013	25856.00
1984	67.99	1999	3155.78	2014	24562.73
1985	123.79	2000	3510.83	2015	25024.80
1986	157.83	2001	4013.93	2016	28777.89
1987	221.16	2002	5197.14	2017	29164.25
1988	271.51	2003	6619.00	2018	27213.20
1989	209.76	2004	7325.58	2019	28992.47
1990	202.51	2005	9172.86	2020	31057.51
1991	323.13	2006	10969.70		
1992	582.27	2007	13191.78		

(七）住宅建筑、非住宅建筑和构筑物的资本形成

根据国家统计局国民经济核算司（2008)[①] 的说明，住宅建筑、非住宅建筑和构筑物的资本形成是全社会固定资本投资额中的建筑安装工程减去购置旧建筑物的价值以及用于土地征用、购置及迁移补偿费，加上商品房销售增值调整而来。在此基础上，本书基于数据的可获得性，主要从以下两个方面测算住宅、非住宅建筑和构筑物的固定资本形成数据。其中，住宅建筑固定资本形成额的具体测算公式为：

住宅建筑=住宅投资额+住宅销售增值−住宅土地征用、购置及迁移补偿费　　　　　　　　　　　　　　　　　　　　　　　　　　　（4-7）

其中，住宅销售增值=竣工住宅实际销售额−竣工住宅价值=（住宅实际销售额/住宅实际销售额面积)×竣工住宅面积−竣工住宅价值。

---

① 国家统计局国民经济核算司：《中国非经济普查年度国内生产总值核算方法》，中国统计出版社 2008 年版。

严格意义上的非住宅建筑和构筑物的固定资本形成数据测算公式为：

非住宅建筑和构筑物＝全社会固定资产投资额中的建筑安装工程－住宅投资额－购置旧建筑物的价值－用于非住宅建筑物土地征用、购置及迁移补偿费＋非住宅房屋销售增值 (4-8)

其中，非住宅房屋销售增值＝商品房销售增值－住宅销售增值；商品房销售增值＝（商品房实际销售额/商品房实际销售额面积）×竣工房屋面积－竣工房屋价值－土地购置费。

公开数据资料仅提供了上述定义中的部分数据，由此计算的建筑物的固定资本形成在2013年后大于固定资本形成总额数据，测算偏差大。对此，王春云和王亚菲（2019）[1]使用余值法计算建筑物的固定资本形成，即使用固定资本形成总额数据减R&D、ICT硬件、ICT软件、矿藏勘探、住宅建筑、其他机器和设备、其他。

具体数据来源方面：

（1）1981—2017年的住宅投资额数据来自《中国固定资产投资统计年鉴》，1978—1980年的数据缺失，按照1982年投资增速插补，2018—2020年数据，根据2017年房地产开发企业本年度完成住宅投资额与全社会住宅投资额的比例关系推算得来。

（2）1998年以后的住宅销售增值数据，直接采用竣工住宅销售价值与竣工住宅价值之差衡量。1998年及之前的销售增值数据，则利用房屋销售单价、住宅竣工面积和住宅竣工造价数据测算。其中，房屋销售单价测算时，利用1978—1991年基本建设住宅房屋竣工造价和1994年、2000年房地产开发企业住宅竣工造价，根据价格增速情况，补齐缺失的住宅竣工造价数据。其中，通过1978—1986年住宅竣工造价和房屋竣工造价的平均比例关系，推算1994年和2000年的住宅竣工造价数据，有关基础数据来自历年《中国统计年鉴》。在此基础上，根据1994年住宅销售价格与竣工造

---

[1] 王春云、王亚菲：《数字化资本回报率的测度方法及应用》，《数量经济技术经济研究》2019年第12期。

价之间的比例关系，估算1978—1993年的住宅销售价格数据（数据缺失，采用了房屋竣工造价数据）。同时，1978—1986年的住宅销售面积，根据后续年份数据估计的时间趋势倒推插补得来。住宅竣工造价中，1978—1994年的数据为基本建设房屋竣工造价口径，其中，1978—1991年的数据来自《中国固定资产投资统计年鉴》（1950—1995），1994年的数据来自《中国市场统计年鉴》（1995），1992—1993年的数据根据1991—1994年的数据平均增速插补，1995—1998年的数据则根据1994年和2000年间的平均增速插补。

（3）房地产开发土地购置费，可从国家统计局数据查询平台获取2000年以来的房地产开发企业土地购置费，2000—2002年土地购置费的增长较为稳定，平均增速为40.95%，依据该增速倒推1978—1999年的土地购置费。中国1998年开始取消实物分房制度，此前土地购置环节的费用较低，实际推算结果也较为理想。

（4）土地购置费的拆分，将全社会固定资产投资额中的建筑安装工程拆分为住宅投资额和非住宅投资额，并以两者比例关系拆分土地购置费用。目前，可获得2003年以来（含）房地产开发企业土地购置费。之前的数据，根据回归插补法做补缺处理[①]。

（5）2000年《中国第三产业统计资料汇编》的数据显示，1986年与1987年商品房的销售金额悬殊。本书未直接采用该数据进行处理，而是根据1987年以后的数据走势情况，反向倒推1978—1986年的住宅销售增值数据。从测算结果来看，该数据结果较为理想，反映了销售价格和竣工价值之间、土地购置费用之间的小额增值部分，与当时住宅交易市场情况无关。测算结果如表4-13所示。

[①] 中国的房地产市场跟改革开放是同步的，1978年理论界提出了住房商品化、土地产权等观点。1980年9月北京市住房统建办公室率先挂牌，成立了北京市城市开发总公司，拉开了房地产综合开发的序幕。1998年以后，随着住房实物分配制度的取消和按揭政策的实施，房地产投资进入平稳快速发展时期。

表 4-13 1978—2020 年住宅、非住宅建筑和构筑物的
固定资本形成额测算结果（当年价）   单位：亿元

年份	住宅建筑	资本形成额	年份	住宅建筑	资本形成额	年份	住宅建筑	资本形成额
1978	251.17	484.87	1993	3121.92	5075.43	2008	34203.11	33419.25
1979	303.74	495.38	1994	4357.32	5953.52	2009	42989.02	37768.31
1980	367.38	528.36	1995	5634.98	7149.12	2010	49912.51	46202.42
1981	307.38	706.81	1996	6163.24	8529.32	2011	61159.28	64547.28
1982	371.16	724.69	1997	6501.05	8636.75	2012	68996.63	65167.48
1983	434.37	751.13	1998	7501.23	9785.86	2013	77881.17	69314.88
1984	488.07	944.18	1999	8307.91	9902.34	2014	80705.84	76093.65
1985	670.18	1119.37	2000	9163.53	10895.40	2015	80498.34	74553.90
1986	817.95	1234.88	2001	10305.77	12149.53	2016	88972.08	78910.46
1987	988.56	1317.28	2002	11670.97	13734.09	2017	91362.76	108520.69
1988	1248.65	1708.46	2003	13086.56	17930.03	2018	99688.70	142918.53
1989	1277.44	1596.13	2004	16056.73	21942.41	2019	111367.55	153664.39
1990	1239.75	1663.63	2005	20005.29	21302.63	2020	117776.29	157411.31
1991	1516.95	2064.58	2006	23513.16	23026.68			
1992	1891.72	3302.03	2007	30397.51	25431.33			

对于上述测算结果，非住宅建筑和构筑物的固定资本形成，由建筑物和住宅固定资本形成额之差衡量，而前者由余值法测算。那么，对于余值法及其测算结果的检验，也通过对比不同数据来源测算的建筑物固定资本形成额完成。其中，利用投入产出表数据的测算主要涉及有关部门产出中用于固定资本形成部分的归类问题，其涵盖范围如表 4-14 所示。

表4-14 投入产出表中建筑物的涵盖范围

2007年、2010年、2015年	2012年、2017年	2018年、2020年
建筑	房屋建筑	住宅房屋建筑
房地产	土木工程建筑	体育场馆和其他房屋建筑
	建筑安装	铁路、道路、隧道和桥梁工程建筑
	建筑装饰、装修和其他建筑服务	其他土木工程建筑
		建筑安装
		建筑装饰、装修和其他建筑服务

二、价格指数数据集

按照与资本品分类相匹配的原则，价格指数集也需要从资本品的分类角度构建。从已有研究情况来看，王春云和王亚菲（2019）[①]、姬卿伟（2017）[②] 对于固定资产分类较为详细，与本书的资本品分类也最为接近。借鉴其研究，本书对于各类资本品价格指数的处理如表4-15所示，其中，R&D资本品价格指数需要基于成本法和指数法综合编制。

[①] 王春云、王亚菲：《数字化资本回报率的测度方法及应用》，《数量经济技术经济研究》2019年第12期。

[②] 姬卿伟：《中国固定资本服务测算及其稳健性研究》，《统计研究》2017年第10期。

表 4-15 资本品价格指数编制概况及其与代表性文献的对比

资本品类型	本书价格指数	王春云和王亚菲（2019）	姬卿伟（2017）A	姬卿伟（2017）B
建筑物	采用固定资本形成额平减指数（1978—1989年）、全社会固定资产投资中的建筑安装工程价格指数（1990年及以后）	全社会固定资产投资中的建筑安装工程价格指数	建筑安装工程价格指数	建筑安装工程和城市CPI的平均值
其他机器和设备	固定资本形成额平减指数（1978—1989年）、全社会固定资产投资中的设备工器具购置价格指数（1990年及以后）	全社会固定资产投资中的设备工器具购置价格指数	设备和工器具购置价格指数	设备和工器具购置价格指数
ICT硬件	固定资本形成平减指数（1978—1989年）、设备工器具价格指数（1990—2003年）、"通信设备、计算机及其他电子设备制造业"工业生产者出厂价格指数（2004年以来）	通信设备、计算机及其他电子设备制造业工业生产者出厂价格指数	设备和工器具购置价格指数	设备和工器具购置价格指数
计算机软件	居民消费价格指数（1978—1993年）、交通和通信类居民消费价格指数（1994—2000年）、通信服务类居民消费价格指数（2001—2015年）、通信类居民消费价格指数（2016年以来）	通信服务类居民消费价格指数	商品零售价格总指数	商品零售价格分类中的文化办公用品价格指数
R&D	基于研发资本化改革相关数据推算的R&D投资价格指数（1978—1994年）、从资本性支出指数、劳动投入价格指数和其他日常性支出指数汇总得到的R&D价格指数（1995—2020年）	Fisher链式加权价格指数——工业生产者购进价格指数、城镇居民消费价格指数、固定资产投资价格指数		

续表

资本品类型	本书价格指数	王春云和王亚菲（2019）	姬卿伟（2017）A	姬卿伟（2017）B
矿藏勘探	工业生产者出厂价格指数（1978—1989年）、全社会固定资产投资中的其他费用价格指数（1990—2003年）、"煤炭开采和洗选业""石油和天然气开采业""黑色金属、有色金属和非金属矿采选业"的工业生产者出厂价格平均值（2004年以来）	全社会固定资产投资中的其他费用价格指数	其他费用价格指数	"煤炭开采和洗选业""石油和天然气开采业""黑色金属、有色金属和非金属矿采选业"的工业生产者出厂价格平均值
其他	农业生产资料价格指数		其他费用价格指数	农业生产资料价格指数

王华（2017）[①]指出，国家统计局曾表示"利用工业生产者购进价格指数、人员工资指数、固定资产投资价格指数等加权平均来构建研发投资价格指数"，但具体数据不可得。由R&D经费内部支出作为研究对象的R&D分项指数与权重，将主要围绕资产性支出指数、劳动投入价格指数、其他日常性支出价格指数，以及三类指数的汇总权重展开。

资产性支出指数方面，我国现行的科技活动统计报表制度中，R&D资产性支出主要是指购买用于科技活动的仪器设备等的费用支出。2009年以来，R&D资产性支出中机器设备支出的占比超过80%，且有逐渐增高的趋势，在某种程度上能够反映资产性支出的变动情况。与机器设备购置概念相近的指标是固定资产投资中的设备工器具购置，其价格指数数据的可获得性高，也可以反映R&D活动中设备和机械购置费变化，因而可作为R&D经费中资产性支出价格指数的替代指标。对于缺失的1995—1997年的设备工器具购置指数（固定资产投资价格指数项下），利用同期的固定资产投资价格

[①] 王华：《中国GDP数据修订与资本存量估算：1952—2015》，《经济科学》2017年第6期。

指数替代。劳动投入价格指数方面，采用 R&D 人员劳务费价格指数，即用 R&D 内部支出中劳务费除以 R&D 人员全时当量，得到每单位 R&D 全时当量的劳务费，相邻时期之比便是 R&D 人员劳务费价格指数。其他日常性支出价格指数方面，其他日常性支出主要包括为实施 R&D 项目实际消耗的原材料、辅料、水电油气等的费用，用于中间试验和产品试制的费用以及与折旧、摊销相关的费用，以及支付给辅助人员的工资等。限于数据的制约，借鉴朱发仓（2014）[①]、江永宏和孙凤娥（2016）[②] 的处理，其他日常性支出价格指数主要采用工业生产者购进价格指数代替。

在汇总权重的测算方面，主要通过资产性支出、人员劳务费和其他日常性支出在 R&D 内部经费支出中的占比来表示。我国 1995 年开始公布 R&D 经费内部支出数据，但按照支出用途的分类数据则是 2009 年开始公布。对于 1995—2008 年缺失的分用途支出数据，最为相关的数据是科技经费内部支出。通过对比情况看，科技经费内部支出与 R&D 经费内部支出数据的差异不仅反映在总支出数额上，在具体用途占比上也不相匹配，1995—2008 年的科技经费内部支出数据中劳务费占比均小于固定资产购置费，2009—2016 年的 R&D 经费内部支出数据中人员劳务费均大于资产性支出。对此，根据 2000 年、2009 年两次全国 R&D 资源清查数据，以 2000 年 R&D 经费内部支出中人员劳务费、资产性支出的占比作为 1995—1999 年的对应比例，以 2000 年、2009 年 R&D 经费内部支出中人员劳务费、资产性支出的平均占比作为 2001—2008 年的对应比例。因计算 1995 年的劳动投入价格指数需要 1994 年的劳务费，根据 1995 年 R&D 经费内部支出占科技经费内部支出的比重求得 1994 年的 R&D 经费内部支出数据，并将 2000 年 R&D 经费内部支出中人员劳务费占比作为替代比重，计算得到 1994 年的人员劳务费数据。在上述数据补缺的基础上，可剥离出 R&D 经费内部支出中的其他日常性支出项，并据此计算其他日常性支出的权重。测算结果如表 4-16 所示。

[①] 朱发仓：《工业 R&D 价格指数研究》，《商业经济与管理》2014 年第 1 期。
[②] 江永宏、孙凤娥：《研发支出资本化核算及对 GDP 和主要变量的影响》，《统计研究》2016 年第 4 期。

表 4-16 1995—2020 年基于成本角度的 R&D 产出价格指数测算结果

年份	其他日常支出指数（环比）	资本性支出指数（环比）	劳动指数（环比）	其他日常支出占比系数	资本性支出占比系数	人员劳务费占比系数	环比指数
1995	115.30	106.30	119.45	0.53	0.24	0.23	114.09
1996	103.90	101.60	108.45	0.53	0.24	0.23	104.40
1997	101.30	98.10	121.76	0.53	0.24	0.23	105.27
1998	95.80	97.50	119.14	0.53	0.24	0.23	101.62
1999	96.70	97.50	113.22	0.53	0.24	0.23	100.72
2000	105.10	97.40	117.56	0.53	0.24	0.23	106.13
2001	99.80	97.00	115.80	0.56	0.20	0.24	103.07
2002	97.70	97.00	114.14	0.56	0.20	0.24	101.49
2003	104.80	97.00	113.05	0.56	0.20	0.24	105.21
2004	111.40	99.40	121.31	0.56	0.20	0.24	111.36
2005	108.30	99.40	105.23	0.56	0.20	0.24	105.78
2006	106.00	100.70	111.34	0.56	0.20	0.24	106.21
2007	104.40	100.20	106.92	0.56	0.20	0.24	104.16
2008	110.50	100.60	109.90	0.56	0.20	0.24	108.37
2009	92.10	97.60	111.16	0.59	0.16	0.25	97.69
2010	109.60	100.30	104.48	0.60	0.16	0.24	106.89
2011	109.10	101.10	111.83	0.60	0.16	0.24	108.52
2012	98.20	98.90	111.58	0.60	0.14	0.26	101.74
2013	98.00	99.00	109.73	0.59	0.14	0.27	101.27
2014	97.80	99.70	106.94	0.59	0.14	0.27	100.55
2015	93.90	99.30	111.02	0.59	0.13	0.28	99.43
2016	98.00	98.90	112.61	0.58	0.13	0.30	102.43

续表

年份	其他日常支出指数（环比）	资本性支出指数（环比）	劳动指数（环比）	其他日常支出占比系数	资本性支出占比系数	人员劳务费占比系数	环比指数
2017	108.10	100.60	109.19	0.58	0.12	0.30	107.52
2018	104.10	101.00	106.99	0.57	0.12	0.31	104.64
2019	99.30	100.10	103.16	0.58	0.10	0.31	99.84
2020	97.70	102.50	109.44	0.56	0.10	0.34	102.15

注：其他日常支出指数由工业生产者购进价格指数衡量，资本性支出指数由设备工器具购置指数衡量。

1952—1994 年，R&D 经费内部支出数据、相关的分项价格指数均存在不同程度的缺失，且按照上述处理所需的替代指标也存在不同程度的缺失。对此，需要借助其他处理进行分析。江永宏和孙凤娥（2016）[①] 直接采用 1952—1993 年的 GDP 缩减指数来代替同期的 R&D 资产价格指数。王华（2017）[②] 则利用 2016 年 7 月国家统计局公布的 GDP 及其可比价增速修订资料，利用"当年价 GDP 修订值与不变价 GDP 修订值的比值"推算了 1952—2015 年的 R&D 投资价格指数，其计算方法如下：

$$P_t = \frac{Y_t^d}{Y_0^a \prod_{s=1}^{t}(1+g_s^a) - Y_0^b \prod_{s=1}^{t}(1+g_s^b)} \tag{4-9}$$

其中，Y_t^d 表示 GDP 数据的修订值，Y_0^a、Y_0^b 分别表示基期（1952 年）修订后和修订前的 GDP 值，g_s^a、g_s^b 分别表示修订后和修订前的 GDP 不变价增速。上述数据均可从《国家统计局关于改革研发支出核算方法修订国内生产总值核算数据的公告》中获取。

[①] 江永宏、孙凤娥：《中国 R&D 资本存量测算：1952—2014 年》，《数量经济技术经济研究》2016 年第 7 期。
[②] 王华：《中国 GDP 数据修订与资本存量估算：1952—2015》，《经济科学》2017 年第 6 期。

三、关键参数数据集

(一) 资本品耐用年限

目前,固定资本测算中有关资本品的耐用年限数多为直接设定或者采用代表性文献、国外的经验数据。绝大多数研究基于麦迪逊(Maddison,1993)① 的建议,或是参照澳大利亚统计局、OECD、欧盟统计局等的建议设定,也有部分研究根据我国财政和税务部门关于固定资产折旧的规定设定资本品耐用年限(江永宏和孙凤娥,2016②;杨林涛等,2015③)。

将中国建筑与设备的平均服务年限分别设定为 40 年和 16 年(张军和章元,2003)④。也有研究根据我国财政和税务部门关于固定资产折旧的规定设定资本品耐用年限,较常见的是对于 R&D 资本耐用年限的设定(江永宏和孙凤娥,2016;杨林涛等,2015)。由于计算机软件、矿藏勘探、R&D 等知识产权缺少完整的市场信息,因此其平均服务年限一般参照美国、澳大利亚统计局及 OECD 的规定进行设定。如计算机软件参照奥尔顿(Oulton,2001)⑤ 的研究,规定为 8.5 年(孙琳琳等,2012)⑥;矿藏勘探的服务年限参照澳大利亚统计局的数据,规定为 20 年(姬卿伟,2017)⑦;R&D 资产则根据 OECD 和欧盟统

---

① Maddison, A., "Standardized Estimates of Fixed Capital Stock: A Six Country Comparison", in *Essays on Innovation, Natural Resources and the International Economy*, Zoboli, R.(ed.), Ravenna, Italy: Studio AGE, 1993.

② 江永宏、孙凤娥:《中国 R&D 资本存量测算:1952—2014 年》,《数量经济技术经济研究》2016 年第 7 期。

③ 杨林涛等:《多视角下 R&D 资本化测算方法比较与应用》,《数量经济技术经济研究》2015 年第 12 期。

④ 张军、章元:《对中国资本存量 K 的再估计》,《经济研究》2003 年第 7 期。

⑤ Oulton, N., "ICT and Productivity Growth in the United Kingdom", Bank of England Working Papers, Vol. 3, No. 18 (2001), pp. 363–379.

⑥ 孙琳琳等:《信息化对中国经济增长的贡献:行业面板数据的经验证据》,《世界经济》2012 年第 2 期。

⑦ 姬卿伟:《中国固定资本服务测算及其稳健性研究》,《统计研究》2017 年第 10 期。

计局的建议,规定为 10 年(许宪春和郑学工,2016)①,如表 4-17 所示。

表 4-17 代表性文献中使用的固定资本耐用年限

Maddison(1993)②、张军和章元(2003)③、孙琳琳和任若恩(2014)④、叶宗裕(2010)⑤、黄勇峰等(2002)⑥	采用 Maddison(1993)的设定,建筑、设备的平均服务年限分别为 40 年和 16 年
王益煊和吴优(2003)⑦	财政部 1994 年公布的财政制度,住宅建筑的耐用年限为 40 年,非住宅建筑和构筑物分别采用 30 年、25 年两个耐用年限,对"其他资产"的耐用年限采用经验数据 20 年
吴明娥等(2016)⑧	全国及省际公共部门固定资本存量测算时,假设资本耐用年限为 20 年
杨玉玲和郭鹏飞(2017)⑨	设定第三产业资本耐用年限为 20 年
张军等(2004)⑩	建筑安装工程、设备工器具购置和其他费用三个部分,分别假定其耐用年限为 45 年、20 年和 25 年

---

① 许宪春、郑学工:《改革研发支出核算方法更好地反映创新驱动作用》,《国家行政学院学报》2016 年第 5 期。
② Maddison, A., "Standardized Estimates of Fixed Capital Stock: A Six Country Comparison", in *Essays on Innovation, Natural Resources and the International Economy*, Zoboli, R.(ed.), Ravenna, Italy: Studio AGE, 1993.
③ 张军、章元:《对中国资本存量 K 的再估计》,《经济研究》2003 年第 7 期。
④ 孙琳琳、任若恩:《转轨时期我国行业层面资本积累的研究——资本存量和资本流量的测算》,《经济学(季刊)》2014 年第 3 期。
⑤ 叶宗裕:《中国省际资本存量估算》,《统计研究》2010 年第 12 期。
⑥ 黄勇峰等:《中国制造业资本存量永续盘存法估计》,《经济学(季刊)》2002 年第 2 期。
⑦ 王益煊、吴优:《中国国有经济固定资本存量初步测算》,《统计研究》2003 年第 5 期。
⑧ 吴明娥等:《中国省际公共资本投入效率差异及影响因素》,《数量经济技术经济研究》2016 年第 6 期。
⑨ 杨玉玲、郭鹏飞:《省际第三产业资本存量:框架、检验及动态轨迹》,《数量经济技术经济研究》2017 年第 10 期。
⑩ 张军等:《中国省际物质资本存量估算:1952—2000》,《经济研究》2004 年第 10 期。

续表

姬卿伟（2017）①	住宅建筑 40 年，非住宅建筑 30 年，交通运输设备 16 年，通信计算机和其他电子设备 14 年，其他设备 20 年，计算机软件 6 年，矿藏勘探 20 年，土地改良 10 年，其他 8 年
《固定资产折旧年限表》②	建筑物的耐用年限范围为 28—38 年，设备的耐用年限范围为 10—17 年，经济林木及产役畜的耐用年限范围为 10—23 年，计算机的耐用年限范围为 4—10 年，通信导航设备的耐用年限范围为 6—8 年
王亚菲和王春云（2017）③	建筑、设备和其他资本的耐用年限分别为 38 年、16 年和 20 年，计算机服务年期期望值为 8 年
王春云和王亚菲（2019）④	建筑物服务年限 38 年，其他机器和设备服务年限 16 年，ICT 硬件服务年限 8—9 年，计算机软件服务年限 8—9 年，R&D 服务年限 10 年，矿藏勘探服务年限 34 年
江永宏和孙凤娥（2016）⑤、杨林涛等（2015）⑥、许宪春和郑学工（2016）⑦	R&D 服务年限 10 年
美国经济分析局、日本统计局、中国信息通信研究院（2020）⑧	设定软件年限为 5 年

注：姬卿伟（2017）认为，矿藏勘探技术水平相对落后时可能会造成粗陋开发而缩短开采时间，因此，该研究将矿藏勘探的耐用年限设定为 20 年。但是根据 OECD（2009）编制的《知识产权产品资本测算手册》建议，澳大利亚作为全球领先的矿产品生产国，ABS 建立的矿藏勘探资源季度普查制度具有指导意义［澳大利亚统计局（2021）设定的年限是 34.5 年］，王春云和王亚菲（2019）便采用了 34 年的耐用年限。详见 OECD, *Handbook on Deriving Capital Measures of Intellectual Property Products*, 2009. Australian Bureau of Statistics, "Australian System of Nation Accounts: Concepts, Sources and Methods, 2020-2021 Financial Year", 2021.

---

① 姬卿伟：《中国固定资本服务测算及其稳健性研究》，《统计研究》2017 年第 10 期。
② 2008 年 1 月 1 日起施行的《中华人民共和国企业所得税法实施条例》中的《固定资产折旧年限表》规定了 19 个产业门类下的建筑、通用设备及专用设备的耐用年限。
③ 王亚菲、王春云：《中国行业层面信息与通信技术固定资本服务核算》，《统计研究》2017 年第 12 期。
④ 王春云、王亚菲：《数字化资本回报率的测度方法及应用》，《数量经济技术经济研究》2019 年第 12 期。
⑤ 江永宏、孙凤娥：《中国 R&D 资本存量测算：1952—2014 年》，《数量经济技术经济研究》2016 年第 7 期。
⑥ 杨林涛等：《多视角下 R&D 资本化测算方法比较与应用》，《数量经济技术经济研究》2015 年第 12 期。
⑦ 许宪春、郑学工：《改革研发支出核算方法更好地反映创新驱动作用》，《国家行政学院学报》2016 年第 5 期。
⑧ 中国信息通信研究院：《中国数字经济发展白皮书（2020）》，2020 年。

基于对代表性文献的研究梳理，本书对于各类型资本品耐用年限的设定在考虑资本品异质性特征的基础上，借鉴现有理论研究的处理方法，兼顾国际准则的建议和财政税务部门的折旧规定等多方面约束条件，通过对各资本品领域的代表性研究成果、资本品统计制度健全的经济体经验数据、我国代表性上市公司资本品耐用年限的行业平均值等的综合考量，设定R&D耐用年限为10年、住宅建筑40年、非住宅建筑35年、其他机器和设备16年、ICT硬件9年、ICT软件5年、矿藏勘探34年、其他8年。

（二）折旧率与初始固定资本存量

折旧率与资本品耐用年限直接相关，已有研究中多数文献是从几何型价值模式入手测算折旧率。关于我国的具体数据测算中，相关研究普遍按照财政上关于折旧问题的规定，设定3%—5%的残值率，并据此测算折旧率。

在此基础上，利用增长率法测算初始固定资本存量，其中投资增速由相应资本品1978—1983年的固定资本形成额平均增长率衡量，测算结果如表4-18所示。

表4-18 折旧率与初始固定资本存量测算结果

	住宅建筑	非住宅建筑和构筑物	R&D	其他机器和设备	ICT软件	ICT硬件	矿藏勘探	其他
折旧率（%）	7.22	8.20	25.89	17.07	45.07	28.31	8.43	31.23
初始存量（亿元）	1714.77	3545.30	183.49	1067.44	0.00	47.85	188.72	69.11

（三）复合效率模式

根据第二章生产性资本存量的核算方法，定义残存模式和效率模式的综合形式为复合效率，那么，在正态型退役模式、一次性退役模式和双曲线型效率模式、几何型效率模式之间的组合形式共有四种。

在给定资本品耐用年限的情况下，对应于不同退役模式的残存比例分布是可以确定的。此时，复合效率问题的关键在于确定不同效率模式下的效率系数。统计实践中，较常用的效率模式有两种：一是几何型效率模式。由于较好的数学处理优势，在实证研究中广受青睐；加之操作上比较方便，多数国家统计机构在估算生产性资本时，采用了几何型效率模式，该模式下，效率下降系数与价值模式下的折旧率，在数值上是一致的。二是双曲线型效率模式，能够更好地对资本的生产能力变化进行描述，因此在实务操作中被广泛推崇。一些机构如美国、澳大利亚、英国、法国等统计部门主要采用双曲线型效率模式。

考虑到各个国家资本品市场的差异，应用双曲线型效率模式时，损失参数的数值不同。澳大利亚和美国统计机构的做法是，将矿藏勘探设为1，建筑设为0.75，剩余资产均设为0.5，这与OECD（2009）[1] 关于双曲线型效率模式下β值的设定一致。蔡晓陈（2009）[2]、王和西尔毛伊（Wang, Szirmai, 2012）[3] 的测算研究也采用了这一设定，杨玉玲和郭鹏飞（2017）[4]、姬卿伟（2017）[5] 的研究也是直接设定β值。

考虑到资本品分类以及相关的资本品性质差异，本书关于β值的设定是：机器与设备类为0.5（其他机器和设备、ICT硬件），建筑安装类（住宅建筑、非住宅建筑和构筑物）为0.75，ICT软件类为0.5，其他（培育性生物资源等）为0.5，矿藏勘探类为1，R&D为0.5。在此基础上，四种组合形式下的复合效率留存比例如表4-19至表4-22所示。

---

[1] OECD, *Measuring Capital OECD Manual-Measurement of Capital Stocks, Consumption of Fixed Capital and Capital Services*, France: OECD Publishing, 2009.

[2] 蔡晓陈：《中国资本投入：1978~2007——基于年龄—效率剖面的测量》，《管理世界》2009年第11期。

[3] Wang, L., Szirmai, A.,"Capital Inputs in the Chinese Economy: Estimates for the Total Economy, Industry and Manufacturing", *Journal Economic Review*, Vol. 23, No. 1 (2012), pp. 81-104.

[4] 杨玉玲、郭鹏飞：《省际第三产业资本存量：框架、检验及动态轨迹》，《数量经济技术经济研究》2017年第10期。

[5] 姬卿伟：《中国固定资本服务测算及其稳健性研究》，《统计研究》2017年第10期。

表 4-19　"一次性退役模式+几何型效率模式"下的复合效率下降系数

已使用年限	住宅建筑	非住宅建筑和构筑物	R&D	其他机器和设备	ICT软件	ICT硬件	矿藏勘探	其他
0	1.0000	1.0000	1.0000	1.0000	1.0000	1.0000	1.0000	1.0000
1	0.9278	0.9180	0.7411	0.8293	0.5493	0.7169	0.9157	0.6877
2	0.8609	0.8427	0.5493	0.6877	0.3017	0.5139	0.8384	0.4729
3	0.7988	0.7735	0.4071	0.5702	0.1657	0.3684	0.7677	0.3252
4	0.7411	0.7101	0.3017	0.4729	0.0910	0.2641	0.7030	0.2236
5	0.6877	0.6518	0.2236	0.3921		0.1893	0.6437	0.1538
6	0.6380	0.5984	0.1657	0.3252		0.1357	0.5894	0.1057
7	0.5920	0.5493	0.1228	0.2696		0.0973	0.5397	0.0727
8	0.5493	0.5042	0.0910	0.2236		0.0697	0.4942	
9	0.5096	0.4629	0.0675	0.1854			0.4525	
10	0.4729	0.4249		0.1538			0.4143	
11	0.4387	0.3900		0.1275			0.3794	
12	0.4071	0.3580		0.1057			0.3474	
13	0.3777	0.3287		0.0877			0.3181	
14	0.3505	0.3017		0.0727			0.2913	
15	0.3252	0.2770		0.0603			0.2667	
16	0.3017	0.2542					0.2442	
17	0.2799	0.2334					0.2236	
18	0.2597	0.2142					0.2047	
19	0.2410	0.1967					0.1875	
20	0.2236	0.1805					0.1717	
21	0.2075	0.1657					0.1572	
22	0.1925	0.1521					0.1439	
23	0.1786	0.1396					0.1318	
24	0.1657	0.1282					0.1207	
25	0.1538	0.1177					0.1105	
26	0.1427	0.1080					0.1012	
27	0.1324	0.0992					0.0926	

续表

已使用年限	住宅建筑	非住宅建筑和构筑物	R&D	其他机器和设备	ICT软件	ICT硬件	矿藏勘探	其他
28	0.1228	0.0910					0.0848	
29	0.1140	0.0836					0.0777	
30	0.1057	0.0767					0.0711	
31	0.0981	0.0704					0.0651	
32	0.0910	0.0646					0.0596	
33	0.0845	0.0593					0.0546	
34	0.0784	0.0545						
35	0.0727							
36	0.0675							
37	0.0626							
38	0.0581							
39	0.0539							

表4-20 "一次性退役模式+双曲线型效率模式"下的复合效率下降系数

已使用年限	住宅建筑	非住宅建筑和构筑物	R&D	其他机器和设备	ICT软件	ICT硬件	矿藏勘探	其他
0	1.0000	1.0000	1.0000	1.0000	1.0000	1.0000	1.0000	1.0000
1	0.9936	0.9927	0.9474	0.9677	0.8889	0.9412	1.0000	0.9333
2	0.9870	0.9851	0.8889	0.9333	0.7500	0.8750	1.0000	0.8571
3	0.9801	0.9771	0.8235	0.8966	0.5714	0.8000	1.0000	0.7692
4	0.9730	0.9688	0.7500	0.8571	0.3333	0.7143	1.0000	0.6667
5	0.9655	0.9600	0.6667	0.8148		0.6154	1.0000	0.5455
6	0.9577	0.9508	0.5714	0.7692		0.5000	1.0000	0.4000
7	0.9496	0.9412	0.4615	0.7200		0.3636	1.0000	0.2222
8	0.9412	0.9310	0.3333	0.6667		0.2000	1.0000	
9	0.9323	0.9204	0.1818	0.6087			1.0000	
10	0.9231	0.9091	0.0000	0.5455			1.0000	

续表

已使用年限	住宅建筑	非住宅建筑和构筑物	R&D	其他机器和设备	ICT软件	ICT硬件	矿藏勘探	其他
11	0.9134	0.8972		0.4762			1.0000	
12	0.9032	0.8846		0.4000			1.0000	
13	0.8926	0.8713		0.3158			1.0000	
14	0.8814	0.8571		0.2222			1.0000	
15	0.8696	0.8421		0.1176			1.0000	
16	0.8571	0.8261					1.0000	
17	0.8440	0.8090					1.0000	
18	0.8302	0.7907					1.0000	
19	0.8155	0.7711					1.0000	
20	0.8000	0.7500					1.0000	
21	0.7835	0.7273					1.0000	
22	0.7660	0.7027					1.0000	
23	0.7473	0.6761					1.0000	
24	0.7273	0.6471					1.0000	
25	0.7059	0.6154					1.0000	
26	0.6829	0.5806					1.0000	
27	0.6582	0.5424					1.0000	
28	0.6316	0.5000					1.0000	
29	0.6027	0.4528					1.0000	
30	0.5714	0.4000					1.0000	
31	0.5373	0.3404					1.0000	
32	0.5000	0.2727					1.0000	
33	0.4590	0.1951					1.0000	
34	0.4138	0.1053						
35	0.3636							
36	0.3077							
37	0.2449							
38	0.1739							
39	0.0930							

表4-21 "正态型退役模式+几何型效率模式"下的复合效率下降系数

已使用年限	住宅建筑	非住宅建筑和构筑物	R&D	其他机器和设备	ICT软件	ICT硬件	矿藏勘探	其他
0	1.0000	1.0000	1.0000	1.0000	1.0000	1.0000	1.0000	1.0000
1	0.9278	0.9179	0.7406	0.8291	0.5448	0.7162	0.9156	0.6867
2	0.8608	0.8425	0.5448	0.6867	0.2378	0.5072	0.8383	0.4621
3	0.7985	0.7732	0.3848	0.5667	0.0351	0.3348	0.7674	0.2736
4	0.7406	0.7094	0.2378	0.4621	0.0007	0.1774	0.7022	0.1118
5	0.6867	0.6505	0.1118	0.3659		0.0622	0.6422	0.0244
6	0.6364	0.5958	0.0351	0.2736		0.0124	0.5866	0.0024
7	0.5893	0.5448	0.0067	0.1865		0.0013	0.5347	0.0001
8	0.5448	0.4967	0.0007	0.1118		0.0001	0.4857	
9	0.5026	0.4508	0.0000	0.0572			0.4390	
10	0.4621	0.4065		0.0244			0.3937	
11	0.4230	0.3633		0.0085			0.3494	
12	0.3848	0.3207		0.0024			0.3058	
13	0.3472	0.2788		0.0005			0.2630	
14	0.3101	0.2378		0.0001			0.2213	
15	0.2736	0.1984		0.0000			0.1816	
16	0.2378	0.1612					0.1448	
17	0.2032	0.1273					0.1118	
18	0.1702	0.0974					0.0833	
19	0.1396	0.0720					0.0598	
20	0.1118	0.0513					0.0412	
21	0.0873	0.0351					0.0272	
22	0.0663	0.0231					0.0172	
23	0.0490	0.0146					0.0104	
24	0.0351	0.0088					0.0060	
25	0.0244	0.0051					0.0033	
26	0.0164	0.0028					0.0017	
27	0.0107	0.0015					0.0016	

续表

已使用年限	住宅建筑	非住宅建筑和构筑物	R&D	其他机器和设备	ICT软件	ICT硬件	矿藏勘探	其他
28	0.0067	0.0007					0.0004	
29	0.0041	0.0004					0.0002	
30	0.0024	0.0002					0.0001	
31	0.0014	0.0001					0.0000	
32	0.0007	0.0000					0.0000	
33	0.0004	0.0000					0.0000	
34	0.0002	0.0000						
35	0.0001							
36	0.0000							
37	0.0000							
38	0.0000							
39	0.0000							

表4-22 "正态型退役模式+双曲线型效率模式"下的复合效率下降系数

已使用年限	住宅建筑	非住宅建筑和构筑物	R&D	其他机器和设备	ICT软件	ICT硬件	矿藏勘探	其他
0	1.0000	1.0000	1.0000	1.0000	1.0000	1.0000	1.0000	1.0000
1	0.9936	0.9927	0.9467	0.9675	0.8816	0.9403	0.9999	0.9321
2	0.9869	0.9849	0.8816	0.9321	0.5911	0.8635	0.9998	0.8377
3	0.9798	0.9767	0.7784	0.8910	0.1211	0.7271	0.9995	0.6472
4	0.9723	0.9678	0.5911	0.8377	0.0027	0.4798	0.9989	0.3334
5	0.9642	0.9580	0.3334	0.7604		0.2021	0.9977	0.0866
6	0.9553	0.9468	0.1211	0.6472		0.0456	0.9952	0.0091
7	0.9452	0.9335	0.0253	0.4979		0.0048	0.9907	0.0003
8	0.9335	0.9171	0.0027	0.3334		0.0002	0.9829	
9	0.9194	0.8964	0.0001	0.1878			0.9701	
10	0.9021	0.8698		0.0866			0.9503	

续表

已使用年限	住宅建筑	非住宅建筑和构筑物	R&D	其他机器和设备	ICT软件	ICT硬件	矿藏勘探	其他
11	0.8806	0.8356		0.0318			0.9210	
12	0.8538	0.7923		0.0091			0.8803	
13	0.8205	0.7390		0.0020			0.8267	
14	0.7800	0.6756		0.0003			0.7599	
15	0.7316	0.6031		0.0000			0.6811	
16	0.6756	0.5239					0.5930	
17	0.6126	0.4413					0.5000	
18	0.5442	0.3594					0.4070	
19	0.4724	0.2821					0.3190	
20	0.4000	0.2129					0.2402	
21	0.3297	0.1541					0.1733	
22	0.2640	0.1067					0.1197	
23	0.2050	0.0706					0.0790	
24	0.1541	0.0445					0.0498	
25	0.1120	0.0266					0.0299	
26	0.0786	0.0151					0.0171	
27	0.0532	0.0081					0.0171	
28	0.0346	0.0041					0.0049	
29	0.0217	0.0020					0.0024	
30	0.0130	0.0009					0.0011	
31	0.0075	0.0004					0.0005	
32	0.0041	0.0001					0.0002	
33	0.0022	0.0000					0.0001	
34	0.0011	0.0000						
35	0.0005							
36	0.0002							
37	0.0001							
38	0.0000							
39	0.0000							

(四)固定资本回报率

根据第二章的说明,由资本回报率衡量资本回报率。那么,资本报酬是测算资本回报率的关键,其主要包括收入法 GDP 分项数据①中的固定资产折旧、生产税净额中属于资本的报酬部分,以及需要在前述报酬数据基础上进行的个体经营业主和国有农场资本报酬调整。

其中,1978—2017 年的收入法 GDP 及其构成数据,由各省份数据汇总得来。2018—2020 年缺少收入法 GDP 构成数据,由资金流量表实物交易部分的劳动者报酬、生产税净额替代,因营业盈余和固定资产折旧均属于资本报酬部分,两者之后由 GDP 与劳动者报酬、生产税净额之差衡量,数据由国家统计局查询平台获取(查询时间为 2022 年 7 月)。利用 2017 年营业盈余和固定资产折旧之间的相对比例,对 2018—2020 年的对应数据进行分劈处理,获得 2018—2020 年的营业盈余和固定资产折旧数据。

在式(2-29)的基础上,王开科和曾五一(2020)②对 R_t^* 的测算方法进行如下改进:

$$R_t^{*1} = R_{1t} + R_{2t} + R_{3t} \tag{4-10}$$

$$R_t^{*2} = R_{1t} + R_{3t} \tag{4-11}$$

其中,R_t^{*1} 和 R_t^{*2} 分别表示不含固定资产折旧的税前资本报酬和不含固定资产折旧的税后资本报酬,R_{1t} 和 R_{2t} 分别表示营业盈余和生产税净额中归属于资本创造的部分,R_{3t} 表示个体经营业主和国有农场资本报酬的调整项。另外,王开科和曾五一(2020)在测算资本回报率时采用的是生产性资本存量。

根据第二章的资本回报率改进方法,为避免折旧率设定偏误的影响,利用式(2-29)测算,主要涉及生产税金额的拆分,以及个体经营业主和国

---

① 资本报酬测算时,1978—2017 年的 GDP 为各省份收入法 GDP 合计,2018 年以来的 GDP 来自国家统计局数据查询平台。
② 王开科、曾五一:《资本回报率宏观核算法的进一步改进和再测算》,《统计研究》2020 年第 9 期。

有农场资本报酬的测算问题。

1. 生产税净额的拆分系数

生产税净额是投入要素的混合部分,其中,由资本创造的部分应当纳入资本报酬的测算之中。借鉴吕光明(2011)[①]的处理思路,本书侧重于要素收入分配的创造问题,只将生产税净额在资本要素和劳动要素之间进行拆分,具体比例基于资本(劳动)收入份额。

劳动收入份额主要基于"劳动收入在当年名义 GDP 中的占比"来表示,且满足"资本收入份额+劳动收入份额=1"的设定。其中,对于1993—2020 年的数据,需要分别计算城镇与农村的人均劳动收入,并以城镇和农村的年中人口数为权重测算总体劳动收入。城镇与农村的人均劳动收入采用与前文测算的"城镇居民人均劳动者报酬""农村居民人均劳动者报酬"相一致的居民收入口径(同时,需要将 2013—2020 年的相应可支配收入口径基于比例推算调整为年收入口径)。测算结果见表 4-23。

表 4-23　1978—2020 年劳动收入份额测算结果

年份	劳动份额（%）	城镇年末人口（万人）	农村年末人口（万人）	城镇年中人口（万人）	农村年中人口（万人）	城镇人均劳动报酬（元）	农村人均劳动报酬（元）	GDP（当年价,亿元）
1978	39.29	17245	79014	16957.00	78659.50	267.09	126.16	3678.70
1979	42.78	18495	79047	17870.00	79030.50	315.37	150.64	4100.50
1980	46.35	19140	79565	18817.50	79306.00	372.22	179.83	4587.60
1981	49.42	20171	79901	19655.50	79733.00	389.35	209.95	4935.80
1982	54.01	21480	80174	20825.50	80037.50	416.61	254.21	5373.40
1983	54.99	22274	80734	21877.00	80454.00	439.97	291.87	6020.90
1984	53.13	24017	80340	23145.50	80537.00	507.71	334.23	7278.50
1985	48.70	25094	80757	24555.50	80548.50	575.46	374.72	9098.90
1986	48.54	26366	81141	25730.00	80949.00	701.61	399.20	10376.20
1987	46.46	27674	81626	27020.00	81383.50	780.26	435.91	12174.60

---

① 吕光明:《中国劳动收入份额的测算研究:1993—2008》,《统计研究》2011 年第 12 期。

续表

年份	劳动份额（%）	城镇年末人口（万人）	农村年末人口（万人）	城镇年中人口（万人）	农村年中人口（万人）	城镇人均劳动报酬（元）	农村人均劳动报酬（元）	GDP（当年价，亿元）
1988	44.77	28661	82365	28167.50	81995.50	918.87	513.12	15180.40
1989	45.43	29540	83164	29100.50	82764.50	1069.94	566.78	17179.70
1990	47.24	30195	84138	29867.50	83651.00	1175.84	645.87	18872.90
1991	44.07	31203	84620	30699.00	84379.00	1324.57	667.52	22005.60
1992	41.41	32175	84996	31689.00	84808.00	1578.43	738.14	27194.50
1993	39.11	33173	85344	32674.00	85170.00	2006.71	868.06	35673.20
1994	39.06	34169	85681	33671.00	85512.50	2722.34	1149.57	48637.50
1995	39.64	35174	85947	34671.50	85814.00	3335.18	1485.69	61339.90
1996	40.61	37304	85085	36239.00	85516.00	3768.13	1813.33	71813.60
1997	40.23	39449	84177	38376.50	84631.00	4018.10	1967.74	79715.00
1998	40.14	41608	83153	40528.50	83665.00	4219.00	2044.00	85195.50
1999	40.06	43748	82038	42678.00	82595.50	4459.00	2089.00	90564.40
2000	38.29	45906	80837	44827.00	81437.50	4660.00	2150.00	100280.10
2001	37.55	48064	79563	46985.00	80200.00	5006.00	2258.00	110863.10
2002	39.34	50212	78241	49138.00	78902.00	5956.00	2359.00	121717.40
2003	38.94	52376	76851	51294.00	77546.00	6647.00	2504.00	137422.00
2004	37.65	54283	75705	53329.50	76278.00	7420.00	2800.00	161840.20
2005	36.46	56212	74544	55247.50	75124.50	8175.00	3078.00	187318.90
2006	35.24	58288	73160	57250.00	73852.00	9165.00	3366.00	219438.50
2007	33.58	60633	71496	59460.50	72328.00	10559.00	3858.00	270092.30
2008	32.70	62403	70399	61518.00	70947.50	11985.00	4322.00	319244.60
2009	32.77	64512	68938	63457.50	69668.50	12964.00	4583.00	348517.70
2010	31.33	66978	67113	65745.00	68025.50	14198.00	5256.00	412119.30
2011	30.73	69927	64989	68452.50	66051.00	16018.00	6101.00	487940.20
2012	31.80	72175	63747	71051.00	64368.00	17962.00	6783.00	538580.00
2013	32.29	74502	62224	73338.50	62985.50	19592.00	7588.00	592963.20
2014	32.95	76738	60908	75620.00	61566.00	21216.00	8389.00	643563.10
2015	33.76	79302	59024	78020.00	59966.00	22813.00	9104.00	688858.20

续表

年份	劳动份额（%）	城镇年末人口（万人）	农村年末人口（万人）	城镇年中人口（万人）	农村年中人口（万人）	城镇人均劳动报酬（元）	农村人均劳动报酬（元）	GDP（当年价，亿元）
2016	34.00	81924	57308	80613.00	58166.00	24435.00	9763.00	746395.10
2017	33.39	84343	55668	83133.50	56488.00	26266.00	10526.00	832035.90
2018	33.01	86433	54108	85388.00	54888.00	28235.00	11354.00	919281.10
2019	33.62	88426	52582	87429.50	53345.00	30405.00	12345.00	986515.20
2020	34.07	90220	50992	89323.00	51787.00	31092.00	13051.00	1013567.00

2. 个体经营业主混合收入和国有农场营业盈余的调整

个体经营业主混合收入和国有农场营业盈余的调整方法如表 4-24 所示。对于个体经营业主而言，其劳动者报酬和营业盈余很难进行明确划分，通常被记为混合收入。正确测算资本报酬，需要将个体经营业主的混合收入在资本和劳动两类要素间拆分。本书的测算思路是：第一，分别测算混合收入和劳动者报酬。其中，混合收入以"城镇个体就业人数×城镇居民人均总收入+农村个体就业人数×农村居民人均总收入"衡量，劳动者报酬以"城镇个体就业人数×城镇居民人均劳动者报酬+农村个体就业人数×农村居民人均劳动者报酬"衡量。对于劳动者报酬口径而言，城镇居民主要涵盖家庭经营收入和工资性收入，而农村居民则涵盖工资性收入和经营净收入。第二，倒推个体经营业主营业盈余，求得资本报酬。测算结果见表 4-25。

表 4-24 个体经营业主混合收入和国有农场营业盈余的调整方法

	个体经营业主混合收入	国有农场营业盈余
2004 年之前	混合收入中的营业盈余部分（须进行计入调整）	2004 年及以后国有农场营业盈余部分（须进行计入调整）
2004—2007 年	混合收入中的劳动者报酬部分（须进行扣除调整）	
2008 年及以后	混合收入中的营业盈余部分（须进行计入调整）	

表 4-25　1978—2020 年个体经营业主混合收入测算结果（当年价）

单位：亿元

年份	混合收入	其中：劳动报酬	其中：营业盈余
1978	4.52	4.17	0.35
1979	6.75	6.14	0.61
1980	11.29	10.00	1.29
1981	15.52	13.69	1.83
1982	21.49	18.95	2.54
1983	30.88	26.95	3.93
1984	45.38	39.12	6.25
1985	63.00	53.90	9.10
1986	79.64	67.89	11.74
1987	101.97	86.72	15.25
1988	138.08	117.34	20.74
1989	164.98	140.83	24.15
1990	195.00	168.50	26.50
1991	232.28	199.53	32.75
1992	285.47	244.35	41.12
1993	424.98	361.11	63.88
1994	739.74	626.74	112.99
1995	1150.07	974.02	176.05
1996	1464.11	1243.82	220.28
1997	1726.30	1464.11	262.19
1998	2060.85	1741.03	319.81
1999	2262.57	1875.86	386.71
2000	2005.82	1626.19	379.63
2001	2086.99	1660.41	426.59
2002	2361.91	1935.03	426.88
2003	2606.05	2145.90	460.15
2004	2978.73	2449.06	529.67
2005	3599.57	2924.47	675.10

续表

年份	混合收入	其中：劳动报酬	其中：营业盈余
2006	4300.99	3483.18	817.81
2007	5448.91	4338.77	1110.13
2008	6694.92	5261.96	1432.95
2009	8446.81	6576.10	1870.71
2010	9981.67	7677.27	2304.40
2011	13209.58	10030.86	3178.72
2012	16119.82	12161.36	3958.46
2013	19267.03	14456.25	4810.78
2014	23966.58	17869.36	6097.22
2015	28766.12	21328.31	7437.81
2016	34236.25	25214.71	9021.55
2017	40575.11	29688.04	10887.07
2018	49159.18	35832.17	13327.01
2019	59138.74	42956.53	16182.22
2020	68415.56	49106.74	19308.82

其中，1998 年之前缺少收入数据，分别采用 1998 年城镇居民家庭人均年可支配工资性收入和经营性收入占城镇居民家庭人均可支配收入的比重，以及农村居民家庭人均年可支配工资性收入和经营性净收入占农村家庭可支配收入的比重，填补缺失数据。同时，利用 2019 年增速插补 2020 年个体人数。

国有农场资本报酬。采用谭晓鹏和钞小静（2016）[1]的处理方法，界定国有农场总产值由国有农场劳动者报酬和营业盈余构成，其中，国有农场劳动者报酬由"农场总人数×国有单位平均工资"衡量，营业盈余则通过"总产值-劳动报酬"倒推计算，并以此作为资本报酬的衡量。具体测算中，2000—2020 年的工资指标选取国有单位平均工资，1978—1999 年的工资指

---

[1] 谭晓鹏、钞小静：《中国要素收入分配再测算》，《当代经济科学》2016 年第 6 期。

标选择国有职工平均货币工资,1978—1987 年的国有农场总人数为农垦系统国有农场职工总数,相关数据来自国家统计局网站和《中国农村统计年鉴》,测算结果见表 4-26。

表 4-26 1978—2020 年国有农场营业盈余测算结果(当年价)

单位:亿元

年份	按当年价格计算国有农场农业总产值	劳动报酬	营业盈余
1978	55.11	33.10	22.01
1979	61.68	33.91	27.77
1980	67.43	39.52	27.91
1981	65.08	40.02	25.06
1982	77.86	41.33	36.53
1983	86.42	43.40	43.02
1984	90.76	50.96	39.80
1985	91.70	59.73	31.97
1986	102.02	72.04	29.98
1987	131.50	79.28	52.22
1988	185.00	91.17	93.83
1989	215.00	110.35	104.65
1990	241.00	125.16	115.84
1991	238.00	133.01	104.99
1992	256.00	155.99	100.01
1993	302.00	187.90	114.10
1994	441.88	248.23	193.65
1995	583.00	282.38	300.63
1996	650.00	306.46	343.54
1997	698.00	319.13	378.87
1998	681.00	335.86	345.14
1999	633.00	357.10	275.90
2000	644.00	370.09	273.91
2001	653.00	404.25	248.75
2002	726.00	452.16	273.84

续表

年份	按当年价格计算国有农场农业总产值	劳动报酬	营业盈余
2003	846.00	508.27	337.73
2004	978.00	559.13	418.87
2005	1119.00	637.66	481.34
2006	1253.00	714.13	538.87
2007	1452.00	861.30	590.70
2008	1668.00	1011.59	656.41
2009	1907.00	1160.42	746.58
2010	2342.00	1269.68	1072.32
2011	2804.00	1430.59	1373.41
2012	3100.00	1537.75	1562.25
2013	3356.00	1706.09	1649.91
2014	3415.00	1713.15	1701.85
2015	3450.00	1880.52	1569.48
2016	3458.00	2009.30	1448.70
2017	3837.00	2206.30	1630.70
2018	3823.00	1717.90	2105.10
2019	3862.00	2126.33	1735.67
2020	4230.00	2670.86	1559.14

在生产性资本存量测算中，（1）本书对固定资本流量指标的选择，采用了纳入研发支出资本化后的固定资本形成总额指标，数据取自2021年《中国统计年鉴》。（2）对固定资本流量进行价格缩减的指数，系构建的固定资本形成总额隐含平减指数，主要根据我国GDP核算历史资料推算得来；但因缺少2005—2020年的有关历史数据，这一时段的缩减指数由固定资产投资价格指数推算得来。（3）资产平均耐用年限采用曾五一和赵昱焜（2019）[1]的测算结果，即全社会资产平均耐用年限为15年。（4）残存模式

---

[1] 曾五一、赵昱焜：《关于中国总固定资本存量数据的重新估算》，《厦门大学学报（哲学社会科学版）》2019年第2期。

选择时，考虑到线性模式中的一次性残存模式虽然计算逻辑简单，但在实际应用中则较为合理，因为很多经济主体在固定资本耐用年限内并不考虑其退役情况，而只考虑固定资产的折旧和重置等因素来进行投资替换。为此，本书在具体估算时选取一次性残存模式作为基础。（5）根据王开科等（2021）[①]的研究，采用双曲线型"役龄—效率"模式，且效率的损失比例 β 取值为 0.58。在此基础上，结合资产平均耐用年限求得对应的固定资本存量数据。

关于产出价格指数 p_t^Y，根据许捷和柏培文（2017）[②]、柏培文和许捷（2017[③]、2018[④]）的处理，测算以 1978 年为基期的 GDP 平减指数。在此基础上，根据式（2-29）可求得资本回报率的测算结果见表 4-27 和表 4-28。

表 4-27　1978—2020 年资本回报率测算结果（一）

年份	营业盈余（+）（亿元）	劳动收入份额（%）	生产税净额中的资本部分（+）（亿元）	个体营业盈余中的资本部分（+）（亿元）	"劳动报酬+营业盈余"中的劳动部分（-）（亿元）	国有农场营业盈余中的资本部分（+）（亿元）	税前报酬（名义）（当年价，亿元）
1978	953.26	39.29	267.62	0.21			1221.10
1979	1044.21	42.78	273.99	0.35			1318.55
1980	1170.32	46.35	284.19	0.69			1455.21
1981	1201.34	49.42	286.60	0.92			1488.86
1982	1298.86	54.01	282.83	1.17			1582.85
1983	1455.32	54.99	309.32	1.77			1766.41
1984	1745.14	53.13	391.36	2.93			2139.43
1985	2163.66	48.70	529.43	4.67			2697.76

[①] 王开科等：《"效率—年限"模式选择与中国的生产性资本存量核算》，《统计研究》2021 年第 3 期。

[②] 许捷、柏培文：《中国资本回报率嬗变之谜》，《中国工业经济》2017 年第 7 期。

[③] 柏培文、许捷：《中国省际资本回报率与投资过度》，《经济研究》2017 年第 10 期。

[④] 柏培文、许捷：《中国三大产业的资本存量、资本回报率及其收敛性：1978—2013》，《经济学（季刊）》2018 年第 3 期。

续表

年份	营业盈余（+）（亿元）	劳动收入份额（%）	生产税净额中的资本部分（+）（亿元）	个体营业盈余中的资本部分（+）（亿元）	"劳动报酬+营业盈余"中的劳动部分（-）（亿元）	国有农场营业盈余中的资本部分（+）（亿元）	税前报酬（名义）（当年价，亿元）
1986	2331.62	48.54	618.06	6.04			2955.72
1987	2829.04	46.46	761.63	8.16			3598.83
1988	3552.17	44.77	1037.97	11.45			4601.59
1989	3915.54	45.43	1181.81	13.18			5110.52
1990	4011.91	47.24	1264.74	13.98			5290.63
1991	4702.75	44.07	1568.86	18.32			6289.92
1992	6127.13	41.41	2028.83	24.09			8180.05
1993	8181.94	39.11	2879.81	38.90			11100.64
1994	10556.24	39.06	3769.13	68.86			14394.23
1995	12655.38	39.64	4471.32	106.27			17232.97
1996	14558.82	40.61	5120.68	130.83			19810.33
1997	15650.40	40.23	6038.67	156.70			21845.77
1998	15651.30	40.14	6607.49	191.43			22450.22
1999	16665.80	40.06	7114.50	231.78			24012.08
2000	18528.80	38.29	8491.19	234.27			27254.26
2001	24112.95	37.55	10596.13	266.40			34975.48
2002	27556.23	39.34	11401.34	258.96			39216.53
2003	33639.95	38.94	13409.97	280.97			47330.89
2004	50754.91	37.65	14695.65		3178.14	418.87	62691.30
2005	58459.81	36.46	17741.11		3845.68	481.34	72836.57
2006	70862.02	35.24	21194.07		4589.18	538.87	88005.78
2007	86245.97	33.58	27118.93		5821.66	590.70	108133.94
2008	84318.10	32.70	33122.90	964.38		656.41	119061.79
2009	90103.24	32.77	37335.78	1257.75		746.58	129443.35
2010	117456.61	31.33	45743.13	1582.53		1072.32	165854.58
2011	138387.09	30.73	56385.12	2201.89		1373.41	198347.51

续表

年份	营业盈余（+）（亿元）	劳动收入份额（%）	生产税净额中的资本部分（+）（亿元）	个体营业盈余中的资本部分（+）（亿元）	"劳动报酬+营业盈余"中的劳动部分（-）（亿元）	国有农场营业盈余中的资本部分（+）（亿元）	税前报酬（名义）（当年价，亿元）
2012	147919.85	31.80	62492.69	2699.57		1562.25	214674.36
2013	162803.61	32.29	68296.69	3257.29		1649.91	236007.51
2014	170859.55	32.95	71743.94	4087.91		1701.85	248393.25
2015	173983.72	33.76	71167.61	4926.57		1569.48	251647.38
2016	192081.98	34.00	73104.56	5954.33		1448.70	272589.57
2017	209588.74	33.39	80076.19	7251.87		1630.70	298547.49
2018	224459.33	33.01	64015.77	8928.37		2105.10	299508.56
2019	241792.00	33.62	65005.81	10741.47		1735.67	319274.95
2020	254774.24	34.07	58379.91	12730.53		1559.14	327443.83

表4-28 1978—2020年资本回报率测算结果（二）

年份	税后报酬（名义）（亿元）	GDP平减指数（以1978年为基期）	税前报酬（实际）（不变价，亿元）	税后报酬（实际）（不变价，亿元）	生产性资本存量（1978年价，亿元）	税前回报率（%）	税后回报率（%）
1978	953.47	1.00	1221.10	953.47	7142.26	17.10	13.35
1979	1044.56	1.04	1272.82	1008.33	7772.32	16.38	12.97
1980	1171.01	1.08	1353.60	1089.25	8459.38	16.00	12.88
1981	1202.26	1.10	1353.79	1093.19	9092.22	14.89	12.02
1982	1300.03	1.10	1440.16	1182.83	9809.21	14.68	12.06
1983	1457.09	1.11	1589.75	1311.36	10584.34	15.02	12.39
1984	1748.07	1.17	1833.90	1498.43	11588.46	15.83	12.93
1985	2168.33	1.29	2098.52	1686.69	12889.59	16.28	13.09
1986	2337.66	1.35	2196.39	1737.12	14308.33	15.35	12.14
1987	2837.20	1.41	2545.67	2006.93	15882.35	16.03	12.64
1988	3563.62	1.58	2903.76	2248.76	17659.59	16.44	12.73

续表

年份	税后报酬（名义）（亿元）	GDP平减指数（以1978年为基期）	税前报酬（实际）（不变价，亿元）	税后报酬（实际）（不变价，亿元）	生产性资本存量（1978年价，亿元）	税前回报率（%）	税后回报率（%）
1989	3928.72	1.72	2968.89	2282.33	18914.39	15.70	12.07
1990	4025.89	1.82	2907.09	2212.14	20007.46	14.53	11.06
1991	4721.07	1.94	3239.65	2431.60	21380.28	15.15	11.37
1992	6151.22	2.10	3893.94	2928.15	23455.83	16.60	12.48
1993	8220.84	2.42	4586.91	3396.94	26406.30	17.37	12.86
1994	10625.10	2.92	4931.85	3640.44	29870.81	16.51	12.19
1995	12761.65	3.32	5194.38	3846.63	33757.99	15.39	11.39
1996	14689.65	3.53	5606.75	4157.49	38027.05	14.74	10.93
1997	15807.10	3.59	6084.14	4402.34	42479.71	14.32	10.36
1998	15842.73	3.56	6308.79	4452.00	47568.95	13.26	9.36
1999	16897.58	3.51	6834.37	4809.43	52759.25	12.95	9.12
2000	18763.07	3.59	7600.50	5232.53	58414.93	13.01	8.96
2001	24379.35	3.66	9558.45	6662.63	64923.25	14.72	10.26
2002	27815.19	3.68	10653.05	7555.91	72578.00	14.68	10.41
2003	33920.92	3.78	12530.81	8980.53	82242.07	15.24	10.92
2004	47995.64	4.04	15518.26	11880.58	93487.13	16.60	12.71
2005	55095.47	4.20	17352.37	13125.78	106279.19	16.33	12.35
2006	66811.71	4.36	20173.83	15315.45	120707.06	16.71	12.69
2007	81015.01	4.70	23005.16	17235.69	137525.99	16.73	12.53
2008	85938.89	5.07	23499.03	16961.62	156176.86	15.05	10.86
2009	92107.57	5.06	25601.92	18217.47	180726.50	14.17	10.08
2010	120111.46	5.40	30691.57	22226.76	208928.83	14.69	10.64
2011	141962.39	5.84	33961.81	24307.33	239889.43	14.16	10.13
2012	152181.66	5.98	35918.61	25462.54	273539.85	13.13	9.31
2013	167710.82	6.11	38652.71	27467.25	310220.46	12.46	8.85
2014	176649.31	6.17	40265.58	28635.59	348046.88	11.57	8.23
2015	180479.77	6.17	40794.49	29257.53	385943.03	10.57	7.58

续表

年份	税后报酬（名义）（亿元）	GDP平减指数（以1978年为基期）	税前报酬（实际）（不变价，亿元）	税后报酬（实际）（不变价，亿元）	生产性资本存量1978年价，亿元）	税前回报率（%）	税后回报率（%）
2016	199485.01	6.26	43576.14	31889.65	425541.64	10.24	7.49
2017	218471.30	6.52	45787.30	33506.26	465968.66	9.83	7.19
2018	235492.79	6.75	44382.22	34896.14	507982.82	8.74	6.87
2019	254269.14	6.84	46709.69	37199.39	549767.39	8.50	6.77
2020	269063.91	6.87	47670.87	39171.63	587363.28	8.12	6.67

（五）单位资本品价格变动

根据王亚菲和王春云（2017）[1]、姬卿伟（2017）[2]、王春云和王亚菲（2019）[3] 的研究，各类资本品单位资产价格变动采用各自对应的价格指数测算，结果如表4-29所示。

表4-29　1978—2020年不同资本品的单位资产价格变动情况（1978年=1）

年份	住宅建筑	非住宅建筑和构筑物	R&D	其他机器和设备	ICT软件	ICT硬件	矿藏勘探	其他
1978	1.0000	1.0000	1.0000	1.0000	1.0000	1.0000	1.0000	1.0000
1979	1.0216	1.0216	1.0524	1.0216	1.0190	1.0216	1.0150	1.0040
1980	1.0527	1.0527	1.1635	1.0527	1.0954	1.0527	1.0201	1.0140
1981	1.0868	1.0868	1.1755	1.0868	1.1228	1.0868	1.0221	1.0313
1982	1.1119	1.1119	1.1526	1.1119	1.1453	1.1119	1.0201	1.0509

---

[1] 王亚菲、王春云：《中国行业层面信息与通信技术固定资本服务核算》，《统计研究》2017年第12期。

[2] 姬卿伟：《中国固定资本服务测算及其稳健性研究》，《统计研究》2017年第10期。

[3] 王春云、王亚菲：《数字化资本回报率的测度方法及应用》，《数量经济技术经济研究》2019年第12期。

续表

年份	住宅建筑	非住宅建筑和构筑物	R&D	其他机器和设备	ICT软件	ICT硬件	矿藏勘探	其他
1983	1.1392	1.1392	1.1561	1.1392	1.1682	1.1392	1.0191	1.0824
1984	1.1857	1.1857	1.1734	1.1857	1.1997	1.1857	1.0333	1.1787
1985	1.2710	1.2710	1.2670	1.2710	1.3113	1.2710	1.1232	1.2353
1986	1.3528	1.3528	1.3274	1.3528	1.3965	1.3528	1.1659	1.2489
1987	1.4232	1.4232	1.2839	1.4232	1.4985	1.4232	1.2580	1.3363
1988	1.6162	1.6162	1.3926	1.6162	1.7802	1.6162	1.4467	1.5528
1989	1.7541	1.7541	1.5098	1.7541	2.1006	1.7541	1.7158	1.8463
1990	1.8751	1.8751	1.6022	1.9137	2.1657	1.9137	1.9286	1.9478
1991	2.0570	2.0570	1.6245	2.0305	2.2394	2.0305	2.2525	2.0043
1992	2.4026	2.4026	1.8248	2.2213	2.3827	2.2213	2.7233	2.0785
1993	3.1546	3.1546	1.8896	2.6589	2.7329	2.6589	3.3606	2.3715
1994	3.4827	3.4827	2.2421	2.9115	2.9461	2.9115	3.7672	2.8838
1995	3.6464	3.6464	2.5581	3.0950	2.9432	3.0950	4.2344	3.6740
1996	3.8324	3.8324	2.6707	3.1445	2.9078	3.1445	4.4164	3.9826
1997	3.9435	3.9435	2.8115	3.0847	2.8322	3.0847	4.5445	3.9627
1998	3.9632	3.9632	2.8570	3.0076	2.7133	3.0076	4.5627	3.7447
1999	3.9751	3.9751	2.8777	2.9324	2.5641	2.9324	4.5581	3.5874
2000	4.0705	4.0705	3.0542	2.8562	2.4051	2.8562	4.6037	3.5552
2001	4.1275	4.1275	3.1478	2.7705	2.4315	2.7705	4.6497	3.5232
2002	4.1688	4.1688	3.1948	2.6874	2.4388	2.6874	4.7055	3.5408
2003	4.3439	4.3439	3.3611	2.6068	2.4242	2.6068	4.7808	3.5903
2004	4.7001	4.7001	3.7429	2.5911	2.4194	2.4790	5.7858	3.9709
2005	4.7847	4.7847	3.9591	2.5756	2.4097	2.3625	6.8781	4.3005
2006	4.8469	4.8469	4.2051	2.5936	2.4097	2.2822	7.5618	4.3650
2007	5.0941	5.0941	4.3799	2.5988	2.4241	2.2251	8.0427	4.7011
2008	5.7512	5.7512	4.7464	2.6144	2.3950	2.1873	9.6191	5.6554
2009	5.5384	5.5384	4.6366	2.5516	2.3831	2.0933	8.2513	5.5141
2010	5.8098	5.8098	4.9562	2.5593	2.3759	2.0577	9.7480	5.6740

续表

年份	住宅建筑	非住宅建筑和构筑物	R&D	其他机器和设备	ICT软件	ICT硬件	矿藏勘探	其他
2011	6.3443	6.3443	5.3783	2.5875	2.3712	2.0227	11.1420	6.3151
2012	6.4458	6.4458	5.4717	2.5590	2.3688	1.9782	10.8389	6.6688
2013	6.4651	6.4651	5.5411	2.5334	2.3664	1.9248	10.3577	6.7621
2014	6.5039	6.5039	5.5717	2.5258	2.3641	1.8921	9.7901	6.7013
2015	6.3283	6.3283	5.5398	2.5081	2.3617	1.8618	8.1865	6.7281
2016	6.2904	6.2904	5.6746	2.4805	2.3381	1.8357	7.8541	6.7348
2017	6.7936	6.7936	6.1015	2.4954	2.3194	1.8302	9.2961	6.7752
2018	7.2827	7.2827	6.3843	2.5204	2.2915	1.8028	10.1030	6.9852
2019	7.4866	7.4866	6.3740	2.5229	2.2640	1.7865	10.4162	7.3066
2020	7.6738	7.6738	6.5108	2.5860	2.2482	1.7597	10.0100	7.7523

（六）使用者成本

因不同资本品的折旧率和资本品价格变动存在差异，导致各自的使用者成本不同，见表4-30。

表4-30　1979—2020年资本品的使用者成本

年份	住宅建筑	非住宅建筑和构筑物	R&D	其他机器和设备	ICT软件	ICT硬件	矿藏勘探	其他
1979	0.2279	0.2380	0.4614	0.3286	0.6105	0.4434	0.2323	0.4478
1980	0.2426	0.2529	0.5621	0.3463	0.7112	0.4646	0.2225	0.4573
1981	0.2432	0.2539	0.4576	0.3503	0.6685	0.4725	0.2111	0.4633
1982	0.2395	0.2504	0.4145	0.3491	0.6768	0.4740	0.2070	0.4745
1983	0.2506	0.2618	0.4460	0.3629	0.6942	0.4909	0.2112	0.5037
1984	0.2854	0.2971	0.4728	0.4023	0.7274	0.5355	0.2350	0.6169
1985	0.3433	0.3559	0.5874	0.4686	0.8742	0.6115	0.3316	0.6041
1986	0.3436	0.3570	0.5652	0.4770	0.8842	0.6290	0.2826	0.5553

续表

年份	住宅建筑	非住宅建筑和构筑物	R&D	其他机器和设备	ICT软件	ICT硬件	矿藏勘探	其他
1987	0.3530	0.3670	0.4510	0.4933	0.9667	0.6533	0.3572	0.6737
1988	0.5154	0.5313	0.6466	0.6747	1.3108	0.8563	0.4949	0.8992
1989	0.4762	0.4935	0.6903	0.6491	1.5207	0.8463	0.6208	1.0929
1990	0.4637	0.4822	0.6843	0.6980	1.2807	0.9131	0.5886	0.9253
1991	0.5643	0.5846	0.6275	0.6944	1.3376	0.9226	0.7702	0.9105
1992	0.8189	0.8426	0.9005	0.8475	1.5147	1.0971	1.0404	0.9828
1993	1.3855	1.4166	0.7970	1.2337	1.9336	1.5325	1.3530	1.3389
1994	1.0038	1.0382	1.2062	1.1046	1.9001	1.4318	1.1835	1.7644
1995	0.8423	0.8783	1.2696	1.0646	1.6590	1.4124	1.3068	2.3563
1996	0.8815	0.9193	1.0959	0.9302	1.5932	1.2836	1.0374	1.9880
1997	0.8044	0.8433	1.1600	0.7867	1.4945	1.1333	0.9823	1.6285
1998	0.6766	0.7157	1.0526	0.7179	1.3579	1.0559	0.8300	1.3022
1999	0.6611	0.7003	1.0279	0.6928	1.2402	1.0224	0.7954	1.2903
2000	0.7537	0.7939	1.2407	0.6673	1.1405	0.9883	0.8462	1.3966
2001	0.7784	0.8192	1.2315	0.6717	1.3719	0.9830	0.9154	1.4300
2002	0.7761	0.8173	1.2066	0.6555	1.3604	0.9575	0.9425	1.4922
2003	0.9629	1.0058	1.4034	0.6491	1.3427	0.9421	1.0006	1.5630
2004	1.2926	1.3391	1.8264	0.7561	1.3931	0.8892	2.2282	2.1255
2005	1.0208	1.0680	1.7300	0.7423	1.3740	0.8442	2.5219	2.2039
2006	1.0269	1.0748	1.8681	0.7900	1.3918	0.8554	2.2809	1.9817
2007	1.2532	1.3035	1.8576	0.7746	1.4109	0.8518	2.1672	2.3936
2008	1.6967	1.7535	2.1106	0.7459	1.3105	0.8190	3.4323	3.3350
2009	0.7451	0.7998	1.5578	0.6302	1.3023	0.7096	0.1598	2.1367
2010	1.3087	1.3660	2.1299	0.7169	1.3165	0.7659	3.3560	2.5358
2011	1.6351	1.6978	2.3593	0.7321	1.3042	0.7427	3.4627	3.2535
2012	1.1666	1.2303	2.0192	0.6467	1.2858	0.6997	1.6200	3.0574
2013	1.0583	1.1221	1.9944	0.6313	1.2738	0.6620	1.3094	2.8042
2014	1.0432	1.1074	1.9314	0.6315	1.2577	0.6586	1.0636	2.5836
2015	0.7608	0.8233	1.8221	0.6007	1.2411	0.6380	−0.2926	2.6383
2016	0.8873	0.9494	2.0290	0.5818	1.2054	0.6312	0.9186	2.6150

续表

年份	住宅建筑	非住宅建筑和构筑物	R&D	其他机器和设备	ICT软件	ICT硬件	矿藏勘探	其他
2017	1.4819	1.5490	2.4451	0.6204	1.1935	0.6443	2.8945	2.6438
2018	1.5149	1.5868	2.3741	0.6284	1.1624	0.6068	2.3530	2.8717
2019	1.2507	1.3246	2.0710	0.6040	1.1461	0.6105	1.8965	3.0979
2020	1.2527	1.3284	2.2564	0.6771	1.1474	0.5888	1.1056	3.3841

本章小结

本章是基础数据的整合研究，旨在测算各类别资本品流量数据，以及能够为固定资本服务核算关键参数和指标测算提供支持的其他基础数据，形成全国层面区分资本品类别的核算数据集。根据固定资本测算统计数据之间的联系与区别，本章构建了不同指标数据间的匹配和关联规则，基于"基础数据匹配关系挖掘→数据整合的规则→基础数据整合分析→数据整合的合理性检验"的全流程数据整合方法路径，综合利用固定资本形成额统计、固定资产投资统计、投入产出表、科技统计、电子信息产业统计、国土资源统计、第三产业统计、房地产统计等多源统计数据信息，开展了八大类资本品固定资本形成额数据的拆分测算。同时，构建了包括不同类型资本品的"退役—效率"综合模式系数、折旧率、固定资本回报率等在内的固定资本服务核算关键参数数据集。这为第五章至第七章的全国、分行业、分地区三个层面的固定资本服务实证测算奠定了数据基础。

第 五 章

全国层面总量固定资本服务实证测算[①]

按照自下而上的核算逻辑要求,固定资本服务核算首要的是同一类别不同役龄资本品的汇总问题,其中"退役+效率"组合模式的选取是第四章未涉及的内容。因此,本章首先开展不同"退役+效率"组合模式下的固定资本服务测算,揭示不同组合模式对固定资本服务物量增长的影响,进而开展专门的效率模式选择研究。在此基础上,按照第三章的核算设计,利用第四章的基础数据集开展全国层面的固定资本服务实证测算。

一、不同"退役+效率"组合模式下的固定资本服务测算

目前,理论研究和统计实务中,较常使用的是正态型退役模式和几何型效率模式、双曲线型效率模式。曾五一和赵昱焜(2019)[②]、王开科和曾五一(2020)[③]、王开科等(2021)[④] 在关于我国固定资本存量测算中也纳入了一次性退役模式,认为该模式符合一般资本品的正常使用情形。对此,本章以专栏形式探讨几类模式的选择问题。根据第二章的固定资本服务核算方

[①] 本章部分内容发表在《统计研究》2021年第3期。
[②] 曾五一、赵昱焜:《关于中国总固定资本存量数据的重新估算》,《厦门大学学报(哲学社会科学版)》2019年第2期。
[③] 王开科、曾五一:《资本回报率宏观核算法的进一步改进和再测算》,《统计研究》2020年第9期。
[④] 王开科等:《"效率—年限"模式选择与中国的生产性资本存量核算》,《统计研究》2021年第3期。

法，以及第四章分资本品类别的固定资本形成额数据和耐用年限，测算的不同退役模式和效率模式组合下的生产性资本存量①（见表 5-1）和固定资本服务物量指数（见图 5-1）。

表 5-1 1978—2020 年不同组合模式下的总生产性资本存量测算结果（1978 年价）

单位：亿元

年份	"一次性退役+几何型效率"模式	"一次性退役+双曲线型效率"模式	"正态型退役+几何型效率"模式	"正态型退役+双曲线型效率"模式
1978	6816.69	6816.69	6816.69	6816.69
1979	7257.95	7865.02	7257.36	7864.32
1980	7760.59	8992.61	7756.89	8987.07
1981	8208.26	10086.43	8192.45	10056.52
1982	8753.00	11282.07	8708.94	11182.59
1983	9373.01	12568.91	9285.66	12349.39
1984	10240.94	14125.03	10099.57	13750.15
1985	11391.83	16007.21	11186.52	15449.40
1986	12607.17	18024.17	12332.62	17261.06
1987	13925.71	20222.74	13575.60	19231.16
1988	15380.33	22646.02	14955.80	21416.27
1989	16250.37	24587.51	15728.61	23067.18
1990	16934.81	26342.60	16295.35	24485.04
1991	17931.27	28384.26	17148.13	26121.87
1992	19603.81	31108.66	18652.81	28371.04
1993	22077.68	34716.52	20940.96	31445.29
1994	24764.66	38777.95	23477.41	34913.45
1995	27632.83	43287.95	26121.13	38614.21
1996	30716.73	48204.11	28951.92	42579.26
1997	33968.66	53467.56	31917.08	46746.39
1998	37770.53	59463.29	35419.70	51570.45

① 区分资本品的生产性资本存量测算结果列于附录部分。

续表

年份	"一次性退役+几何型效率"模式	"一次性退役+双曲线型效率"模式	"正态型退役+几何型效率"模式	"正态型退役+双曲线型效率"模式
1999	41591.02	65697.97	38936.57	56613.45
2000	45767.01	72483.07	42802.03	62192.64
2001	50655.33	80227.59	47367.31	68674.24
2002	56448.29	89248.98	52795.68	76284.75
2003	63955.41	100449.63	59897.80	85923.79
2004	72682.46	113493.90	68160.14	97216.15
2005	82852.09	128603.47	77782.75	110366.40
2006	94316.07	145740.65	88622.35	125327.89
2007	107843.46	165779.48	101439.83	142945.43
2008	122999.80	188415.46	115802.30	162933.45
2009	143689.75	217629.55	135586.37	189214.70
2010	167286.79	251413.68	158136.10	219683.58
2011	191306.63	287528.31	180921.65	251979.94
2012	217918.05	327546.52	206051.82	287686.39
2013	247305.98	372352.99	233843.34	327196.28
2014	277574.81	420144.41	262063.72	368407.58
2015	307478.01	469431.13	289629.68	410147.56
2016	337224.99	520156.92	316688.69	452231.02
2017	366901.02	572038.89	343411.72	494525.55
2018	397052.99	625521.47	370422.12	537539.13
2019	426936.53	679498.61	396804.92	579999.19
2020	450589.24	727968.93	416715.84	616033.39

从四种组合模式下的生产性资本存量测算结果来看,"一次性退役+双曲线型效率"模式下的生产性资本存量规模最大,"正态型退役+几何型效率"模式下的生产性资本存量规模最小,且效率模式选择对生产性资本存量结果的影响显著大于退役模式选择的影响。

图 5-1　1980—2020 年不同组合模式的固定资本服务物量增长情况

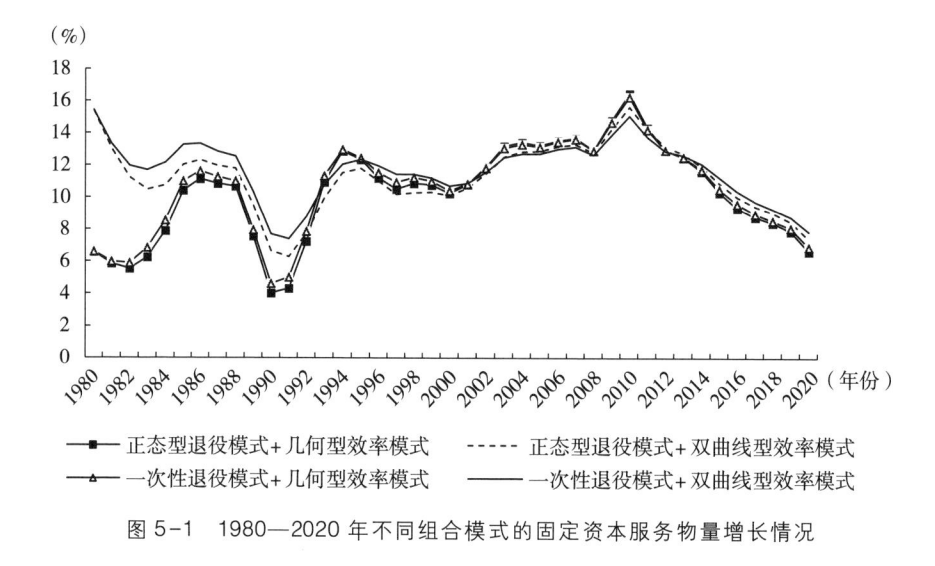

图 5-1 的固定资本服务物量增长情况也揭示出，效率模式是影响固定资本服务物量指数差异的主要因素。但同时也可以看出，不同模式组合对于固定资本服务物量指数的影响主要集中在早期阶段，后期的影响逐渐减弱，不同模式组合下的物量指数变动趋势一致，且具体数值差异较小。

二、效率模式选择

从图 5-1 中可以看出：（1）相对于效率模式而言，退役模式的影响较小，导致固定资本服务差异的主要是效率模式。（2）从走势来看，一次性退役模式相对滞后于正态型退役模式，这与退役模式的分布特征一致。（3）在经过一段时期后，退役模式和效率模式的差异对固定资本服务物量指数的影响显著减少，四种组合的指数数值接近且变动趋势一致。

鉴于上述发现，接下来的分析将在正态型退役模式下，重点围绕几何型效率模式和双曲线型效率模式的适应性问题进行专门探讨。

（1）考虑到固定资本服务是资本投入的最佳衡量指标（OECD，2009）[①]，

[①] OECD, *Measuring Capital OECD Manual-Measurement of Capital Stocks*, *Consumption of Fixed Capital and Capital Services*, France：OECD Publishing, 2009.

而固定资本服务又来源于生产性资本存量，且是生产性资本存量的一定比例。因此，生产性资本存量亦可以用于全要素生产率（TFP）测算。(2) 本书用于效率模式选择的参照对象，是芬斯特拉等（Feenstra, et al., 2015）[1]所测算的中国 TFP 数值（2011 年 = 1）。他们的测算结果被广泛引用，认可度较高，杨玉玲和郭鹏飞（2017）[2]的研究便是将其测算结果作为参照基准。从其测算过程数据来看，使用的是固定资本存量口径，为此，本书亦采用存量口径测算 TFP。

具体测算中，产出指标采用不变价 GDP 数据，资本投入选择不同模式组合下对应的生产性资本存量数据，劳动投入采用年中就业人口数，劳动收入份额则主要基于以下处理求得。第一，1978—2012 年的数据采取了与李宾和曾志雄（2009）[3]相似的思路，按照下式进行测算：

劳动收入份额 =（城镇劳动收入 + 农村劳动收入）÷ 当年 GDP =（城镇人均劳动收入 × 年中城镇人口数 + 农村人均劳动收入 × 年中农村人口数）÷ 当年 GDP　　　　　　　　　　　　　　　　　　　　　　　　　　(5-1)

其中，城镇人均劳动收入由城镇居民家庭年人均总收入扣除财产性收入和转移性收入求得，1979—1980 年的城镇居民家庭年人均总收入由人均可支配收入替代。对于 1978—1984 年、1986—1989 年、1991—1992 年人均财产性收入和转移性收入的数据缺失，按照所构建的对数线性插补模型进行补缺处理。农村人均劳动收入则采用工资性纯收入和经营性纯收入之和来表示。对于 1979 年的数据缺失，直接利用 1978 年和 1980 年的平均值进行补缺处理。第二，2013—2020 年的数据来自全国城乡居民一体化收支调查，为全国居民人均可支配收入口径，须基于比例将其转换为年收入口径，按照工资性收入和经营性净收入之和来确定劳动收入。

---

[1] Feenstra, R. C., et al., "The Next Generation of the Penn World Table", *American Economic Review*, Vol. 105, No. 10 (2015), pp. 3150-3182.

[2] 杨玉玲、郭鹏飞：《省际第三产业资本存量：框架、检验及动态轨迹》，《数量经济技术经济研究》2017 年第 10 期。

[3] 李宾、曾志雄：《中国全要素生产率变动的再测算：1978—2007 年》，《数量经济技术经济研究》2009 年第 3 期。

根据上述处理测算的TFP及其指数数据详见表5-2。将不同组合模式下的TFP指数作为待检验的目标数据。根据Feenstra等（2015）[①] 的TFP值计算1979—2014年对应的TFP环比指数，记其第t年的指数值为Λ_t^*，将本书测算的不同组合模式下生产性资本存量所对应的第t年TFP指数值记为$\Lambda_{i,t}$。本书主要基于式（5-2）对测算数据进行检验：

$$\frac{\sum_t |\Lambda_{i,t} - \Lambda_t^*|}{\sum_t \Lambda_t^*} \tag{5-2}$$

由式（5-2）可以求得三个误差数据，测算结果详见表5-2。以误差最小作为判断依据，发现利用双曲线型效率模式下的生产性资本存量计算TFP指数，更接近于选定参照值。

表5-2 1979—2020年效率模式选择

年份	本书测算TFP（2011年=1）		参照基准	本书测算TFP指数	
	"正态型退役+几何型效率"模式	"正态型退役+双曲线型效率"模式	TFP指数	"正态型退役+几何型效率"模式	"正态型退役+双曲线型效率"模式
1979	0.43	0.52	101.12	—	—
1980	0.42	0.49	98.20	96.60	93.47
1981	0.40	0.45	100.18	95.64	93.31
1982	0.39	0.43	103.42	96.39	95.31
1983	0.40	0.45	101.55	104.25	102.86
1984	0.45	0.49	105.34	112.16	110.35
1985	0.51	0.55	103.61	113.28	110.93
1986	0.52	0.55	101.64	102.30	101.55
1987	0.56	0.59	102.79	107.83	106.39
1988	0.60	0.62	98.81	106.48	105.22
1989	0.60	0.61	95.75	99.44	98.39

---

① Feenstra, R. C., et al., "The Next Generation of the Penn World Table", *American Economic Review*, Vol. 105, No. 10 (2015), pp. 3150-3182.

续表

年份	本书测算 TFP（2011年＝1）		参照基准	本书测算 TFP 指数	
	"正态型退役+几何型效率"模式	"正态型退役+双曲线型效率"模式	TFP 指数	"正态型退役+几何型效率"模式	"正态型退役+双曲线型效率"模式
1990	0.57	0.58	96.97	95.53	94.97
1991	0.61	0.61	101.84	106.80	104.63
1992	0.68	0.67	104.98	112.16	111.01
1993	0.74	0.73	104.34	108.83	108.63
1994	0.78	0.77	102.02	105.10	105.70
1995	0.81	0.80	106.97	103.02	103.63
1996	0.82	0.82	98.60	102.00	102.70
1997	0.84	0.85	101.28	102.85	102.96
1998	0.85	0.86	94.84	100.90	101.23
1999	0.86	0.87	100.48	101.33	101.38
2000	0.89	0.89	101.21	103.03	102.39
2001	0.91	0.90	102.66	101.71	101.57
2002	0.91	0.92	106.04	101.08	101.96
2003	0.93	0.94	104.29	101.75	102.05
2004	0.95	0.95	104.68	101.60	101.49
2005	0.97	0.97	103.20	102.30	102.21
2006	1.00	1.01	105.95	103.36	103.14
2007	1.04	1.04	106.22	103.98	103.62
2008	1.04	1.04	99.77	99.91	99.72
2009	1.02	1.03	102.62	98.31	98.88
2010	1.01	1.01	101.66	98.60	98.44
2011	1.00	1.00	100.68	99.29	98.92
2012	1.00	1.00	101.42	99.59	99.78
2013	0.99	0.99	101.52	99.38	99.40
2014	0.99	0.99	101.25	100.25	100.15
2015	1.00	1.00	—	101.18	100.97
2016	1.01	1.01	—	101.07	100.60

续表

年份	本书测算 TFP（2011 年 =1）		参照基准	本书测算 TFP 指数	
	"正态型退役+几何型效率"模式	"正态型退役+双曲线型效率"模式	TFP 指数	"正态型退役+几何型效率"模式	"正态型退役+双曲线型效率"模式
2017	1.02	1.01	—	100.51	99.73
2018	1.03	1.01	—	100.99	100.33
2019	1.05	1.03	—	102.35	102.10
2020	1.05	1.02	—	99.89	99.32
与参照基准的误差（1979—2014 年）				3.35%	3.15%

对于效率模式选择的结果与王开科等（2021）[①] 的研究发现一致，即双曲线型效率模式更适用于开展我国的固定资本测算。

三、"正态型退役+双曲线型效率" 模式下的测算结果分析

（一）生产性资本存量测算结果分析

测算结果显示（见表 5-1 第 5 列），1978 年我国生产性资本存量规模为 6816.69 亿元，2020 年增长到了 616033.39 亿元，是 2002 年的 8 倍多。从增速来看，2002—2010 年的平均增长速度为 15.9%，2011—2019 年的平均增长速度进一步上升到 17.5%。

从区分资本品类型来看（见表 5-3），住宅建筑、非住宅建筑和构筑物、其他机器和设备三类资本品的生产性资本存量规模最大。2020 年，三类资本品的生产性资本存量分别为 166248.88 亿元、173377.88 亿元、192633.60 亿元，合计规模达 532260.36 亿元，占比超 86.40%，较 1978 年降低了 6.4 个百分点。从不同资本品的增速来看，增速靠前的主要是 ICT 软件

---

① 王开科等：《"效率—年限" 模式选择与中国的生产性资本存量核算》，《统计研究》2021 年第 3 期。

(31.72%)、ICT 硬件（16.56%），而矿藏勘探（5.08%）、非住宅建筑和构筑物（9.70%）的增速相对较慢。

表5-3 1978—2020年生产性资本存量测算结果（1978年价）

单位：亿元

年份	住宅建筑	非住宅建筑和构筑物	R&D	其他机器和设备	ICT软件	ICT硬件	矿藏勘探	其他
1978	1714.77	3545.30	183.49	1067.44	0.00	47.85	188.72	69.11
1980	2336.67	4475.04	276.96	1471.48	0.00	74.11	233.26	119.55
1985	4156.07	7835.94	340.73	2417.63	2.00	121.65	353.20	222.18
1990	7290.07	11663.71	442.05	3832.89	8.25	241.01	492.28	514.78
1995	11686.26	16917.37	603.85	6480.80	44.18	456.27	628.36	1797.12
2000	19250.23	24920.33	993.06	11382.52	198.85	1485.42	754.03	3208.19
2005	32080.85	39125.37	2235.70	22598.08	957.69	5703.33	845.04	6820.34
2010	60328.59	61764.28	4904.12	63513.07	3998.11	11293.49	1063.56	12818.36
2015	109412.07	103949.90	9579.51	138021.20	13207.55	20233.28	1377.95	14366.10
2020	166248.88	173377.88	14050.97	192633.60	22870.00	29802.50	1514.43	15535.14

（二）固定资本服务测算结果分析

1. 固定资本服务流量

主要是根据乔根森和元桥（Jorgenson，Motohashi，2005）[①] 的假设，第 t 期不同役龄的第 i 类资本品汇总的固定资本服务流量价值，可表示为第 t 期和第 $t-1$ 期的生产性资本存量算术平均值。测算结果如表5-4所示。

[①] Jorgenson, D. W., Motohashi, K., "Information Technology and the Japanese Economy", *Journal of the Japanese & International Economies*, Vol. 19, No. 4 (2005), pp. 460-481.

表5-4 1980—2020年各类资本品的固定资本服务流量测算结果（1978年价）

单位：亿元

年份	住宅建筑	非住宅建筑和构筑物	R&D	其他机器和设备	ICT软件	ICT硬件	矿藏勘探	其他
1980	2168.87	4239.59	255.58	1367.09	0.00	67.49	221.93	105.13
1990	7008.21	11352.31	437.22	3740.69	7.22	233.25	471.91	525.29
2000	18361.18	24033.11	927.03	10824.17	172.46	1302.54	746.28	3036.27
2010	56626.55	58699.62	4544.37	57480.24	3389.56	10673.76	1033.79	12001.23
2020	160371.69	165504.87	13610.21	190614.21	21945.55	28919.74	1500.55	15549.47

从2020年的固定资本服务流量测算结果来看，仍然是住宅建筑、非住宅建筑和构筑物、其他机器和设备三类资本品位居前列，从增长情况来看，住宅建筑的固定资本服务流量是1980年的73.94倍，非住宅建筑和构筑物的固定资本服务流量是1980年的39.04倍，其他机器和设备的固定资本服务流量是1980年的139.43倍，可见过去40多年我国资本领域的发展成就。增长更为迅速的是ICT软件和ICT硬件，前者2020年的固定资本服务流量是1990年的3039.55倍，除了早期基数低的影响外，也显示出近年来我国软件信息服务领域快速发展的事实；后者2020年的固定资本服务流量是1980年的428.50倍，同样增长迅猛。

2. 固定资本服务价值

通过各类资本品的固定资本服务流量（见表5-4）与对应的单位使用者成本（见表5-5）乘积，可测算得到各类资本品的固定资本服务价值，结果如表5-6所示。

表5-5 1980—2020年各类资本品的单位使用者成本

年份	住宅建筑	非住宅建筑和构筑物	R&D	其他机器和设备	ICT软件	ICT硬件	矿藏勘探	其他
1980	0.2426	0.2529	0.5621	0.3463	0.7112	0.4646	0.2225	0.4573
1990	0.4637	0.4822	0.6843	0.6980	1.2807	0.9131	0.5886	0.9253

续表

年份	住宅建筑	非住宅建筑和构筑物	R&D	其他机器和设备	ICT软件	ICT硬件	矿藏勘探	其他
2000	0.7537	0.7939	1.2407	0.6673	1.1405	0.9883	0.8462	1.3966
2010	1.3087	1.3660	2.1299	0.7169	1.3165	0.7659	3.3560	2.5358
2020	1.2527	1.3284	2.2564	0.6771	1.1474	0.5888	1.1056	3.3841

表 5-6 1980—2020 年各类资本品的固定资本服务价值测算结果（1978 年价）

单位：亿元

年份	住宅建筑	非住宅建筑和构筑物	R&D	其他机器和设备	ICT软件	ICT硬件	矿藏勘探	其他
1980	526.07	1072.39	143.66	473.48	0.00	31.36	49.37	48.08
1990	3249.48	5473.89	299.18	2610.96	9.25	212.97	277.79	486.06
2000	13839.56	19080.69	1150.15	7222.92	196.68	1287.27	631.53	4240.45
2010	74105.70	80186.07	9678.94	41209.05	4462.31	8175.11	3469.35	30432.22
2020	200891.20	219861.98	30710.18	129061.97	25180.12	17027.78	1658.97	52620.66

引入使用者成本之后，固定资本服务价值的测算结果与固定资本服务流量结果有所差别，其中，2020 年的非住宅建筑和构筑物的固定资本服务价值最大，住宅建筑次之，居于第三位的是其他机器和设备的固定资本服务价值。此外，从固定资本服务价值的增长情况来看，ICT 软件 2020 年的固定资本服务价值是 1990 年的 2722.18 倍，而 ICT 硬件是 1980 年的 542.98 倍，增长情况与固定资本服务流量增长存在差异，反映的是来自使用者成本差异的影响，特别是 ICT 硬件类资本品使用者成本自 20 世纪 90 年代开始呈现出逐年下降的趋势，这与电子信息类设备价格的下降趋势相一致。

3. 固定资本服务物量指数测算结果分析

表 5-7 和图 5-2 分别是全国层面固定资本服务物量指数和八类资本品的固定资本服务物量指数测算结果，全国总体及八类资本品的物量指数整体都超过 1，表明每年的固定资本服务量都有较为显著的增加，特别是 ICT 软

件和ICT硬件的固定资本服务物量指数显著高于其他资本品类型，显示两者固定资本服务增长尤为突出。分项来看，ICT软件、其他、ICT硬件、其他机器和设备、R&D五类资本品的物量指数变动较大，但从2011年起，五类资本品的固定资本服务物量指数变动幅度明显放缓，并呈现出总体下降趋势，显示近年来资本投入的增长放缓趋势。而住宅建筑、非住宅建筑和构筑物、矿藏勘探三类资本品的变动幅度较小，基本稳定在1.0—1.2之间，近几年指数变动尽管也存在缓慢的下降趋势，但整体降幅小，这与三类资本品的特征相符。

表5-7 1980—2020年全国层面固定资本服务物量指数测算结果

年份	增速（%）	指数	年份	增速（%）	指数
1980	15.38	1.1538	2001	10.58	1.1058
1981	13.05	1.1305	2002	11.45	1.1145
1982	11.23	1.1123	2003	12.51	1.1251
1983	10.48	1.1048	2004	12.84	1.1284
1984	10.75	1.1075	2005	12.86	1.1286
1985	12.04	1.1204	2006	13.17	1.1317
1986	12.31	1.1231	2007	13.30	1.1330
1987	11.96	1.1196	2008	12.78	1.1278
1988	11.79	1.1179	2009	14.24	1.1424
1989	9.50	1.0950	2010	15.64	1.1564
1990	6.66	1.0666	2011	14.20	1.1420
1991	6.30	1.0630	2012	13.18	1.1318
1992	7.74	1.0774	2013	12.70	1.1270
1993	9.94	1.0994	2014	11.92	1.1192
1994	11.53	1.1153	2015	10.87	1.1087
1995	11.78	1.1178	2016	10.02	1.1002
1996	10.99	1.1099	2017	9.45	1.0945
1997	10.20	1.1020	2018	9.04	1.0904
1998	10.28	1.1028	2019	8.50	1.0850
1999	10.32	1.1032	2020	7.41	1.0741
2000	10.11	1.1011			

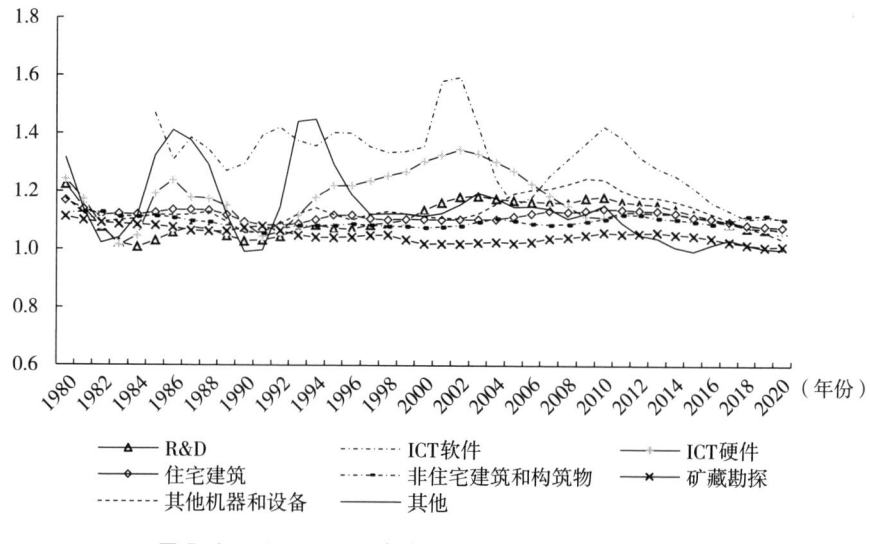

图 5-2　1980—2020 年各资本品固定资本服务物量指数

从固定资本服务物量增速情况来看（见图 5-3），整体呈现倒 N 形走势，从 1978 年以来的总体下降到 1992 年开始的反弹回升，在经历 1996—2000 年的调整阶段后，2001 年开始平稳上升，直到 2011 年开始表现为持续的下降过程。其中，1992 年邓小平南方谈话提振了投资信心，固定资本服务增速快速上升，并开启了近 20 年的增长过程，在达到 2010 年的增速高峰之后，受"三期叠加"影响，固定资产投资增速下降，固定资本服务增速也出现了较为持续的下降过程。但从 2020 年的增速情况来看，依然高于 GDP 增速 5 个百分点。

通过与 GDP 指数的对比可以看出：（1）资本投入增长与 GDP 增长趋势一致，凸显出我国经济的资本驱动特征。（2）1995 年之后，资本投入增长一直超过了 GDP 增长。（3）2020 年 GDP 增长变动幅度大幅低于资本投入增长，验证了来自新冠疫情冲击的影响。（4）固定资本服务增长带有"顺周期+时滞"特征。第一，资本是经济增长的重要驱动要素，固定资本服务增长带动了 GDP 增长。第二，固定资本服务增长变动滞后于 GDP 增长，反映出投资领域的"时滞"特征，固定资本投资本身建设周期长，存在跨年度投资建设问题。同时，政策反应也存在滞后影响。第三，投资领域的宏观调控政策存在"逆周期"调节问题，如 2007—2009 年受全球金融危机影响，GDP 增速下降，这一阶段对应的固定资本服务增长则较为明显。

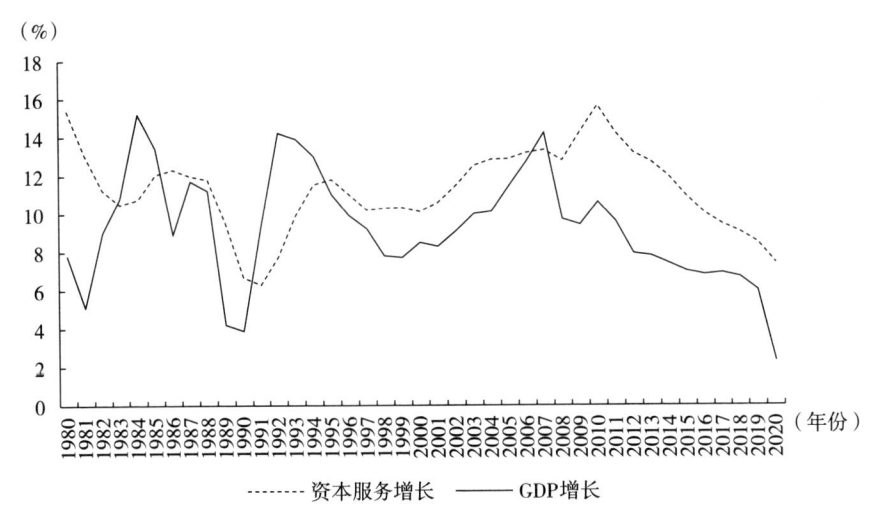

图 5-3　1980—2020 年固定资本服务物量增长率与 GDP 增长率情况对比

本章小结

按照自下而上的核算逻辑，本章开展了较为规范的全国总量层面固定资本服务核算。其中，不同"退役+效率"组合模式下的固定资本服务测算揭示出效率模式是影响固定资本服务物量指数差异的主要因素。在此基础上，本章开展了效率模式的选择研究，重点围绕几何型效率模式和双曲线型效率模式的适应性问题进行专门探讨，从全要素生产率测算的角度验证了双曲线型效率模式更适用于开展我国的固定资本测算。

第 六 章

分行业固定资本服务实证测算

根据第三章的固定资本服务核算框架设计，分行业层面固定资本服务核算的关键是各行业区分资本品类型的固定资本形成额测算。但是，我国固定资本形成统计尚无分行业层面数据，直接采用许宪春（2013）[1] 的建议方法会面临早期基础数据缺乏带来的测算困难和较大误差。因此，本章在第五章的全国层面区分资本品的固定资本形成额基础上，通过构建分行业拆分系数，测算分行业区分资本品类型的固定资本形成额数据，为自下而上的分行业固定资本服务核算奠定基础。

一、分行业固定资本形成数据拆分系数

根据许宪春（2013）对固定资本形成总额和全社会固定资产投资关系的论述，"分行业固定资本形成总额＝分行业全社会固定资产投资额＋分行业商品房销售增值－分行业用于住宅和非住宅建筑物土地征用、购置及迁移补偿费＋分行业固定资产小额投资＋分行业软件投资＋分行业矿藏资源勘探投资－分行业购置旧建筑物和旧设备的价值－数据高估部分的调整"。

商品房销售增值、小额投资、土地征用费用、软件投资、矿藏勘探、旧建筑、旧设备均为全国层面的测算结果。其中，分行业的拆分处理方法如表6-1所示。

---

[1] 许宪春：《准确理解中国的收入、消费和投资》，《中国社会科学》2013年第2期。

表 6-1　许宪春（2013）关于分行业固定资本形成额数据的处理

序号	待处理项目	处理方法
1	分行业商品房销售增值	按照分行业住宅投资数据拆分，数据来源于《中国房地产统计年鉴》《中国统计年鉴》《中国固定资产投资统计年鉴》
2	分行业固定资产小额投资	按照全社会固定资产投资行业结构进行拆分
3	分行业软件投资	以投入产出表中软件中间投入在行业间的结构拆分得到
4	矿藏资源勘探投资	依据采掘业内部行业的固定资产投资结构拆分
5	购置旧设备和旧建筑物购置费数据	根据《中国固定资产投资统计年鉴》中分行业数据获取
6	高估部分	用固定资本形成总额减去经口径范围调整后的各行业加总投资额，从而得到总体经济数据高估部分的调整量。按照各行业经口径范围调整后的投资额进行拆分，得到分行业数据高估部分的调整量，再利用各行业经口径范围调整后的投资额减去行业数据高估部分得到分行业固定资本形成总额

因本书的研究时间范围是 1978—2020 年，按照上述方法面临大量基础数据缺失，且推算会面临较大误差。本书的处理方法是，在第五章测算的全国层面区分资本品的固定资本形成额基础上，通过构建分行业拆分系数进行测算，最终形成分行业区分资本品类型的固定资本形成额数据集。

（一）R&D、ICT 软件和 ICT 硬件拆分系数

我国 R&D 投资数据主要由 R&D 内部经费支出调整转换而来，且后者具备相对完整的细分行业数据序列。因此，基于 R&D 经费内部支出数据构建分行业固定资本形成数据的拆分比，如表 6-2 所示。基于现有的数据基础，主要的支出数据来源是：1989—1996 年采用分行业自然科学技术领域研究与开发机构经费支出总额，1997—2000 年采用分行业自然科学技术领域研究与开发机构经费内部支出，2001 年采用分行业自然科学技术领域研究与开发机构科技活动经费内部支出，2002—2008 年采用分行业研究与开发机

构 R&D 经费内部支出，2009—2020 年采用按服务的国民经济行业分研究与开发机构 R&D 经费内部支出。1978—1988 年的拆分系数采用 1989 年系数替代。2004 年、2014—2018 年拆分系数分别采用相邻年份拆分系数均值替代。

表 6-2　R&D 固定资本形成的分行业拆分系数　　单位:%

年份 行业	1985	1990	1995	2000	2005	2010	2015	2020
1	11.15	9.34	8.70	9.35	5.33	6.83	6.75	6.32
2	2.98	3.17	2.85	0.46	0.01	0.07	0.09	0.03
3	49.33	49.78	48.90	9.49	2.02	2.17	2.36	2.11
4	1.26	1.34	0.96	1.28	0.25	0.32	0.11	0.01
5	1.42	1.60	2.44	1.78	0.15	0.17	0.12	0.10
6	0.02	0.02	0.01	0.02	0.00	0.00	0.00	0.00
7	2.17	2.51	2.27	1.43	0.22	0.49	0.22	0.21
8	0.03	0.04	0.02	0.00	0.00	0.00	0.00	0.00
9	1.17	1.29	2.31	1.25	0.12	0.71	0.52	0.74
10	0.27	0.18	0.12	0.05	0.00	0.00	0.00	0.00
11	0.05	0.03	0.03	0.02	0.00	0.00	0.00	0.00
12	0.03	0.04	0.02	0.00	0.00	0.00	0.00	0.00
13	20.23	20.06	18.16	63.36	88.11	84.33	85.23	86.42
14	2.26	2.48	2.07	2.41	1.05	1.74	1.57	1.58
15	0.21	0.31	0.24	1.23	0.01	0.03	0.01	0.00
16	0.01	0.01	0.00	0.00	0.08	0.08	0.13	0.11
17	3.78	5.27	4.39	6.12	2.18	2.45	2.22	1.77
18	0.28	0.28	0.23	0.32	0.15	0.18	0.32	0.23
19	3.36	2.27	6.27	1.42	0.31	0.43	0.34	0.37

注：①1 代表"农、林、牧、渔业"，2 代表"采矿业"，3 代表"制造业"，4 代表"电力、热力、燃气及水的生产和供应业"，5 代表"建筑业"，6 代表"批发和零售业"，7 代表"交通运输、仓储和邮政业"，8 代表"住宿和餐饮业"，9 代表"信息传输、软件和信息技术服务业"，10 代表"金融业"，11 代表"房地产业"，12 代表"租赁和商务服务业"，13 代表"科学研究和技术服务业"，14 代表"水利、环境和公共设施管理业"，15 代表"居民服务、修理和其他服务业"，16 代表"教育"，17 代表"卫生和社会工作"，18 代表"文化、体育和娱乐业"，19 代表"公共管理、社会保障和社会组织"，下同。②因使用了多来源数据，制造业、科学研究和技术服务业的拆分系数存在显著阶段性变动，鉴于可获取的数据资料有限，不对此再做口径衔接处理，两个行业的占比之和呈现出了较为稳定的变动趋势。

在计算拆分系数时，同样面临行业分类口径调整问题，一并做了处理。根据拆分系数的测算结果，主要是制造业、科学研究和技术服务业比例变动异常。鉴于基础数据制约，对于异常比例变动，缺少必要的数据进行调整处理，因此，本书转向利用投入产出表测算。

借鉴王春云和王亚菲（2019）[1] 对于ICT软件和ICT硬件固定资本形成数据的处理思路，利用投入产出表的相关行业部分中间使用情况构建拆分系数，因涉及部分细分行业部门，本书的测算研究主要采用逢"2""7"年份的基础表和2018年、2020年的投入产出表。因1992年投入产出表为实物表，未采用其测算推算系数。对于缺失年份拆分系数，主要采用邻近值或者邻近年份均值替代，如表6-3和表6-4所示。

表6-3 ICT硬件固定资本形成的分行业拆分系数 单位：%

年份 行业	1987	1997	2002	2007	2012	2017	2018	2020
1	0.06	0.09	0.17	0.06	0.02	0.04	0.04	0.03
2	1.02	1.26	0.91	0.88	0.55	0.25	0.20	0.18
3	74.07	79.70	71.13	84.89	81.27	80.39	79.46	77.16
4	0.55	0.09	1.54	1.91	2.26	1.84	1.87	1.82
5	14.82	3.51	3.59	1.11	0.77	1.08	1.14	1.38
6	0.23	1.74	3.04	0.57	0.65	0.72	0.84	0.86
7	0.77	0.48	0.56	0.38	0.17	0.55	0.64	0.70
8	0.02	0.19	0.05	0.03	0.02	0.14	0.15	0.12
9	0.49	2.12	6.58	2.19	4.65	4.24	4.66	5.83
10	0.04	1.70	0.79	0.05	0.01	0.22	0.19	0.12
11	0.08	0.11	0.05	0.24	0.07	0.04	0.04	0.05
12	0.87	4.12	7.21	2.92	2.79	2.17	2.30	2.30
13	2.97	1.84	1.60	1.44	4.44	5.50	5.79	6.62
14	0.11	0.13	0.12	0.18	0.10	0.17	0.16	0.21

---

[1] 王春云、王亚菲：《数字化资本回报率的测度方法及应用》，《数量经济技术经济研究》2019年第12期。

续表

年份 行业	1987	1997	2002	2007	2012	2017	2018	2020
15	0.19	0.12	0.92	1.07	1.33	1.46	1.22	1.32
16	3.10	1.19	0.80	1.10	0.45	0.52	0.55	0.60
17	0.10	0.15	0.28	0.16	0.07	0.16	0.13	0.12
18	0.19	0.19	0.20	0.16	0.06	0.12	0.13	0.12
19	0.31	1.25	0.45	0.65	0.32	0.40	0.50	0.46

表 6-4　ICT 软件固定资本形成的分行业拆分系数　　单位:%

年份 行业	1987	1997	2002	2007	2012	2017	2018	2020
1	1.52	0.69	1.04	3.14	0.79	0.57	0.52	0.47
2	5.54	1.72	2.57	1.14	0.83	0.37	0.30	0.23
3	1.75	45.59	29.02	32.02	12.59	13.95	11.98	11.64
4	10.09	0.38	1.27	3.37	1.52	1.03	1.05	1.07
5	0.45	22.20	26.28	17.03	14.06	10.35	9.44	7.75
6	2.22	4.13	8.63	5.75	3.08	2.47	2.30	2.21
7	3.23	1.99	3.18	5.40	4.15	6.30	6.65	7.15
8	18.15	0.97	1.36	1.03	0.88	0.78	0.92	0.63
9	0.01	0.00	2.56	6.17	28.04	33.00	33.07	38.15
10	0.55	3.24	7.56	8.96	14.24	10.92	11.32	8.16
11	4.25	0.33	0.95	0.75	1.59	1.61	1.66	1.71
12	0.05	0.21	1.69	0.77	1.60	2.45	2.64	2.83
13	8.99	0.67	0.89	0.50	1.04	2.19	2.63	2.84
14	2.68	0.49	0.39	0.27	0.55	0.45	0.34	0.37
15	3.72	0.43	0.91	0.66	0.64	0.45	0.39	0.35
16	11.42	1.98	2.11	3.32	2.80	1.93	1.98	2.12
17	13.52	0.85	0.69	2.62	2.46	2.34	2.05	2.04
18	5.64	2.41	1.65	0.71	0.77	0.64	0.69	0.57
19	6.24	11.72	7.26	6.39	8.39	8.21	10.09	9.71

在测算 1987 年、1997 年的比例系数时，将投入产出表细分行业归类合并到 2017 年行业分类。其中，对于前述年份投入产出表中的商业、"矿藏勘探和水利管理业"在各个行业的中间使用情况，均采用 2002 年投入产出表数据构建拆分系数。2002 年和 2007 年的比例系数测算时，采用了 2003 年和 2007 年的行业调整比例，主要涉及"制造业"中的汽车修理业、"信息传输、软件和信息技术服务业"中的计算机修理业，以及"房地产业"中的土地管理业、物业管理业。

（二）矿藏勘探资本形成处理

参照王春云和王亚菲（2019）[①] 的处理，矿藏勘探固定资本形成额计入科学研究和技术服务业。

（三）住宅建筑、非住宅建筑和构筑物、其他机器和设备、其他固定资产拆分系数

鉴于全社会固定资产投资与固定资本形成之间的相关关系，以及其用途之一是反映投资规模与结构（许宪春，2014）[②]，因此，关于建筑、其他机器和设备、其他资本品的分行业固定资本形成拆分系数，按照固定资产投资（不含农户）的行业分配结构进行处理，如图 6-1、表 6-5 至表 6-7 所示。同样，需要首先就不同年份的行业分类口径进行调整。

表 6-5　住宅建筑固定资本形成拆分系数　　　单位：%

年份 行业	2003	2005	2010	2015	2020
1	0.96	0.97	0.87	0.32	0.28
2	4.71	3.96	1.69	0.32	0.34

[①] 王春云、王亚菲：《数字化资本回报率的测度方法及应用》，《数量经济技术经济研究》2019 年第 12 期。

[②] 许宪春：《中国国民经济核算中的若干重要指标与有关统计指标的比较》，《世界经济》2014 年第 3 期。

续表

年份 行业	2003	2005	2010	2015	2020
3	3.73	2.86	1.22	1.15	0.72
4	5.15	3.73	0.86	0.43	0.25
5	1.85	1.60	1.53	1.49	0.70
6	0.83	0.80	0.29	0.35	0.23
7	9.68	6.93	2.25	0.39	0.69
8	0.27	0.22	0.32	0.20	0.46
9	0.56	0.51	0.01	0.01	0.09
10	0.23	0.15	0.08	0.01	0.01
11	46.41	53.22	61.83	67.82	59.71
12	0.71	0.59	0.42	0.53	1.38
13	0.78	0.52	0.15	0.24	0.06
14	15.19	17.04	24.59	24.35	31.97
15	0.22	0.15	0.20	0.31	0.34
16	2.09	1.52	0.40	0.36	0.28
17	0.51	0.34	0.39	0.22	0.27
18	0.42	0.26	0.11	0.19	0.15
19	5.71	4.65	2.82	1.33	2.07

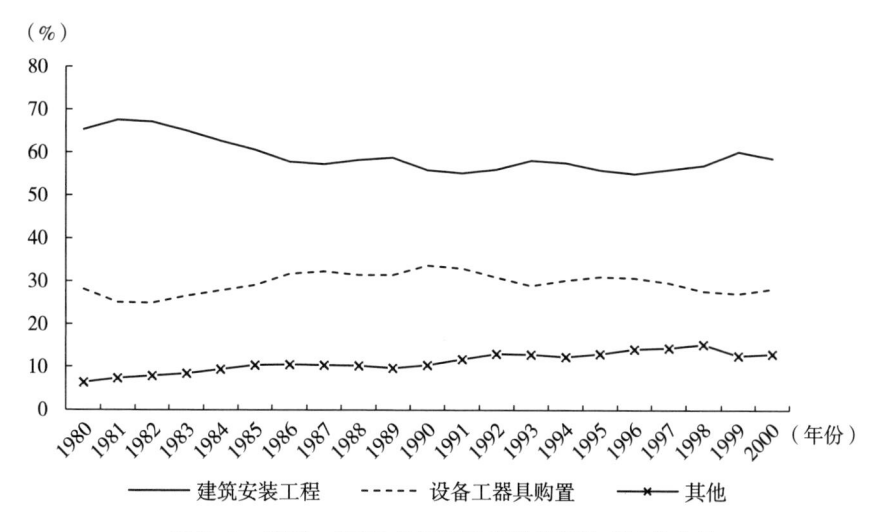

图 6-1　1980—2000 年固定资产投资额构成及其占比

注：根据《中国固定资产投资统计数典（1950—2000）》整理。

表 6-6 非住宅建筑和构筑物固定资本形成拆分系数　　　单位:%

行业＼年份	2003	2005	2010	2015	2020
1	1.23	1.12	2.05	4.86	5.65
2	2.80	4.72	4.88	3.01	1.81
3	26.97	31.04	34.96	34.57	32.98
4	8.57	10.90	6.74	5.29	5.45
5	1.04	0.66	0.87	0.84	0.64
6	3.18	3.48	3.41	4.75	3.73
7	19.51	18.73	18.67	12.68	13.90
8	1.31	1.63	2.01	1.77	1.38
9	3.69	1.95	1.02	1.10	1.14
10	0.15	0.14	0.22	0.35	0.25
11	8.91	7.29	8.08	9.67	9.52
12	0.94	0.87	1.53	2.35	2.49
13	0.57	0.64	0.68	1.06	1.25
14	6.93	5.54	6.24	9.99	11.44
15	0.17	0.28	0.45	0.61	0.51
16	6.13	4.78	2.86	2.14	2.73
17	1.16	1.20	1.16	1.30	1.66
18	1.90	1.46	1.86	1.80	2.08
19	4.83	3.58	2.31	1.87	1.38

表 6-7 其他机器和设备、其他固定资产的拆分系数　　　单位:%

行业＼年份	其他机器和设备					其他固定资产				
	2003	2005	2010	2015	2020	2003	2005	2010	2015	2020
1	0.58	0.59	1.05	2.41	3.05	2.03	2.04	2.25	3.77	2.59
2	3.59	5.19	5.59	2.80	1.88	2.14	2.73	2.77	1.71	0.74
3	55.11	56.70	61.62	64.36	67.29	12.95	14.87	17.81	17.24	12.05
4	13.16	15.60	11.03	8.26	8.74	7.40	7.95	4.36	3.63	2.76
5	0.56	0.59	0.76	0.71	0.10	0.91	0.73	0.55	0.47	0.04

续表

年份 行业	其他机器和设备					其他固定资产				
	2003	2005	2010	2015	2020	2003	2005	2010	2015	2020
6	0.80	1.14	1.76	3.05	0.89	1.56	1.80	1.94	2.48	0.83
7	7.82	7.09	7.56	5.88	3.83	8.96	9.55	10.62	10.00	9.26
8	0.38	0.47	0.72	0.64	0.28	0.66	0.82	1.12	0.94	0.49
9	10.29	5.11	2.35	1.91	3.35	0.76	0.67	0.41	0.48	0.81
10	0.29	0.18	0.26	0.20	0.13	0.09	0.08	0.20	0.26	0.25
11	1.63	1.55	1.45	1.76	1.78	39.45	38.78	37.80	40.67	53.39
12	0.24	0.28	0.65	1.39	1.55	0.85	0.96	1.17	1.43	2.40
13	0.47	0.46	0.59	1.04	1.26	0.60	0.61	0.53	0.61	0.88
14	1.14	0.94	1.62	2.46	2.58	14.94	12.51	14.08	12.28	9.86
15	0.06	0.12	0.20	0.37	0.16	0.14	0.19	0.41	0.32	0.13
16	0.86	0.84	0.58	0.69	0.62	2.42	1.71	0.94	0.92	1.22
17	0.95	0.82	0.71	0.79	1.51	0.30	0.40	0.43	0.65	0.80
18	0.59	0.48	0.58	0.68	0.68	1.02	1.20	0.99	1.11	1.26
19	1.46	1.85	0.93	0.58	0.31	2.83	2.39	1.63	1.02	0.24

（1）2003—2017年的建筑安装工程、设备工器具购置、其他数据来自历年《中国统计年鉴》和EPS数据库，其中，2003—2011年数据按照GB 2011的行业分类做了调整衔接处理，在此基础上2003—2017年数据按照GB 2017的行业分类做了调整衔接处理，2018—2020年数据根据分行业增速数据推算。（2）1996—1998年的各行业建筑安装工程、设备工器具购置、其他投资数据由基本建设投资和更新改造投资加总得来，相关行业同样调整了分类口径。（3）1996年之前的构成比例，我们对比了1980—2000年的建筑安装工程、设备工器具购置、其他投资数据（由基本建设投资和更新改造投资之和衡量），发现整体上相对比例稳定，鉴于前期数据缺失问题，测算分行业数据难度大，本书直接采用了1996年的比例系数。对于1999—2002年的比例系数，采用了1998年和2003年比例系数的平均值。

对于住宅建筑、非住宅建筑和构筑物，根据房屋竣工面积数据构建拆分系数。其中，2003—2017 年的分行业房屋竣工面积数据来自 EPS 数据库，因涉及国民经济行业分类（2002 年、2011 年、2017 年），根据相关行业的投资情况做了调整处理。2018—2020 年拆分系数直接采用了 2017 年的数据。1996—1998 年的数据，根据 2003 年拆分系数做调整处理得来。其中，调整处理的依据主要是改革开放后我国房地产市场发展历程以及数据的走势特征，按照住宅竣工面积占房屋竣工面积的比重构建住宅建筑资本品比例调整系数，进而对非住宅建筑和构筑物、其他固定资产进行调整处理。1996 年前后住宅竣工面积占比较为稳定，以其为调整基准，假设 1996 年的住宅投资占比与竣工面积占比相同，测算 1986—1995 年的调整比例系数，1978—1985 年直接采用调整后的 1986 年资产占比。

基于上述测算系数和全国层面各资本品的固定资本形成数据，可推算得到 1978—2020 年各行业各类资本品的固定资本形成数据。限于篇幅，测算结果列于附录中。

二、生产性资本存量测算结果

根据第三章的核算方案设计，分行业层面生产性资本存量的测算，同样遵循自下而上的核算逻辑，基于各类型资本品测算汇总行业层面生产性资本存量。因此，对于残存模式、效率模式以及相关的系数就采用资本品层面的设定。在此设定下，各行业生产性资本存量的合计值与全国层面各类资本品汇总值一致。限于篇幅，这里仅给出部分代表性年份测算值，如表 6-8 和表 6-9 所示详细结果列于附录中。

表 6-8 分行业生产性资本存量测算结果（1978 年价）（一）

单位：亿元

年份 行业	1978	1980	1985	1990	1995
1	85.76	116.99	189.01	292.30	451.37
2	382.94	511.76	892.15	1471.32	2367.47

续表

年份 行业	1978	1980	1985	1990	1995
3	1597.28	2125.15	3579.08	5573.67	8938.51
4	791.27	1046.31	1817.93	2917.50	4761.01
5	149.58	200.48	350.07	574.74	911.77
6	122.41	158.15	276.57	431.30	666.63
7	1045.72	1364.96	2381.17	3761.75	5840.27
8	92.00	118.51	207.40	320.44	492.44
9	414.21	544.77	930.45	1441.19	2264.64
10	92.25	122.22	214.96	355.18	560.07
11	100.68	136.05	240.94	413.64	677.32
12	17.21	22.67	39.67	66.93	108.98
13	279.69	361.11	547.57	786.91	1082.00
14	408.45	546.48	961.93	1611.63	2614.24
15	13.18	17.50	30.61	50.18	80.42
16	249.59	321.77	564.98	879.36	1330.35
17	73.32	96.54	163.93	255.57	391.45
18	371.71	477.06	835.70	1286.84	1939.08
19	529.43	698.61	1225.30	1994.58	3136.18

表6-9 分行业生产性资本存量测算结果（1978年价）（二）

单位：亿元

年份 行业	2000	2005	2010	2015	2020
1	786.57	1286.88	2837.74	7514.90	15111.07
2	3551.13	5088.09	9394.61	13466.23	12480.68
3	13828.70	28403.79	70528.40	147588.07	216308.37
4	7428.79	11068.93	17491.61	23166.94	28665.43
5	1284.51	1868.14	3042.35	5600.59	6563.16
6	1147.87	2075.88	3977.21	8554.28	12360.00
7	9768.60	14925.70	23065.66	31668.75	42198.59
8	652.89	920.70	1869.12	3539.82	4773.20

续表

年份 行业	2000	2005	2010	2015	2020
9	3971.36	5306.38	6062.93	9815.07	16791.22
10	786.10	881.66	1255.19	2644.54	3254.92
11	2542.27	12638.15	36414.27	80854.31	128678.02
12	268.54	805.76	1762.63	4516.55	9742.97
13	1590.26	3421.46	6691.38	13057.97	20269.97
14	4901.81	8641.13	18680.17	35358.21	66624.99
15	150.18	283.91	637.19	1626.11	2484.90
16	2090.52	3394.32	4466.13	5553.53	7736.76
17	645.35	1050.06	1813.19	3178.64	5636.32
18	2013.84	2008.26	2325.66	3466.04	5471.43
19	4783.35	6297.20	7368.13	8977.02	10881.40

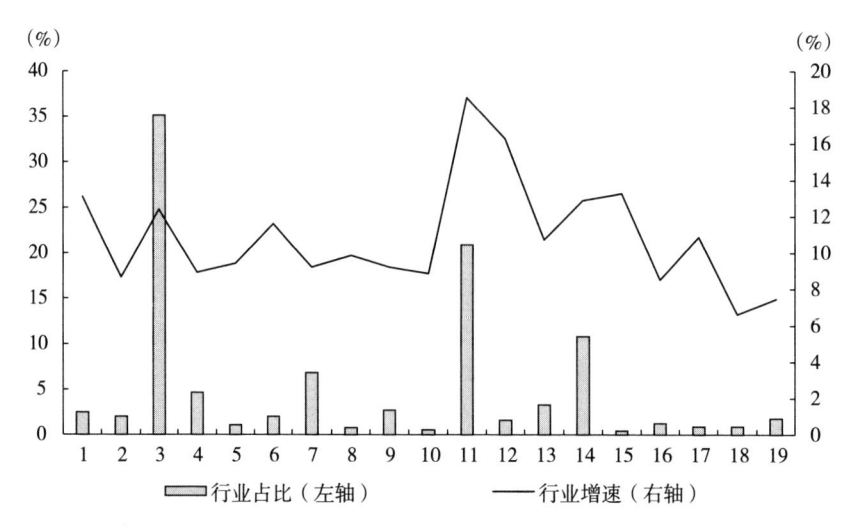

图 6-2 分行业生产性资本存量的规模占比（2020年）及历年规模增速

从表 6-8 和表 6-9 的测算结果来看，在各个时期制造业的生产性资本存量规模都居于首位。2020 年，制造业生产性资本存量为 216308.37 亿元，占全部行业合计值的 35.11%，是 1978 年的 135.42 倍。此外，房地产业，水利、环境和公共设施管理业，交通运输、仓储和邮政业，电力、热力、燃气及水的生产和供应业也是生产性资本存量规模较大的行业，前述五个行业合计占比达到了78.32%，是典型的资本密集型行业。

从增速来看，1978—2020年所有行业的生产性资本存量增速均超过了6.5%，其中，房地产业增速居于首位（18.57%），其次是居民服务、修理和其他服务业（13.29%），农、林、牧、渔业（13.10%），水利、环境和公共设施管理业（12.90%），制造业（12.40%），批发和零售业（11.61%），卫生和社会工作（10.89%），建筑业（9.42%），公共管理、社会保障和社会组织（7.46%），增速最低的是文化、体育和娱乐业（6.61%）。

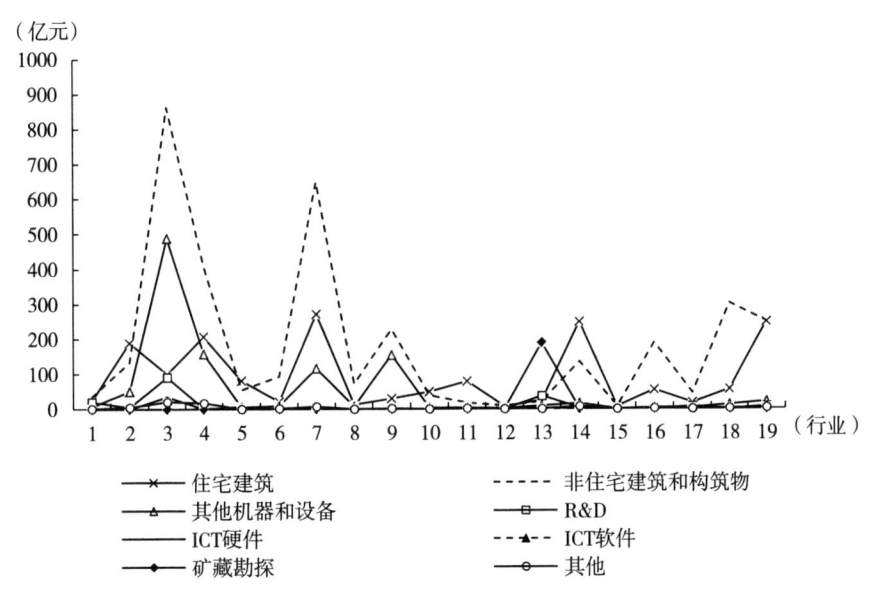

图6-3 1978年各类资本品的行业层面生产性资本存量

注：图中测算结果均为1978年的不变价，下同。

从分行业情况来看，如图6-3至图6-12所示：（1）早期的资本品结构较为单一，以住宅建筑、非住宅建筑和构筑物、其他机器和设备为主，其他类型资本品的生产性资本存量规模普遍较小。（2）制造业长期以来都是生产性资本存量规模最大的行业，其资本品结构中，由早期阶段的非住宅建筑和构筑物为最大占比，逐渐演变为其他机器和设备占比最大。（3）交通运输、仓储和邮政业生产性资本存量规模在早期阶段仅次于制造业，但后期逐

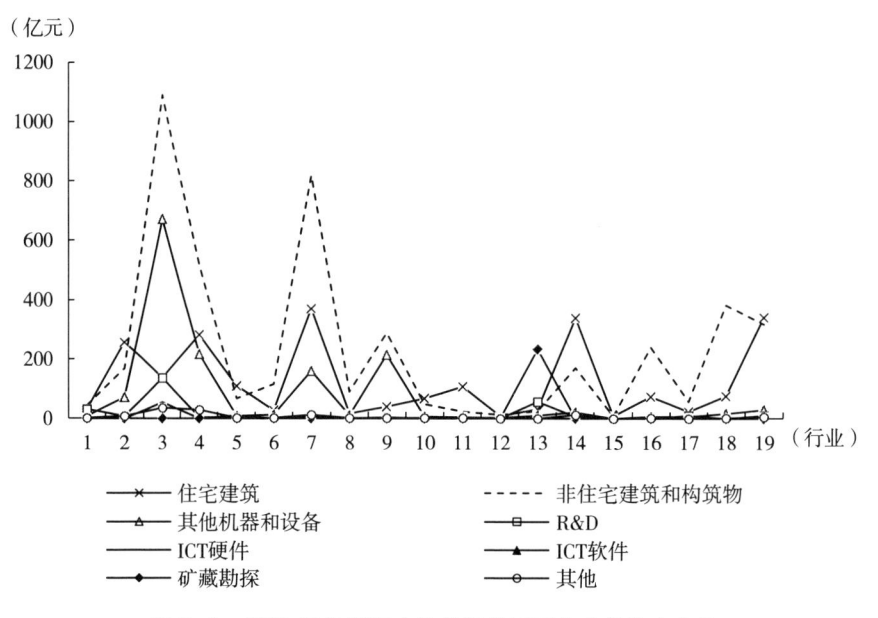

图 6-4 1980 年各类资本品的行业层面生产性资本存量

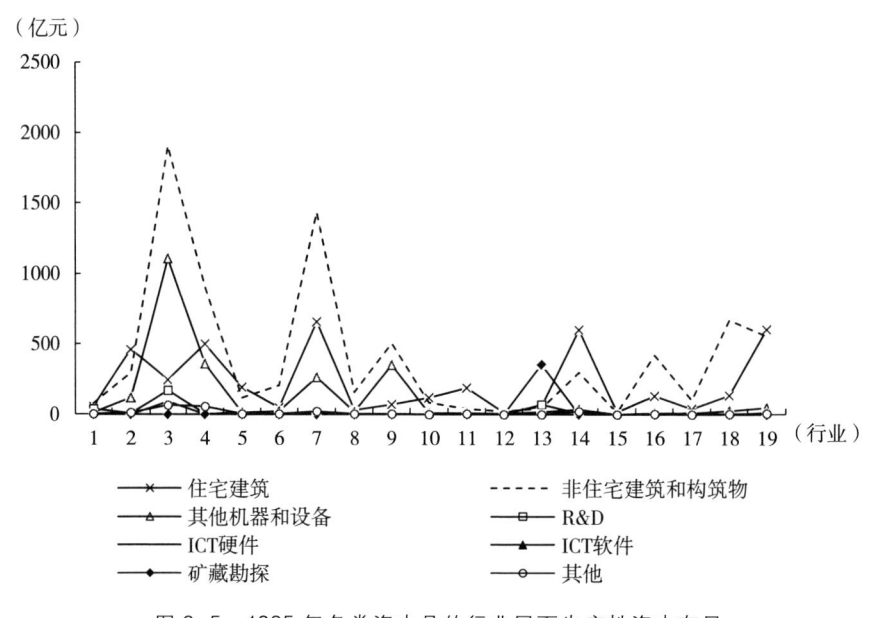

图 6-5 1985 年各类资本品的行业层面生产性资本存量

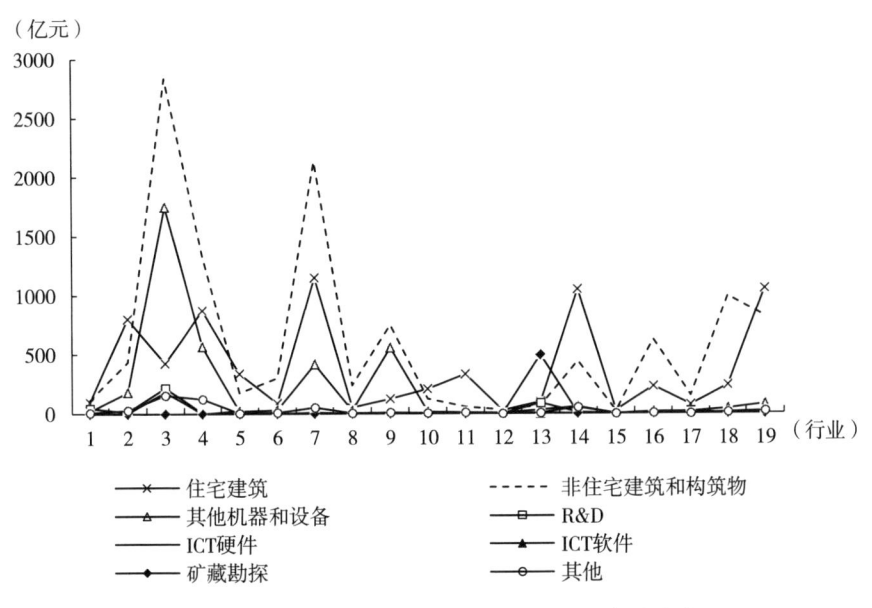

图 6-6　1990 年各类资本品的行业层面生产性资本存量

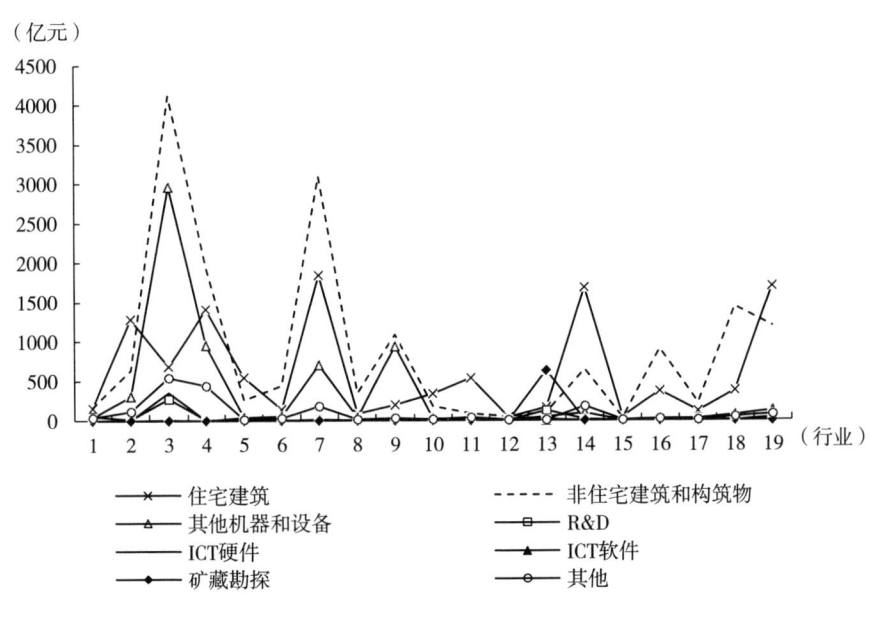

图 6-7　1995 年各类资本品的行业层面生产性资本存量

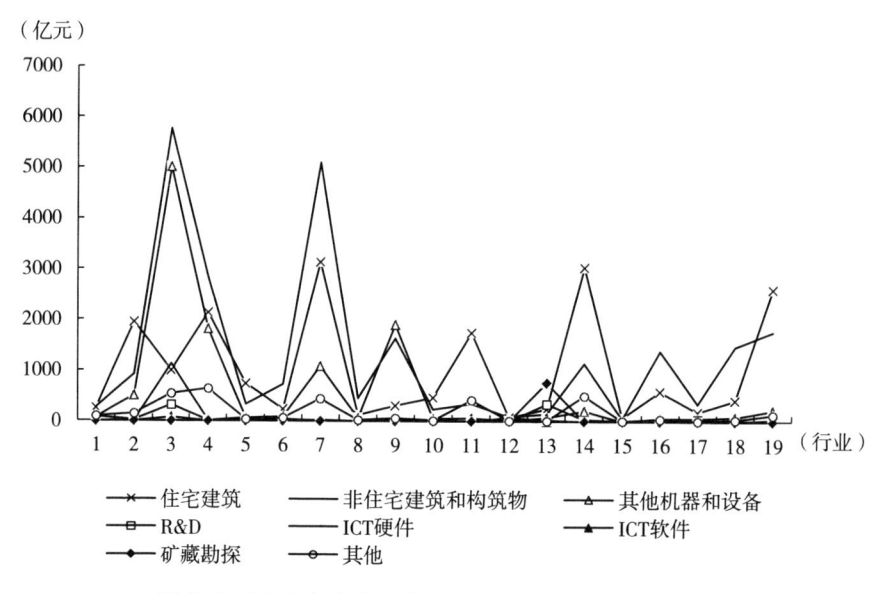

图 6-8　2000 年各类资本品的行业层面生产性资本存量

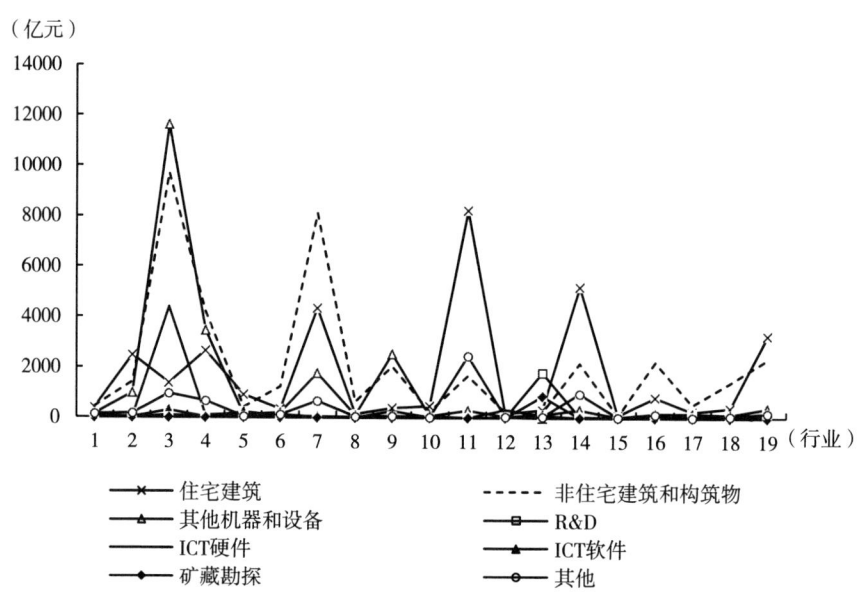

图 6-9　2005 年各类资本品的行业层面生产性资本存量

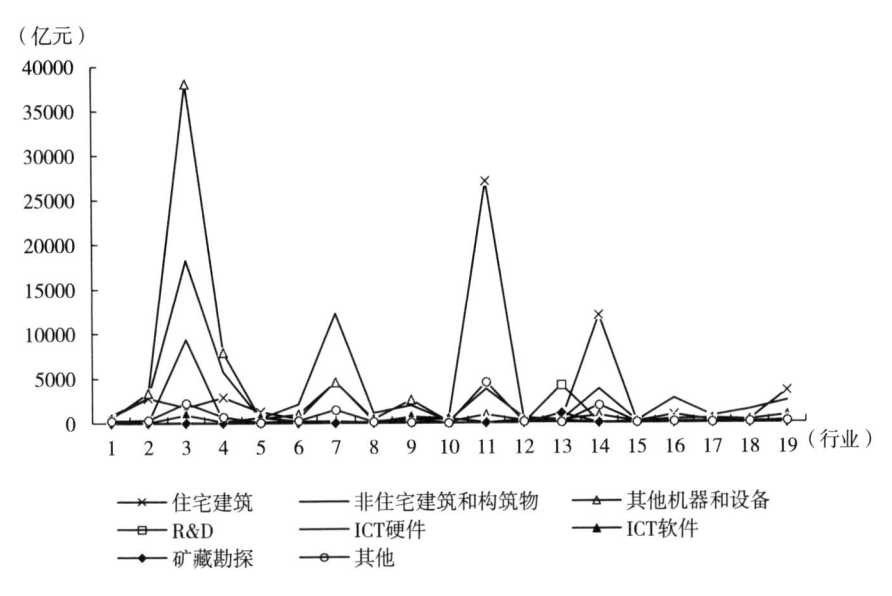

图 6-10　2010年各类资本品的行业层面生产性资本存量

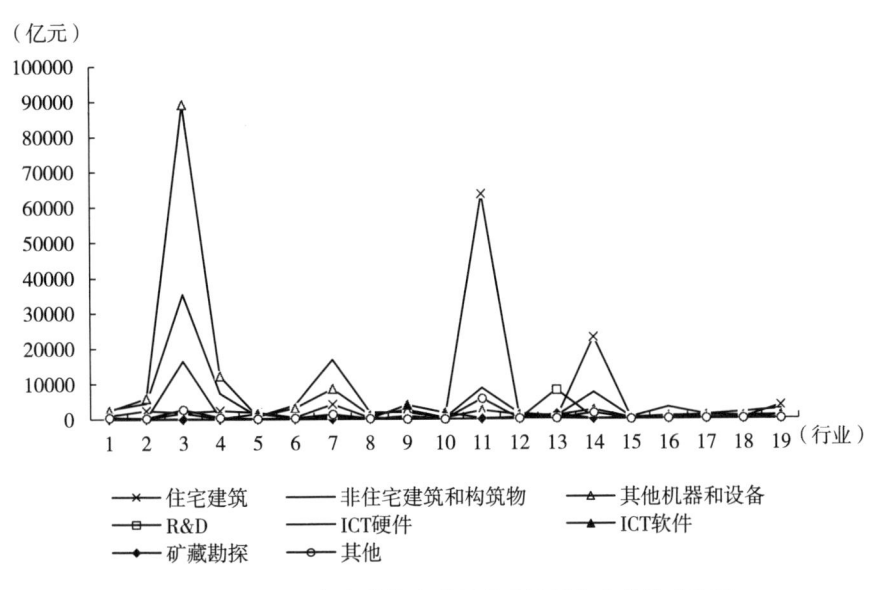

图 6-11　2015年各类资本品的行业层面生产性资本存量

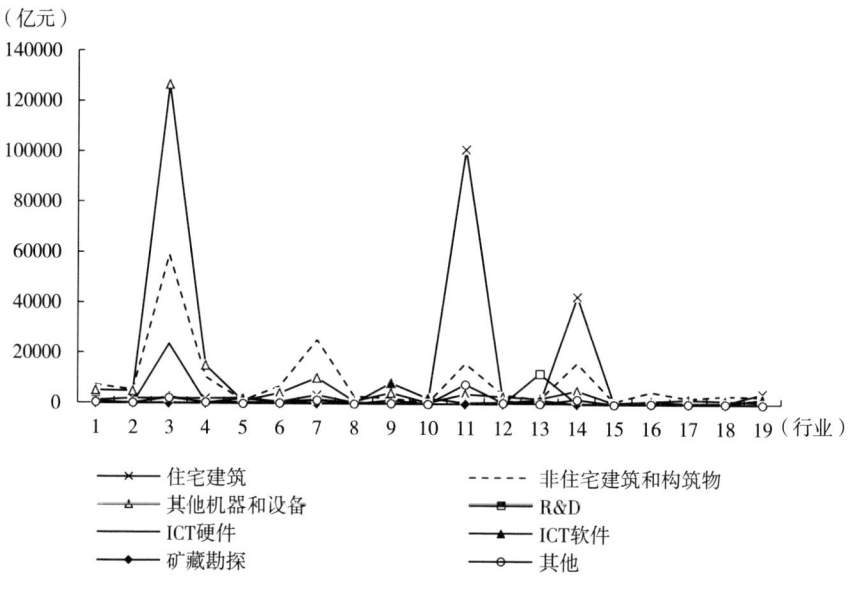

图 6-12　2020 年各类资本品的行业层面生产性资本存量

渐低于房地产业，水利、环境和公共设施管理业，且从近年来的资本存量结果来看，其他机器和设备的生产性资本存量占比有所提升。（4）房地产业生产性资本存量规模自 2000 年开始快速上升，并且生产性资本存量构成中，以住宅建筑为主。（5）"居民服务、修理和其他服务业""教育""卫生和社会工作""文化、体育和娱乐业"生产性资本存量规模整体较小。除了行业本身特征外（轻资本品行业），也在一定程度上说明民生相关行业的存量资本规模小，未来需要进一步加大投入力度①。

从 2020 年各行业的生产性资本存量来看，其他机器和设备的存量规模大，且主要集中在制造业；住宅建筑主要分布在房地产业，水利、环境和公共设施管理业；非住宅建筑主要分布在制造业，交通运输、仓储和邮政业，房地产业，水利、环境和公共设施管理业。除此之外，信息传输、软件和信息技术服务业的ICT 软件资本存量规模也日益显著，成为重要的生产性资本存量类型之一。

---

① 王开科和曾五一（2022）在测算和分析我国的资本利用率时指出，我国民生领域相关行业资本利用率高，但存量资本占比规模较小，存在短板环节，未来需要进一步加大投入。详见王开科、曾五一：《关于资本利用率宏观测算指标与方法的研究》，《统计研究》2022 年第 7 期。

三、固定资本服务物量指数结果及其分析

本章对于分行业的固定资本服务核算，同样遵循自下而上的核算逻辑，每个行业均通过八类资本品固定资本服务汇总得到行业层面总固定资本服务物量指数。用于测算使用者成本的折旧率、资本回报率，以及资本品价格变化均采用了与第五章一致的处理。实证测算结果如图6-13所示。

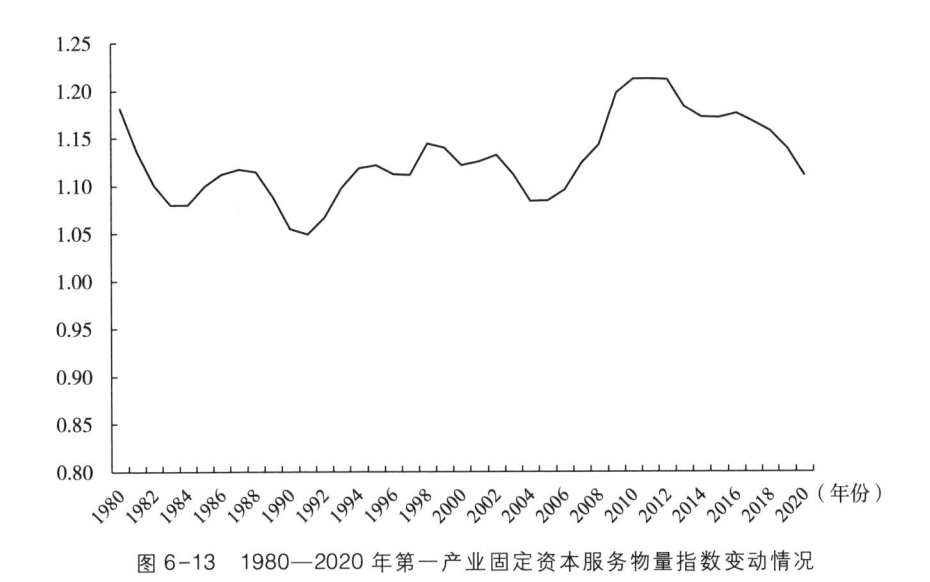

图6-13 1980—2020年第一产业固定资本服务物量指数变动情况

从图6-13来看，第一产业固定资本服务物量指数变动总体上呈现三个阶段特征：（1）20世纪80年代初到90年代初的总体下降阶段，劳动力逐渐向城市转移，农业反哺工业，农村反哺城市。受其影响，第一产业固定资本服务增长放缓。（2）20世纪90年代至21世纪前10年的波动上升阶段，1982—1986年连续5年"中央1号文件"① 关注"三农"问题，2004年"中央1号文件"——《中共中央　国务院关于促进农民增加收入若干政策

---

① 这些文件分别是《全国农村工作会议纪要》《当前农村经济政策的若干问题》《关于1984年农村工作的通知》《关于进一步活跃农村经济的十项政策》《关于1986年农村工作的部署》。

的意见》再次回归"三农"问题，相关政策着力推进"三农"发展，第一产业资本投入呈现总体上升趋势。（3）2011年以来的波动下降阶段，受内外部环境影响，"三期叠加"下的中国经济发展从高速增长阶段逐渐转向中高速增长的高质量发展阶段，在第一产业的资本投入领域也有所体现，但因近年来国家持续加速"三农"发展支撑力度，从资金、产业等多方面推进脱贫攻坚，因此，从第一产业固定资本服务物量指数的下降趋势来看，总体平缓，2020年的指数仍超过1.11。

从区分具体的第二产业细分类型来看，2000年之前，采矿业，制造业，电力、热力、燃气及水的生产和供应业，建筑业固定资本服务物量指数走势较为一致，呈现典型的波动特征，如图6-14所示。

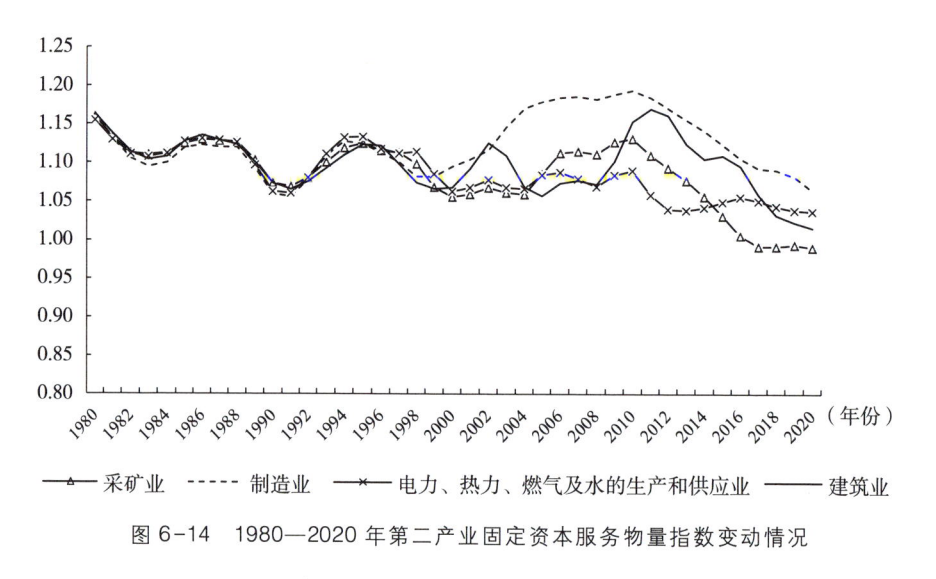

图6-14 1980—2020年第二产业固定资本服务物量指数变动情况

2001年及以后年份，四个行业间的固定资本服务物量指数变动差异开始显现：（1）采矿业、制造业、建筑业固定资本服务物量指数均呈现先增后减特征，但三个行业物量指数下降的时间节点不一致，其中，采矿业和制造业自2011年开始下降，而建筑业则自2014年开始下降。（2）电力、热力、燃气及水的生产和供应业固定资本服务物量指数整体上是波动中略有下降，这是其自身行业特征的表现，该行业是关系国计民生的公共服务供应行业，资本投入受市场变化影响较小。（3）从最近几年的固定资本服务物量指数来看，采矿业指数最小，电力、热力、燃气及水的生产和供应业次之，建筑业和制造业的指数相对较高，其中，2020年建筑业和制造业的固定资本服务物量指数分别为1.09和1.06。

第三产业涉及的行业门类较多，1997年之前，相关行业的固定资本服务物量指数走势较为一致，1998年及以后年份的第三产业固定资本服务物量指数在各行业间存在较大差异，如图6-15所示。

（1）信息传输、软件和信息技术服务业固定资本服务物量指数呈倒N形，通过与GDP指数的对比，可以看出这种走势的"逆周期"特征。2000年互联网经济泡沫破裂对ICT服务业产生了冲击，反映在图6-15（a）中就是2000年开始的固定资本服务指数下降。2008年开始，受"四万亿"刺激政策的投资带动作用，ICT服务业固定资本服务物量指数出现快速上升。"十二五"期间，我国对信息传输、软件和信息技术服务业的重视程度不断加大，数字化基础设施建设和"互联网+"的大力推进，移动互联网等新一代信息技术迅速普及和应用，各类资本品广泛应用于经济社会各领域，内需持续扩大，各类资本品投资快速增加，特别是信息传输、软件和信息技术服

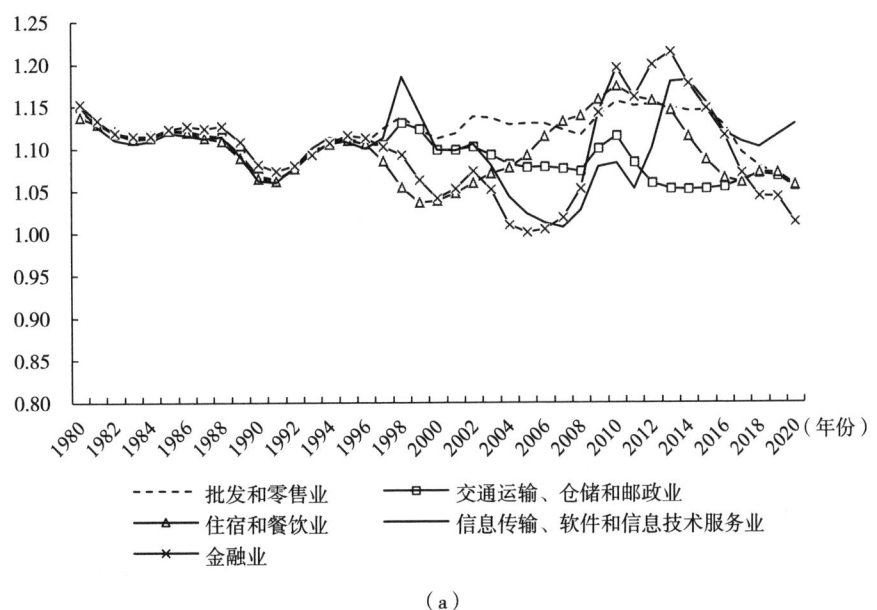

（a）

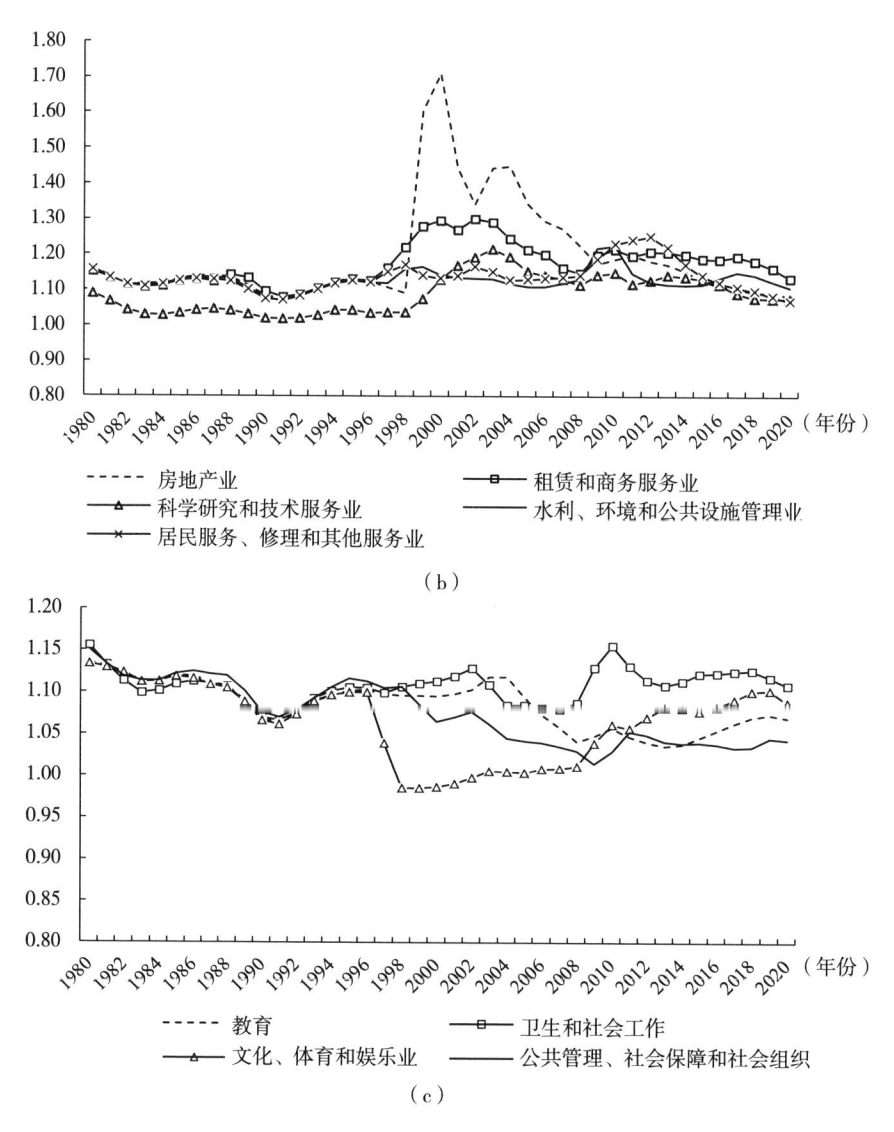

图 6-15 1980—2020 年第三产业固定资本服务物量指数变动情况

务的固定资本服务规模呈现爆发式增长，带动了整个 ICT 服务业的固定资本服务增长，2013 年固定资本服务物量指数达到 1.18。对于本书的测算结果，通过对比蔡跃洲和张钧南（2015）[①] 估算的可比时间段 ICT 固定资本服务物

---

① 蔡跃洲、张钧南：《信息通信技术对中国经济增长的替代效应与渗透效应》，《经济研究》2015 年第 12 期。

量指数，可以看出两者的变化趋势大致相同。

（2）批发和零售业，交通运输、仓储和邮政业属于传统行业，固定资本服务物量指数变动较小。

（3）住宿和餐饮业、金融业的固定资本服务物量指数波动幅度相对较大，主要是两类行业本身受经济波动的影响较大，金融业作为重要的生产性服务业，本身也是宏观调控政策重点施策的领域，同样呈现出"逆周期"走势。

（4）房地产业的固定资本服务物量增长有其自身特点，1998年之前我国住房市场化制度尚未全面铺开，以自建房、单位建房为主，资本投入增长相对平稳。1999—2009年是我国商品房市场快速发展时期，经历了资本投入的快速增长和回落，并在固定资本服务物量指数上表现出先增后减的走势特征。2010—2015年，我国房地产业固定资本服务物量指数接近1.2，保持了相对较高的资本投入增速，但受供给侧结构性改革和楼市调控政策影响，2016年起物量指数出现了较为显著的下降，2020年的指数是1.09。

（5）教育，卫生和社会工作，文化、体育和娱乐业，公共管理、社会保障和社会组织行业的固定资本服务物量指数变动有两个典型特征：一是变动幅度小，除文化、体育和娱乐业在个别年份出现显著的增长变动外，其他行业总体上保持了相对稳定的增长；二是物量指数普遍较低，除卫生和社会工作外，其他三个行业近年来的物量指数多在1.1以下，个别年份甚至更低。

本章小结

本章借鉴王亚菲和王春云（2017）[1]、王春云和王亚菲（2019）[2] 的处

---

[1] 王亚菲、王春云：《中国行业层面信息与通信技术固定资本服务核算》，《统计研究》2017年第12期。

[2] 王春云、王亚菲：《数字化资本回报率的测度方法及应用》，《数量经济技术经济研究》2019年第12期。

理思路，尽可能与全国层面固定资本服务测算的资本品分类一致，仍然从R&D、住宅建筑、非住宅建筑和构筑物、ICT软件、ICT硬件、其他机器和设备、矿藏勘探、其他八个资本品类别开展分行业固定资本服务测算。首先，通过构建资本品分行业拆分系数，并结合第四章的全国层面区分资本品的固定资本形成额数据，测算分行业固定资本形成额。其次，以资本品为基本核算单位，每个行业分别测算不同资本品的生产性资本存量，进而汇总得到各个行业生产性资本存量序列。最后，利用各资本品的使用者成本加权各行业各个资本品的生产性资本存量，测算得到分行业固定资本服务物量指数。

第 七 章
分地区固定资本服务实证测算

根据第三章的核算设计，31个省区市（不含港澳台地区，下同）均测算区分资本品类型的固定资本形成总额数据。具体测算处理，同样是构建各省份不同资本品的拆分系数。并且与第六章一致，各个资本品的耐用年限、折旧率、初始固定资本存量、退役模式、效率模式均与全国层面相同。

一、分地区固定资本形成数据拆分系数

（一）R&D 拆分系数

因涉及 31 个省区市，且时间跨度大，用于拆分各省区市 R&D 固定资本形成的基础数据涵盖了多个来源。其中，1991—1996 年为各地区科技活动单位科技活动经费使用额，1997—1998 年为各地区科技活动经费内部支出，1999—2020 年为完整口径 R&D 经费内部支出。1986—1989 年采用地方县级以上政府部门属研究与开发机构、人员和经费支出数据和全国县级以上政府部门属研究与开发机构、人员和经费支出数据加总得来。

1990 年的各省区市占比采用 1989 年和 1991 年比例平均值代替。1981—1985 年的比例数据采用各省区市全民所有制单位自然科学研究人员数计算，通过对比 1986 年后的相关数据走势情况，可以看出该处理的衔接效果较好。1978—1980 年的比例数据采用 1981 年测算结果替代。

因行政区划调整，海南和重庆部分早期年份的数据分别从广东和四川两

省剥离。其中，海南的剥离系数通过 1988 年和 1989 年海南占海南、广东两省合计数的比例衡量，重庆的剥离系数通过 1997—2003 年重庆占重庆、四川两省市合计数的比例衡量，采用这样的处理主要是考虑到了比率系数的稳定性，从数据走势情况的判断。

R&D 资本形成拆分系数如表 7-1 所示。

表 7-1　R&D 资本形成拆分系数　　　　　　单位:%

地区\年份	1978	1980	1985	1990	1995	2000	2005	2010	2015	2020
北京	20.51	20.51	21.91	17.57	15.75	17.38	15.59	11.64	9.77	9.54
天津	3.22	3.22	4.28	3.02	2.81	2.76	2.96	3.25	3.60	1.99
河北	2.78	2.78	2.45	1.97	2.67	2.93	2.41	2.20	2.48	2.60
山西	1.74	1.74	1.66	1.66	1.19	1.10	1.07	1.27	0.94	0.87
内蒙古	1.27	1.27	1.07	0.88	0.67	0.37	0.48	0.90	0.96	0.66
辽宁	5.45	5.45	4.84	8.56	5.64	4.66	5.09	4.07	2.56	2.25
吉林	2.49	2.49	2.32	2.38	2.09	1.49	1.60	1.07	1.00	0.65
黑龙江	3.20	3.20	2.76	2.29	2.13	1.67	2.00	1.74	1.11	0.71
上海	8.23	8.23	8.45	10.01	11.43	8.24	8.50	6.82	6.61	6.62
江苏	4.97	4.97	4.78	5.90	8.01	8.15	11.01	12.15	12.71	12.32
浙江	1.39	1.39	1.67	2.02	2.83	3.72	6.67	7.00	7.14	7.62
安徽	1.53	1.53	1.71	1.53	1.53	2.24	1.87	2.32	3.05	3.62
福建	1.03	1.03	1.28	0.97	0.91	2.37	2.19	2.42	2.77	3.45
江西	1.13	1.13	1.42	1.14	1.29	0.91	1.16	1.23	1.22	1.77
山东	2.90	2.90	2.63	4.52	4.74	5.80	7.97	9.51	10.07	6.89
河南	2.75	2.75	2.55	2.65	3.72	2.77	2.27	2.99	3.07	3.69
湖北	4.47	4.47	4.41	3.78	4.90	3.89	3.06	3.74	3.96	4.12
湖南	2.75	2.75	2.76	2.43	2.52	2.15	1.82	2.64	2.91	3.68
广东	3.47	3.47	3.77	4.68	4.92	11.96	9.95	11.45	12.69	14.27
广西	1.76	1.76	1.54	1.16	1.38	0.93	0.60	0.89	0.75	0.71
海南	0.24	0.24	0.26	0.21	0.16	0.09	0.07	0.10	0.12	0.15
重庆	1.35	1.35	1.26	1.44	1.39	1.13	1.30	1.42	1.74	2.16

续表

年份 地区	1978	1980	1985	1990	1995	2000	2005	2010	2015	2020
四川	7.86	7.86	7.31	8.39	8.11	5.01	3.94	3.74	3.55	4.33
贵州	1.25	1.25	1.18	0.74	0.59	0.47	0.45	0.42	0.44	0.66
云南	1.88	1.88	2.16	1.37	1.01	0.76	0.87	0.63	0.77	1.01
西藏	0.10	0.10	0.07	0.05	0.03	0.03	0.01	0.02	0.02	0.02
陕西	6.01	6.01	5.40	5.65	4.84	5.52	3.77	3.08	2.77	2.59
甘肃	2.36	2.36	2.38	1.55	1.49	0.81	0.80	0.59	0.58	0.45
青海	0.46	0.46	0.41	0.35	0.24	0.14	0.12	0.14	0.08	0.09
宁夏	0.34	0.34	0.30	0.35	0.25	0.18	0.13	0.16	0.18	0.24
新疆	1.11	1.11	1.00	0.76	0.75	0.36	0.26	0.38	0.37	0.25

（二）ICT 硬件和 ICT 软件拆分系数

用于拆分各省区市 ICT 软件和 ICT 硬件的基础数据主要来源于投入产出表，但部分省区市 ICT 软件数据缺失较多，且相关数据时间趋势不明显，波动特征突出，基于插补数据省区市与邻近地区数据的占比情况填补缺失数据。其中，山西、内蒙古的缺失数据采用河北数据插补，福建的缺失数据采用浙江数据插补，四川采用重庆数据插补，云南采用贵州和西藏平均数据插补，陕西采用重庆数据插补，新疆采用宁夏、青海和甘肃平均数据插补。均采用邻近缺失数据时点的占比作为插补比例。

电子信息制造业中，1978—1997 年海南的缺失数据和 1978—1996 年重庆的缺失数据，分别采用后续 4 年海南和广东，以及重庆和四川的数据平均比例关系插补得来。1995 年新疆的缺失数据，1998—2000 年青海的缺失数据根据邻近年份数据均值插补。

ICT 硬件和 ICT 软件拆分系数如表 7-2 和表 7-3 所示。

表 7-2 ICT 硬件拆分系数 单位:%

年份 地区	1978	1980	1985	1990	1995	2000	2005	2010	2015	2020
北京	9.12	8.46	7.16	8.39	6.81	10.48	5.92	4.32	2.54	2.83
天津	6.63	6.78	5.76	4.01	8.14	9.63	5.56	2.90	2.55	1.48
河北	1.16	1.25	1.38	1.63	1.83	0.97	0.41	0.64	0.85	0.65
山西	1.22	1.11	0.87	0.53	0.32	0.14	0.06	0.20	0.60	0.80
内蒙古	1.03	0.34	0.71	0.71	0.35	0.06	0.21	0.10	0.12	0.15
辽宁	1.95	4.99	5.91	6.26	3.01	2.92	1.45	1.71	0.82	0.71
吉林	1.18	1.18	1.34	0.86	0.45	0.68	0.06	0.14	0.12	0.05
黑龙江	2.34	1.33	1.22	0.71	0.94	0.56	0.08	0.05	0.06	0.04
上海	22.04	22.90	15.51	9.11	8.33	9.58	12.24	10.24	5.57	4.43
江苏	16.82	16.62	16.22	14.77	12.13	12.75	20.96	23.69	23.21	16.35
浙江	4.48	4.46	4.30	4.15	6.34	5.59	4.98	4.87	4.07	5.55
安徽	1.25	1.14	1.20	1.49	0.87	0.59	0.47	1.05	2.28	2.68
福建	1.45	1.54	3.71	5.16	5.34	7.05	4.63	3.91	3.22	4.42
江西	1.99	1.98	1.92	1.99	0.91	0.29	0.20	0.91	2.45	3.31
山东	2.11	2.09	3.34	4.89	4.09	7.22	5.95	7.63	6.60	2.43
河南	1.91	1.89	1.48	1.56	1.86	1.24	0.55	0.77	3.81	3.36
湖北	3.29	3.37	3.03	2.02	1.11	1.40	0.56	1.12	1.92	2.27
湖南	1.77	1.66	1.63	1.65	0.64	0.99	0.37	0.62	2.02	2.06
广东	3.64	3.81	9.76	12.25	22.66	20.76	33.17	31.60	28.33	35.05
广西	1.14	1.04	1.08	0.84	0.46	0.18	0.10	0.34	1.42	0.99
海南	0.08	0.09	0.22	0.21	0.08	0.01	0.02	0.02	0.04	0.01
重庆	0.35	0.35	0.28	0.43	0.36	0.25	0.14	0.43	2.95	3.72
四川	6.14	6.00	4.93	7.41	6.33	3.68	1.15	2.10	3.14	4.26
贵州	1.41	1.50	1.22	1.57	0.45	0.24	0.15	0.12	0.22	0.49
云南	1.04	0.35	0.56	0.66	0.23	0.35	0.04	0.02	0.04	0.33
西藏	0.00	0.00	0.00	0.00	0.00	0.00	0.00	0.00	0.00	0.00
陕西	3.00	2.61	3.87	5.06	5.51	2.23	0.50	0.43	0.71	1.18
甘肃	0.96	0.89	1.04	1.38	0.36	0.12	0.04	0.04	0.06	0.09
青海	0.19	0.11	0.06	0.05	0.01	0.00	0.00	0.00	0.07	0.09

续表

年份 地区	1978	1980	1985	1990	1995	2000	2005	2010	2015	2020
宁夏	0.11	0.04	0.07	0.05	0.03	0.02	0.00	0.00	0.08	0.11
新疆	0.18	0.12	0.23	0.19	0.02	0.00	0.03	0.02	0.12	0.13

表 7-3 ICT 软件拆分系数

单位:%

年份 地区	2000年及以前	2005	2010	2015	2020
北京	25.49	23.40	17.84	12.66	16.63
天津	2.47	2.78	2.00	2.35	2.81
河北	0.35	0.45	0.91	0.43	0.45
山西	0.07	0.06	0.13	0.06	0.07
内蒙古	0.14	0.24	0.15	0.07	0.01
辽宁	2.90	5.48	6.78	7.08	2.44
吉林	1.05	1.52	1.27	1.03	0.55
黑龙江	0.85	1.14	0.58	0.35	0.08
上海	6.90	9.98	6.79	7.89	8.20
江苏	3.57	10.65	16.87	16.48	13.57
浙江	9.47	6.99	5.16	7.09	8.48
安徽	0.42	0.41	0.38	0.48	0.93
福建	1.15	3.47	4.22	4.26	4.12
江西	0.32	0.58	0.30	0.20	0.25
山东	5.24	6.45	6.68	8.68	7.62
河南	0.23	0.44	0.79	0.65	0.49
湖北	0.36	1.25	1.24	2.37	2.87
湖南	3.48	1.46	1.21	0.82	0.85
广东	22.46	14.55	17.99	16.58	16.48
广西	0.24	0.25	0.19	0.17	0.57
海南	0.23	0.03	0.03	0.10	0.40
重庆	0.54	1.38	0.98	1.99	2.38
四川	4.73	1.60	4.68	4.96	5.12

续表

年份 地区	2000年及以前	2005	2010	2015	2020
贵州	0.20	0.29	0.27	0.26	0.29
云南	0.87	0.67	0.31	0.10	0.14
西藏	0.00	0.00	0.00	0.00	0.00
陕西	5.59	4.05	1.95	2.66	3.98
甘肃	0.57	0.17	0.13	0.08	0.08
青海	0.00	0.00	0.00	0.00	0.00
宁夏	0.03	0.04	0.03	0.03	0.03
新疆	0.10	0.21	0.14	0.11	0.11

因部分年份软件产品收入数据口径发生调整，对于地区拆分系数的构建，转而采用了软件业务收入数据。其中，2001年山西的缺失数据，采用2002年山西与河北的相对比例填补。2003年北京和江苏的缺失数据，利用相邻年份数据平均数插补。1978—2000年的分省区市比例数据采用2001年比例，2020年分省区市比例数据采用2019年比例。

（三）矿藏勘探拆分系数

用于测算矿藏勘探固定资本形成额拆分系数的基础数据，分别涉及地质勘探费完成额（1986—1989年）、地质勘查费（1990—2003年）、地质勘探费（2004—2009年）、地质勘探支出（2009—2020年），数据主要来自《中国国土资源统计年鉴》（2005—2018年）、《中国国土资源年鉴》（1987—2012年）、《中国科技统计年鉴》（1996—1998年），以及ESP数据库中的地质勘探费和地质勘探支出。

行政区划调整的影响方面，从重庆与四川相对比例的走势情况来看，波动特征明显，鉴于基础数据的限制，1999年之前的推算比例采用后续年份比例的均值代替。对于海南而言，建省之后几年的比例系数相对稳定，故采用1988—1995年海南占海南、广东两省合计数的比例衡量。

2000年各省区市的比例系数由1999年和2001年的平均值代替，1996—1997年各省区市的比例系数由1995年和1998年的平均值代替，1978—1985年各省区市的比例系数由1986年的系数代替，2018—2020年各省区市的比例系数由2017年的系数代替。

矿藏勘探拆分系数如表7-4所示。

表 7-4　矿藏勘探拆分系数　　　　　　　　　　　　　单位:%

年份 地区	1978	1980	1985	1990	1995	2000	2005	2010	2015	2020
北京	2.26	2.26	2.26	0.64	0.32	4.03	0.39	13.89	9.39	11.80
天津	0.68	0.68	0.68	5.78	6.41	9.04	3.89	0.75	0.74	1.20
河北	7.63	7.63	7.63	9.23	11.17	2.72	6.29	6.22	6.55	7.06
山西	2.72	2.72	2.72	1.04	0.95	0.54	2.25	3.24	3.12	1.85
内蒙古	3.81	3.81	3.81	1.55	1.13	0.41	1.55	7.69	4.02	1.40
辽宁	6.28	6.28	6.28	6.46	6.94	4.09	2.32	3.01	2.23	2.09
吉林	2.78	2.78	2.78	3.03	2.19	3.59	4.64	1.61	1.97	1.53
黑龙江	2.41	2.41	2.41	4.63	5.91	7.72	9.49	2.67	3.02	2.65
上海	0.21	0.21	0.21	0.20	2.69	0.77	0.49	2.33	0.97	1.94
江苏	2.34	2.34	2.34	1.67	1.69	1.93	2.10	1.74	3.04	2.53
浙江	1.84	1.84	1.84	0.67	0.62	0.89	0.17	1.52	0.99	3.41
安徽	3.60	3.60	3.60	1.44	1.19	0.57	1.54	3.76	3.85	2.80
福建	2.25	2.25	2.25	0.96	0.71	0.34	0.40	1.22	1.88	1.28
江西	5.05	5.05	5.05	2.02	1.52	0.13	0.39	2.95	2.37	2.22
山东	3.67	3.67	3.67	8.85	9.17	11.55	7.98	7.53	7.97	6.08
河南	3.76	3.76	3.76	5.61	4.21	4.81	3.80	3.47	2.41	2.51
湖北	3.50	3.50	3.50	2.24	1.60	1.35	1.15	2.04	4.80	3.73
湖南	4.49	4.49	4.49	1.71	1.62	0.39	0.46	2.99	3.46	2.94
广东	4.01	4.01	4.01	8.04	10.41	7.09	4.82	1.13	2.63	5.08
广西	3.63	3.63	3.63	1.08	1.54	0.38	0.59	1.83	1.98	2.14
海南	0.14	0.14	0.14	0.17	0.13	0.05	0.02	0.31	0.33	0.19

续表

年份 地区	1978	1980	1985	1990	1995	2000	2005	2010	2015	2020
重庆	0.99	0.99	0.99	0.95	0.75	0.09	3.27	1.45	3.34	0.82
四川	6.14	6.14	6.14	5.88	4.61	5.74	6.51	6.13	7.55	6.06
贵州	3.01	3.01	3.01	1.05	0.89	0.22	0.76	1.60	3.18	3.37
云南	4.22	4.22	4.22	1.99	1.44	2.44	4.14	2.57	2.82	1.40
西藏	1.17	1.17	1.17	0.43	0.42	0.18	0.30	0.38	0.38	0.36
陕西	4.16	4.16	4.16	1.91	1.49	0.39	4.90	5.89	6.27	13.85
甘肃	4.72	4.72	4.72	4.68	3.53	7.16	3.80	1.03	2.37	3.24
青海	3.70	3.70	3.70	2.11	1.92	1.32	1.98	2.60	2.02	1.51
宁夏	0.79	0.79	0.79	0.33	0.29	0.08	0.45	1.75	0.71	0.41
新疆	4.05	4.05	4.05	13.64	12.55	19.99	19.14	4.68	3.67	2.53

（四）住宅建筑、非住宅建筑和构筑物、其他机器和设备、其他固定资产拆分系数

主要采用按构成分的全社会固定资产额数据比例关系，测算分省区市的建筑物、其他机器和设备、其他资本品拆分系数。其中，1993—2003 年的数据采用基本建设投资与更新改造投资的对应构成加总得来。2004—2010 年的数据采用按构成分的城镇固定资产投资衡量，2011—2017 年数据采用按构成分固定资产投资（不含农户）衡量，2018—2020 年数据由对应的按构成分固定资产投资（不含农户）增速测算得来①。

住宅建筑、非住宅建筑和构筑物、其他机器和设备、其他固定资产拆分系数如表 7-5 至表 7-7 所示。

---

① 在比例推算中，未纳入不区分地区的投资数据。

表 7-5 住宅建筑、非住宅建筑和构筑物拆分系数　　单位:%

年份 地区	1978—1980	1985	1990	1995	2000	2005	2010	2015	2020
北京	3.29	3.81	4.46	4.51	3.42	3.16	1.23	0.77	0.68
天津	2.96	2.70	2.01	2.13	2.28	1.89	2.41	2.11	1.20
河北	6.27	4.56	4.17	4.19	5.52	4.37	5.73	5.20	5.44
山西	2.88	3.57	2.76	2.09	2.25	2.21	2.49	2.68	1.09
内蒙古	1.76	2.06	1.49	1.73	1.86	3.92	4.00	2.54	1.30
辽宁	5.92	5.60	5.19	4.96	4.11	4.78	6.76	3.48	0.87
吉林	2.35	2.53	2.12	1.89	2.67	2.13	2.75	1.94	1.51
黑龙江	5.23	4.45	3.72	3.16	3.97	2.26	2.85	1.92	1.52
上海	6.09	4.78	8.16	8.79	4.09	4.11	1.73	1.00	0.86
江苏	6.43	6.04	5.96	5.40	6.73	8.15	6.77	7.32	6.78
浙江	3.56	4.25	5.97	4.39	5.70	6.44	3.38	4.27	4.36
安徽	2.87	3.24	2.84	2.58	2.58	2.84	4.51	4.62	5.14
福建	2.02	2.22	2.56	3.25	2.68	2.39	2.77	3.89	4.17
江西	2.09	1.76	1.63	1.66	1.62	2.75	3.13	3.38	4.50
山东	7.23	7.79	7.68	5.91	6.39	9.83	7.84	7.84	7.29
河南	4.57	5.11	4.72	4.22	4.08	5.12	5.74	5.91	7.81
湖北	4.16	4.09	3.24	4.24	4.29	3.07	3.95	5.22	4.70
湖南	3.28	3.25	2.75	2.90	3.37	3.15	3.72	4.69	6.42
广东	7.80	7.92	9.47	11.32	8.77	8.00	5.65	5.30	5.95
广西	1.60	1.69	1.56	2.40	2.06	2.14	2.66	2.80	3.45
海南	0.62	0.63	0.98	1.28	0.75	0.43	0.61	0.63	0.51
重庆	1.68	2.00	1.75	1.75	1.91	2.22	2.86	2.79	2.88
四川	4.91	5.83	5.11	5.12	4.81	3.86	5.16	5.17	6.30
贵州	1.27	1.33	1.04	0.97	1.40	1.19	1.09	2.39	3.02
云南	2.08	1.95	1.89	2.47	2.77	2.33	2.46	2.81	4.06
西藏	0.13	0.29	0.22	0.49	0.52	0.35	0.24	0.31	0.38
陕西	2.43	2.29	2.29	1.74	2.76	2.59	3.65	3.81	4.26
甘肃	1.29	1.31	1.29	0.90	1.85	1.20	1.34	1.90	1.02
青海	0.81	0.65	0.49	0.41	0.89	0.51	0.45	0.65	0.49

续表

年份 地区	1978—1980	1985	1990	1995	2000	2005	2010	2015	2020
宁夏	0.38	0.50	0.47	0.45	0.71	0.54	0.59	0.66	0.33
新疆	2.05	1.79	2.00	2.69	3.18	1.91	1.46	1.99	1.71

表 7-6 其他机器和设备拆分系数　　　　　　　单位:%

年份 地区	1980	1985	1990	1995	2000	2005	2010	2015	2020
北京	3.29	3.81	4.46	3.42	2.91	2.02	1.20	0.74	0.63
天津	2.96	2.70	2.01	3.06	2.52	1.67	2.19	2.01	2.79
河北	6.27	4.56	4.17	5.59	5.29	5.70	5.58	5.76	6.16
山西	2.88	3.57	2.76	1.56	2.26	3.19	2.26	2.11	0.80
内蒙古	1.76	2.06	1.49	1.95	1.37	3.49	4.06	3.02	2.26
辽宁	5.92	5.60	5.19	5.63	4.64	5.56	6.94	3.07	0.91
吉林	2.35	2.53	2.12	2.15	1.70	2.74	5.37	3.91	2.00
黑龙江	5.23	4.45	3.72	3.23	3.14	2.31	2.90	1.99	2.88
上海	6.09	4.78	8.16	9.02	8.26	3.28	1.65	0.70	1.13
江苏	6.43	6.04	5.96	6.11	5.75	9.22	9.21	13.16	13.45
浙江	3.56	4.25	5.97	3.21	5.99	5.16	2.44	4.24	4.88
安徽	2.87	3.24	2.84	2.83	3.04	2.86	4.28	4.47	6.23
福建	2.02	2.22	2.56	2.41	3.65	2.74	2.76	3.00	4.44
江西	2.09	1.76	1.63	1.63	1.62	2.57	4.38	2.52	3.93
山东	7.23	7.79	7.68	5.89	8.27	12.39	9.79	12.95	7.69
河南	4.57	5.11	4.72	4.73	4.76	4.71	7.82	8.45	7.37
湖北	4.16	4.09	3.24	5.52	4.84	3.40	4.15	3.76	4.60
湖南	3.28	3.25	2.75	2.81	2.80	2.63	3.30	3.65	5.07
广东	7.80	7.92	9.47	10.66	8.55	8.48	4.15	4.93	5.52
广西	1.60	1.69	1.56	2.03	1.88	1.71	2.71	3.44	3.87
海南	0.62	0.63	0.98	1.34	0.89	0.66	0.38	0.19	0.17
重庆	1.68	2.00	1.75	1.40	1.51	1.69	1.35	1.38	2.09
四川	4.91	5.83	5.11	4.43	4.50	3.67	3.58	2.68	3.33

续表

年份 地区	1980	1985	1990	1995	2000	2005	2010	2015	2020
贵州	1.27	1.33	1.04	1.07	1.36	1.25	0.72	0.48	0.98
云南	2.08	1.95	1.89	2.44	1.76	1.59	1.16	0.90	0.73
西藏	0.13	0.29	0.22	0.16	0.07	0.10	0.10	0.08	0.15
陕西	2.43	2.29	2.29	1.92	2.17	1.83	2.25	2.31	2.84
甘肃	1.29	1.31	1.29	1.08	1.51	1.04	1.17	0.89	0.45
青海	0.81	0.65	0.49	0.29	0.38	0.35	0.24	0.44	0.84
宁夏	0.38	0.50	0.47	0.38	0.50	0.58	0.62	0.69	0.79
新疆	2.05	1.79	2.00	2.05	2.13	1.41	1.33	2.09	1.01

表7-7 其他固定资产拆分系数　　　　　　　　　单位:%

年份 地区	1980	1985	1990	1995	2000	2005	2010	2015	2020
北京	3.29	3.81	4.46	4.58	6.11	6.86	6.34	6.12	3.51
天津	2.96	2.70	2.01	2.74	1.41	2.00	3.29	2.78	2.71
河北	6.27	4.56	4.17	3.42	4.40	3.44	4.59	5.05	4.18
山西	2.88	3.57	2.76	1.93	2.03	1.29	1.98	2.23	0.97
内蒙古	1.76	2.06	1.49	2.09	1.25	1.85	2.17	1.11	1.44
辽宁	5.92	5.60	5.19	5.85	3.60	5.07	4.64	2.00	1.46
吉林	2.35	2.53	2.12	2.66	1.37	1.50	1.82	1.57	1.39
黑龙江	5.23	4.45	3.72	2.09	2.35	1.57	1.79	0.82	0.77
上海	6.09	4.78	8.16	11.23	12.20	6.66	3.27	2.95	3.11
江苏	6.43	6.04	5.96	4.42	4.87	8.67	7.52	6.72	8.52
浙江	3.56	4.25	5.97	3.81	8.01	8.56	5.83	9.78	10.35
安徽	2.87	3.24	2.84	2.16	2.41	3.14	4.06	2.54	3.76
福建	2.02	2.22	2.56	2.37	2.35	3.61	4.99	5.01	4.71
江西	2.09	1.76	1.63	1.11	1.17	2.05	2.85	2.50	1.83
山东	7.23	7.79	7.68	4.21	4.11	6.99	6.53	6.25	6.95
河南	4.57	5.11	4.72	4.50	4.16	3.21	4.29	5.81	4.82
湖北	4.16	4.09	3.24	6.41	7.32	3.73	4.05	3.85	3.18

续表

年份 地区	1980	1985	1990	1995	2000	2005	2010	2015	2020
湖南	3.28	3.25	2.75	2.64	2.48	2.95	3.97	4.44	3.21
广东	7.80	7.92	9.47	11.95	10.74	7.51	5.87	7.61	12.17
广西	1.60	1.69	1.56	1.77	1.85	1.97	2.97	2.27	3.09
海南	0.62	0.63	0.98	1.11	0.91	0.32	0.46	1.29	0.77
重庆	1.68	2.00	1.75	2.11	1.49	3.52	3.40	3.61	3.30
四川	4.91	5.83	5.11	5.69	4.08	5.39	4.51	4.25	3.23
贵州	1.27	1.33	1.04	1.18	1.30	1.30	1.68	1.86	2.18
云南	2.08	1.95	1.89	2.05	2.23	2.32	2.29	2.49	2.82
西藏	0.13	0.29	0.22	0.11	0.07	0.06	0.03	0.07	0.20
陕西	2.43	2.29	2.29	2.05	2.04	2.27	2.90	2.27	3.05
甘肃	1.29	1.31	1.29	0.97	1.39	0.64	0.71	0.82	0.66
青海	0.81	0.65	0.49	0.58	0.24	0.22	0.17	0.38	0.46
宁夏	0.38	0.50	0.47	0.30	0.47	0.37	0.32	0.33	0.34
新疆	2.05	1.79	2.00	1.93	1.58	0.98	0.71	1.24	0.85

具体测算时：（1）1981—1982年采用各地区分部门基本建设投资测算拆分系数，其中，利用建筑业投资额构建建筑安装工程拆分系数，利用工业投资额构建设备工器具拆分系数，利用地质资源勘探、农林水利气象、邮电运输投资额构建其他固定资产拆分系数。（2）1993年以前，建筑物、其他机器和设备、其他资本品的拆分系数，直接采用了固定资产投资额的分省区市数据测算。其中，1988年陕西投资额的缺失数据，采用邻近年份1987年和1989年的平均值插补，采用的投资额数据来自《中国固定资产投资统计年鉴（1950—1995）》。（3）在拆分系数计算时，对于缺失年份的海南和重庆投资额数据，分别采用两省市后续年份投资额与广东、四川投资的平均比例关系代替。其中，1982—1987年海南省的比例数据采用1988—1992年的平均比例衡量，1982—1996年重庆的比例关系采用1997—2020年的平均比例衡量。（4）对于1978—1981年的分省区市拆分系数而言，因数据缺失较

为明显,直接采用了 1982 年的比例。(5) 受数据制约,住宅建筑、非住宅建筑和构筑物两类资本品的分省区市固定资本形成额拆分采用了相同的系数。

二、生产性资本存量测算结果

结合表 7-8 和表 7-9 的生产性资本存量测算结果和改革开放 40 多年来的平均增速来看(见图 7-1),除个别省份外,其他省份增速均超过 8%,多数省份的增速都超过了 10%,进一步显现出我国长期以来的投资拉动特征。从 2020 年的生产性资本存量占比来看,江苏、山东、广东、河南等 GDP 大省占比居于前列,西藏和海南的占比最小。从东、中、西部地区和东部地区的划分来看,东部地区整体规模最大,但内部差异也较为明显,西部地区和中部地区也都存在不同程度的内部差异,东北地区内部差异最小,显示地区内部各省份之间的资本投入较为均衡。

表 7-8 分地区的生产性资本存量测算结果 (1978 年价) (一)

单位:亿元

年份 地区	1978	1980	1985	1990	1995
北京	256.47	344.82	598.29	993.96	1670.86
天津	199.89	264.41	446.26	624.59	955.55
河北	420.87	552.89	876.28	1278.26	1809.99
山西	193.31	254.28	472.26	703.88	963.78
内蒙古	122.70	160.97	295.24	411.32	701.60
辽宁	401.71	529.81	892.43	1456.00	2262.58
吉林	160.50	211.45	365.51	552.03	840.32
黑龙江	346.23	455.69	761.48	1071.55	1421.65
上海	415.29	551.04	895.43	1476.36	2706.11
江苏	433.09	572.32	1007.74	1692.14	2505.72
浙江	235.77	310.43	548.77	1076.74	1665.97
安徽	193.89	254.84	464.32	736.96	1023.84

续表

年份 地区	1978	1980	1985	1990	1995
福建	136.21	179.15	313.04	524.48	950.11
江西	146.21	191.95	323.00	469.17	676.09
山东	475.87	625.85	1102.06	1836.30	2646.90
河南	305.21	401.58	708.12	1127.92	1667.51
湖北	282.48	372.52	640.53	919.34	1477.75
湖南	224.35	295.22	511.97	772.06	1135.63
广东	514.35	676.76	1167.37	2027.61	3884.20
广西	112.79	148.37	255.68	412.82	745.23
海南	40.42	53.17	91.55	155.36	384.51
重庆	112.25	147.83	263.95	424.85	664.40
四川	343.05	453.22	799.52	1286.58	2014.29
贵州	89.57	117.85	203.23	288.11	411.39
云南	144.96	190.37	315.21	468.10	795.43
西藏	10.58	13.77	29.12	46.31	90.00
陕西	175.62	232.50	384.39	581.77	842.52
甘肃	96.14	126.54	215.73	327.35	459.82
青海	59.63	77.96	127.80	172.86	216.37
宁夏	26.63	34.98	63.74	106.79	168.37
新疆	140.64	184.55	309.39	463.47	855.71

表 7-9 分地区的生产性资本存量测算结果（1978 年价）（二）

单位：亿元

年份 地区	2000	2005	2010	2015	2020
北京	2743.64	4391.02	6930.87	9109.45	12174.12
天津	1704.46	2753.89	5048.35	8925.94	12410.35
河北	2984.89	4844.38	10609.69	20302.34	30964.67
山西	1381.11	2439.47	4846.62	8949.68	9678.94
内蒙古	1105.27	2523.33	6826.85	13042.44	14766.70
辽宁	3037.43	4922.62	11834.20	21157.24	16923.38
吉林	1303.07	2274.40	6142.37	10966.11	13466.91
黑龙江	2247.51	3227.55	5611.95	9284.08	12387.04

续表

年份 地区	2000	2005	2010	2015	2020
上海	4437.33	6509.07	8656.95	9842.82	11448.30
江苏	3991.10	8709.37	19492.48	41461.44	62562.17
浙江	2987.84	6335.43	10327.11	18651.43	28950.85
安徽	1582.91	2859.41	7286.51	15607.71	27313.90
福建	1777.08	3147.66	6411.52	12751.53	22673.92
江西	1103.11	2232.90	5869.06	11410.42	19385.84
山东	4015.86	8732.09	18963.10	37083.37	52617.31
河南	2691.93	4558.28	11539.76	24331.56	39934.79
湖北	2587.15	4100.21	7769.85	15856.99	27267.96
湖南	1893.38	3197.32	6688.92	14123.81	25981.05
广东	6061.25	11149.74	18298.12	29523.79	47026.20
广西	1195.44	2058.30	4621.57	9949.43	17201.96
海南	642.65	820.19	1145.50	1911.05	2708.07
重庆	1070.99	2160.16	4507.82	8723.45	14915.97
四川	2972.80	4684.66	9252.07	16953.06	27741.94
贵州	705.18	1411.80	2363.96	4664.83	9743.56
云南	1396.66	2286.64	4212.50	7198.37	12547.09
西藏	209.19	367.20	510.38	797.82	1403.55
陕西	1363.42	2530.92	5638.02	11588.94	20057.55
甘肃	817.86	1437.08	2488.36	4979.08	6195.01
青海	347.63	616.98	934.83	1888.48	3269.32
宁夏	321.51	595.63	1137.43	2256.52	3273.55
新疆	1513.01	2488.69	3716.82	6854.40	9041.42

通过对比1978年和2020年各省份的生产性资本存量占比可以看出（见图7-1），改革开放初期我国固定资本存量主要集中在东中部地区和东北地区，西部地区除四川、陕西外普遍较低。经过40多年的发展，江苏、山东和广东生产性资本存量增长迅速，并成为规模占比靠前的地区。华北、东北以及西部地区的个别省份出现了生产性资本存量规模占比下降的情况，多数东部沿海省份和中部地区省份生产性资本存量规模占比上升。

从区分资本品来看，早期各省份的生产性资本存量中依然以住宅建筑、

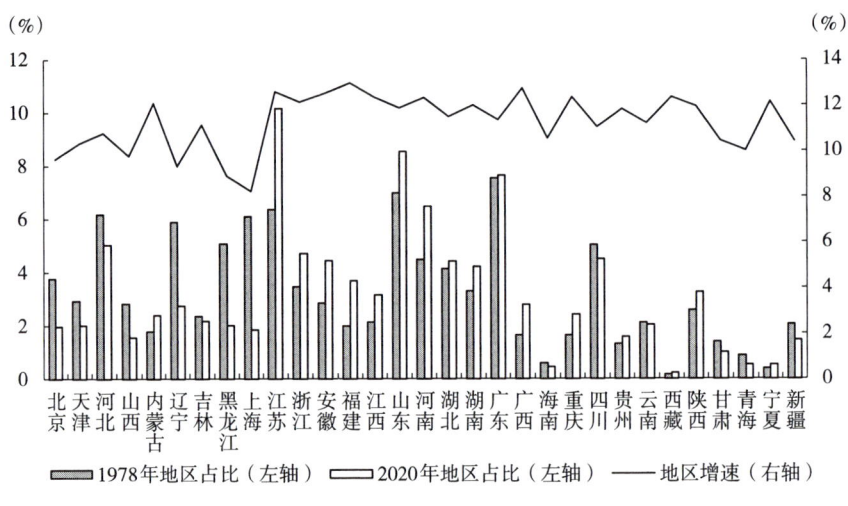

图 7-1 分地区生产性资本存量（1978 年价）占比及地区增速

非住宅建筑和构筑物、其他机器和设备为主，三类资本品的规模排序随着时间演进也出现了变化，从 1978 年的非住宅建筑和构筑物最大，到近些年来其他机器和设备规模最大。从 20 世纪 90 年代开始，R&D、ICT 硬件、ICT 软件等其他类型资本品的生产性资本存量规模占比开始出现较为明显增长，如图 7-2 至图 7-11 所示。

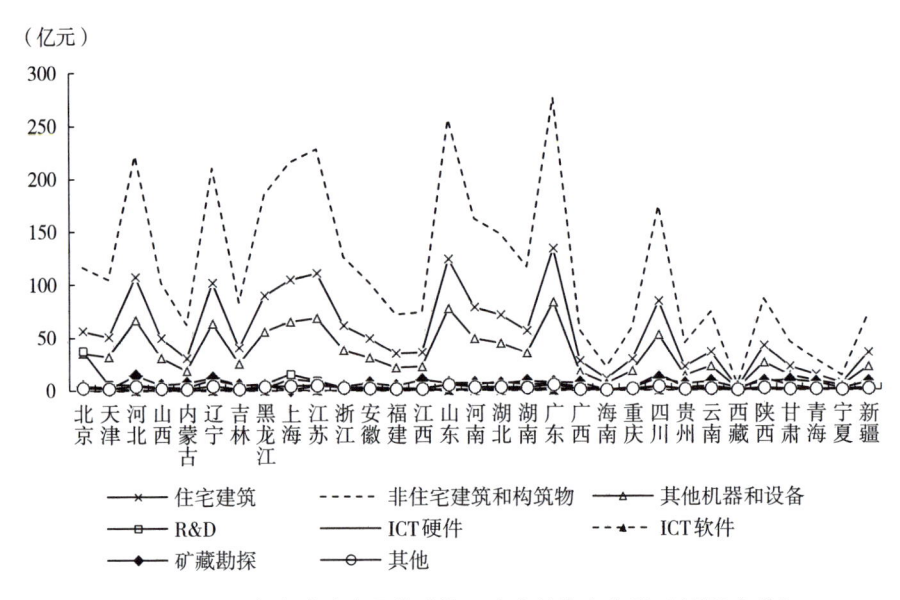

图 7-2 1978 年各类资本品的分地区生产性资本存量（1978 年价）

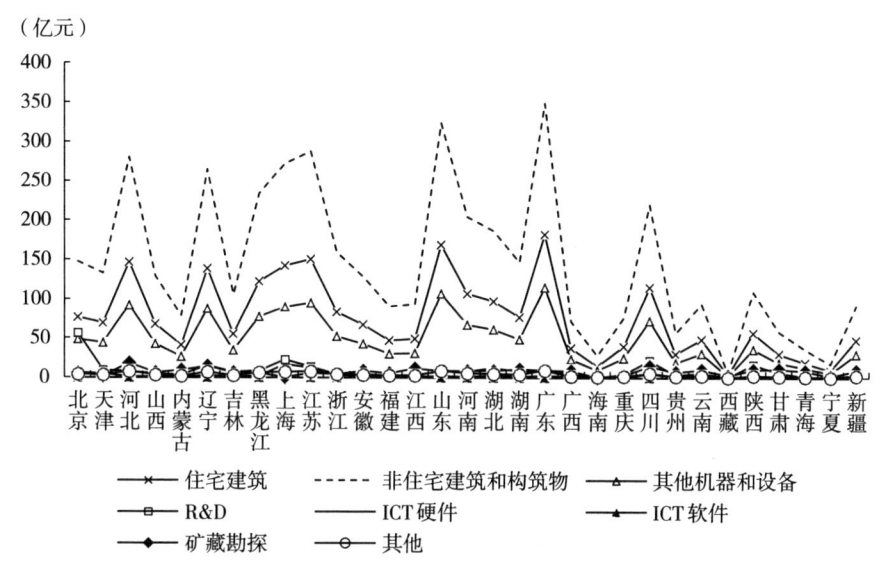

图 7-3　1980 年各类资本品的分地区生产性资本存量（1978 年价）

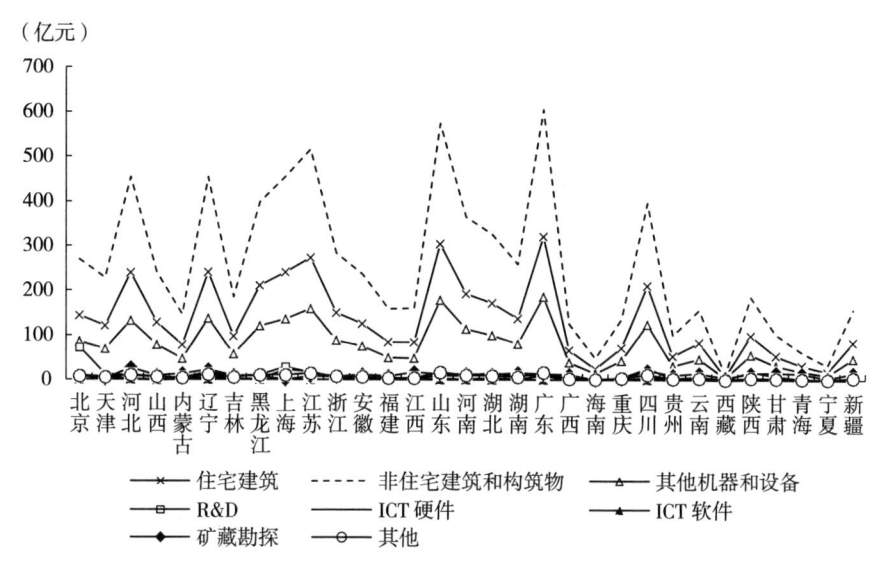

图 7-4　1985 年各类资本品的分地区生产性资本存量（1978 年价）

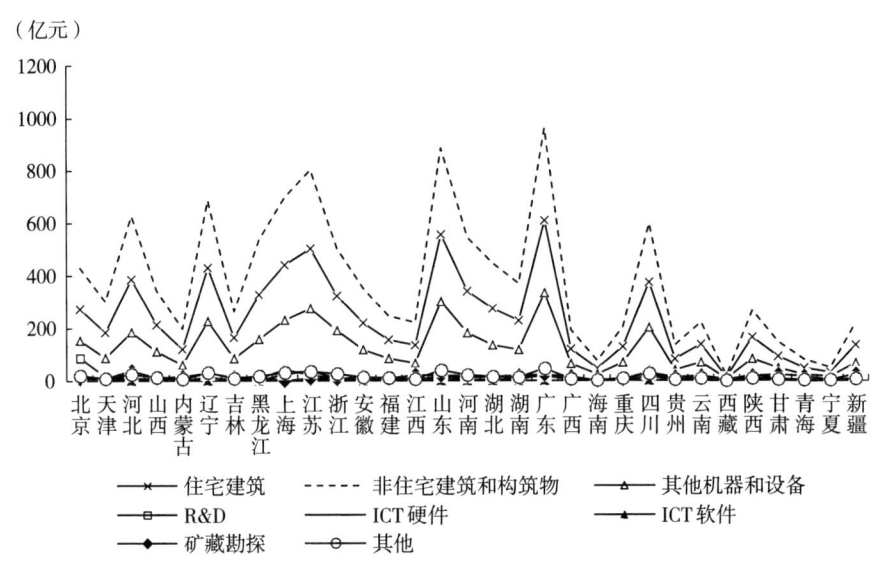

图 7-5 1990 年各类资本品的分地区生产性资本存量（1978 年价）

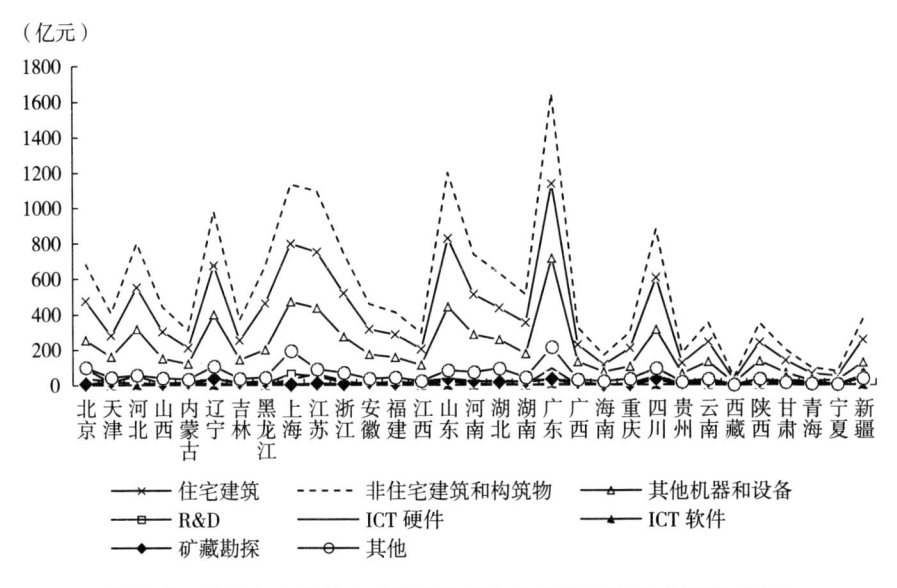

图 7-6 1995 年各类资本品的分地区生产性资本存量（1978 年价）

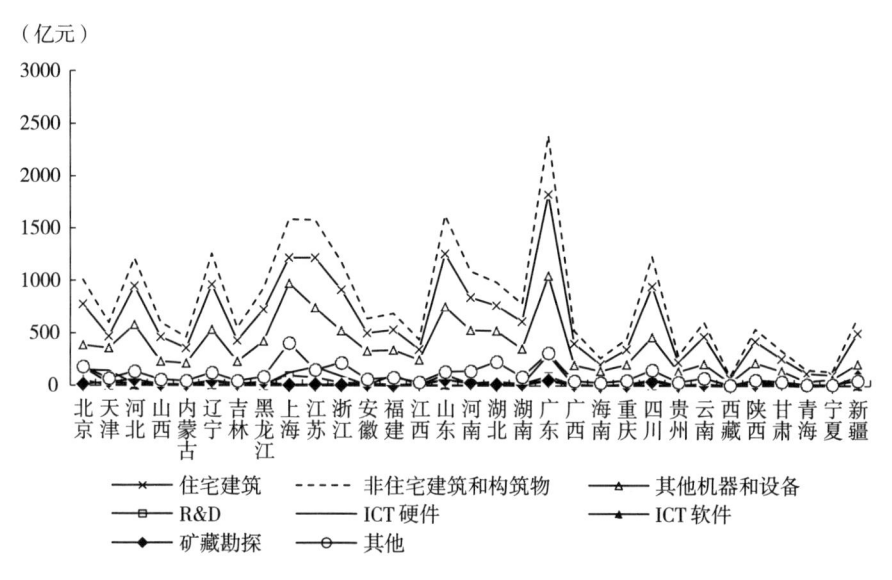

图 7-7 2000 年各类资本品的分地区生产性资本存量（1978 年价）

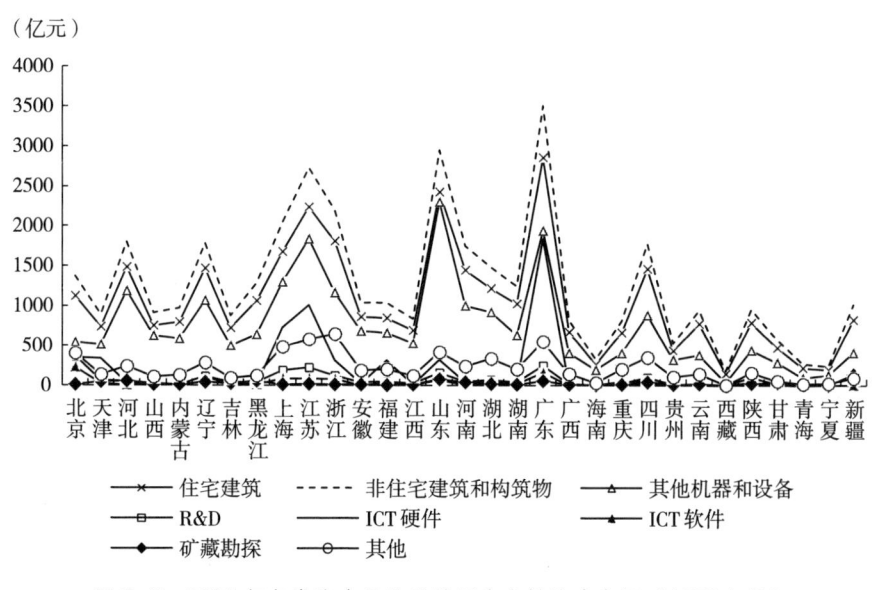

图 7-8 2005 年各类资本品的分地区生产性资本存量（1978 年价）

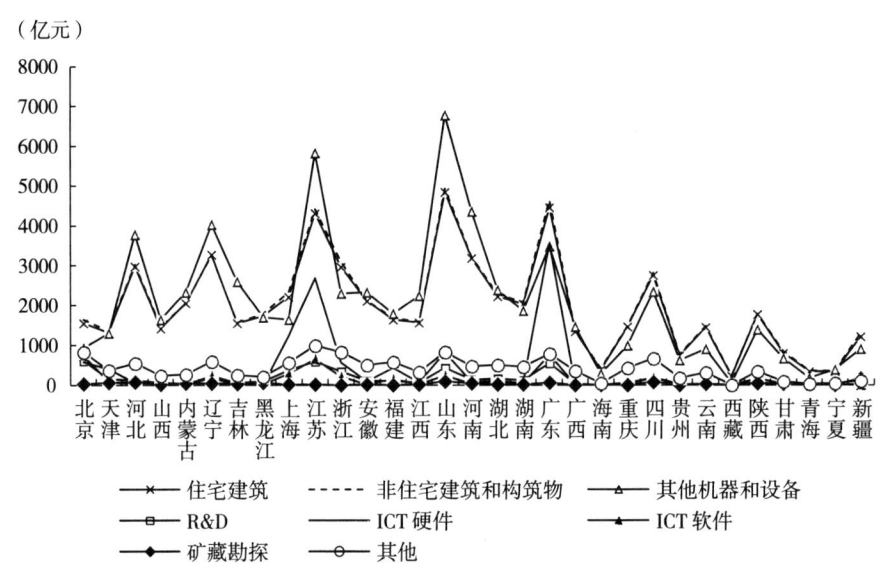

图 7-9　2010 年各类资本品的分地区生产性资本存量（1978 年价）

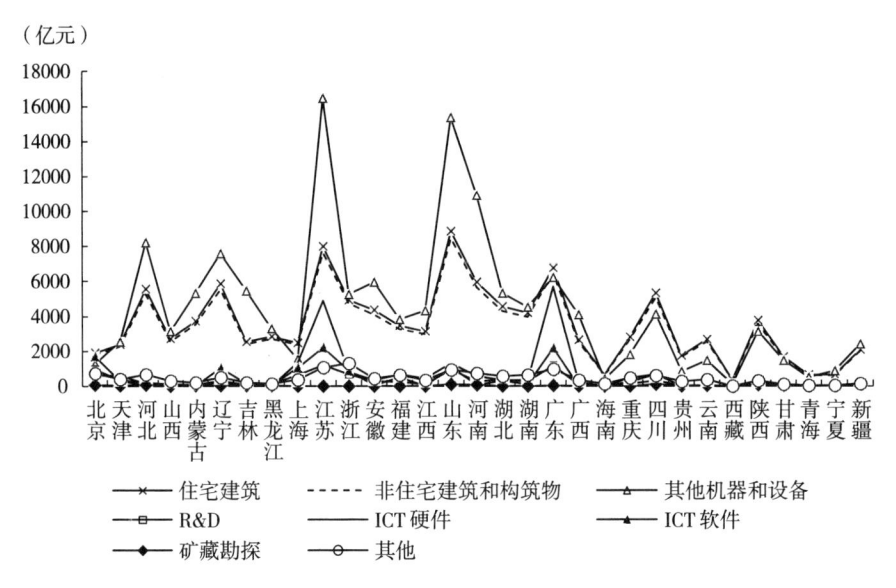

图 7-10　2015 年各类资本品的分地区生产性资本存量（1978 年价）

从 2020 年各省份各类资本品的生产性资本存量占比来看，江苏、山东、广东、河北等地的其他机器和设备占比高，北京、江苏、广东的 R&D 资本品、ICT 软件资本品的生产性资本存量占比较高，如图 7-11 所示。

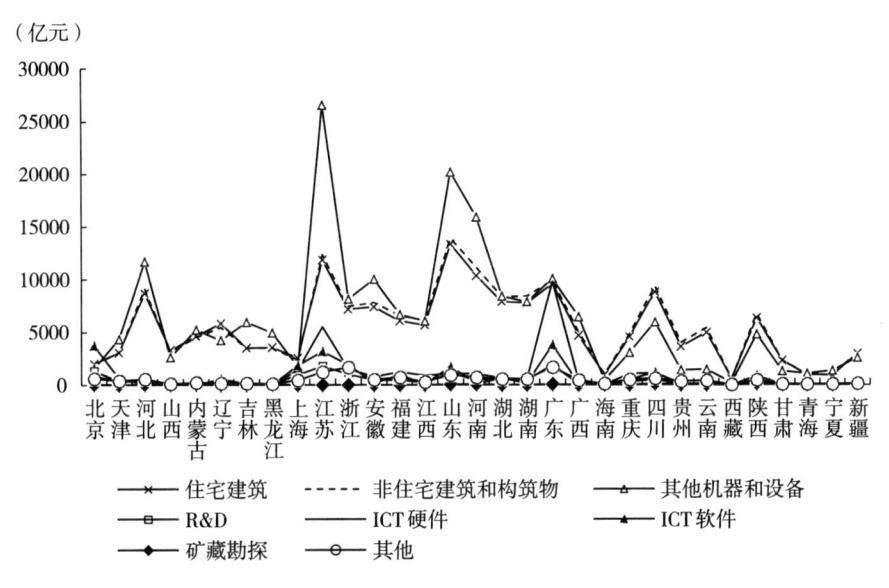

图 7-11 2020 年各类资本品的分地区生产性资本存量（1978 年价）

三、固定资本服务物量指数结果及其分析

为便于对比分析，将固定资本服务物量指数的测算结果按照八大经济区①的分类列于图 7-12 中。

从固定资本服务物量指数的测算结果来看：（1）除个别时间段外，总体上各个省区市的固定资本服务物量指数在改革开放以来均大于 1，表明各省份资本投入保持增长态势。最近几年，东北地区、海南，以及山

---

① 东北综合经济区包括辽宁、吉林、黑龙江；北部沿海综合经济区包括北京、天津、河北、山东；东部沿海综合经济区包括上海、江苏、浙江；南部沿海经济区包括福建、广东、海南；黄河中游综合经济区包括陕西、山西、河南、内蒙古；长江中游综合经济区包括湖北、湖南、江西、安徽；大西南综合经济区包括云南、贵州、四川、重庆、广西；大西北综合经济区包括甘肃、青海、宁夏、西藏、新疆。

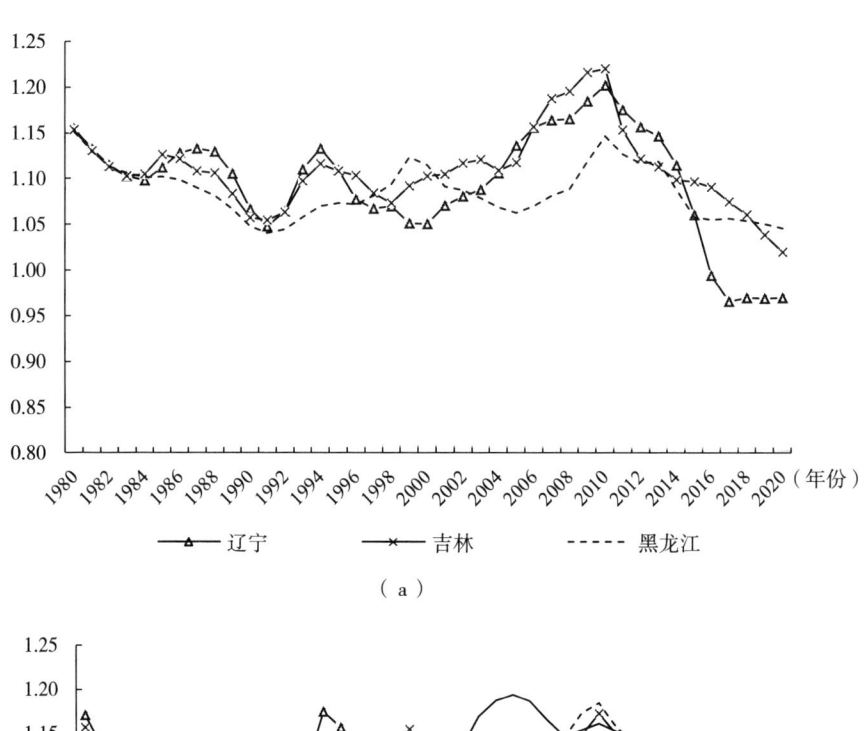

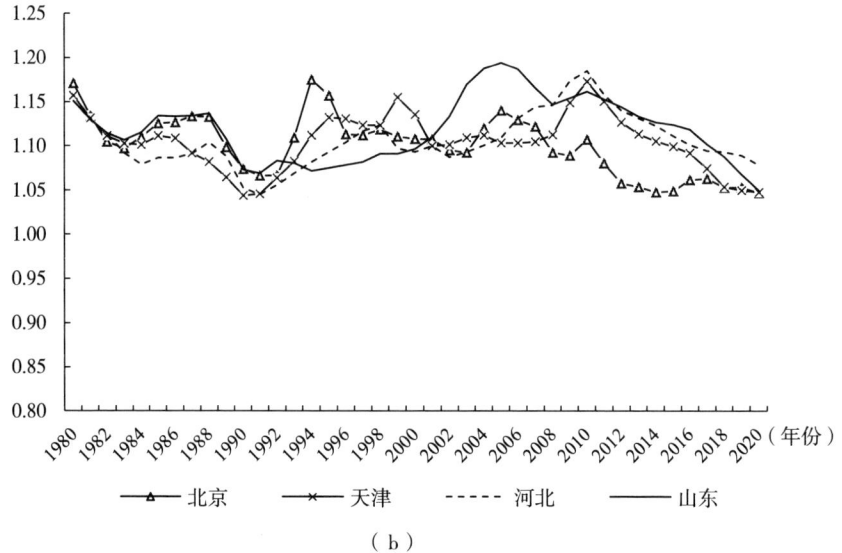

(a)

(b)

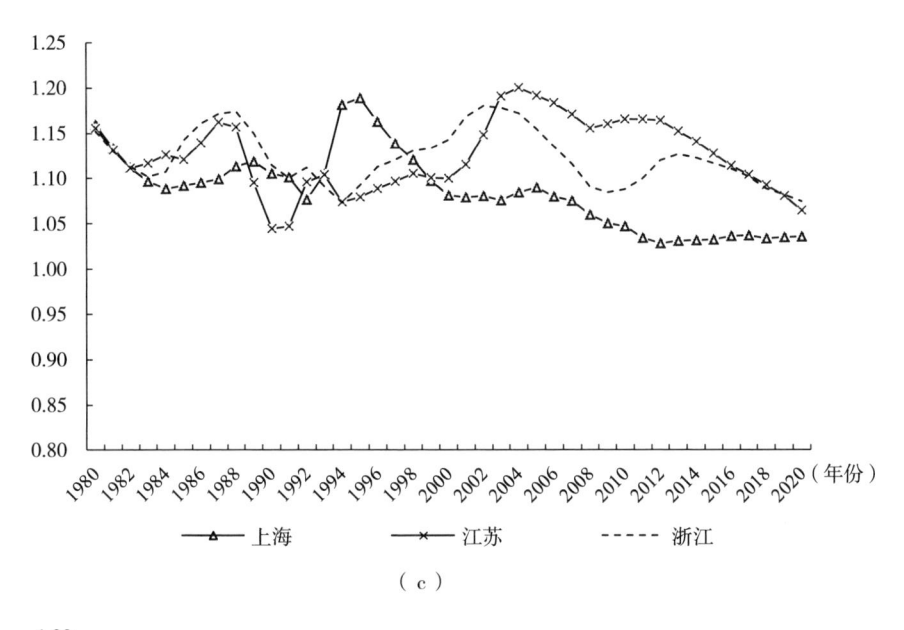

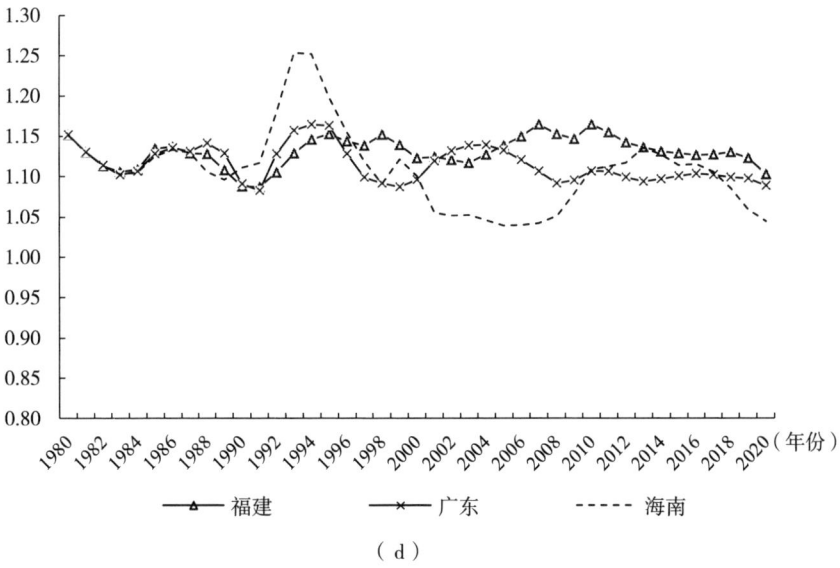

第七章 分地区固定资本服务实证测算

（c）

（d）

(e)

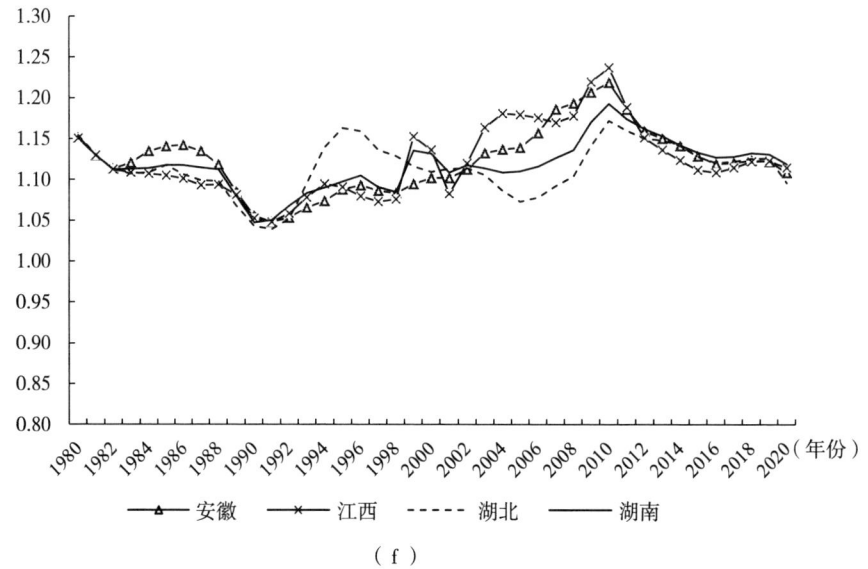

(f)

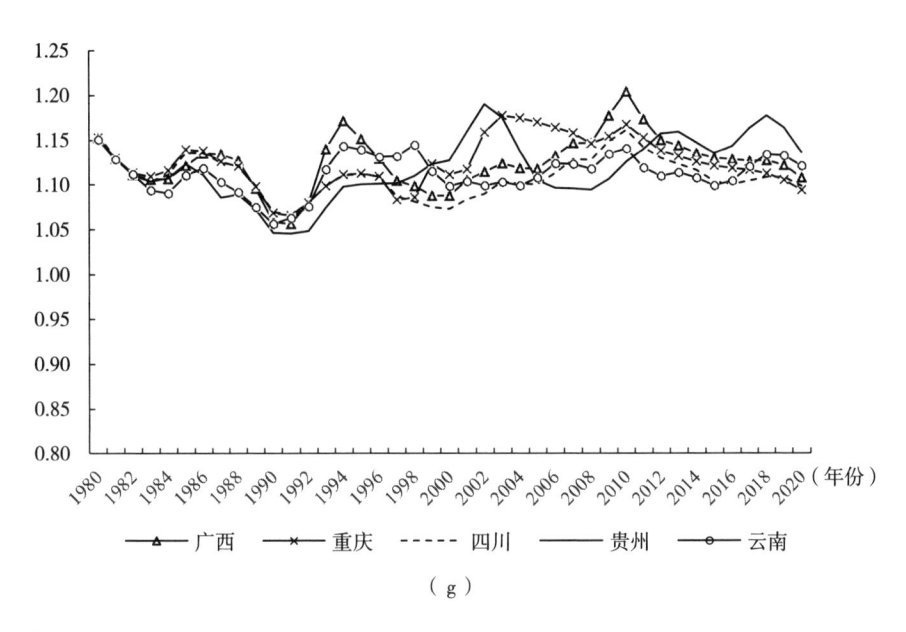

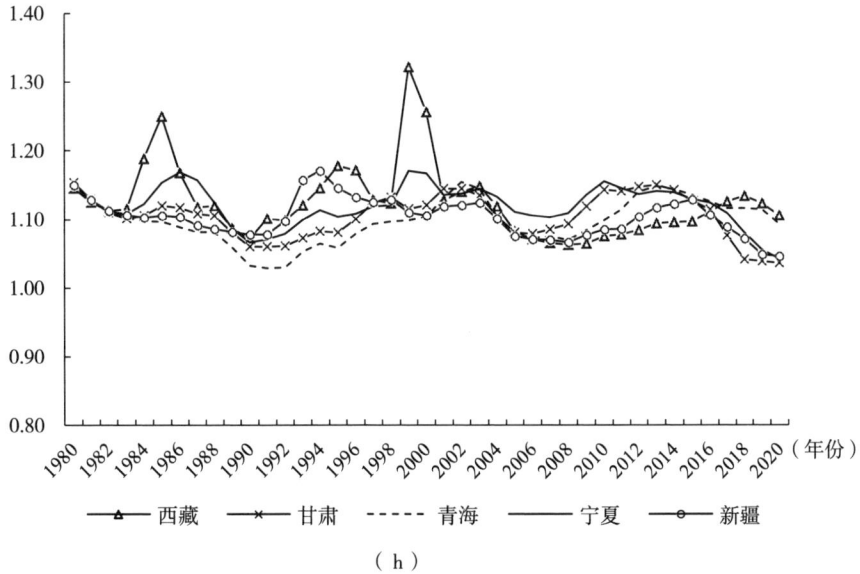

第七章 分地区固定资本服务实证测算

(g)

(h)

图 7-12 1980—2020 年八大经济区的固定资本服务物量指数结果

西、内蒙古、甘肃等中西部省区市出现了固定资本服务物量指数小于 1 或者接近 1 的情况，显现出资本投入下降或者放缓的情况。（2）多数省份在 2007—2010 年的固定资本服务物量指数达到最大值，但 2011 年以来，除北京、上海、广东以外，其他省区市的固定资本服务物量指数均出现了不同程度的总体下降，这与"三期叠加"下的经济增速放缓存在一定相关性。受供给侧结构性改革影响，多数省区市的固定资本服务物量指数在 2016 年以后出现了更为明显的下降。叠加 2020 年新冠疫情影响，当前的固定资本服务物量指数普遍处于较低水平。（3）固定资本服务物量指数变动在一定程度上反映了政策变动的影响。如 2000 年起，我国开始实施西部大开发战略，相关建设领域投资规模大、增速高，在固定资本服务物量指数变动上的表现可简单划分为两类：一是持续上升，如广西、四川、云南的固定资本服务物量指数在 2011 年以前总体呈现连续上升趋势；二是"先增后减再上升"趋势，如重庆、贵州、西藏、甘肃、青海、宁夏、新疆，2000—2002 年表现为固定资本服务物量指数的上升趋势，随后下降，2006 年再次止降回升。再如国家于 2004 年提出的东北老工业基地振兴战略，推动了 2005—2009 年东北三省固定资本服务物量指数的较快增长。

本章小结

与第六章相同，本章对地区层面的固定资本服务核算依然从资本品角度出发，遵循自下而上的核算逻辑，以及与全国层面测算相一致的耐用年限、折旧率、初始固定资本存量、退役模式、效率模式。主要的差异在于分地区的固定资本形成数据拆分处理，其中，R&D 拆分系数采用了多组科技统计基础数据。用于拆分各省区市 ICT 软件和 ICT 硬件的基础数据主要来源于投入产出表，鉴于部分地区数据缺失较多，且相关数据时间趋势不明显，波动特征突出，故基于插补对象与邻近地区数据的占比情况填补缺失数据。用于测算矿藏勘探固定资本形成额拆分系数的基础数据，分别涉及地质勘探费完成额、地质勘查费、地质勘探费、地质勘探支出。而住宅建筑、非住宅建筑和构筑物、其他机器和设备、其他资本品拆分系数，均采用按构成区分的全社会固定资产投资额数据比例关系测算得来。

第 八 章
数据资本服务核算

本章从理论角度分析数据纳入固定资产的特征类型与计入路径,探讨数据资产开发阶段、应用阶段的计价原则,以成本法为主开展数据资产的估价研究,并探索固定资本服务核算方法在数据资产领域的创新应用问题。

为此,本书在梳理分析加拿大"信息价值链"框架主要内容的基础上,结合国民经济核算的一般原理,就现有 SNA 框架下数据资产价值核算的相关内容与面临的问题进行分析,阐明从价值增值角度开展数据资产核算的基本内容、方法以及有关的账户记录问题,并从中国实际出发,提出数据资产价值核算需要进一步开展的理论研究和统计实务工作。

一、数据资本服务核算方法研究

(一) 传统固定资本核算方法

与数据资产核算较为接近的是数据库资本化核算和研发(R&D)资本化核算。

1. 数据库资本化核算

《OECD 知识产权产品资本测度手册》[1] 给出了数据库资本化核算的建议方法,主要是基于成本角度的测算。更具体的方法是科拉多等(Corrado,

---

[1] OECD, *Handbook on Deriving Capital Measures of Intellectual Property Products*, 2009.

et al.，2005）① 提出的 Corrado-Hulten-Sichel 方法（以下简称"CHS 法"），其基本核算思路是，将数据库支出费用转换为投资。实证研究中，对于支出数据的获取处理和有关参数的估计是该方法的关键。我国的部分研究因基础统计资料制约，并未开展专门的数据库资本化核算，而是在 CHS 法下开展计算机信息类无形资产核算（文豪和李洪月，2013②；田侃等，2016③），关键数据来自《中国计算机信息产业统计年鉴（软件篇）》中的软件产品行业收入值。

2. 研发（R&D）资本化核算

数据科学属于 R&D 的一种类型，尽管现有核算体系下，尚无专门的数据科学资本化核算，但 R&D 资本化已作为一项重大统计改革纳入 SNA 2008，从其建议方法和有关国家的统计实践来看，主要是基于成本角度的资本化核算路径，即使用总成本法间接估计 R&D 产出的价值。其中，R&D 支出到 R&D 产出，需要进行概念转换和数据调整，澄清相关的重复和漏算问题，经过固定资本消耗、生产税、资本回报等调整；R&D 产出到 R&D 资本形成，R&D 产出表现为当期所形成的 R&D 资产，经过进出口调整得到 R&D 投资序列。

从数据库资本化核算和研发（R&D）资本化核算方法来看，基于成本视角的测算是在市场交易价格缺乏情况下的可行路径。这对于开展数据资产核算同样有积极的借鉴意义。

（二）基于信息价值链的成本核算方法

1. 信息价值链的基本机制

数据资产价值增值流程的基础是数据价值链，这一概念最早由美国科技

---

① Corrado, C., et al., *Measuring Capital in the New Economy*, Chicago: University of Chicago Press, 2005.
② 文豪、李洪月：《中国的无形资产投资及其国际比较》，《宏观经济研究》2013 年第 12 期。
③ 田侃等：《中国无形资产测算及其作用分析》，《中国工业经济》2016 年第 3 期。

智库李晓华和王怡帆（2020）[①]的文献检索发现，数据价值链这一概念最早在2013年被提出。米列尔和莫克（Miller，Mork，2013）[②]认为，数据价值链是从数据获取到做出决策的整个数据管理活动、提供支撑辅助的各种利益相关者和相关技术构成的框架。此后的有关研究尽管在具体流程的分类上存在差异（见表8-1），但本质上都是在强调数据价值的增值链条，即从数据获取到处理再到数据应用探索的过程。因数据要素参与生产过程的核心在于其中的"知识"或者"信息"，故从本质上看，数据价值链的根本是信息（知识）的生产过程。

同样，数据资产作为一种价值储备，真正在生产中起作用的是知识，数据的再加工、再处理或再组织，本身就是一个知识不断被发现和提取的过程，也就是增值的环节。这是开展数据资产流量核算的关键。

表8-1 数据价值链流程的划分

文献	数据价值链流程
米列尔和莫克（Miller，Mork，2013）	数据发现、数据集成和数据探索
UNCTAD（2019）[③]	数据采集、数据处理、数据分析和数据货币化
OECD（2020）[④]	收集、存储、分析，将数据转化为数据智能
源和帕佐斯（Nguyen，Paczos，2020）[⑤]	数据收集、数据汇总、数据分析、数据使用和货币化
许宪春等（2022）[⑥]	数据收集、数据存储、数据分析、数据应用

[①] 李晓华、王怡帆：《数据价值链与价值创造机制研究》，《经济纵横》2020年第11期。

[②] Miller, H. G., Mork, P., "From Data to Decisions: A Value Chain for Big Data", It Professional, Vol. 15, No. 1 (2013), pp. 57-59.

[③] UNCTAD, "Digital Economy Report 2019", 2019.

[④] OECD, "A Roadmap Toward a Common Framework for Measuring the Digital Economy", 2020.

[⑤] Nguyen, D., Paczos, M., "Measuring the Economic Value of Data and Cross-border Data Flows a Business Perspective", OECD Digital Economy Papers 297, 2020.

[⑥] 许宪春等：《数据资产统计与核算问题研究》，《管理世界》2022年第2期。

加拿大统计局（Statistics Canada，2019a[①]、2019b[②]）提出了数据的信息价值链，完整的数据资产增值环节为"观测→数据→数据库→数据科学"，与表8-1中数据价值链流程不同的是，信息价值链主要围绕数据资产的具体类型讨论价值的增值流程。考虑到最终在生产中起作用的是数据中的知识或信息，而前述价值链即在于挖掘其中的知识或信息，那么，关于"数字化观测结果""数据库""数据科学"的划分对于从资产角度的理解还可以从获取"非结构化数据""结构化数据""数据中的信息（知识）"所开展的生产活动角度展开分析，后者正是前者的核心内容。

价值增值强调的是每一个生产环节以前一个环节为基础，通过新的投入和生产活动创造新的价值。考虑到经济意义上的生产是指新产品的生产过程。对于"结构化数据"和"数据中的信息（知识）"而言，核心部分是"数字化观测结果"，其中，"结构化数据"是对"非结构化数据"的处理，"数据中的信息（知识）"是对"结构化数据"的挖掘处理。价值增值链条是数据的基础生产逻辑，但各个环节的价值增长独立测算。具体核算路径上："现象"是客观存在的，是非生产性的，这与现有SNA的基本原则一致。但对其进行的收集、加工、储存等活动，进而形成数据则是生产性的。此后，对数据进行结构化处理形成数据库，包括更进一步的数据科学，都可以认为是在前一个生产阶段上的进一步生产和增值的过程。每个阶段都存在投资活动，构成了投资统计和资本形成统计的内容。

2. 信息价值链所体现的产权权属

对数据资产的探讨还需要进一步研究数据的现象主体和生产主体。其中，现象主体有人类活动相关现象和自然现象两大类。

其一，目前，人类活动参与的主体中，数据产权争议最大的领域莫过于

[①] Statistics Canada,"Measuring Investment in Data, Databases and Data Science: Conceptual Framework", https://www150.statcan.gc.ca/n1/pub/13-605-x/2019001/article/00008-eng.htm, 2019a-6-24.

[②] Statistics Canada,"The Value of Data in Canada: Experimental Estimates", https://www150.statcan.gc.ca/n1/pub/13-605-x/2019001/article/00009-eng.htm, 2019b-7-10.

用户在接受"免费网络服务"的同时,交换给服务提供者的数据。从数据可用性的角度来看,用户和网络服务提供者共同参与了数据的"生产过程",提供者承担了"现象"有关信息的收集、整理、记录等活动,那些"有用的信息"被存储起来成为"服务供应者"的经济所有权资产,具备处置权和收益权。此时,"免费网络服务"即是对用户自身数据价值的支付。

其二,对于自然现象而言,"现象"或者"现象自身发出的观测"不以人类活动为存在的前提,在这种情况下,信息的采集者拥有数据所有权。

其三,个人会成为数据的生产主体,其参与生产的途径有:一是从职业的角度,从事数据相关的工作,但此时的生产是数据企业或者相关机构的生产活动;二是个人对于"现象"的观测结果,主要用于自身决策,在现有SNA框架下,这部分数据的价值体现在个人自身经济活动的有关价值当中,如消费等;三是接受"免费网络服务"交换出去的数据。

从数据到数据库,其中的生产环节主要是获取数据的结构化过程,按照SNA 2008 的说明,数据库本身并不包括数据获取的成本,因此,数据库资产的所有权归开发者所有。从数据库到数据科学,主要是一项研发活动,资产所有权归研发者所有。

3. 基于信息价值链的成本法基本原理

数据资产的主体既可以是企业、金融机构,也可以是住户,给生产主体的扩展带来了挑战。从数据资产主体角度核算存在困难。此外,数据价值链本身存在循环,数据科学又会产生新的数据,这也是数据资产核算的难点。加拿大统计局开展的数据资产核算实践,是以职业分类层面的劳动成本测算为基础。第一,通过选取数据从业行业的工资数据汇总得到数据资产的劳动成本;第二,基于所开展的数据生产行业调查,确定数据生产的资本成本与劳动成本之间的关系比例,并确定综合的成本加成比例;第三,加总劳动成本、资本成本并经过综合的成本加成得到数据资产价值。这为政府统计视角的数据资产核算实践和理论研究提供了很好的借鉴。

具体测算中,成本法是在明确数据生产过程和生产属性的基础上,将数据收集、存储、加工等各阶段的人工费、材料消耗、固定资产折旧、生产税等成本进行加总,以此作为数据资本形成核算的基础。基于"信息价值链"视角的成本测算,需要对数据资产各个增值环节独立测算投资序列,确保各个环节之间没有重复。从投入成本角度开展价值增值核算,一方面可以较好回避主体扩展的影响,另一方面也可以应对数据生产的循环问题,同时,对于"免费"获取的数据,从成本角度的衡量也不会导致价值的低估问题。

基于成本法,本书拟采用中国实际统计数据进行初步试算。目前,有关细分职业的人口统计主要是人口普查相关的数据资料。因第七次全国人口普查数据尚未发布按照职业中类划分的详细统计数据,本书以第六次全国人口普查的细分数据为基准,结合历年《中国统计年鉴》的工资总额数据和工资增长数据推算相应年份的职业工资数据,并以此作为应用成本法的切入点。

具体做法是:(1)选定数据、数据库和数据科学对应的职业分类[1],以第六次人口普查数据为基础,利用信息传输、计算机服务和软件业就业人数增速推算历年数据从业者规模,测算数据来自《中国2010年人口普查资料》。(2)利用城镇总就业人数、非私营单位就业人数、城镇非私营单位平均工资、城镇私营单位平均工资测算城镇单位从业人员平均工资,主要数据来自历年《中国统计年鉴》。(3)结合数据职业的从业者规模和城镇单位就业平均工资测算从业者工资总额,以此作为数据资产测算中劳动投入的衡量。(4)根据中国证监会《上市公司行业分类指引》(2012年修订),选取信息与通信技术服务业上市公司数据,利用公司资金流量表中的"购建固定资产、无形资产和其他长期资产支付的现金""支付给职工以及为职工支付的现金"数据测算各年资本与劳动投入平均比例;同时,根据样本公司

---

[1] 鉴于基础数据资料存在明显的缺失,本书界定职业中类分类中的科学研究人员、经济业务人员、金融业务人员、新闻出版和文化工作人员、邮政和电信业务人员、社会服务和居民生活服务人员、检验和计量人员、工程技术人员、勘测及矿物开采人员、环境监测与废物处理人员、电力设备安装运行检修及供电人员、电子元器件与设备制造装配调试及维修人员、国家机关党群组织企事业单位负责人为数据从业者,并根据从业内容粗略划分数据、数据库和数据科学从业类型。因基础统计资料不足,本书关于成本法的测算主要侧重于算例角度的应用,界定范围和分类的准确度须待进一步的基础数据支撑。

总营业收入与总营业支出数据，测算各年总体成本加成平均比例。相关数据均来自国泰安数据库，对于缺失数据的样本公司进行了剔除处理。

二、数据资本服务实证测算

按照第三章的数据资本服务核算设计情况，本书关于数据资本服务的核算主要分为数据资本形成额测算、数据资产的生产性资本存量测算、数据资本服务物量指数测算三个部分。

（一）数据资本形成额测算

表8-2　2010—2020年基于成本法的我国数据资本形成额测算情况

年份	劳动成本（亿元）	资本成本（亿元）	资本/劳动比	总加成比率（%）	数据资本形成额（当年价）规模（亿元）	数据资本形成额（当年价）占GDP比重（%）
2010	3209.78	7019.14	2.1868	3.7168	10609.11	2.57
2011	4210.72	8334.71	1.9794	4.6359	13127.03	2.69
2012	4932.39	9062.28	1.8373	4.7554	14660.17	2.72
2013	7970.92	11504.43	1.4433	1.0527	19680.36	3.32
2014	8965.54	11232.02	1.2528	6.2222	21454.29	3.33
2015	10286.39	13459.74	1.3085	5.0821	24952.93	3.62
2016	11622.12	14851.91	1.2779	4.9715	27790.18	3.72
2017	13856.83	11693.78	0.8439	3.3417	26404.42	3.17
2018	16524.18	11079.46	0.6705	0.0558	27619.05	3.00
2019	19463.88	11639.40	0.5980	7.0350	33291.40	3.37
2020	22382.48	12003.73	0.5363	7.1492	36844.55	3.63

表8-2是对我国数据资产投资规模试算的结果。2020年，我国数据资本形成额规模达3.68万亿元，占GDP的比重为3.63%。与加拿大统计局的测算结果对比来看，一方面，本书测算的资本/劳动比均值为1.0061，平均

的总成本加成比率为 4.7589%，而加拿大统计局设定的工资以外的其他成本支出占工资比重的 50%，相关的成本加成比例为 3%。相比而言，我国数据资产生产中的资本投入占比要高于加拿大，同时从成本到产出的加成比例也高于加拿大。另一方面，按照对应时间点的测算结果，2018 年加拿大相关的数据资本形成额为 294.55 亿—400.25 亿美元（当年价），按照当年汇率折算后的数据对比，加拿大数据资本形成额上限较为接近我国同期水平。

为了对数据资产核算结果有更加清晰的说明，本章对比了数据资本形成额与 R&D、住宅建筑、非住宅建筑和构筑物、ICT 软件、ICT 硬件、其他机器和设备、矿藏勘探、其他八个资本品类别的固定资本形成额数据[①]，结果如图 8-1 所示。从各类资本品在固定资本形成总额中的占比情况来看，数据资本形成规模已经成为住宅建筑、非住宅建筑和构筑物、其他机器和设备、其他资产之后的第五大资本品类别，且数据资本形成占比自 2011 年以来呈现总体上升趋势。

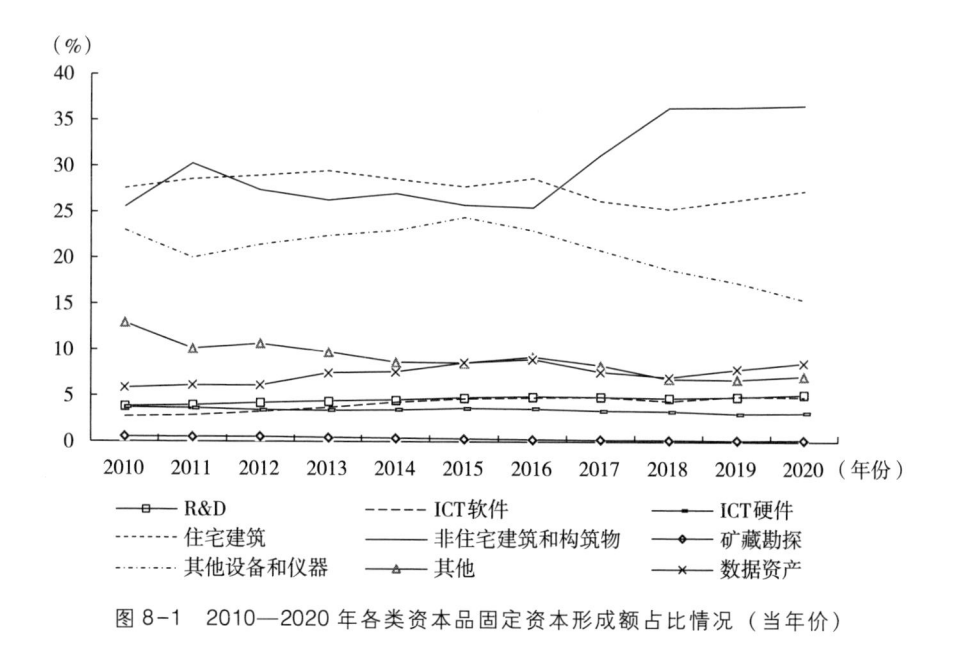

图 8-1 2010—2020 年各类资本品固定资本形成额占比情况（当年价）

---

① 鉴于现阶段数据库资本化核算尚未纳入我国统计实践，而单独测算数据科学投资面临着较大困难，对此，本书不再从 R&D 投资中单独剔除数据科学投资部分。

（二）数据资产的生产性资本存量测算

基于永续盘存法测算的数据资产财富性资本存量结果如表8-3和表8-4所示。2020年，我国数据资产财富性资本存量达到5.44万亿元，与2020年GDP（2015年不变价）相比，占后者的比重达到了6%。为便于分析，本书测算了其他九类资产的财富性资本存量，对比发现，数据资产财富性资本存量超过了R&D、ICT硬件、ICT软件、矿藏勘探以及其他资产的财富性资本存量，纳入数据资产后，我国财富性资本存量整体上升了约3个百分点。与加拿大的对比情况来看，按照对应时间点的测算结果，2018年加拿大相关的数据财富性资本存量规模为1570.67亿—2176.59亿美元（当年价），按照当年汇率折算后的数据对比，数据资产财富性资本存量显著低于我国同期水平。与国内已有研究测算结果的对比来看，本书关于2019年数据财富性资产存量的测算结果，低于徐翔和赵墨非（2020）[1]的测算结果[2]。可见，数据资产已成为我国重要的资产类型。

表8-3　2010—2020年数据资产财富性资本存量测算结果（2015年价）（一）

单位：亿元

年份	住宅建筑	非住宅建筑和构筑物	R&D	其他机器和设备	ICT软件
2010	278615.23	268068.53	19426.83	119242.57	7348.63
2011	317796.64	307682.13	22353.71	138144.80	9724.69
2012	360688.53	343371.87	25824.45	161747.11	12479.92
2013	408757.08	379708.82	29603.70	189164.15	15766.10
2014	455398.86	418935.56	33237.97	216978.52	19639.48
2015	500360.75	455106.77	36895.38	245422.17	22918.89
2016	550763.94	492754.00	40411.33	269044.79	25869.31

---

[1] 徐翔、赵墨非：《数据资本与经济增长路径》，《经济研究》2020年第10期。

[2] 该文根据加拿大统计局的有关现实假设，从成本法角度测算了中国的数据资本存量规模。但因数据资料缺失较为显著，该文直接采用了加拿大的资本成本比例和综合加成比例，对中国实际情况的考虑不足。

续表

年份	住宅建筑	非住宅建筑和构筑物	R&D	其他机器和设备	ICT 软件
2017	592755.71	548581.50	43336.45	288429.66	29245.98
2018	632811.89	622445.13	46085.75	303833.46	31430.36
2019	677005.18	695405.83	49538.34	314544.67	36170.05
2020	720444.86	761690.78	52822.67	313929.90	38838.23

注：①设定数据资产平均耐用年限为 5 年。其他八类资本品的耐用年限设定与第五章至第七章一致。
②各类资产均采用正态型退役和几何型价值模式（以下简称"几何型价值模式"）测算财富性资本存量。其中，设定几何型价值模式下数据资产的残值率为 10%，其他资产均为 5%。
③财富性资本存量测算时，投资数据采用固定资产投资价格指数处理为 2015 年＝100 的不变价数据。
④初始资本存量根据式（2-15）测算，采用初始年份后 5 年投资测算平均增长率。

表 8-4　2010—2020 年数据资产财富性资本存量测算结果（2015 年价）（二）

单位：亿元

年份	ICT 硬件	矿藏勘探	其他	数据资产
2010	14622.02	5075.75	60984.42	24533.59
2011	16798.73	5375.37	61355.90	26502.77
2012	18833.79	5805.24	63782.34	27502.73
2013	21172.67	6174.70	64759.18	31314.09
2014	23665.59	6496.60	63981.67	35580.08
2015	26166.28	6776.52	63823.58	41568.86
2016	28559.46	6909.32	67438.31	47255.04
2017	30752.20	6921.59	70093.35	47027.05
2018	33705.17	6869.01	69136.75	46135.87
2019	35619.40	6717.93	68813.82	49818.98
2020	37706.85	6743.51	68579.86	54383.24

在正态型退役模式和双曲线型效率模式下，本章测算的数据资产生产性资本存量如表 8-5 和表 8-6 所示，从 2020 年的生产性资本存量测算结果来看，数据资产仅次于住宅建筑、非住宅建筑和构筑物、其他机器和设备、其

他资产，高于R&D资产。从数据资产的生产性资本存量增速来看，2010—2020年的平均增速为11.86%，仅次于ICT软件生产性资本存量的增速，高于其他资本品类型。

表8-5 2010—2020年数据资产生产性资本存量测算结果（2015年价）（一）

单位：亿元

年份	住宅建筑	非住宅建筑和构筑物	R&D	其他机器和设备	ICT软件
2010	381779.09	391738.95	27167.73	159298.66	9442.31
2011	434388.07	443542.48	31486.63	187974.39	12771.78
2012	492725.59	493613.77	36502.36	222349.28	16585.05
2013	558422.06	546136.89	41998.31	261835.71	21011.99
2014	625126.89	603322.94	47489.29	303154.92	26267.54
2015	692395.43	659351.03	53068.37	346174.30	31192.21
2016	767133.67	718435.69	58555.60	385150.13	35637.97
2017	835732.91	797264.24	63421.58	419723.28	40251.41
2018	903984.39	896945.76	67928.70	449446.08	43817.10
2019	977691.78	999721.47	72955.83	473019.20	49645.44
2020	1052077.41	1099549.21	77839.27	483148.99	54011.97

表8-6 2010—2020年数据资产生产性资本存量测算结果（2015年价）（二）

单位：亿元

年份	ICT硬件	矿藏勘探	其他	数据资产
2010	21026.14	8706.83	85767.36	24533.59
2011	23884.44	9140.41	89796.32	34766.55
2012	26815.46	9717.86	94640.06	40596.24
2013	30213.73	10261.62	96951.63	42952.87
2014	33911.20	10781.25	96356.36	48428.02
2015	37670.17	11280.59	96027.84	56801.71
2016	41333.73	11651.23	99593.60	64802.71
2017	44798.03	11908.75	103002.25	67110.78

续表

年份	ICT 硬件	矿藏勘探	其他	数据资产
2018	48964.81	12095.23	103392.88	66658.49
2019	52199.03	12170.61	103857.63	69536.36
2020	55486.07	12397.81	103602.51	75261.62

（三）数据资本服务物量指数测算

在测算生产性资本存量的基础上，固定资本服务物量指数测算还涉及使用者成本的测算。其中，折旧率在前述分析中已经测算，资本回报率采用了第四章的处理，不同之处是用于测算回报率的资本报酬、生产性存量调整为 2015 年价，以保证与表 8-5 和表 8-6 中测算结果的数据口径一致。用于衡量资产价格变动的数据资产价格指数由全社会固定资产投资价格指数替代，对于 2020 年的价格指数缺失问题，采用第四章至第七章的处理方法，由 CPI 指数替代，同样地，价格指数也调整为 2015＝100。为了汇总全国层面各类资本品的固定资本服务物量指数，其他各类资本品的有关指标也做了类似处理。

为了对比数据资本化核算的影响，本章同时还测算了不含数据资产的固定资本服务物量指数，结果如图 8-2 所示：除 2018 年、2019 年外，其他年份纳入数字资产的总固定资本服务物量指数增长率均高于不纳入的情形。

三、"信息价值链"视角的数据资本核算框架对我国的启示

从现阶段我国的统计基础来看，我国开展数据资产核算还面临以下问题：（1）统计实践上，我国政府统计尚未建立专门的统计方法制度，也缺少针对数据资产核算的有关统计调查。（2）理论研究上，有关数据资产的统计内涵和统计边界尚缺少更充分的讨论，具体的数据资产核算方法以及数据资本耐用年限、退役模式、价值模式、效率模式等的研究还很不充分。

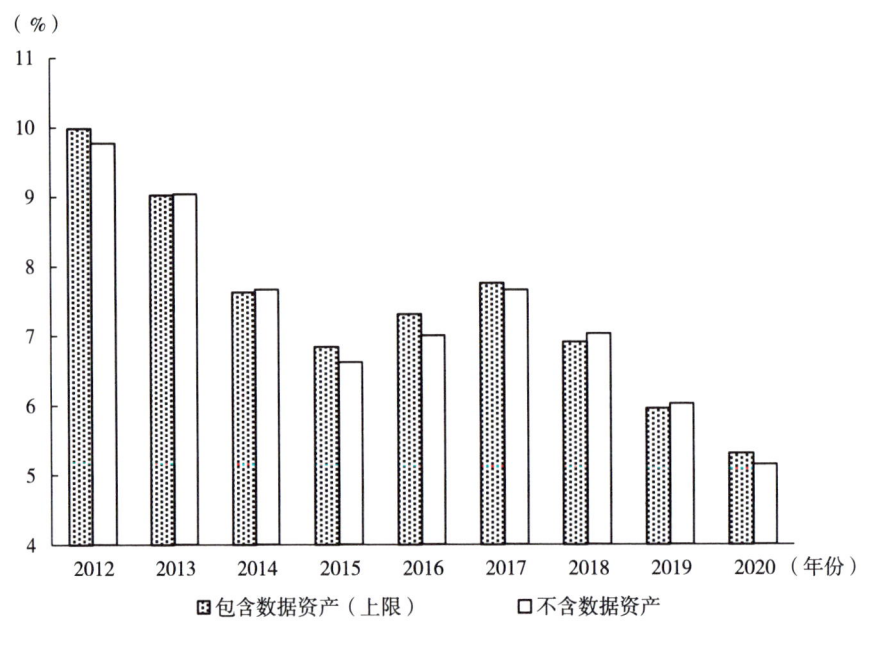

图 8-2　2012—2020 年固定资本服务物量指数增长率

（3）与美国、英国等国家相比，我国还没有建立数据库统计方法制度，也未开展数据库资本化实践。

（一）优化职业分类统计

现阶段我国的劳动就业、工资统计以及职业分类统计均无法提供有效的从业收入数据，这使得从职业分类统计角度开展数据资产核算存在较大困难。应从数字经济快速发展的实际出发，进一步调整我国职业分类，细化设置数据从业行业，并开展对应的劳动工资统计，为从成本角度衡量数据资产价值奠定基础。

（二）开展专门统计调查，确定成本推算比例

目前，用于测算数据生产支出的基础数据缺乏较为明显，如何衡量数据生产中的资本投入以及"成本到产出之间"的加成调整比例等关键问题均亟须解决。有必要设计并开展专门的重点调查或典型调查，为开展数据资产

核算提供基础数据。同时，也需要进一步整合已有的上市公司财务指标、微观企业财务调查等多源数据，系统研究确定资本成本比例和总体的成本—利润加成比例的测算方法。

（三）在 CSNA 2016 基础上调整资产分类

为更好地应用价值增值框架核算数据资产价值，相关的方法制度改革研究和建设工作应当先行，其中，调整现有固定资产分类就是重要的内容之一。在 CSNA 2016 知识产权产品分类的基础上，纳入数据、数据库和数据科学三类资产的具体归类和核算路径是什么？对现有五分类的影响如何？分类调整与现有核算框架的衔接性如何？等等。这些问题都有待理论研究的进一步深入。

四、理论研究有待深入的问题

因数据的可复制性、虚拟性等特征，使得数据的产权模糊，长期以来，其确权问题困扰着数据市场交易和有关的价值评估。数据要素包括的形态众多，除了统计上的原始数据外，还涉及数据的整理、清洗，数据集的规整和数据库的建设与维护，以及相关的数据分析等诸多方面，使得严格按照法定所有权开展的确权工作存在极大困难，且成本高。加拿大统计局以"信息价值链"为数据资产核算的切入点，提出了数据资产核算的基本框架。整体来看，加拿大统计局的核算实践能够与现有 SNA 框架衔接，且具有较高的可操作性，这为开展更一步的数据资产核算方法研究提供了前提条件和参考依据，也为信息价值链视角的数据确权问题找到了突破口。

第三章关于数据资本服务核算的研究设计和本章的实证测算研究探索，在对加拿大统计局数据资产核算实践进行分析的基础上，从测度内涵、核算范围、统计属性、核算方法、账户记录等方面开展了基于信息价值链视角的数据资产核算框架研究。这对于开展我国的数据资产核算理论研究和统计方法制度建设有积极的借鉴意义。

（一）数据资本形成核算问题

数据库资本化核算和 R&D 资本化核算为从成本角度开展数据资本形成核算提供了参考。但因数据资产类型多，存在多个增值环节，如何衡量各个环节的投资情况是流量核算的关键。一方面，数据资产的生产同样需要资本、劳动投入以及成本加成；另一方面，部分数据产品是副产品或者融合于其他产品生产中，如何剥离其中的数据生产成本，获取准确的支出数据是当前理论研究亟待解决的问题。

（二）自给性数据产品核算问题

目前，自给性数据库核算是难点，在部分开展数据库资产核算实践的国家，多数尚未纳入核算。尽管在研发资本化核算改革中，开展了基于研发支出角度的企业内部研发活动资本化核算，这在一定程度上为自给性数据产品核算提供了参考，但如何从现有的研发资本化核算中专门剥离出数据科学部分面临着较大困难。三种资产类型中，除数据库和数据科学外，现有核算体系尚未涉及自给性数据的资本化核算。

（三）数据资本测算的关键参数和模式确定问题

数据资产的异质性，一方面不同资产类型，耐用年限差异很大，有的可以使用很长时间，有的则很快就过时了；另一方面对于不同使用（持有）主体而言，耐用年限也不尽相同，这些情形中价值损耗和效率衰减情形也存在较大差异。这使得基于传统固定资产路径难以开展有效测度。

本章小结

本章基于信息价值链视角的成本核算法开展了我国数据资本服务的实证测算。结合加拿大统计局信息价值链的数字资产核算框架，在选定数据、数据库和数据科学对应的职业分类的基础上，以我国人口普查的细分数据为基准，结合历年工资总额数据和工资增长数据推算相应年份的数据从业者的职业工资，并以此作为应用成本法核算数据资本测算的切入点，开展数据资本形成额、数据资产的生产性资本存量和数据资本服务物量指数测算。

实证测算结果显示，2020年，我国数据资产投资 3.68 万亿元，占 GDP 的比重为 3.63%，按 2015 年不变价测算的数据财富性资本存量为 5.44 万亿元，相当于 GDP 的 6%。纳入数据资产后，我国财富性资本存量整体上升了约 3 个百分点，并成为超过 R&D、ICT 硬件、ICT 软件、矿藏勘探，以及其他资产存量规模的重要资产类型。本章的研究为数据要素价值理论测度提供了借鉴框架和方法支持，也为我国数据资产核算实务进展提供了参考。

第 九 章

资本服务纳入 CSNA 的基本构想

固定资本服务核算纳入一国国民经济核算体系的实践，在遵循基本国际准则的基础上，也需要从本国实际出发，体现本国核算特征。中国国民经济核算体系 2016（CSNA 2016）不再单独设置"国民经济账户"，而是以"五大基本核算+扩展核算体系"及其对应的核算表代替原有核算账户，因此，本章对于中国国民经济核算体系纳入固定资本服务核算的基本构想，主要围绕核算表的基本结构和相应的核算内容、核算指标关联等角度展开。

一、SNA 2008 国民账户与 CSNA 2016 的基本核算表式

SNA 2008 纳入固定资本服务核算的目的是，建立生产中使用的资本与所创造的营业盈余之间的关系，解释"营业盈余"是如何产生的。固定资本服务核算通过固定资本消耗与生产账户和积累账户建立关联，通过财富性资本存量与资产负债账户建立关联。

然而，SNA 2008 以一个相对"温和"的处理来应对固定资本服务核算问题，即在保持现有账户体系基本稳定的情况下，以附属表的形式引入固定资本服务核算问题，相关的方法制度细节则以 OECD 的资本测算手册为主，后者主要针对固定资产给出具体的核算建议，对于自然资源资产的资本测度则主要体现在《环境经济核算体系（2012）》（SEEA 2012）的核算框架中。

表 9-1 的具体记录内容，主要对应 CSNA 2016 中的国内总值核算总表。

表 9-1　生产账户表式①

运用	金额	来源	金额
P.2 中间消耗 B.1g 总增加值 K.1 固定资本消耗（-） B.1n 净增加值		P.1 总产出	
合计		合计	

表 9-2 至表 9-5 的具体记录内容，主要对应 CSNA 2016 中的资金流量表（非金融交易部分）。

表 9-2　收入形成账户表式

运用	金额	来源	金额
D.1 应付雇员报酬 D.2/3 应付生产税净额 D.2 生产税 D.3 生产补贴（-） B.2g 总营业盈余/混合收入 K.1 固定资本消耗（-） B.2n 净营业盈余/混合收入		B.1g 总增加值 K.1 固定资本消耗（-） B.1n 净增加值	
合计		合计	

表 9-3　初始收入分配账户表式

运用	金额	来源	金额
D.4 应付财产收入 B.3g 初始总收入 K.1 固定资本消耗（-） B.3n 初始净收入		B.2g 总营业盈余/混合收入 K.1 固定资本消耗（-） B.2n 净营业盈余/混合收入 D.1 应收雇员报酬（住户） D.2/3 应收生产税净额（政府） D.2 生产税 D.3 生产补贴（-） D.4 应收财产收入	
合计		合计	

---

① 有关账户表式和记录参考了高敏雪等（2018）的有关资料，详见高敏雪等：《国民经济核算原理与中国实践》，中国人民大学出版社 2018 年版。

表 9-4 收入再分配账户表式

运用	金额	来源	金额
D.5 应付所得税 D.6 应付社会缴款（住户） D.7 应付社会福利（政府） D.8 应付社会补助 D.9 应付其他经常转移 B.4g 可支配总收入 K.1 固定资本消耗（-） B.4n 可支配净收入		B.3g 初始总收入 K.1 固定资本消耗（-） B.3n 初始净收入 D.5 应收收所得税（政府） D.6 应收社会缴款 D.7 应收社会福利 D.8 应收社会补助 D.9 应收其他经常转移	
合计		合计	

表 9-5 可支配收入使用账户表式

运用	金额	来源	金额
P.3 最终消费支出 B.6g 总储蓄 K.1 固定资本消耗（-） B.6n 净储蓄		B.4g 可支配总收入 K.1 固定资本消耗（-） B.4n 可支配净收入	
合计		合计	

表 9-6 是资本账户表式，从记录内容来看与 CSNA 国内生产总值表、资金流量表（非金融交易部分）、资产负债变化表均存在关联。

表 9-6　资本账户表式

资产变动	金额	负债和净值变动	金额
P.5 资本形成总额 P.51 固定资本形成总额 K.1 固定资本消耗（-） P.51n 固定资本形成净额 P.52 存货变动 P.53 贵重物品净获得 P.5n 资本形成净额 K.2 非生产资产净购买 B.7 净贷出（+）/净借入（-）		B.6g 总储蓄 K.1 固定资本消耗（-） B.6n 净储蓄 D.10/11 资本转移收入净额 D.10 应收资本转移 D.11 应付资本转移（-） B.8.1 储蓄与资本转移引起的净值变动	
合计		合计	

目前，我国尚未公布期初（期末）的资产负债数据。表 9-7 的具体记录内容，主要对应 CSNA 2016 中的期初（期末）资产负债表。

表 9-7　资产负债账户表式

资产	金额	负债和净值	金额
AN 非金融资产 　　AN.1 生产资产 　　AN.2 非生产资产 AF 金融资产		AF 负债 B.9 净值	

现阶段，我国资产负债变化数据主要来自于资金流量表相关数据。表 9-8 的具体记录内容，主要对应 CSNA 2016 中的资产负债变化表。

表 9-8 资产负债变化表表式

资产	金额	负债和净值	金额
资产总变化 AN 非金融资产 　　AN.1 生产资产 　　AN.2 非生产资产 AF 金融资产		负债总变化 AF 总负债 B.8 净值总变化 B.8.1 储蓄与资本转移引起的净值变化 B.8.2 资产其他物量变化引起的净值变化 B.8.3 重估价导致的净值变化	
合计		合计	

表 9-9 主要涉及生产账户、收入账户、积累账户的相关项目记录：（1）核算总表左端生产方下，收入法国内生产总值涉及固定资产折旧、生产税净额和营业盈余。根据 SNA 2008 和 CSNA 2016 的说明，营业盈余归属于资本回报部分，而生产税净额涵盖了劳动和资本的贡献，需要剥离出资本部分的贡献。（2）核算总表右端使用方下，支出法国内生产总值涉及资本形成总额。

表 9-9 CSNA 2016 国内生产总值核算表

生产	金额	使用	金额
1. 生产法国内生产总值 　总产出 　中间投入（-） 2. 收入法国内生产总值 　劳动者报酬 　生产税净额 　　生产税 　　生产补贴（-） 　固定资产折旧 　营业盈余		1. 支出法国内生产总值 　最终消费支出 　　居民消费支出 　　为住户服务的非营利机构消费支出 　　政府消费支出 　资本形成总额 　　固定资本形成总额 　　存货变动 　　贵重物品获得减处置 　货物和服务净出口 　　货物和服务出口 　　货物和服务进口（-） 2. 统计误差	

资金流量核算（非金融交易）主要涉及营业盈余的产生问题，且要与国内生产总值表有效衔接：（1）收入初次分配涉及生产税净额和财产收入。（2）非金融投资中涉及资本形成总额问题。

资产负债表核算中主要涉及财富性资本存量及其变动：（1）期初和期末资产负债表中，资产方下的非金融资产，根据 SNA 2008 的说明，所有非金融资产都在生产中提供了固定资本服务，但因存货等生产资产和非生产资本本身的核算困难，目前理论研究和统计实践中，主要针对固定资产开展固定资本服务核算。（2）资产负债交易变化表中，引起非金融资产净值变化的有关项目。

新兴经济核算中，生产法和收入法增加值核算涉及有关的资本品类型，如第八章的数据资产。

二、固定资本服务核算纳入中国国民经济核算体系的路径

（一）遵循固定资本服务核算的国际方法准则

第一，遵循 SNA 2008 关于固定资本服务核算的基本原则，以及相关统计指标的核算关系，建立固定资本服务核算与国内生产总值表（生产核算）、资金流量表（收入分配和使用核算）、资产负债表（积累核算、资产负债核算）的关联关系。

第二，遵守《OECD 资本测算手册》的基本方法制度，确保固定资本服务核算的国际可比性。同时，结合中国实际，开展专门的资本品普查清查，探索差异化的资本品耐用年限、退役模式、效率模式、价值模式，以及相关参数的统计估算，形成统一的固定资本测算框架和方法制度。

第三，短期建立以永续盘存法为主的核算方法制度，长期建设以基准年份盘存法为主、永续盘存法为辅的基本方法制度。

（二）兼顾中国资本统计实际

在 CSNA 2016 固定资产分类的基础上，进一步优化分类，建立固定资

产投资、固定资本形成统计与固定资本存量、固定资本服务核算协调一致的核算框架。根据我国固定资本形成统计的实际情况（积累账户），确定不同资产类别的固定资本形成额测算范围和数据处理办法。

（三）建立完善涵盖固定资本存量和固定资本服务的资本账户

针对 SNA 1993 对于固定资本服务核算考虑不足的问题，艾哈迈德（Ahmad，2004）[①] 的研究认为主要是没有明确区分从固定资产使用中获得的收益，仅仅将其包含在营业盈余中。他的建议：（1）分解营业盈余的来源，并按照固定资产提供的固定资本服务、自然资源资产提供的固定资本服务、存货提供的固定资本服务、土地提供的固定资本服务划分。（2）将固定资本服务以"总增加值"下二级科目的形式进入生产账户，因此，不会影响目前 SNA 中对于总量的汇总，也不会影响 SNA 和其他经济核算标准的一致性。（3）通过效率模式、价值模式之间的联系将固定资本消耗和固定资本服务纳入统一的核算框架。从 SNA 2008 的修订情况来看，关于固定资本服务核算的建议是，以附属表的形式纳入现有国民经济账户体系，这样对于现有核算体系的冲击最小。但考虑到 CSNA 2016 不再单独设置"国民经济账户"，而是由五大核算表取代原账户，因此，涉及固定资本存量和固定资本服务在内的资本核算内容应以独立的部分纳入。

表 9-10 是在 SNA 2008 建议的基础上，结合我国收入法 GDP 分类以及部门分类整理而来，主要是在国内生产总值核算表下以二级科目形式纳入固定资本服务核算的相关内容。这一处理，不改变总增加值和我国国民经济核算表的主体结构，只是在原有五大核算表的基础上增加有关固定资本服务的相关内容，并以附属表的形式呈现。能够保证引入固定资本服务以后的国民账户体系与其他经济核算标准的一致性。

---

① Ahmad, N., "Introducing Capital Services into the Production Account", *AEG Meeting Paper on National Accounts*, No. 12 (2004), SNA /M2. 04 /15.

表 9-10 固定资本服务核算附属表的基本表式

国民经济核算数据	合计/总额	固定资本消耗	净额
总增加值 　劳动者报酬 　总营业盈余 　　非金融企业 　　金融机构 　　广义政府 　　NPISH 　　住户 　生产税净额 　个体经营业主混合收入			
固定资本服务	固定资本服务	价值衰减	资产回报
固定资产 　非金融企业 　金融机构 　广义政府 　NPISH 　住户 　自然资源			
存货			

注：参照 SNA 2008 的固定资本服务补充表以及 CSNA 2016 的增加值构成、国民经济部门分类整理。

前述分析是关于固定资本服务核算纳入我国国民经济核算体系的路径探讨，主要针对传统固定资产而言。数字化对固定资本服务核算的影响，不仅体现在核算范围的扩展方面，还会对现有的资产分类产生影响。第一，在具体的核算范围扩展方面，要充分考虑数字化的影响，研究尚未纳入固定资产范畴的数字化资产的确认问题。第二，相关的扩展核算也要关注对固定资产分类的进一步调整，以及在对应核算方法制度、固定资本服务核算附属表设置及其与我国五大核算表衔接调整等问题。

本章小结

本章研究了固定资本服务核算纳入中国国民经济核算体系（CSNA）的

路径和方式，针对存货固定资本服务核算及其记录、资源环境核算与固定资本服务核算附属表的关联关系，以及数字化对固定资本服务核算的影响问题，提出了固定资本服务扩展核算的基本构想。

关于我国固定资本服务的统计核算和账户记录研究以及今后的实践探索工作，需要在遵循联合国统计委员会、经济合作与发展组织（OECD）关于固定资本服务核算基本方法制度的基础上，重点关注固定资本服务核算与我国国内生产总值表、资金流量表、资产负债表的关联关系，围绕"统一的固定资本测算框架和方法制度""固定资产投资、固定资本形成统计与固定资本存量、固定资本服务核算协调一致的统计框架""建立完善涵盖固定资本存量和固定资本服务的资本账户"等方面展开。

第 十 章
测算结果数据应用研究[①]

固定资本服务是最佳的资本投入衡量指标，是开展经济增长效应、经济结构变动分析的基础指标。本章利用第五章至第九章的测算结果和部分测算过程数据，分别围绕全要素增长率测算、资本利用率测算、供给侧结构性改革下的资本回报率变动分析问题展开数据应用研究。

一、全要素增长率测算

全要素生产率是经济高质量发展的关键（蔡昉，2013）[②]，主要用于刻画资本、劳动等要素投入无法反映的技术进步、组织创新、专业化和生产创新等因素（胡晨沛和章上峰，2019）[③]。对全要素增长率的有效测度，能够为经济增长动力机制分析和经济结构的转型发展问题研究提供基础数据支撑，也能够为完善宏观经济管理，推动新发展阶段的经济内涵式增长，提供政策依据。

[①] 本章部分内容发表在《统计研究》2022 年第 7 期、《经济学家》2021 年第 9 期、《统计学报》2020 年第 2 期。

[②] 蔡昉：《中国经济增长如何转向全要素生产率驱动型》，《中国社会科学》2013 年第 1 期。

[③] 胡晨沛、章上峰：《基于时空异质弹性生产函数模型的区域全要素生产率再测度》，《统计与信息论坛》2019 年第 6 期。

（一）测算方法

改革开放以来，我国依靠人口红利和资源环境的代价发展经济，依靠投资扩张来实现经济规模的快速增长。在这一过程中，劳动力和自然资源成本低，环境污染代价低，突出经济粗放增长的特征，对自主创新能力重视不足，全要素生产率对经济发展的贡献较低。在投资驱动力下降、劳动力成本上升以及资源环境问题日益严峻的情况下，这种粗放增长的不利影响开始对经济发展产生冲击，一些结构性问题开始显现。具体表现为高消耗（资源消耗大）、高污染、不平等（居民经济地位或享受的医疗、教育等资源的差异明显）、不平衡（区域发展不平衡、产业发展不平衡）、产品低端（产品附加值低，自主创新能力不强）等。这些结构性问题综合表现为全要素生产率的变动问题。

在全要素增长率的众多测算方法中，增长核算法作为典型的非参数方法，在官方统计中应用广泛，《OECD 生产率测算手册》也建议基于增长核算法开展全要素生产率和全要素增长率的测算。该方法由索洛（Solow，1957）[①] 提出，鉴于经济增长过程涉及不同投入要素，且不同要素的计量单位不一致，此类问题给经济增长因素分析和全要素生产率测算带来了很大的困扰，为此，该方法从"余值"角度巧妙地解决了全要素生产率的测算问题，即经济增长率中扣除劳动投入和资本投入增长后的部分。

依据柯布一道格拉斯生产函数和规模报酬不变的假定，那么，一个简化的增长模型可表示为：

$$Y_t = A_t L_t^{\alpha} K_t^{1-\alpha} \qquad (10-1)$$

其中，Y_t 是第 t 期的产出，A_t、L_t、K_t 分别表示第 t 期的全要素生产率、劳动投入和资本投入，α 衡量的是劳动产出弹性（这里假定为常数）。

[①] Solow, "Technical Change and the Aggregate Production Function", *The Review of Economics and Statistics*, Vol. 39, No. 3 (1957), pp. 312–320.

对于式（10-1）的变换，采用刘云霞等（2021）[①] 的处理，为体现出增长率情况，两边同时除以 Y_{t-1}，可得：

$$(Y_t/Y_{t-1}) = (A_t/A_{t-1})(L_t/L_{t-1})^{\alpha}(K_t/K_{t-1})^{1-\alpha} \quad (10-2)$$

进一步地，式（10-2）两边同时取对数可得：

$$\ln(Y_t/Y_{t-1}) = \ln(A_t/A_{t-1}) + \alpha\ln(L_t/L_{t-1}) + (1-\alpha)\ln(K_t/K_{t-1}) \quad (10-3)$$

对于发展速度的对数处理，可近似表达为：

$$dY/Y_t = dA/A_t + \alpha dL/L_t + (1-\alpha)dK/K_t \quad (10-4)$$

对于式（10-4）的离散形式，可写为：

$$\Delta A_t/A_{t-1} = \Delta Y_t/Y_{t-1} - \alpha\Delta L_t/L_{t-1} - \beta\Delta K_t/K_{t-1} \quad (10-5)$$

（二）数据处理

根据式（10-5）的测算原理，在产出增长率、资本投入增长率和劳动投入增长率，以及要素投入弹性给定的情况下，可测算全要素增长率。其中，产出增长率由1978年价的不变价GDP增速衡量，资本投入增长率采用第五章测算的全国层面固定资本服务增长率衡量，劳动投入采用年中人口数增速衡量。

（三）测算结果与分析

从数据应用的角度来看，本章利用固定资本服务增长率测算全要素增长率，有必要就已有研究中常见的基于固定资本存量的测算结果进行对比。采用相同的资本品分类和固定资本形成额数据，在正态型退役模式和几何型价值模式下测算财富性资本存量，并按照式（10-5）测算全要素增长率，结果如图10-1所示。可以看出，两组全要素增长率测算结果整体走势一致，主要差异反映在部分时间点（段）的增长率差异上，其中，1980—1992年、

[①] 刘云霞等：《关于中国全要素生产率测度的研究——基于一阶差分对数模型和有效资本存量的再测算》，《统计研究》2021年第12期。

2008年以后的差异较为明显。

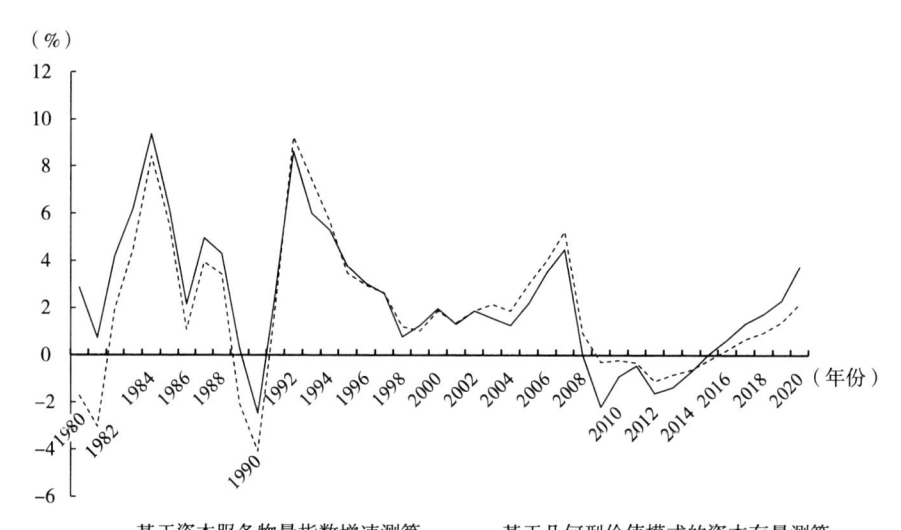

图 10-1　1980—2020年全要素增长率测算结果

从图10-1的全要素增长率的测算结果可以看出，其变动与我国经济发展和科技创新进程吻合。其中：（1）1981—1992年的体制改革、推动科技服务经济建设的阶段。改革开放后，随着农村家庭联产承包责任制、市场经济体制、对外开放等制度的建立，均为科技发展提供了良好的政策环境。这一时期，全要素增长率不断提高。（2）1993—2011年的全要素生产率下降时期。主要原因在于前期的制度改革红利对增长的促进作用逐渐减弱。孙凤娥和江永宏（2017）[1]认为，传统增长路径下的相关政策、制度与当前阶段的经济增长路径契合度在减弱。具体到科技发展领域，主要表现在市场配置资源的主导地位有待增强，经济发展主要投入要素的市场化程度不高，现有科技体制机制存在诸多制约创新驱动发展的因素，缺乏科技成果转移转化和体现知识价值的引导性政策措施，创新能力支撑体系的开放性与共享性不足，等等。概括来讲，科技发展领域生产关系与生产力之间的匹配度下降，

---

[1]　孙凤娥、江永宏：《中国研发资本测算及其经济增长贡献》，《经济与管理研究》2017年第2期。

成为制约科技与经济紧密结合的障碍，导致全要素增长率下降。（3）2012年开始的全要素增长率企稳回升期。近年来我国经济的效率提升和结构优化进程明显加快，居民福祉、国民经济基本素质、增长动力提升得到了较为明显的改善，区域发展结构、要素分配结构和国内外市场结构不断优化。这些都在释放着创新潜力和创新活力。

二、资本利用率测算

测算生产率、分析经济增长时忽视资本利用率会对经济生产的实际情况产生误判。针对现有资本利用率宏观测算指标的缺失问题，本书从统计内涵、统计内容与统计指标三方面系统地搭建出一个新的资本利用率宏观测算指标框架，设计出涵盖资本生产能力、资本实际使用、复合资本利用三个层面的资本利用率宏观统计指标。考虑到资本实际使用的衡量存在很大测度困难，本书通过上市公司财务指标数据测算行业层面复合资本利用率，结合宏观统计数据测算行业层面反映资本生产能力的数量维度指标，进而由资本利用指标体系间的相关关系推算资本利用强度指标。

（一）开展资本利用率测算的重要性和必要性

投资是拉动经济增长的"三驾马车"之一。改革开放以来，我国经济的高速增长离不开投资驱动和资本积累的贡献。在新时代，经济高质量发展更需要理性审视投资在"稳增长、调结构"中的作用，明晰资本对经济增长和经济结构的影响不仅来自积累的规模，还来自资本自身的利用程度（龚敏等，2016)[1]。理论研究应关注资本结构和资本效率问题，而资本利用率正是这样一个从投入角度衡量资本利用情况的效率指标。基于这一指标，有助于进一步发掘资本积累影响经济增长和结构调整的作用机制，为高质量

---

[1] 龚敏等：《中国资本利用率、企业税负与结构调整：基于内生化资本利用率的视角》，《学术月刊》2016年第10期。

发展阶段我国经济健康发展以及相关的宏观调控政策制定提供参考。

大量的实证研究中,资本利用率的理论探讨和测算面临着诸多困难,生产函数中"K"的选择多以财富性资本存量衡量,极少考虑资本利用率的问题。余淼杰等(2018)[①]的研究显示,未经资本利用率调整的生产率估计存在显著误差。因此,资本利用率的测算问题应当引起重视。陶布曼和威尔金森(Taubman, Wilkinson, 1970)[②]以及卡尔沃(Calvo, 1975)[③]提出了资本利用率的基本定义,为后续相关研究提供了支撑。但由于理论内涵探讨在统计测算上的延展不足,并且生产中提供服务的固定资本测算存在较多现实困难,因此,没有形成一个有效的测算指标体系。这使得极少有研究开展专门的资本利用率宏观测算。

理论界对资本利用率(capital utilization rate)内涵的界定多是从测算角度出发,主要突出现有资本投入生产的密度(Taubman, Wilkinson, 1970; Calvo, 1975)。经典的经济学理论以资源稀缺为前提,在"理性经济人"假设下,资本要素通常被认为是充分利用的,此时探讨资本利用率问题是没有意义的。然而,实际经济运行并非如此(杨光,2012)[④],受周期因素、政策冲击等影响,市场存在摩擦和不确定性,生产中使用的资本要素会出现供求关系不匹配的现象。有关的研究多围绕"资本闲置"问题开展理论机制分析,如史密斯(Smith, 1970)[⑤]、卢卡斯(Lucas, 1990)[⑥]强调微观主体根据宏观经济运行、行业景气程度及自身运营状况等因素,从利润最大化

[①] 余淼杰等:《工业企业产能利用率衡量与生产率估算》,《经济研究》2018年第5期。
[②] Taubman, P., Wilkinson, M.,"User Cost, Capital Utilization, and Investment Theory", *International Economic Review*, Vol. 11, No. 2 (1970), pp. 209–215.
[③] Calvo, G. A.,"Efficient and Optimal Utilization of Capital Services", *American Economic Review*, Vol. 65, No. 1 (1975), pp. 181–186.
[④] 杨光:《中国设备利用率与资本存量的估算》,《金融研究》2012年第12期。
[⑤] Smith, K.,"Risk and the Optimal Utilization of Capital", *Review of Economic Studies*, Vol. 37, No. 2 (1970), pp. 253–259.
[⑥] Lucas, R.,"Capacity, Overtime, and Empirical Production Function", *American Economic Review*, Vol. 60, No. 2 (1990), pp. 23–27.

的角度决定生产中的资本利用情况。而利坎德曼等（Licandro，et al.，2001）①、伦博斯和奥恩海默（Rumbos，Auernheimer，2001）② 的研究更进一步，在新古典增长框架下引入企业内生决定的资本利用率，为最优资本利用率的测算提供了理论模型。随后，达尔高（Dalgaard，2003）③、查特吉（Chatterjee，2005）④ 在新古典框架内开展了更深入研究，扩展了基于内生化的资本利用率增长模型研究。

从具体测算来看，狭义维度是基于一定时间段的资本开动时间来衡量资本利用率，夏皮罗（Shapiro，1986）⑤、奥尔（Orr，1989）⑥、比利和马泰（Beaulieu，Mattey，1998）⑦、查特吉（Chatterjee，2005）等的实证测算研究中，均以此为标准构建专门的测算方法；广义维度主要是从产能利用率角度进行衡量，其核心是测算实际产出对潜在产出的比率，譬如马克-安德烈（Marc-André，2004）⑧ 等，此类替代处理存在一个基本前提，即要素的充分利用以及资本要素的准固定投入假设。国内相关研究中，资本利用率定义是基于测算的便利性，涉及不同测算角度，如杨光（2012）⑨ 将设备利用率定义为"资本存量中提供服务的资本占比"，这实际上是资本利用率的概

---

① Licandro, O., et al.,"Optimal Growth under Endogenous Depreciation, Capital Utilization and Maintenance Costs", *Investigaciones Economicas*, *Fundación SEPI*, Vol. 25, No. 3 (2001), pp. 543-559.

② Rumbos, B., Auernheimer, L.,"Endogenous Capital Utilization in a Neoclassical Growth Model", *Atlantic Economic Journal*, Vol. 29, No. 2 (2001), pp. 121-134.

③ Dalgaard, C.,"Idle Capital and Long-run Productivity", *Contributions to Macroeconomics*, Vol. 3, No. 1 (2003), pp. 1-42.

④ Chatterjee, S.,"Capital Utilization, Economic Growth and Convergence", *Journal of Economic Dynamics and Control*, Vol. 29, No. 12 (2005), pp. 2093-2124.

⑤ Shapiro, M., "Capital Utilization and Capital Accumulation: Theory and Evidence", *Journal of Applied Econometrics*, Vol. 1, No. 3 (1986), pp. 211-234.

⑥ Orr, J.,"The Average Workweek of Capital in Manufacturing, 1952-1984", *Journal of the American Statistical Association*, Vol. 84, No. 405 (1989), pp. 88-94.

⑦ Beaulieu, J., Mattey, J.,"The Workweek of Capital and Capital Utilization in Manufacturing", *Journal of Productivity Analysis*, Vol. 10, No. 2 (1998), pp. 199-223.

⑧ Marc-André, L., "Capital Utilization and Habit Formation in a Small Open Economy Model", *Canadian Journal of Economics*, Vol. 37, No. 3 (2004), pp. 721-741.

⑨ 杨光：《中国设备利用率与资本存量的估算》，《金融研究》2012年第12期。

念。具体测算时，考虑到提供服务的固定资本测算存在较大困难，该文通过构建企业投资模型测算最优资本利用率。余淼杰等（2018）[1] 对产能利用率的定义是"无法观察到的实际投入生产的资本量与可观察的可投入生产的资本量之比值"，同样是基于资本使用程度的界定。具体测算时，该文则通过构建生产函数框架估计利用率。

从测算的数据来源来看，主要指基于国民经济核算数据的宏观测算和基于企业财务指标数据的微观测算[2]。其中，专门的宏观测算研究较少，李春吉（2017）[3] 的研究是为数不多的相关文献之一，该文从统计测算的角度给出了资本利用率的定义，即有效人均资本投入与人均资本的比值，但对于有效人均资本而言，是不可观测指标，该研究提出利用 DEA 方法进行估算。尽管这种处理在理论研究方面可行，但从指标可测性角度来看，有待进一步改进。而微观测算研究，因测算方法较多且相对成熟，在已有文献中出现较多，如龚敏等（2016）[4] 对上市公司财务指标数据中的"固定资产周转率"进行 logistic 转换以作为资本利用率的替代指标。此外，余淼杰等（2018）、马红旗和申广军（2021）[5] 等的研究也具有代表性。基于微观数据的测算研究有益于挖掘结构信息、探寻微观主体视角的资本利用率变动机制，但考虑到样本数据自身的局限性[6]，微观测算方法有其自身的适用情形，在衡量地

---

[1] 余淼杰等：《工业企业产能利用率衡量与生产率估算》，《经济研究》2018 年第 5 期。

[2] 本书主要是从资本利用率测算的数据来源角度区分宏观测算和微观测算。对于行业、地区或者国家层面而言，无论是宏观测算还是微观测算，反映的对象是一致的，只是测算的数据方法路径不同。

[3] 李春吉：《我国规模以上工业行业资本利用率影响因素分析》，《南京财经大学学报》2017 年第 3 期。

[4] 龚敏等：《中国资本利用率、企业税负与结构调整：基于内生化资本利用率的视角》，《学术月刊》2016 年第 10 期。

[5] 马红旗、申广军：《规模扩张、"创造性破坏"与产能过剩：基于钢铁企业微观数据的实证分析》，《经济学（季刊）》2021 年第 1 期。

[6] 以我国的微观指标数据为例，主要是工业企业微观数据和上市公司财务指标数据，其中，前者主要反映工业行业的资本利用情况，涵盖范围有限；而后者尽管行业覆盖更为完整，但因上市公司数据样本规模整体较小，行业分布与总体经济存在差异，且新企业上市和原有企业退市对行业数据的变动会较为明显。长期来看，可能会对汇总层面的资本利用率测算结果产生影响。

区（国家）总体层面的资本利用率时，易受数据结构影响①。因此，专门的宏观测算研究依然十分必要。基于文献梳理，本书认为现有的资本利用率宏观测算研究存在如下问题。

第一，对资本利用率统计内涵探讨不足。最为直接的表现是资本利用率与产能利用率、设备利用率的混用问题。主要原因，一是未严格按照Taubman和Wilkinson（1970）②、Calvo（1975）③的基本定义，从资本角度开展测算，而是出于测算便利性的考虑，引入假设条件进行替代处理。二是有关研究对于资本利用率统计内涵，特别是测算范畴、测算内容以及测算方法缺少深入的探究，未明确界定有关的统计特征属性。

第二，忽视了资本质量对资本利用率的影响。现有研究多以资本开动时间或者存量资本开工规模作为资本利用率的衡量标准，未纳入资本质量的影响。导致对资本利用状况的衡量忽视了"生产中资本的可利用程度"，难以刻画参与生产活动的资本品生产能力之差异，在宏观层面也无法衡量资本结构差异的影响。

第三，对于资本供求关系的衡量不充分。已有研究在资本利用率测算或资本利用率内生机制研究时，多从"资本闲置"问题入手讨论生产中的资本供求关系不平衡，未将该问题进一步深入和细化。特别是，不区分资本生产能力和资本开动时间的情况下，难以有效衡量"资本闲置"的来源。同时，在资本开动强度上若只关注"资本闲置"问题，也会忽视可能存在的"资本超负荷使用"情况，这使得在社会需求旺盛时期的"加班""三班倒"情形下，开展有关的资本利用率测算缺少理论和测算逻辑上的支持。因此，有必要在理论层面纳入兼顾资本使用规模和资本开动时间的利用强度研究。

---

① 本章后续的检验研究也证实了这一点。

② Taubman, P., Wilkinson, M.,"User Cost, Capital Utilization, and Investment Theory", *International Economic Review*, Vol. 11, No. 2 (1970), pp. 209-215.

③ Calvo, G. A.,"Efficient and Optimal Utilization of Capital Services", *American Economic Review*, Vol. 65, No. 1 (1975), pp. 181-186.

第四，缺少具备可测性的资本利用率宏观统计指标。已有的资本利用率宏观测算指标研究，主要是两类：一是直接利用其他相关资本效率指标进行替代；二是给出了资本利用率宏观测算指标的关系式，但因部分基础指标存在较大的测算困难，并未最终形成具备可测性的统计指标。因此，从理论应用和政策制定的角度来看，构建一个兼顾资本利用数量和强度的资本利用率指标是十分必要的。

（二）资本利用率指标体系设计

参照李金昌（2015）[1]关于"定义测度"的框架构成要素，本书所搭建的资本利用率宏观测算指标框架主要包括统计内涵、统计内容和统计指标三个部分，分别对应资本利用率统计特征的范畴、统计指标的内容，以及统计指标的口径、计算方法和表现形式。其中，统计内涵、统计内容是统计指标设计的基础。

1. 统计内涵

在 Taubman 和 Wilkinson（1970）[2]、Calvo（1975）[3] 基本定义的基础上，结合格林伍德和赫夫曼（Greenwood, Huffman, 1988）[4]、温（Wen, 1998）[5]、王（Wang, 2001）[6] 等将资本利用率纳入生产函数模型的修正研究，进一步展开统计内涵探讨。首先，将定义的落脚点放在"密度"上，即资本利用率是一个效率指标（比率指标），衡量的是现有资本中参与生产活动的资

---

[1] 李金昌：《统计测度：统计学迈向数据科学的基础》，《统计研究》2015 年第 8 期。
[2] Taubman, P., Wilkinson, M.,"User Cost, Capital Utilization, and Investment Theory", *International Economic Review*, Vol. 11, No. 2 (1970), pp. 209-215.
[3] Calvo, G. A.,"Efficient and Optimal Utilization of Capital Services", *American Economic Review*, Vol. 65, No. 1 (1975), pp. 181-186.
[4] Greenwood, J., Huffman, H. G. W., "Investment, Capacity Utilization, and the Real Business Cycle", *American Economic Review*, Vol. 78, No. 3 (1988), pp. 402-417.
[5] Wen, Y.,"Capacity Utilization under Increasing Returns to Scale", *Journal of Economic Theory*, Vol. 81, No. 1 (1998), pp. 7-36.
[6] Wang, H. J., "Production Smoothing When Bank Loan Supply Shifts: The Role of Variable Capacity Utilization Production Smoothing", *Journal of Money, Credit and Banking*, Vol. 33, No. 3 (2001), pp. 749-766.

本占比情况；其次，突出"生产"统计，测算的重点在于参与生产活动的固定资本①；最后，强调"投入"层面的统计范畴，资本利用率反映的是投入方面的效率情况，区分于产出层面的产能利用率。在此基础上，本书对资本利用率统计内涵的理解是"给定时间段的实际生产中，具有生产能力的资本使用规模占现有资本规模的比率情况"。出于统计测算的便利性，将其按照比率关系式展开，分子由生产过程中的实际有效生产性资本存量衡量，即具备生产能力且实际投入生产的资本部分，而分母则由总固定资本存量衡量。

基于这样的内涵界定，可以较为清晰地将资本利用率和产能利用率、设备利用率区分开来。第一，测算范畴不同。根据柯克利等（Kirkley, et al., 2002）②的研究，产能是运用可用的投入要素达到的最大、最优或潜在产出，属于产出范畴，而资本和设备均是投入范畴。第二，测算内容不同。资本利用率主要反映生产中有效资本的投入情况；产能利用率是从宏观角度衡量生产能力的利用情况；设备利用率的测算范围最小，衡量的是设备这一特定资本品实际参与生产的情况。第三，测算方法不同。资本利用率的分子为生产中实际投入的资本、分母为给定的固定资本存量，产能利用率的分子为观察到的实际产出、分母为产能，设备利用率的分子为实际运转的设备、分母为设备存量。

2. 统计内容

（1）资本的生产能力。

现实中，由于种种原因，企业可能并未选择生产能力最大的资本品（组合），由此导致生产中非效率因素的存在。若忽略这种差异，可能会出现一种怪现象，即未选择最大生产能力的资本品（组合），却因为开工强度大而使得资本利用率较高。从政策角度来看，对于鼓励转型升级是不利的。因此，将生产性资本存量占总固定资本存量的比重作为统计内容就蕴含了资

---

① 本书将资本利用率宏观测算中所涉及的"资本"限定为固定资本。
② Kirkley, J., et al., "Capacity and Capacity Utilization in Common-pool Resource Industries", *Environmental and Resource Economics*, Vol. 22, No. 1 (2002), pp. 71-97.

本品组合的结构信息,能够较好地衡量资本的生产能力(王开科和曾五一,2022)①。

(2)资本的实际利用。

从生产函数的角度来看,资本利用率主要作用于投入生产过程的资本要素,因存在宏观上的经济周期波动以及微观上的经济主体非理性,实际经济运行中并非时刻满足资本的标准负荷运转,因此,需要构建专门的资本利用强度指标,用于准确衡量在经济增长中真正起作用的资本部分。对于资本实际利用维度的测算,在纳入了固定资本存量中具备生产能力的资本部分基础上,还要考虑资本的开动情况,即经济运行周期以及市场需求变动、外部冲击导致的资本使用比例变化。这里强调的实际利用,兼顾了资本参与生产活动的规模和时间两个层面的相对变化。

3. 统计指标

(1)数量维度指标。

该指标用于反映总固定资本存量中具备生产能力的、在生产中提供固定资本服务的资本占比。计算公式为 $R_{1t} = \dfrac{K_t}{G_t}$,其中,$K_t$ 表示生产性资本存量,G_t 表示总固定资本存量,两者根据第五、第六章的基础数据测算得来。

(2)强度维度指标。

该指标是从资本使用程度层面衡量资本利用情况,用于反映具备生产能力的资本存量中,实际投入生产部分的资本占比。计算公式为 $R_{2t} = \dfrac{M_t}{K_t}$,其中,$M_t$ 表示实际使用的生产性资本存量,衡量的是给定时间段内具备生产能力的资本参与生产的情况。

(3)综合维度指标。

该指标是数量维度和强度维度的综合,用于反映实际投入生产过程的生

---

① 王开科、曾五一:《关于资本利用率宏观测算指标与方法的研究》,《统计研究》2022年第7期。

产性资本存量占总固定资本存量的比重，即 $R_{3t} = R_{1t} R_{2t} = \dfrac{M_t}{G_t}$。

（三）实际数据测算应用与分析

根据本书第四章至第六章的测算数据，可以直接测算得到资本利用数量维度指标，但在分行业层面测算强度指标存在很大困难，利用宏观统计数据难以区分行业差异。考虑到资本利用率的比率指标特点，且基于微观数据（上市公司）的资本利用率测算较为成熟，因此，利用上市公司财务指标数据测算资本利用率综合维度指标，进而推算出分行业的资本利用强度指标。这里以制造业，采矿业，交通运输、仓储和邮政业，金融业等重点行业为例进行实证测算。考虑到股权分置改革和新会计准则实施的影响，为增强样本的可比性，主要利用 2006 年及以后年份的数据进行分析。

1. 数量维度的测度

主要涉及总固定资本存量和生产性资本存量的测算。其中，后者采用第六章的分行业生产性资本存量测算结果，前者则利用正态型退役模式和生产性资本存量一致的资本品分类、固定资本形成数据和资本品耐用年限设定测算得来。对于总固定资本存量的初始存量测算，面临着方法和数据方面的制约，本书借鉴曾五一和赵昱焜（2019）[①] 的研究，引入平均报废率的处理，并据此对基于增长率的初始资本存量测算方法进行改造，进而测算初始年份的总固定资本存量。在此基础上测算的资本利用率数量维度指标如表 10-1 所示。

表 10-1 资本利用率数量维度测算结果　　　　　　　　单位:%

年份	采矿业和制造业	电力、热力、燃气及水的生产和供应业	建筑业	批发和零售业	交通运输、仓储和邮政业	信息传输、软件和信息技术服务业	金融业
2006	91.73	91.51	90.82	92.78	92.97	88.26	89.88

---

① 曾五一、赵昱焜：《关于中国总固定资本存量数据的重新估算》，《厦门大学学报（哲学社会科学版）》2019 年第 2 期。

续表

年份	采矿业和制造业	电力、热力、燃气及水的生产和供应业	建筑业	批发和零售业	交通运输、仓储和邮政业	信息传输、软件和信息技术服务业	金融业
2007	91.77	91.44	90.71	92.64	92.87	87.78	89.63
2008	91.73	91.26	90.81	92.55	92.71	87.76	89.70
2009	91.69	91.18	91.12	92.74	92.66	87.89	89.75
2010	91.60	90.95	91.30	92.82	92.57	87.87	89.72
2011	91.42	90.39	91.23	92.83	92.19	87.57	89.43
2012	91.14	89.85	91.06	92.70	91.79	88.08	89.68
2013	90.87	89.44	91.04	92.61	91.47	88.31	89.32
2014	90.53	89.20	90.90	92.56	91.24	88.14	88.90
2015	90.14	89.06	90.61	92.52	90.99	87.89	88.53
2016	89.67	88.97	89.98	92.22	90.71	87.81	88.23
2017	89.24	88.81	89.46	91.78	90.61	88.11	87.65
2018	88.91	88.57	89.00	91.24	90.58	88.21	87.51
2019	88.61	88.35	88.75	90.77	90.49	88.55	87.57
2020	88.23	88.27	88.44	90.21	90.34	88.63	86.92

2. 综合维度指标

参考龚敏等（2016）[1]、周泽将和徐玉德（2017）[2]、余淼杰等（2018）[3] 的研究，对于 i 企业 t 期的资本利用率 V_{it} 而言，可通过"固定资产周转率"指标进行测算，基本公式为：

$$V_{it} = \frac{1}{1 + e^{-fa_{it}}} \tag{10-6}$$

---

[1] 龚敏等：《中国资本利用率、企业税负与结构调整：基于内生化资本利用率的视角》，《学术月刊》2016 年第 10 期。

[2] 周泽将、徐玉德：《技术独董能否抑制企业产能过剩?》，《财政研究》2017 年第 11 期。

[3] 余淼杰等：《工业企业产能利用率衡量与生产率估算》，《经济研究》2018 年第 5 期。

其中，fa_{it} 为 i 企业 t 期的固定资产周转率。在此基础上，通过加权平均处理汇总得到行业（总量）层面的资本利用率（微观测算），方法如下：

$$V_t = \frac{\sum_i V_{it} K_{2,it}}{\sum_i K_{2,it}} \qquad (10-7)$$

其中，$K_{2,it}$ 表示 i 企业 t 期的期末固定资产净额。

具体测算时，固定资产周转率（口径选取"上市公司营业收入与固定资产期末净额之比"）、期末固定资产净额数据均取自国泰安数据库中的合并报表数据，选取时点均为当年 12 月 31 日的会计报表日，对于缺失数据的样本做了剔除处理。在样本上市公司的选取方面，包括深圳证券交易所主板、中小板上市公司和上海证券交易所主板、创业板、科创板上市公司。测算结果如表 10-2 所示。

表 10-2　基于微观数据的资本利用率测算结果　　单位：%

年份	采矿业和制造业	电力、热力、燃气及水的生产和供应业	建筑业	批发和零售业	交通运输、仓储和邮政业	信息传输、软件和信息技术服务业	金融业
2006	87.34	63.52	84.27	87.84	65.93	70.60	85.86
2007	88.69	64.16	96.57	90.47	69.75	74.59	96.07
2008	89.16	64.24	98.69	91.16	70.21	66.77	96.72
2009	86.31	61.94	99.11	92.31	66.19	64.95	94.95
2010	88.97	63.53	99.50	94.86	68.97	65.66	94.98
2011	90.30	64.44	99.05	96.32	68.47	67.53	96.16
2012	89.41	64.11	98.73	96.68	68.25	67.70	96.39
2013	88.76	63.97	98.69	96.75	67.48	70.32	96.66
2014	86.96	63.25	98.82	95.93	67.51	69.54	96.75
2015	83.29	61.45	98.13	93.62	66.33	70.32	96.21
2016	83.10	60.41	97.82	94.10	66.37	69.89	94.71
2017	86.19	60.93	97.82	96.47	67.85	71.30	94.42
2018	87.39	61.43	98.14	96.48	68.93	73.46	93.42

续表

年份	采矿业和制造业	电力、热力、燃气及水的生产和供应业	建筑业	批发和零售业	交通运输、仓储和邮政业	信息传输、软件和信息技术服务业	金融业
2019	87.25	61.55	98.56	95.78	71.44	74.53	93.69
2020	86.03	61.48	98.86	90.42	66.89	75.28	94.05

2011年以来资本利用率出现下降，一方面是投资率出现下降，另一方面是长期以来"投资驱动型"经济增长所导致的结构问题以"产能过剩"等形式表现出来，资本利用强度下降且超过了资本可利用数量的增长程度。最后，2017年以来，供给侧结构性改革推动了资本利用率的提升，一方面通过对传统资本的升级和新经济的投资，提升了存量资本总体增值能力和新资本要素供给；另一方面通过调整、转化、组合等手段改善了传统资本要素之间，以及传统资本要素与新资本要素之间的匹配性，进而提升了资本配置效率。

2017年以来资本利用率出现回升，除了采矿业和制造业资本利用状况改善的影响之外，还有来自"调结构"和"补短板"增量效应带来的促进作用[①]。但2020年，受新冠疫情影响，采矿业和制造业，电力、热力、燃气及水的生产和供应业，特别是批发和零售业，交通运输、仓储和邮政业受到的影响更为显著，综合维度利用率下降明显。

3. 强度维度测度

通过观察2017年以来的资本利用率数量维度指标数据，整体变动较小，这也与资本生产能力短期相对稳定的实际情况相符。那么，对于资本利用率短期变动的观察，更应关注强度维度的测度分析。根据三项指标之间的测算原理，对资本利用强度的测算结果如表10-3所示。

---

① 限于篇幅，其他行业的资本利用率测算结果不再列出。

表 10-3　资本利用强度测算结果　　　　　　　　　　单位:%

年份	采矿业和制造业	电力、热力、燃气及水的生产和供应业	建筑业	批发和零售业	交通运输、仓储和邮政业	信息传输、软件和信息技术服务业	金融业
2006	95.21	69.41	92.78	94.68	70.91	79.99	95.53
2007	96.64	70.16	106.46	97.66	75.10	84.98	107.18
2008	97.20	70.39	108.67	98.50	75.73	76.08	107.83
2009	94.13	67.93	108.77	99.53	71.43	73.90	105.79
2010	97.13	69.85	108.98	102.20	74.51	74.73	105.86
2011	98.77	71.29	108.58	103.76	74.27	77.12	107.53
2012	98.10	71.35	108.42	104.29	74.36	76.86	107.48
2013	97.68	71.52	108.40	104.47	73.77	79.63	108.22
2014	96.06	70.91	108.71	103.64	73.99	78.89	108.83
2015	92.41	69.00	108.30	101.19	72.90	80.01	108.67
2016	92.67	67.90	108.72	102.03	73.17	79.59	107.34
2017	96.58	68.61	109.34	105.11	74.88	80.92	107.73
2018	98.29	69.36	110.28	105.75	76.10	83.28	106.76
2019	98.46	69.67	111.05	105.52	78.95	84.17	106.99
2020	97.51	69.65	111.78	100.23	74.04	84.93	108.20

从表 10-3 的结果来看,2011 年之后相关行业的资本利用强度整体上出现下降,这与 GDP 增速放缓的情形吻合。特别是 2020 年,新冠疫情冲击,导致开工率进一步放缓,这在资本利用强度上也得到反映。

三、供给侧结构性改革下的资本回报率变动分析

资本回报率作为衡量投资效率和经济运行效率的关键指标,对其开展的有效监测与分析,既是理论研究的重点,也是宏观政策制定与调整的重要依

据（关阳和王开科，2021）①。我国经济转型特征明显，不同发展时期的资本回报率变动影响机制是否有所变化，又有怎样的变化，是亟待深入研究的问题。特别是 2011 年以来，受"三期叠加"的综合影响，中国经济增速放缓的同时，一系列结构失衡问题不断显现，创新能力不足等问题的负面影响也日益突出。针对我国需求拉动型增长的边际收益下降，杨伟民（2016）②认为需要通过供给侧结构性改革来推动经济的转型发展。那么，供给侧结构性改革实施以来，有关政策措施是否显著影响到资本回报率的变动？又是通过怎样的渠道和机制来影响的？上述资本回报率变动的机制及其影响因素发生了怎样的变化？本节尝试通过宏观数据整合视角的资本回报率测算，揭示供给侧结构性改革对资本回报率的影响，并从影响机制角度对此做出解释。

（一）资本回报率变动的宏观证据：制度变迁和演化逻辑

本章从宏观视角开展的资本回报率测度，是以资本租金公式为理论基础，以白等（Bai, et al., 2006）③所构建的宏观核算方法为实证测算框架。具体测算时，在许捷和柏培文（2017）④、柏培文和许捷（2017⑤、2018⑥）改进研究的基础上，进一步优化了固定资本存量和资本报酬的处理。其中，从内生资本回报率的内涵入手（OECD，2009）⑦，生产性存量和资本报酬的处理采用了第五章的测算结果和过程数据，如图 10-2 所示。可以看出，2008 年以来我国资本回报率总体呈现下降趋势，而供给侧结构性改革措施

---

① 关阳、王开科：《供给侧结构性改革下中国资本回报率变动：理论基础与现实证据》，《经济学家》2021 年第 9 期。
② 杨伟民：《适应引领经济发展新常态 着力加强供给侧结构性改革》，《理论参考》2016 年第 2 期。
③ Bai, C. E., et al., "The Return to Capital in China", *Brookings Papers and Economic Activity*, Vol. 37, No. 2 (2006), pp. 61-88.
④ 许捷、柏培文：《中国资本回报率嬗变之谜》，《中国工业经济》2017 年第 7 期。
⑤ 柏培文、许捷：《中国省际资本回报率与投资过度》，《经济研究》2017 年第 10 期。
⑥ 柏培文、许捷：《中国三大产业的资本存量、资本回报率及其收敛性：1978—2013》，《经济学（季刊）》2018 年第 3 期。
⑦ OECD, *Measuring Capital OECD Manual-Measurement of Capital Stocks, Consumption of Fixed Capital and Capital Services*, France: OECD Publishing, 2009.

推出以来，我国资本回报率的下降趋势明显放缓，以税后回报率为例，2016—2017 年平均下降幅度为 0.195 个百分点，而 2008—2015 年的平均下降幅度为 0.619 个百分点。

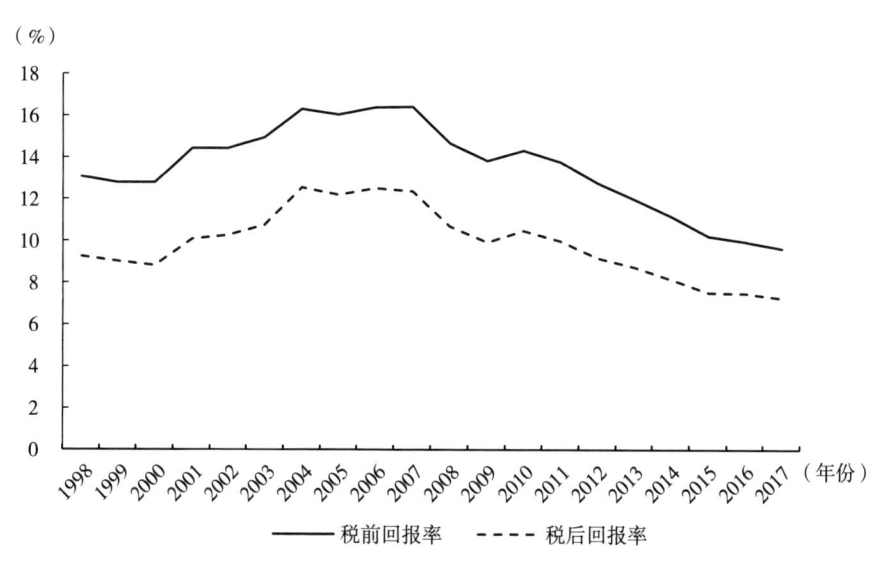

图 10-2　1998—2017 年资本回报率变动情况

主要原因是，从 2015 年四季度开始，供给侧结构性改革正式被提上我国经济改革的日程，主要任务是治理产能过剩和弥补发展不足等问题。从实施效果来看，产能过剩的治理取得了阶段性成效，腾挪出有效市场空间，工业品出厂价格指数持续正增长，改善了生产企业的成本消化能力和盈利能力，实体经济的投资回报率下降幅度收窄。

（二）资本回报率变动的微观证据：分行业净资产收益率（ROE）变动

对于微观层面的资本回报率，主要从分行业的角度进行分析，这在一定程度上也能较好地体现供给侧结构性改革的成效。具体衡量指标，采用分行业净资产收益率（ROE）表示，其计算公式如下：

$$\mathrm{ROE} = \frac{净利润}{平均股东权益} = \frac{税后利润}{净资产} \tag{10-8}$$

该指标反映股东权益的收益水平，用以衡量企业运用自有资本的效率。ROE 值越高，说明投资带来的收益越高。该指标体现了自有资本获得净收益的能力。

从分行业 ROE 值变动情况来看，钢铁、煤炭、有色金属等上游行业从 2016 年供给侧结构性改革深入实施以来，经营情况出现了明显好转。但同样我们也发现，以机械设备、电子、医药生物、电器设备等为代表的中游行业和以交通运输、纺织服装、建筑装饰、汽车、通信等为代表的下游消费行业的 ROE 值没有明显提升，甚至部分行业出现了下降，如图 10-3 所示。通常情况下，中下游行业是经济流通的重要环节，是提升资本流动与循环的关键。对于中下游行业利润改善不佳的情况，闫坤和刘陈杰（2019）[①] 认为是上游行业原材料部分涨价之后，这些原材料作为中游制造业的成本部分，侵占了部分原有行业的利润。

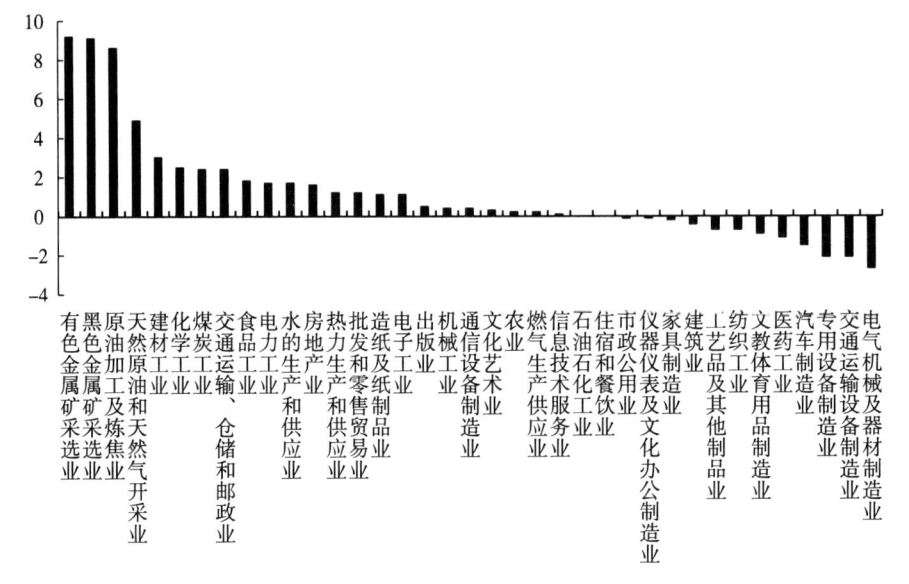

图 10-3　供给侧结构性改革前后分行业 ROE 变动情况

注：采用 2017 年分行业 ROE 值与 2015 年的对应值相减获得，数据来自 Wind 资讯。

---

① 闫坤、刘陈杰：《供给侧结构性改革呼唤 2.0 升级版》，《经济参考报》2019 年 7 月 24 日。

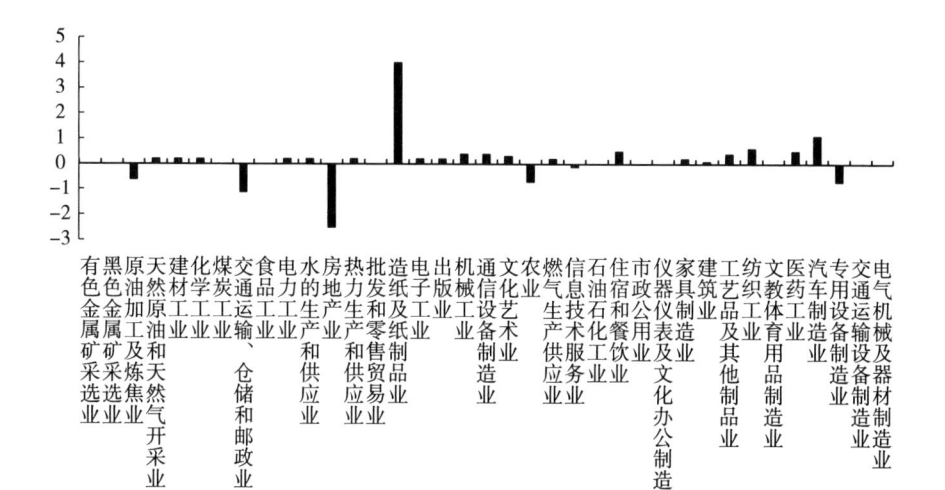

图 10-4　2018 年分行业 ROE 值较 2017 年的变动情况

从图 10-4 来看，相对 2017 年，2018 年主要是房地产业、造纸及纸制品业、汽车制造业等 ROE 值变动较为明显。其中，房地产业 ROE 值下降较多，造纸及纸制品业 ROE 值出现大幅上升，汽车制造业 ROE 值改善明显。除此之外的其他行业整体 ROE 值变动较小，中下游行业、汽车以外的消费行业 ROE 值改善依然不明显，从持续提升宏观资本回报率的角度来看，需要推动供给侧结构性改革进一步深入。一方面，仅仅依靠行政性的去产能、去杠杆并不能从根本上持续提升实体经济投资回报率；另一方面，现阶段供给侧结构性改革主要改善了上游行业经营情况，但对经济循环性的提升有限，需要进一步降低中游制造业和下游消费者的负担，增加经济循环效率。

（三）资本回报率变动的理论解释

1. 经济结构性问题与资本回报率下降的理论解释

受规模报酬递减规律的影响，资本深化与资本回报率之间的反向关系是不可避免的。但受我国二元经济结构演变的影响，投资率快速提升的同时，一方面农村剩余劳动力不断向城市转移，另一方面国有企业职工向民营经济领域分流，大量劳动力向高资本回报率的地区和部门转移，降低了资本深化的程度，也延缓了资本深化引起的回报率下降。同时，改革开放以来，我国依托劳动力成本优势，实现了快速的发展，平均工资水平低于边际产出，所以资本回报率得以保持长期稳定。但随着资本深化程度的加剧以及人口增长率的下降，长期以来支撑中国经济快速发展的"人口红利"逐渐弱化。在供求关系的影响下，劳动力成本不断攀升，以往资本对劳动要素的扭曲问题愈发明显，要素配置效率低下与要素错配并存。

张军（2002）[①] 的研究认为，我国工业化进程对资本依赖较大，转向资本密集型的过渡太快影响了资本回报率的提升。同时，以往粗放增长模式下的结构性问题开始显现，部分地区持续雾霾天气，使得人们充分认识到了调整经济结构的紧迫性。长期以来，我国经济发展过程中的结构性问题，以生态环境压力不断增大、区域发展不平衡、自主创新能力弱等多种形式显现出来，这些问题通过不同的机制对资本回报率产生影响。白重恩和张琼（2014）[②] 的研究显示，2008—2014 年我国资本回报率的降幅达到了 10 个百分点。王春云和王亚菲（2019）[③] 的测算结果显示，受资本边际报酬递减的影响，我国资本回报率从 1992 年的 16.02% 下降至 2017 年的 8.54%，呈现长期下降趋势，并认为这种走势与我国劳动年龄人口增长情况吻合。对于资本回报率下降的具体原因，可归纳为以下几个方面：

第一，从要素投入层面来看。（1）我国人口出生率不断下降，老龄人口占比日益提升，劳动力总量供给进入平台期，导致"资本 劳动比"明显地上升，并且影响到了资本回报率的提高。（2）经济"脱实向虚"现象对实体经济的冲击，使得金融风险的集聚程度越来越高。（3）大量过剩产能和"僵尸企业"的存在，导致价格形成机制扭曲，阻碍全社会整体资本质量的提升。

[①] 张军：《资本形成、工业化与经济增长：中国的转轨特征》，《经济研究》2002 年第 6 期。

[②] 白重恩、张琼：《中国的资本回报率及其影响因素分析》，《世界经济》2014 年第 10 期。

[③] 王春云、王亚菲：《数字化资本回报率的测度方法及应用》，《数量经济技术经济研究》2019 年第 12 期。

第二，从技术进步的带动作用来看。长期以来我国自主创新能力不强，核心技术和关键环节掣肘于国外企业，随着经济规模的不断壮大，特别是全球分工体系的日益完备，我国嵌入全球价值链的广度不断加大，但深度却不强，技术进步对于提升资本回报率的关键作用日益弱化。

第三，从政策的实施效果来看。2008年全球金融危机之后，国外需求逐渐下降，内需不足的问题日益突出，对整个经济运行产生了冲击。首先，传统追求GDP增长的发展理念和粗放型的发展模式，导致了一系列经济结构性问题，迫切需要从政策引导上"破旧立新"，树立正确的发展观。其次，实体经济发展面临着企业交易成本高、融资成本高、社会保障成本高等问题，影响到了企业微观主体的经济活力，需要从政策上探索企业松绑减负的政策措施。最后，促进生产率提升的有关政策安排亟待优化，特别是科技创新、人才培养，以及科研管理体制、成果认定和成果转化等方面，需要转变评价与考核的思路，并在有关公共服务与管理上优化政策制定，以促进要素升级和生产率提升。

2. 供给侧结构性改革提升资本回报率的逻辑机制

供给侧结构性改革政策和措施的推进，在宏观资本投入领域的影响机制是，一方面从投入数量和质量上改善资本要素供给，另一方面通过一系列结构性政策的引导提高资本要素的配置效率。从具体的逻辑机制来看，主要有以下几点：第一，通过对传统资本进行升级改造，提升存量资本总体增值能力；第二，通过增加新经济投资，提升新资本要素供给；第三，通过优化要素匹配，提升资本配置效率。

供给侧结构性改革改的是什么？要解决的问题是在效率提高的基础上，克服深层次的结构性失衡。从短期来说，要打通阻碍资本要素自由流动的通道，降低微观主体的资本成本，引导资金向"调结构""防风险""补短板"的领域流动，鼓励企业开展技术更新改造和核心技术的提升，充分调动微观主体的经济活力。从长期来看，有关投资的政策措施，要致力于推动经济效率提升和技术进步，着力提升资本要素效率和全要素生产率。

（四）资本回报率提升的逻辑路径与政策建议

1. 提升的逻辑路径

从资本回报率的影响角度来看，可以分别从存量和增量两个路径梳理归纳提升的逻辑路径。一是存量调整，主要是针对"去产能、去库存、去杠杆"，调整路径主要通过"做减法"，淘汰化解过剩产能和落后产能，清理处置各类"僵尸企业"，提升存量资本的质量和效率。同时，着力推动"去杠杆"，减少实体经济发展对房地产业务的依赖，回归本业，着力降低实体经济杠杆率，以防范和化解金融风险。通过供给侧结构性改革，使得经济发展中的存量资本在地区之间、行业之间、部门之间，以及国有企业和民营企业之间合理配置，减少资源错配导致的效率耗减问题。

二是增量提升，在对应于"补短板""降成本"的同时，还将着力于"调结构"，即增量投资一方面要重点投向当前经济发展的"短板环节"，降低社会融资成本，加大对重点领域和薄弱环节的资金支持，提供有效资本供给；另一方面也要用于优化现有资本结构的领域，从提升资本配置效率的角度改进生产中的资本作用。

2. 政策建议

（1）减税降费增加经济循环效率。一方面，进一步减税降费，释放改革红利，增加中游行业和下游消费行业的利润份额，做大资本回报率的"分子"；另一方面，以科创板建设为契机，综合利用各类财税优惠政策和直接融资支持政策，鼓励引导以科技含量高、附加值大等为特征的高回报率主体创新发展。

（2）畅通"投资转化为技术进步"的传导机制。一方面，加大对关键技术和核心领域的研发投入，并进一步疏通产学研合作的各个环节，提升科研成果转化率和科技人员的流动性；另一方面，加大对技能型教育的投入支持力度，不断提升技能型产业工人的人力资本水平，从实体经济发展的角度强化技术创新能力建设，通过推动劳动投入质量的提升来进一步放大"干中学"效应。

（3）鼓励国内资本"走出去"扩大对外直接投资。通过一系列宏观调控政策的调整与配合，积极引导国内资本参与"一带一路"建设，在风险防范的前提下，有序扩大对外直接投资，鼓励国内资本"走出去"，流向资本收益更高的区域和行业。

本章小结

本章是固定资本服务核算过程数据和结果数据的综合应用研究。主要涉及四部分内容，分别是全要素增长率测算研究、资本利用率测算研究、供给侧结构性改革下的资本回报率变动分析。

第一，全要素增长率测算研究。在索洛（Solow）增长核算框架下，资本投入指标是影响全要素增长率的关键。本章利用第五章的固定资本服务增长率数据测算全要素增长率，并就已有研究中常见的基于固定资本存量角度的全要素增长率测算结果进行对比，发现基于固定资本存量角度的测算会导致部分时间点（段）的结果差异。

第二，资本利用率测算研究。在设计资本利用的强度维度指标、数量维度指标和综合维度指标的基础上，利用总固定资本存量和生产性资本存量测算结果开展了数量维度指标的实证测算，针对基于宏观统计数据开展资本利用强度指标的测算困难，本章侧重于从宏微观数据整合视角开展数据综合应用研究，通过上市公司固定资产周转率数据测算资本利用综合维度指标，并倒推资本利用强度指标。这一应用研究，为扩展固定资本测算领域的基础数据来源提供了借鉴。

第三，供给侧结构性改革下的资本回报率变动分析。根据资本回报率的宏观核算结果所揭示出的供给侧结构性改革影响问题，本章利用上市公司微观数据测算净资产收益率（ROE），用于从分行业层面解释资本回报率变动的微观证据，为宏微观数据整合视角的固定资本测算结果分析提供了分析范式。

第十一章
政策建议

第一，完善固定资本形成统计，补齐固定资本服务核算的基础数据缺口。根据OECD（2009）[①]的建议，固定资本形成是开展固定资本测算的最佳资本流量指标。然而，长期以来，我国资本统计是以固定资产投资额统计为主，固定资本形成统计建立在固定资产投资统计基础之上（许宪春，2013）[②]。现阶段我国公布的宏观统计数据中只有单一的固定资本形成总额数据，没有详细的区分资本品类别和区分行业类型的资本流量数据。对此，应该对现有的固定资本统计进行改革调整，逐步建立分类详细的、更加完善的固定资本形成统计制度。同时，在衔接口径和涵盖范围方面也要做好固定资本形成额历史数据的修订工作。

按照自下而上的固定资本服务核算逻辑，需要区分资本品的不变价资本流量序列，这离不开完善的区分资本品类别的价格指数体系。鉴于我国尚无专门的区分资本品的固定资本形成额数据发布，因而也缺少相应的分类价格指数。已有理论研究多是从区分构成的固定资产投资额角度出发，采用相应（相近）的固定资产投资价格指数或是相关资本品类别对应的商品零售价格指数、工业生产者购进价格指数、城镇居民消费价格指数等替代指数，开展固定资本形成额数据的缩减处理。从这一角度来看，亟须建立完善与区分资本品类别的固定资本形成统计相对应的价格指数统计体系。

---

① OECD, *Measuring Capital OECD Manual-Measurement of Capital Stocks, Consumption of Fixed Capital and Capital Services*, France：OECD Publishing, 2009.
② 许宪春：《准确理解中国的收入、消费和投资》，《中国社会科学》2013年第2期。

第二，健全固定资产统计调查制度，确定经验信息下的参数取值。确定资本品耐用年限是开展固定资本存量核算的首要条件。然而，资本品种类繁多，又涉及行业、地区等多个维度的差异问题，如何确定国家（地区、行业、资本品类别）层面的资本平均耐用年限是理论研究和实践探索的难点所在。目前，固定资本测算中涉及固定资本耐用年限数据多数是根据财政税务部门关于会计折旧的规定，或是通过区分建筑安装工程、设备工器具购置以及其他三类资产直接设定耐用年限。近年来，尽管对固定资本测算中的资本品分类研究趋于细化，并且总量层面的全社会平均耐用年限估算取得了实质进展（曾五一和赵昱焜，2019[①]；王开科和曾五一，2020[②]；王开科等，2021[③]），但关于区分资本品类别的耐用年限处理还基本停留在主观设定上。总体而言，主要是缺少对各类资本品实际耐用年限的专门统计调查，因而也无法核实现有研究中普遍采用的资本品耐用年限设定是否与实际情况相符。受此影响，与之相关的折旧率测算准确性也难以保障。因此，继续健全资产统计调查制度，为开展资本品耐用年限估计以及相关问题的研究和探索提供基础数据支撑。

第三，探索二手固定资本品市场统计，丰富固定资本品市场交易数据。我国固定资本服务测算的主要问题是，二手资本品市场建设相对滞后，且有关数据信息难以跟踪，使得对资本品耐用年限、退役模式、效率模式等的研究存在较多现实困难。结合实际情况，探索中国二手资本品市场信息的收集和利用机制，开展二手资本品市场数据收集、整理，以及应用的方法制度研究也就显得尤为重要，一方面能为构建与完善我国二手资本品市场发展提供理论支撑，另一方面也能为完善我国资本核算研究、推动国民经济核算实务进展提供方法保障。

因此，应当加强基础统计工作，进一步完善我国资产统计调查制度，以

[①] 曾五一、赵昱焜：《关于中国总固定资本存量数据的重新估算》，《厦门大学学报（哲学社会科学版）》2019年第2期。

[②] 王开科、曾五一：《资本回报率宏观核算法的进一步改进和再测算》，《统计研究》2020年第9期。

[③] 王开科等：《"效率—年限"模式选择与中国的生产性资本存量核算》，《统计研究》2021年第3期。

对接 CSNA 2016 和中国国家资产负债表编制为前提,细化调查对象分类与核算范围,明确数据采集制度,将资产调查清查与住户调查、房地产价格调查、农业普查、经济普查、人口普查和传统统计报表等充分结合,设置并补充有关固定资本测算统计指标,依托现有统计体系,增设专门的资产统计内容,充分整合现有的行政记录数据,有效挖掘多渠道资产统计信息。未来需要从多源数据融合的视角开展理论研究和统计实务探索,重点解决数据缺失、口径衔接、指标匹配等问题,增加对资本品耐用年限、折旧、退役等情况的实际调查,提高我国固定资本测算的可靠性。

第四,有效利用微观数据结构信息,拓展固定资本服务核算数据来源。未来需要在核算方法与制度、数据收集与处理方式上探究符合我国国情的专门的基础资料来源扩展研究,特别是对微观调查数据的信息挖掘,从中探寻固定资本测算中的有关结构特征,为深入开展我国固定资本存量和固定资本服务测算提供更为细致的基础支撑。

第五,建立固定资本测算数据处理和分析的系统方法制度。当前,关于我国的固定资本测算,无论是固定资本存量维度还是固定资本服务维度,对于退役模式、价值模式和效率模式的选取,以及相关的参数估计而言,严格意义的推算研究很少,王开科等(2021)[①] 关于我国资产效率模式选择以及效率下降系数的估计主要是从固定资本形成额总量层面的推算过程,并非从自下而上的核算逻辑开展研究,其他的多数文献主要是通过主观设定或基于严格的前提假设直接选定退役模式、价值模式和效率模式,相关的参数也采用国外经验值,这并不满足政府统计所倡导的统计过程可回溯、客观等要求,选定的模式和参数也无法得到验证。

因此,如何在永续盘存法(PIM)下改进对模式选择及其参数估计的处理,仍然是固定资本测算领域研究的关键问题。有关的核算方法设计与实施务必要从中国资本品市场实际出发,有针对性地开展资本品存量清查和年度

---

① 王开科等:《"效率—年限"模式选择与中国的生产性资本存量核算》,《统计研究》2021 年第 3 期。

统计调查，形成固定资本测算数据处理和分析的系统制度，及早掌握我国资本品市场发展情况，为从数据分布特征角度测度资本品相对效率下降模式和系数提供支撑。

第六，进一步加强基本核算方法与处理的科学性和适用性研究。以内生回报率和外生回报率选择问题、资本报酬的测算问题为例，前者主要是使用者成本测算中的一个重要参数，OECD（2009）[①] 给出两个不同的测算路径，分别是内生方法和外生方法。其中，前者通常利用资本报酬数据与生产性资本存量（固定资本服务）数据的比值衡量，后者则常通过贷款利率等外生参数衡量。但对于两者的选择问题，尚未形成共识。本书在研究过程中发现，内生回报率和外生回报率差异较大，会显著影响到使用者成本的测算结果，因此，需要开展进一步的研究，结合我国实际，从内生回报率的测算方法，外生回报率确定的依据，以及宏观上的资本统计实践与金融市场资本利率之间的差异和联系等多个方面厘清内生回报率与外生回报率差异的根本原因，明确固定资本服务核算中的回报率类型。

后者在我国的实际测算中，没有直接对应的国民经济核算资料，主要通过收入法 GDP 分项数据进行归并处理，其中，固定资产折旧、劳动者报酬分别对应于资本和劳动的报酬部分，这是资本回报率研究基本达成共识的地方。但对于营业盈余和生产税净额的归类和分解问题，却一直存在着争论。本书在处理这一问题时，充分考虑到了要素投入的生产主体问题，在 SNA 2008 建议基础上，将资本报酬的范围设定为固定资产折旧、营业盈余和生产税净额中的资本部分。同时，从我国统计实际出发，对个体经营业主混合收入和国有农场营业盈余问题也进行了处理[②]。但从整个研究情况来看，用

[①] OECD, *Measuring Capital OECD Manual-Measurement of Capital Stocks, Consumption of Fixed Capital and Capital Services*, France：OECD Publishing, 2009.

[②] （1）2004 年之前，个体经营业主混合收入统一作为劳动者报酬处理。2004—2007 年，个体经营业主混合收入统一计入营业盈余。2008 年及以后，个体经营业主混合收入再次统一作为劳动者报酬处理。（2）2004 年及以后，国有农场财务资料难以收集，不再单独计算营业盈余，而是列入劳动者报酬。现有资本回报率测算研究较少关注到此调整，也很少在测算过程中进行改进。

于拆分生产税净额、调整个体经营业主混合收入和国有农场营业盈余的比例指标仍需进一步完善。因而，应积极探索投入产出数据、资金流量表数据以及微观主体财务数据在资本报酬测算中的应用，推动资本核算理论研究和实务进展。

第七，强化完备的分资本品、分行业、分地区测度逻辑。由于我国官方统计没有发布固定资本服务核算数据，因此，相关的统计测度多以理论研究为主。从相关文献的研究情况来看，全国层面分行业、分地区的固定资本服务测算缺乏统一的测度逻辑，相互之间存在隔离。第一，因资本品分类不同，受各类资本品固定资本形成对应的缩减指数差异和退役模式、效率模式差异，最终导致汇总的生产性资本存量和固定资本服务物量指数存在差异。第二，同样的原因导致分行业和分地区生产性资本存量汇总值不等于从资本品角度汇总的全国总量。

今后，在我国固定资本服务核算方法制度理论研究和实践探索过程中，应重点推动分资本品、分行业、分地区协调一致的测度逻辑，明确从资本品角度入手的测度路径，确保分行业、分地区固定资本服务测算与全国层面测算相一致的分类，并使用统一的资本品价格指数、退役模式和效率模式。鉴于当前我国尚无区分资本品、区分行业维度的固定资本形成额数据，短期可依据指标间关联关系，自上而下构建专门的固定资本形成额拆分系数，确保分项汇总数据与总量数据一致。

第八，兼顾中国经济实际和转型特征的关键参数估计和模式选择。中国经济带有明显的转型结构特征，这是直接套用国外模式和参数无法回避的关键问题。那么，如何划分中国经济发展的阶段，并将其融入生产性资本存量和固定资本服务的测算当中，是此类研究重视不足的领域，更是此类研究的难点所在。具体来看，在我国经济发展的不同阶段和制度变迁的不同时期，技术进步的发展水平存在差异，资本品效率和价值下降的程度也不尽相同。对此，理论研究需要着力探索技术进步与资本效率下降之间的理论机理，通过经济增长和结构转化特征的模型化处理，研究分阶段资本平均耐用年限测算和效率损失参数的估计问题。

第十一章 政策建议

第九，积极应对数字化挑战，推进数据资产核算理论与实践进展。如何发挥数据要素的重要作用，探索符合我国国情的数据资产核算路径，是亟待解决的重要问题。现阶段，国内对数据作为生产要素的核算探究仍处于起步阶段，在国民经济核算框架中，对数据价值的衡量主要体现在数据库、软件、研发活动等相关的数据增值环节，无法系统全面地衡量数据要素在经济活动中的重要作用。因此，需要就数据资产的测度问题开展系统研究，以弥补现有国民经济核算框架在衡量数据要素价值方面的不足。

一方面，系统梳理数据要素影响生产和增长的具体机制路径。数据生产要素的虚拟性特征明显，通常需要基于一定的载体才能发挥作用，即数据要素一般情况下需要与传统资本、劳动等要素结合发挥作用。这种突出的属性特征，使得基于现有国民经济核算框架开展的数据资产测度研究，在针对不同类型、不同场景数据应用等问题时，会存在来自基本属性判别上的影响。对此，未来首要的研究重点是系统梳理数据要素影响生产活动的微观机制和影响宏观增长的具体路径，为数据资产确认奠定基础。

另一方面，加强信息价值链视角的数据资产成本核算方法研究。信息价值链为从成本角度开展数据资产价值核算提供了基本框架，但在具体应用中需要结合我国数字经济发展实际、政府统计实际开展"本土化"改造。其中，重点是价值链关键环节再梳理和关键参数的估计问题。特别是我国，有关的职业分类与国外存在差距，有关数据从业者的劳动成本官方统计数据也相对匮乏，此外，按照比例推算资本等其他要素成本、综合加成成本的方法也需要进一步提升有效性，对此的针对性研究也是今后研究需要重点突破的关键问题。

附 录

附录1 分类资本品的固定资本形成额及其价格指数

附表1 1978—2020年各类资本品的固定资本形成额数据（当年价）

单位：亿元

年份	住宅建筑	非住宅建筑和构筑物	R&D	其他机器和设备	ICT软件	ICT硬件	矿藏勘探	其他
1978	251.17	484.87	54.71	226.23		15.67	20.66	25.99
1979	303.74	495.38	63.65	234.88		16.23	22.22	26.40
1980	367.38	528.36	67.40	267.46		18.79	23.14	37.67
1981	307.38	706.81	66.18	202.36		20.49	22.40	19.78
1982	371.16	724.69	70.38	268.51		21.78	23.63	37.25
1983	434.37	751.13	83.04	332.49	1.00	24.54	24.20	45.73
1984	488.07	944.18	98.52	471.31	1.00	36.16	26.88	67.99
1985	670.18	1119.37	108.74	656.35	1.00	59.13	30.33	123.79
1986	817.95	1234.88	119.29	785.04	2.00	64.00	31.41	157.83
1987	988.56	1317.28	124.20	967.44	3.00	67.75	31.02	221.16
1988	1248.65	1708.46	136.00	1198.90	4.00	101.90	44.49	271.51
1989	1277.44	1596.13	144.30	1004.15	6.00	107.24	54.08	209.76
1990	1239.75	1663.63	154.25	1044.94	9.00	116.48	96.84	202.51
1991	1516.95	2064.58	176.48	1341.63	14.00	113.53	106.00	323.13
1992	1891.72	3302.03	211.46	1943.30	20.00	174.30	127.72	582.27
1993	3121.92	5075.43	266.15	3049.65	30.07	254.45	145.67	1288.65
1994	4357.32	5953.52	319.21	3932.76	45.22	379.96	185.06	1577.94

续表

年份	住宅建筑	非住宅建筑和构筑物	R&D	其他机器和设备	ICT软件	ICT硬件	矿藏勘探	其他
1995	5634.98	7149.12	368.49	3777.97	68.00	469.35	214.19	2155.81
1996	6163.24	8529.32	420.29	4357.19	87.27	566.11	258.12	2341.77
1997	6501.05	8636.75	522.88	5294.08	112.00	729.34	292.06	2625.95
1998	7501.23	9785.86	559.13	5595.76	143.99	909.62	300.83	3218.07
1999	8307.91	9902.34	680.13	5865.93	185.12	1162.21	207.57	3155.78
2000	9163.53	10895.40	885.14	6169.44	238.00	1588.69	217.67	3510.83
2001	10305.77	12149.53	1082.66	6792.07	510.70	2010.58	222.37	4013.93
2002	11670.97	13734.09	1337.82	7088.51	660.54	2761.00	222.03	5197.14
2003	13086.56	17930.03	1597.89	8999.64	836.67	3244.93	259.76	6619.00
2004	16056.73	21942.41	2049.84	11476.76	810.23	4000.44	312.91	7325.58
2005	20005.29	21302.63	2526.20	15025.70	1024.22	4450.68	344.41	9172.86
2006	23513.16	23026.68	3093.67	17635.30	1281.90	4963.02	495.17	10969.70
2007	30397.51	25431.33	3808.72	21827.52	1782.80	5282.10	622.83	13191.78
2008	34203.11	33419.25	4694.29	28141.82	2294.80	5698.69	735.76	15512.99
2009	42989.02	37768.31	5934.95	35387.94	3422.02	5612.89	830.62	20745.35
2010	49912.51	46202.42	7019.23	41585.90	4930.53	6775.06	1023.61	23591.83
2011	61159.28	64547.28	8566.23	42873.81	6192.15	7788.71	1118.19	21771.55
2012	68996.63	65167.48	10149.38	51057.95	7857.24	8211.80	1296.75	25583.46
2013	77881.17	69314.88	11671.61	59172.44	9876.84	8996.00	1210.96	25856.00
2014	80705.84	76093.65	12788.86	64958.70	12198.50	9806.39	1126.94	24562.73
2015	80498.34	74553.90	13901.37	70873.48	13656.14	10533.09	929.09	25024.80
2016	88972.08	78910.46	15303.75	71227.58	15027.83	11150.42	774.79	28777.89
2017	91362.76	108520.69	17085.64	72631.45	16983.57	11755.93	795.81	29164.25
2018	99688.70	142918.53	18845.76	73920.98	17378.56	13091.32	790.85	27213.20
2019	111367.55	153664.39	20725.56	73200.90	20857.20	12952.56	690.67	28992.47
2020	117776.29	157411.31	22286.61	66578.63	21045.01	13597.69	871.86	31057.51

附表2　1978—2020年各类资本品价格指数（1978年=100）

年份	住宅建筑、非住宅建筑和构筑物	R&D	其他机器和设备	ICT软件	ICT硬件	矿藏勘探	其他
1978	100.00	100.00	100.00	100.00	100.00	100.00	100.00
1979	102.16	105.24	102.16	101.90	102.16	101.50	100.40
1980	105.27	116.35	105.27	109.54	105.27	102.01	101.40
1981	108.68	117.55	108.68	112.28	108.68	102.21	103.13
1982	111.19	115.26	111.19	114.53	111.19	102.01	105.09
1983	113.92	115.61	113.92	116.82	113.92	101.91	108.24
1984	118.57	117.34	118.57	119.97	118.57	103.33	117.87
1985	127.10	126.70	127.10	131.13	127.10	112.32	123.53
1986	135.28	132.74	135.28	139.65	135.28	116.59	124.89
1987	142.32	128.39	142.32	149.85	142.32	125.80	133.63
1988	161.62	139.26	161.62	178.02	161.62	144.67	155.28
1989	175.41	150.98	175.41	210.06	175.41	171.58	184.63
1990	187.51	160.22	191.37	216.57	191.37	192.86	194.78
1991	205.70	162.45	203.05	223.94	203.05	225.25	200.43
1992	240.26	182.48	222.13	238.27	222.13	272.33	207.85
1993	315.46	188.96	265.89	273.29	265.89	336.06	237.15
1994	348.27	224.21	291.15	294.61	291.15	376.72	288.38
1995	364.64	255.81	309.50	294.32	309.50	423.44	367.40
1996	383.24	267.07	314.45	290.78	314.45	441.64	398.26
1997	394.35	281.15	308.47	283.22	308.47	454.45	396.27
1998	396.32	285.70	300.76	271.33	300.76	456.27	374.47
1999	397.51	287.77	293.24	256.41	293.24	455.81	358.74
2000	407.05	305.42	285.62	240.51	285.62	460.37	355.52
2001	412.75	314.78	277.05	243.15	277.05	464.97	352.32
2002	416.88	319.48	268.74	243.88	268.74	470.55	354.08
2003	434.39	336.11	260.68	242.42	260.68	478.08	359.03
2004	470.01	374.29	259.11	241.94	247.90	578.58	397.09
2005	478.47	395.91	257.56	240.97	236.25	687.81	430.05

续表

年份	住宅建筑、非住宅建筑和构筑物	R&D	其他机器和设备	ICT软件	ICT硬件	矿藏勘探	其他
2006	484.69	420.51	259.36	240.97	228.22	756.18	436.50
2007	509.41	437.99	259.88	242.41	222.51	804.27	470.11
2008	575.12	474.64	261.44	239.50	218.73	961.91	565.54
2009	553.84	463.66	255.16	238.31	209.33	825.13	551.41
2010	580.98	495.62	255.93	237.59	205.77	974.80	567.40
2011	634.43	537.83	258.75	237.12	202.27	1114.20	631.51
2012	644.58	547.17	255.90	236.88	197.82	1083.89	666.88
2013	646.51	554.11	253.34	236.64	192.48	1035.77	676.21
2014	650.39	557.17	252.58	236.41	189.21	979.01	670.13
2015	632.83	553.98	250.81	236.17	186.18	818.65	672.81
2016	629.04	567.46	248.05	233.81	183.57	785.41	673.48
2017	679.36	610.15	249.54	231.94	183.02	929.61	677.52
2018	728.27	638.43	252.04	229.15	180.28	1010.30	698.52
2019	748.66	637.40	252.29	226.40	178.65	1041.62	730.66
2020	767.38	651.08	258.60	224.82	175.97	1001.00	775.23

注：住宅建筑、非住宅建筑和构筑物采用一致的价格指数做缩减处理，统一计为建筑物价格指数。

附录2 不同"退役+效率"复合模式下的生产性资本存量

附表3 1978—2020年"一次性退役+几何型效率"模式下的生产性资本存量（1978年价） 单位：亿元

年份	住宅建筑	非住宅建筑和构筑物	R&D	其他机器和设备	ICT软件	ICT硬件	矿藏勘探	其他
1978	1714.77	3545.30	183.49	1067.44	0.00	47.85	188.72	69.11
1979	1888.34	3739.36	196.47	1115.08	0.00	50.19	194.70	73.82

续表

年份	住宅建筑	非住宅建筑和构筑物	R&D	其他机器和设备	ICT软件	ICT硬件	矿藏勘探	其他
1980	2101.07	3934.52	203.54	1178.76	0.00	53.83	200.96	87.91
1981	2232.29	4262.13	207.16	1163.68	0.00	57.44	205.93	79.64
1982	2405.01	4564.24	214.59	1206.46	0.00	60.76	211.73	90.21
1983	2612.78	4849.19	230.87	1292.32	0.86	65.10	217.62	104.28
1984	2835.88	5247.71	255.06	1469.15	1.30	77.17	225.28	129.39
1985	3158.54	5697.94	274.86	1734.70	1.48	101.84	233.28	189.19
1986	3535.27	6143.38	293.57	2018.82	2.24	120.32	240.55	253.01
1987	3974.77	6564.98	314.31	2353.86	3.23	131.46	244.92	338.17
1988	4460.56	7083.55	321.43	2693.76	3.98	156.50	255.02	405.53
1989	4866.95	7412.41	330.77	2806.25	5.00	172.43	265.03	391.52
1990	5176.91	7691.56	338.53	2873.10	6.86	183.53	292.89	371.43
1991	5540.80	8064.27	356.72	3043.27	9.95	186.50	315.24	414.52
1992	5928.35	8777.09	377.21	3398.46	13.76	211.09	335.55	562.31
1993	6490.20	9665.97	416.82	3965.11	18.45	245.49	350.60	925.04
1994	7273.00	10582.50	447.09	4585.45	25.34	304.16	370.15	1176.97
1995	8293.55	11674.99	471.11	5011.66	36.82	367.33	389.52	1387.85
1996	9303.31	12942.86	502.04	5528.88	49.92	440.98	415.11	1533.63
1997	10280.55	14071.25	553.22	6291.72	66.55	549.41	444.37	1711.60
1998	11431.43	15386.12	600.83	7065.86	89.07	693.24	472.82	2031.16
1999	12696.54	16615.05	676.86	7845.13	120.36	890.25	478.48	2268.35
2000	14031.58	17928.74	786.64	8645.72	163.91	1191.62	485.41	2533.37
2001	15515.94	19401.56	921.52	9595.21	298.56	1576.02	492.29	2854.22
2002	17195.95	21104.52	1095.92	10565.50	432.86	2152.41	497.96	3403.16
2003	18967.78	23500.94	1280.59	12179.86	580.24	2781.28	510.29	4154.42
2004	21015.38	26241.64	1489.63	14492.31	650.00	3599.94	521.34	4672.22
2005	23680.08	28541.25	1734.89	17823.02	777.13	4455.56	527.44	5312.72
2006	26822.57	30950.79	2013.62	21551.95	948.34	5356.90	548.44	6123.45
2007	30854.36	33404.18	2352.65	26237.99	1242.80	6198.91	579.63	6972.94

续表

年份	住宅建筑	非住宅建筑和构筑物	R&D	其他机器和设备	ICT软件	ICT硬件	矿藏勘探	其他
2008	34575.10	36474.80	2722.87	32478.30	1623.54	7029.34	607.23	7488.63
2009	39842.22	40302.05	3286.22	40743.95	2311.00	7692.72	656.68	8854.90
2010	45558.40	44948.51	3837.30	49968.30	3323.35	8770.98	706.31	10173.64
2011	51911.06	51435.38	4419.49	57945.05	4410.29	10086.95	747.09	10351.31
2012	58869.40	57326.11	5109.38	67934.01	5702.69	11319.95	794.29	10862.21
2013	66667.85	63167.61	5869.34	79605.37	7258.21	12708.03	843.12	11186.46
2014	74266.03	69661.26	6617.90	91637.77	9074.97	14198.73	885.98	11232.16
2015	81627.50	75702.71	7382.22	104148.19	10663.29	15727.43	923.65	11303.02
2016	89881.66	82004.85	8131.32	114971.52	12153.99	17229.97	943.24	11908.44
2017	96844.41	91219.26	8783.17	124323.51	13832.58	18644.63	948.11	12305.35
2018	103458.99	103327.75	9411.95	132292.81	14973.06	20493.52	945.12	12149.76
2019	110854.29	115336.94	10163.10	138545.91	17178.78	21776.66	930.37	12150.48
2020	118185.70	126344.43	10884.45	140413.91	18507.70	23145.62	937.65	12169.78

附表4 1978—2020年"一次性退役+双曲线型效率"模式下的生产性资本存量（1978年价） 单位：亿元

年份	住宅建筑	非住宅建筑和构筑物	R&D	其他机器和设备	ICT软件	ICT硬件	矿藏勘探	其他
1978	1714.77	3545.30	183.49	1067.44	0.00	47.85	188.72	69.11
1979	2001.15	4004.31	234.31	1262.91	0.00	60.92	210.61	90.80
1980	2336.90	4475.64	278.33	1472.84	0.00	74.67	233.30	120.93
1981	2603.74	5090.37	316.06	1603.67	0.00	87.83	255.22	129.56
1982	2919.10	5700.06	353.32	1779.87	0.00	99.84	278.39	151.49
1983	3279.09	6310.63	395.12	1993.95	0.86	111.55	302.13	175.58
1984	3666.10	7051.00	441.27	2298.47	1.59	129.44	328.15	209.00
1985	4165.11	7867.20	479.59	2702.01	2.15	159.54	355.15	276.45
1986	4736.92	8705.92	510.46	3144.03	3.22	184.88	382.09	356.64

续表

年份	住宅建筑	非住宅建筑和构筑物	R&D	其他机器和设备	ICT软件	ICT硬件	矿藏勘探	其他
1987	5393.41	9546.94	534.31	3655.81	4.61	203.77	406.75	477.14
1988	6121.83	10508.43	541.90	4194.17	5.81	241.73	437.50	594.66
1989	6799.04	11310.06	566.95	4522.45	7.43	273.64	469.02	638.91
1990	7402.25	12076.60	589.62	4785.26	10.00	301.08	519.23	658.55
1991	8074.95	12946.65	620.52	5120.61	14.04	318.91	566.29	722.30
1992	8789.92	14172.73	652.83	5619.51	19.45	354.26	613.19	886.78
1993	9698.81	15615.04	703.90	6327.41	26.48	399.94	656.53	1288.40
1994	10859.14	17136.73	750.21	7160.01	36.38	473.35	705.66	1656.46
1995	12301.44	18886.28	793.49	7910.01	51.88	561.39	756.24	2027.21
1996	13791.85	20874.17	844.99	8773.85	71.15	669.23	814.69	2364.19
1997	15306.69	22796.20	919.38	9910.44	95.99	821.93	878.95	2737.98
1998	17048.71	24965.09	996.91	11108.71	129.05	1027.65	944.88	3242.28
1999	18968.56	27119.37	1107.30	12359.05	173.88	1308.08	990.42	3671.31
2000	21027.88	29419.92	1259.64	13675.11	235.54	1720.68	1037.70	4106.59
2001	23308.91	31943.71	1450.19	15188.68	395.65	2260.04	1085.53	4594.87
2002	25865.86	34769.48	1697.08	16791.97	590.70	3046.95	1132.71	5354.24
2003	28605.56	38372.90	1977.05	19107.49	824.02	3974.96	1187.04	6400.62
2004	31715.52	42451.04	2304.75	22275.28	997.82	5179.22	1241.13	7329.14
2005	35552.46	46237.29	2691.50	26689.73	1206.36	6529.85	1291.20	8405.09
2006	40014.50	50241.56	3135.61	31831.41	1448.47	8018.71	1356.68	9693.72
2007	45540.68	54397.17	3665.15	38279.35	1833.51	9525.68	1434.13	11103.83
2008	50984.66	59270.56	4257.56	46737.12	2365.37	11056.96	1510.61	12232.62
2009	58177.87	65035.34	5071.77	57865.64	3284.91	12430.12	1611.28	14152.63
2010	66118.93	71796.09	5935.82	70840.65	4667.82	14172.60	1716.29	16165.49
2011	75017.42	80617.29	6881.39	83510.56	6325.71	16191.58	1816.65	17167.71
2012	84876.04	89177.60	7982.20	98859.72	8334.61	18218.31	1747.56	18350.48
2013	95959.47	98127.70	9213.82	116764.13	10745.24	20457.16	1842.59	19242.89
2014	107271.63	108241.58	10494.57	136043.48	13541.69	22897.27	1935.01	19719.19

续表

年份	住宅建筑	非住宅建筑和构筑物	R&D	其他机器和设备	ICT软件	ICT硬件	矿藏勘探	其他
2015	118750.15	118282.64	11834.02	156737.35	16265.20	25485.53	2026.58	20049.66
2016	131494.90	128922.58	13189.96	176604.71	18927.93	28150.03	2102.06	20764.75
2017	143364.95	142826.29	14462.66	195475.26	21712.32	30788.55	2163.92	21244.94
2018	155285.99	160177.47	15694.12	213082.74	23937.42	33860.61	2216.18	21266.94
2019	168371.98	178185.58	17018.58	228768.41	27045.64	36411.40	2255.49	21441.54
2020	181759.44	195929.41	18320.71	239541.25	29564.22	38984.77	2315.65	21553.49

附表5 1978—2020年"正态型退役+几何型效率"模式下的生产性资本存量（1978年价） 单位：亿元

年份	住宅建筑	非住宅建筑和构筑物	R&D	其他机器和设备	ICT软件	ICT硬件	矿藏勘探	其他
1978	1714.77	3545.30	183.49	1067.44	0.00	47.85	188.72	69.11
1979	1888.27	3739.20	196.38	1114.90	0.00	50.16	194.69	73.76
1980	2100.87	3934.01	202.69	1177.75	0.00	53.50	200.93	87.14
1981	2231.83	4260.87	202.76	1159.67	0.00	55.72	205.86	75.75
1982	2404.06	4561.50	201.23	1193.92	0.00	55.95	211.58	80.71
1983	2610.95	4843.69	204.91	1260.79	0.86	56.90	217.31	90.25
1984	2832.56	5237.33	219.07	1404.42	1.30	66.92	224.69	113.28
1985	3152.77	5679.32	233.86	1624.21	1.42	90.56	232.21	172.17
1986	3525.63	6111.54	250.20	1858.31	2.08	108.20	238.72	237.93
1987	3959.23	6513.00	268.69	2149.14	2.99	120.59	241.94	320.01
1988	4436.39	7002.36	281.85	2455.47	3.71	143.73	250.39	381.89
1989	4830.60	7290.86	287.96	2542.23	4.61	156.72	258.17	357.46
1990	5123.99	7516.89	291.94	2584.01	6.32	164.26	283.16	324.79
1991	5466.13	7822.86	306.28	2723.17	9.28	163.62	302.00	354.79
1992	5826.08	8455.52	323.41	3038.13	12.89	184.64	318.24	493.89
1993	6354.09	9252.17	360.63	3555.93	17.21	216.05	328.79	856.10

续表

年份	住宅建筑	非住宅建筑和构筑物	R&D	其他机器和设备	ICT软件	ICT硬件	矿藏勘探	其他
1994	7096.64	10066.74	389.36	4175.75	23.56	273.00	343.62	1108.74
1995	8070.70	11050.52	411.51	4550.15	34.38	334.47	358.23	1311.16
1996	9028.15	12206.07	439.63	5019.06	46.64	405.10	379.23	1428.02
1997	9947.88	13221.26	486.79	5731.06	61.94	508.61	404.20	1555.34
1998	11036.72	14424.03	529.09	6452.69	82.57	644.01	428.73	1821.85
1999	12235.88	15542.91	599.15	7169.51	111.59	829.44	430.83	2017.25
2000	13501.47	16748.54	702.61	7895.31	152.32	1115.74	434.50	2251.52
2001	14913.06	18114.27	830.60	8757.47	283.01	1481.54	438.32	2549.04
2002	16516.81	19709.37	996.26	9627.16	411.37	2032.74	440.99	3060.98
2003	18208.39	21994.94	1170.24	11131.35	546.16	2627.21	450.28	3769.23
2004	20170.96	24619.19	1363.84	13321.64	594.78	3396.67	458.15	4234.90
2005	22744.77	26794.00	1587.79	16505.23	699.23	4183.58	461.02	4807.12
2006	25789.19	29067.61	1839.55	20069.06	855.50	4993.92	478.30	5529.22
2007	29714.14	31371.27	2146.93	24574.77	1138.35	5721.52	505.67	6267.18
2008	33317.53	34275.87	2480.06	30612.62	1500.49	6416.53	529.27	6669.94
2009	38454.86	37918.59	3002.14	38635.14	2151.85	6930.73	574.59	7918.46
2010	44026.68	42360.09	3506.79	47542.55	3111.59	7853.73	620.02	9114.66
2011	50218.11	48619.82	4035.13	55078.95	4117.67	9022.88	656.62	9172.48
2012	56995.87	54259.50	4661.64	64489.30	5284.30	10115.94	709.13	9536.14
2013	64591.64	60001.45	5343.84	75420.60	6675.76	11372.20	754.26	9683.60
2014	71961.96	66200.04	5999.87	86510.31	8315.84	12711.18	793.58	9570.94
2015	79066.82	71915.80	6660.08	97850.92	9704.42	14054.35	827.77	9549.52
2016	87031.51	77864.81	7294.75	107269.37	10953.71	15339.76	843.99	10090.79
2017	93667.04	86686.65	7822.77	114998.20	12383.47	16517.53	845.49	10490.57
2018	99996.70	98358.55	8319.06	121139.77	13308.39	18103.62	839.07	10356.96
2019	106980.11	109887.77	8942.29	125410.40	15315.29	19131.78	820.61	10316.67
2020	113844.43	120362.10	9535.16	125165.31	16445.06	20252.98	823.74	10287.06

附表6 1978—2020年"正态型退役+双曲线型效率"模式下生产性资本存量（1978年价） 单位：亿元

年份	住宅建筑	非住宅建筑和构筑物	R&D	其他机器和设备	ICT软件	ICT硬件	矿藏勘探	其他
1978	1714.77	3545.30	183.49	1067.44	0.00	47.85	188.72	69.11
1979	2001.08	4004.14	234.20	1262.70	0.00	60.88	210.60	90.72
1980	2336.67	4475.04	276.96	1471.48	0.00	74.11	233.26	119.55
1981	2603.17	5088.78	307.30	1597.42	0.00	84.15	255.12	120.57
1982	2917.87	5696.37	320.99	1757.46	0.00	87.24	278.17	124.50
1983	3276.57	6302.66	321.29	1929.71	0.86	86.51	301.65	130.15
1984	3661.22	7034.78	326.24	2149.38	1.59	95.33	327.15	154.46
1985	4156.07	7835.94	340.73	2417.63	2.00	121.65	353.20	222.18
1986	4720.83	8648.54	364.96	2689.14	2.70	147.16	378.46	309.26
1987	5365.85	9446.46	394.12	3029.00	3.82	169.68	400.33	421.90
1988	6076.28	10340.32	417.83	3424.72	4.95	202.47	426.66	523.04
1989	6726.34	11040.92	432.40	3648.49	6.20	225.49	451.54	535.81
1990	7290.07	11663.71	442.05	3832.89	8.25	241.01	492.28	514.78
1991	7907.42	12338.72	459.93	4097.46	11.88	246.45	526.51	533.50
1992	8547.52	13312.18	481.28	4521.37	16.71	270.31	556.83	664.83
1993	9358.58	14441.56	524.57	5150.31	22.61	306.49	579.78	1061.39
1994	10395.29	15591.73	565.75	5912.65	30.78	373.57	604.88	1438.81
1995	11686.26	16917.37	603.85	6480.80	44.18	456.27	628.36	1797.12
1996	12996.84	18438.79	647.98	7167.25	60.81	556.93	657.36	2053.30
1997	14303.80	19863.58	710.55	8136.76	81.55	696.18	690.66	2263.31
1998	15811.31	21516.37	770.82	9180.86	108.51	876.29	724.89	2581.40
1999	17472.12	23145.89	861.00	10265.82	146.06	1119.66	738.53	2864.36
2000	19250.23	24920.33	993.06	11382.52	198.85	1485.42	754.03	3208.19
2001	21229.94	26920.61	1162.87	12645.72	346.49	1968.25	770.18	3630.17
2002	23466.90	29226.17	1384.65	13942.28	523.40	2680.11	785.57	4275.68
2003	25868.41	32310.78	1632.55	15900.27	720.25	3504.91	807.57	5179.04
2004	28621.39	35867.69	1913.62	18655.73	824.98	4560.96	828.31	5943.47

续表

年份	住宅建筑	非住宅建筑和构筑物	R&D	其他机器和设备	ICT软件	ICT硬件	矿藏勘探	其他
2005	32080.85	39125.37	2235.70	22598.08	957.69	5703.33	845.04	6820.34
2006	36142.23	42588.34	2596.52	27232.55	1147.21	6911.54	872.55	7836.94
2007	41240.96	46184.70	3025.25	33145.11	1497.20	8059.44	911.21	8881.56
2008	46226.28	50476.58	3500.07	41016.70	1973.38	9161.29	946.64	9632.49
2009	52924.52	55634.97	4184.62	51447.42	2781.02	10054.03	1004.01	11184.10
2010	60328.59	61764.28	4904.12	63513.07	3998.11	11293.49	1063.56	12818.36
2011	68641.84	69932.08	5683.73	74946.21	5407.89	12828.73	1116.53	13422.93
2012	77860.32	77824.17	6589.13	88651.62	7022.52	14403.03	1187.06	14148.54
2013	88241.65	86103.24	7581.22	104395.03	8896.99	16228.30	1253.48	14496.36
2014	98782.32	95118.28	8572.41	120869.18	11122.33	18214.28	1316.96	14411.82
2015	109412.07	103949.90	9579.51	138021.20	13207.55	20233.28	1377.95	14366.10
2016	121222.18	113262.20	10570.02	153561.03	15090.00	22201.04	1423.23	14901.32
2017	132062.21	125694.78	11448.39	167345.49	17043.44	24061.78	1454.69	15414.77
2018	142847.28	141419.64	12261.98	179196.11	18553.24	26299.82	1477.46	15483.59
2019	154494.49	157631.87	13169.44	188594.81	21021.11	28036.98	1486.67	15563.81
2020	166248.88	173377.88	14050.97	192633.60	22870.00	29802.50	1514.43	15535.14

附录3 分行业生产性资本存量

附表7 1978—1986年分行业住宅建筑生产性资本存量（1978年价）

单位：亿元

行业\年份	1978	1979	1980	1981	1982	1983	1984	1985	1986
1	22.96	26.80	31.29	34.86	39.07	43.88	49.03	55.65	63.22
2	188.41	219.87	256.74	286.02	320.60	360.01	402.28	456.65	518.70
3	100.30	117.04	136.67	152.26	170.66	191.64	214.14	243.09	276.12

续表

年份 行业	1978	1979	1980	1981	1982	1983	1984	1985	1986
4	206.15	240.57	280.91	312.95	350.78	393.90	440.14	499.63	567.53
5	79.86	93.20	108.83	121.24	135.90	152.60	170.52	193.56	219.87
6	20.20	23.57	27.53	30.66	34.37	38.60	43.13	48.96	55.61
7	270.16	315.27	368.14	410.13	459.71	516.22	576.82	654.79	743.76
8	12.41	14.49	16.92	18.85	21.12	23.72	26.51	30.09	34.18
9	28.77	33.57	39.20	43.67	48.95	54.97	61.42	69.72	79.19
10	49.30	57.53	67.18	74.84	83.89	94.20	105.26	119.48	135.72
11	77.82	90.82	106.05	118.14	132.43	148.71	166.16	188.62	214.25
12	5.99	6.99	8.16	9.09	10.19	11.44	12.78	14.51	16.48
13	23.66	27.61	32.24	35.92	40.26	45.21	50.52	57.34	65.14
14	247.34	288.64	337.05	375.49	420.88	472.62	528.10	599.48	680.94
15	6.28	7.33	8.56	9.54	10.69	12.01	13.42	15.23	17.30
16	54.12	63.16	73.75	82.16	92.10	103.42	115.56	131.18	149.00
17	16.62	19.40	22.65	25.24	28.29	31.76	35.49	40.29	45.76
18	55.72	65.02	75.93	84.59	94.81	106.47	118.96	135.04	153.40
19	248.69	290.21	338.88	377.53	423.17	475.19	530.98	602.75	684.65

注：1代表"农、林、牧、渔业"、2代表"采矿业"、3代表"制造业"、4代表"电力、热力、燃气及水的生产和供应业"、5代表"建筑业"、6代表"批发和零售业"、7代表"交通运输、仓储和邮政业"、8代表"住宿和餐饮业"、9代表"信息传输、软件和信息技术服务业"、10代表"金融业"、11代表"房地产业"、12代表"租赁和商务服务业"、13代表"科学研究和技术服务业"、14代表"水利、环境和公共设施管理业"、15代表"居民服务、修理和其他服务业"、16代表"教育"、17代表"卫生和社会工作"、18代表"文化、体育和娱乐业"、19代表"公共管理、社会保障和社会组织"，下同。

附表8 1987—1995年分行业住宅建筑生产性资本存量（1978年价）

单位：亿元

年份 行业	1987	1988	1989	1990	1991	1992	1993	1994	1995
1	71.85	81.37	90.07	97.62	105.89	114.46	125.32	139.20	156.49
2	589.58	667.63	739.06	801.00	868.83	939.16	1028.28	1142.19	1284.03
3	313.84	355.40	393.42	426.39	462.50	499.94	547.38	608.01	683.52

续表

年份 行业	1987	1988	1989	1990	1991	1992	1993	1994	1995
4	645.07	730.48	808.63	876.40	950.61	1027.57	1125.07	1249.70	1404.90
5	249.91	282.99	313.27	339.52	368.28	398.09	435.86	484.15	544.27
6	63.21	71.58	79.24	85.88	93.15	100.69	110.24	122.45	137.66
7	845.39	957.31	1059.73	1148.55	1245.81	1346.65	1474.44	1637.77	1841.16
8	38.85	43.99	48.70	52.78	57.25	61.88	67.75	75.26	84.60
9	90.02	101.93	112.84	122.30	132.65	143.39	157.00	174.39	196.04
10	154.27	174.69	193.38	209.59	227.33	245.74	269.05	298.86	335.97
11	243.53	275.77	305.27	330.86	358.88	387.93	424.74	471.79	530.38
12	18.74	21.22	23.49	25.45	27.61	29.84	32.68	36.30	40.80
13	74.04	83.84	92.81	100.59	109.10	117.94	129.13	143.43	161.24
14	773.98	876.45	970.22	1051.53	1140.58	1232.91	1349.90	1499.44	1685.65
15	19.67	22.27	24.65	26.72	28.98	31.33	34.30	38.10	42.83
16	169.36	191.78	212.30	230.10	249.58	269.78	295.38	328.10	368.85
17	52.02	58.90	65.21	70.67	76.66	82.86	90.72	100.77	113.29
18	174.35	197.44	218.56	236.88	256.94	277.74	304.09	337.78	379.72
19	778.20	881.23	975.51	1057.26	1146.80	1239.63	1357.25	1507.61	1694.83

附表9 1996—2004年分行业住宅建筑生产性资本存量（1978年价）

单位：亿元

年份 行业	1996	1997	1998	1999	2000	2001	2002	2003	2004
1	174.04	195.74	219.12	239.14	260.58	284.48	311.52	332.33	351.21
2	1428.03	1591.20	1730.80	1833.43	1943.31	2066.52	2207.09	2284.48	2369.79
3	760.18	821.81	873.03	927.93	986.70	1052.59	1127.73	1206.21	1276.93
4	1562.46	1726.36	1888.05	2005.22	2130.66	2271.22	2431.44	2515.84	2568.40
5	605.31	645.91	678.33	705.80	735.19	768.44	806.84	836.20	866.26
6	153.10	174.01	196.13	214.45	234.06	255.91	280.63	298.46	316.87
7	2047.64	2267.51	2607.89	2862.14	3134.37	3437.59	3780.37	3974.93	4145.80
8	94.09	101.76	107.29	111.62	116.25	121.49	127.54	131.51	134.06

续表

年份\行业	1996	1997	1998	1999	2000	2001	2002	2003	2004
9	218.03	240.25	270.32	289.07	309.15	331.60	357.13	363.88	378.70
10	373.65	406.91	436.73	449.46	463.07	478.61	496.76	487.32	476.35
11	589.86	641.44	692.01	1195.24	1734.04	2329.20	2994.44	4351.56	6064.43
12	45.38	50.18	54.81	64.07	73.98	84.98	97.35	116.62	134.59
13	179.33	194.90	211.30	225.53	240.76	257.82	277.23	292.55	303.24
14	1874.69	2096.48	2408.99	2708.33	3028.84	3385.07	3786.61	4153.12	4576.32
15	47.63	56.99	63.86	69.09	74.69	80.94	88.01	92.24	93.78
16	410.22	451.37	496.92	537.08	580.07	628.06	682.50	726.54	771.62
17	125.99	139.63	156.50	169.00	182.38	197.31	214.25	223.69	229.48
18	422.31	422.01	420.71	417.79	414.65	411.74	409.39	404.75	399.88
19	1884.90	2079.31	2298.49	2447.72	2607.47	2786.36	2990.04	3076.17	3163.68

附表10　2005—2013年分行业住宅建筑生产性资本存量（1978年价）

单位：亿元

年份\行业	2005	2006	2007	2008	2009	2010	2011	2012	2013
1	382.33	418.88	507.15	521.05	625.31	684.33	843.86	947.79	1029.08
2	2461.50	2628.85	2711.73	2725.91	2722.85	2763.47	2748.24	2690.67	2625.23
3	1357.44	1439.46	1542.37	1610.98	1666.77	1715.49	1748.79	1766.38	1803.27
4	2643.94	2739.90	2816.35	2893.70	2872.33	2832.85	2839.51	2768.06	2692.02
5	903.39	947.57	1008.74	1071.99	1145.14	1235.01	1416.04	1587.57	1715.47
6	341.90	369.62	406.13	435.31	450.43	462.41	482.98	508.60	534.91
7	4323.79	4459.56	4509.00	4575.55	4566.98	4598.53	4529.44	4489.47	4424.10
8	138.51	144.93	160.17	172.60	182.35	202.98	217.63	248.44	281.67
9	388.51	399.12	410.99	401.50	392.45	377.22	362.03	346.98	330.21
10	464.32	451.22	435.94	418.73	400.82	383.79	365.84	343.34	319.25
11	8222.98	10996.11	14543.01	18073.64	21993.15	27087.04	33061.82	39871.66	47727.09
12	156.50	176.84	208.48	239.58	320.54	351.68	390.01	499.28	579.80
13	315.58	327.51	334.36	336.38	338.47	338.06	340.75	338.18	342.50

续表

年份 行业	2005	2006	2007	2008	2009	2010	2011	2012	2013
14	5180.78	5683.99	6534.22	7533.37	10099.66	12018.73	13824.23	15818.18	18069.67
15	97.40	103.74	113.01	124.22	137.78	151.09	168.86	232.53	293.38
16	813.22	859.85	895.83	912.48	931.00	933.71	927.45	925.41	920.34
17	236.90	243.94	250.23	257.77	279.17	302.69	324.02	329.38	336.77
18	391.52	382.69	378.58	370.00	371.22	356.49	350.71	358.23	363.24
19	3260.34	3368.43	3474.68	3551.52	3428.09	3533.03	3699.63	3790.17	3853.64

附表 11　2014—2020 年分行业住宅建筑生产性资本存量（1978 年价）

单位：亿元

年份 行业	2014	2015	2016	2017	2018	2019	2020
1	1074.51	1090.04	1186.19	1193.91	1199.97	1206.83	1212.17
2	2543.39	2445.78	2327.82	2226.83	2123.43	2022.04	1921.40
3	1859.35	1929.70	1980.10	1993.21	2004.31	2020.43	2036.51
4	2608.08	2514.36	2402.73	2278.10	2151.42	2026.49	1903.03
5	1834.13	1966.03	1996.95	2028.80	2059.96	2096.91	2134.21
6	559.06	583.39	613.96	621.89	628.95	637.35	645.51
7	4335.16	4153.63	4034.96	3873.14	3704.16	3537.44	3371.25
8	311.08	327.04	351.86	403.05	454.66	510.94	568.53
9	312.39	292.17	276.38	265.42	254.29	244.09	234.51
10	292.21	266.01	239.14	213.72	189.35	166.53	145.49
11	55744.67	63710.79	71879.98	78935.66	85945.31	93444.84	100971.56
12	638.01	694.18	793.85	965.42	1137.64	1323.31	1512.14
13	358.30	371.51	372.45	361.14	349.49	338.16	326.90
14	20419.26	23145.51	26703.86	30520.04	34343.06	38467.72	42654.02
15	343.54	375.31	406.63	443.67	480.79	521.16	562.24
16	912.54	914.34	916.56	905.38	892.86	881.96	871.05
17	346.76	360.22	366.67	387.13	407.51	430.40	453.95

续表

年份 行业	2014	2015	2016	2017	2018	2019	2020
18	362.83	362.58	370.64	368.89	368.65	371.41	375.98
19	3927.04	3909.49	4001.44	4076.82	4151.47	4246.49	4348.44

附表12 1978—1986年分行业非住宅建筑和构筑物生产性资本存量（1978年价）

单位：亿元

年份 行业	1978	1979	1980	1981	1982	1983	1984	1985	1986
1	34.87	39.38	44.01	50.05	56.02	61.98	69.19	77.06	85.06
2	133.18	150.42	168.11	191.16	213.99	236.76	264.26	294.36	324.89
3	862.62	974.26	1088.83	1238.16	1386.00	1533.51	1711.65	1906.58	2104.30
4	408.39	461.25	515.49	586.19	656.18	726.02	810.35	902.64	996.25
5	53.55	60.48	67.60	76.87	86.05	95.21	106.26	118.37	130.64
6	91.99	103.90	116.11	132.04	147.80	163.53	182.53	203.32	224.40
7	648.30	732.21	818.32	930.55	1041.65	1152.52	1286.40	1432.90	1581.50
8	71.90	81.20	90.75	103.20	115.52	127.82	142.66	158.91	175.39
9	227.55	257.00	287.22	326.61	365.61	404.52	451.51	502.93	555.08
10	37.89	42.80	47.83	54.39	60.88	67.36	75.19	83.75	92.44
11	17.78	20.08	22.44	25.52	28.56	31.60	35.27	39.29	43.37
12	9.40	10.62	11.87	13.50	15.11	16.72	18.66	20.78	22.94
13	20.53	23.19	25.92	29.47	32.99	36.50	40.74	45.38	50.09
14	134.39	151.79	169.64	192.90	215.93	238.92	266.67	297.04	327.84
15	5.96	6.73	7.52	8.55	9.57	10.59	11.82	13.17	14.53
16	189.07	213.54	238.66	271.39	303.79	336.13	375.17	417.90	461.24
17	45.40	51.27	57.30	65.16	72.94	80.71	90.08	100.34	110.75
18	302.05	341.14	381.26	433.55	485.32	536.97	599.35	667.60	736.84
19	250.47	282.89	316.16	359.52	402.45	445.28	497.01	553.61	611.02

附表 13 1987—1995 年分行业非住宅建筑和构筑物生产性资本存量（1978 年价） 单位：亿元

年份 行业	1987	1988	1989	1990	1991	1992	1993	1994	1995
1	92.90	101.69	108.58	114.71	121.35	130.92	142.03	153.34	166.38
2	354.86	388.44	414.76	438.15	463.51	500.08	542.50	585.71	635.51
3	2298.44	2515.93	2686.39	2837.92	3002.16	3239.02	3513.81	3793.66	4116.20
4	1088.16	1191.13	1271.83	1343.57	1421.33	1533.46	1663.56	1796.05	1948.76
5	142.69	156.20	166.78	176.19	186.38	201.09	218.15	235.52	255.55
6	245.11	268.30	286.48	302.64	320.15	345.41	374.71	404.56	438.95
7	1727.41	1890.86	2018.97	2132.86	2256.29	2434.30	2640.82	2851.15	3093.56
8	191.57	209.70	223.91	236.54	250.23	269.97	292.87	316.20	343.08
9	606.30	663.67	708.63	748.61	791.93	854.41	926.90	1000.72	1085.80
10	100.96	110.52	118.01	124.66	131.88	142.28	154.35	166.65	180.81
11	47.37	51.85	55.36	58.48	61.87	66.75	72.41	78.18	84.83
12	25.05	27.42	29.28	30.93	32.72	35.31	38.30	41.35	44.87
13	54.71	59.89	63.94	67.55	71.46	77.10	83.64	90.30	97.98
14	358.09	391.97	418.53	442.14	467.73	504.63	547.44	591.04	641.29
15	15.88	17.38	18.56	19.60	20.74	22.37	24.27	26.20	28.43
16	503.79	551.46	588.82	622.04	658.04	709.95	770.18	831.52	902.22
17	120.96	132.41	141.38	149.35	158.00	170.46	184.93	199.65	216.63
18	804.82	880.97	940.66	993.72	1051.23	1134.17	1230.39	1328.38	1441.32
19	667.39	730.54	780.04	824.04	871.73	940.50	1020.29	1101.55	1195.21

附表 14 1996—2004 年分行业非住宅建筑和构筑物生产性资本存量（1978 年价） 单位：亿元

年份 行业	1996	1997	1998	1999	2000	2001	2002	2003	2004
1	181.34	201.62	223.71	245.65	269.41	295.97	326.32	366.36	404.68
2	692.66	762.78	821.49	869.02	921.08	980.28	1049.14	1125.82	1240.86
3	4486.38	4789.37	5031.64	5381.69	5763.87	6196.37	6696.99	7560.23	8604.27
4	2124.01	2318.84	2511.23	2663.10	2829.25	3017.88	3236.97	3471.56	3842.16

续表

年份 行业	1996	1997	1998	1999	2000	2001	2002	2003	2004
5	278.53	293.38	304.52	316.46	329.74	345.18	363.55	391.50	407.70
6	478.43	537.70	600.92	660.56	725.13	797.28	879.64	982.91	1105.34
7	3371.77	3689.53	4209.36	4630.54	5086.52	5596.03	6177.61	6784.91	7489.81
8	373.94	399.35	416.27	432.09	449.70	470.17	494.57	528.17	572.70
9	1183.45	1288.40	1436.93	1528.64	1628.79	1742.18	1873.48	1958.93	2006.30
10	197.08	211.97	225.10	228.78	233.09	238.45	245.27	240.75	235.86
11	92.46	99.30	106.01	218.08	337.86	469.04	615.39	973.99	1354.52
12	48.90	53.44	57.79	70.52	84.20	99.30	116.33	152.12	188.41
13	106.79	114.62	123.00	131.69	141.16	151.88	164.26	181.65	200.14
14	698.96	772.59	880.68	1004.11	1137.18	1284.91	1452.33	1696.07	1952.96
15	30.99	36.72	40.80	44.22	47.93	52.09	56.85	62.10	72.50
16	983.36	1068.99	1165.60	1266.59	1376.25	1499.35	1640.59	1837.25	2044.34
17	236.11	258.57	287.23	310.35	335.48	363.72	396.17	430.63	471.82
18	1570.94	1546.55	1519.33	1492.84	1467.57	1445.14	1426.95	1426.13	1418.71
19	1302.70	1419.86	1554.75	1650.96	1756.14	1875.41	2013.78	2139.70	2254.61

附表15 2005—2013年分行业非住宅建筑和构筑物生产性资本存量（1978年价） 单位：亿元

年份 行业	2005	2006	2007	2008	2009	2010	2011	2012	2013
1	442.35	490.32	525.03	633.48	747.52	889.85	1132.92	1432.41	1789.18
2	1407.10	1568.63	1815.09	2127.23	2449.12	2766.22	3191.63	3589.85	3974.81
3	9698.16	10872.19	12254.99	13975.93	15932.49	18259.41	21696.33	25086.08	28480.69
4	4192.10	4485.29	4742.69	4998.63	5367.91	5704.36	6020.30	6314.19	6610.59
5	420.45	434.48	447.64	453.55	480.15	527.04	581.79	644.59	692.27
6	1227.45	1347.58	1476.53	1637.41	1856.23	2073.59	2399.24	2746.83	3139.92
7	8095.06	8797.95	9444.23	10100.78	11139.63	12262.12	13368.64	14206.58	15020.78
8	622.54	681.28	751.44	840.51	951.90	1078.52	1265.37	1448.83	1637.78
9	2018.42	2019.07	2001.92	2000.74	2002.80	1979.73	1954.64	1925.34	1888.02

续表

年份 行业	2005	2006	2007	2008	2009	2010	2011	2012	2013
10	230.50	223.18	216.46	212.32	212.47	215.54	228.32	245.26	274.45
11	1663.16	2001.56	2365.06	2804.38	3191.01	3789.64	4662.83	5574.27	6595.07
12	223.17	266.50	312.45	378.41	461.72	575.00	731.05	884.93	1070.86
13	221.80	239.57	258.55	288.18	332.20	375.85	442.16	523.04	608.47
14	2148.63	2445.26	2700.95	2980.26	3333.10	3741.73	4314.99	4880.30	5634.03
15	82.66	93.96	106.16	119.39	141.87	173.88	227.87	267.83	315.60
16	2192.22	2305.69	2394.28	2476.27	2595.32	2726.33	2851.98	2957.52	3057.13
17	509.76	547.89	582.68	625.14	692.94	761.66	845.91	929.03	1013.85
18	1398.37	1382.38	1373.15	1376.20	1403.73	1452.32	1522.22	1607.37	1708.47
19	2331.50	2385.56	2415.38	2447.77	2342.84	2411.48	2493.89	2559.90	2591.28

附表16 2014—2020年分行业非住宅建筑和构筑物生产性资本存量（1978年价） 单位：亿元

年份 行业	2014	2015	2016	2017	2018	2019	2020
1	2229.03	2757.56	3363.36	4205.58	5242.21	6314.98	7369.96
2	4312.56	4551.70	4702.27	4852.78	5055.39	5257.59	5440.30
3	32025.79	35306.64	38707.02	42981.58	48330.61	53821.95	59133.87
4	6926.10	7261.60	7658.33	8201.42	8921.55	9667.02	10387.34
5	751.79	821.47	914.28	984.13	1075.86	1171.42	1264.66
6	3588.73	4050.77	4467.76	4941.02	5536.49	6149.53	6744.38
7	15921.14	16826.50	17796.14	19323.33	21300.04	23339.66	25313.14
8	1813.02	1971.65	2103.97	2265.23	2471.12	2682.42	2885.32
9	1862.60	1858.07	1865.00	1908.68	1994.43	2092.37	2193.40
10	305.33	329.48	352.09	376.21	409.90	446.16	482.54
11	7664.63	8660.65	9695.37	11008.00	12627.46	14285.99	15892.56
12	1305.03	1558.88	1866.40	2231.73	2681.12	3144.44	3597.73
13	713.57	820.30	952.24	1128.86	1347.88	1574.29	1796.16
14	6578.21	7581.99	8689.79	10293.31	12281.71	14335.11	16345.57

续表

年份 行业	2014	2015	2016	2017	2018	2019	2020
15	372.24	436.29	499.27	571.22	660.38	752.24	841.79
16	3172.71	3279.38	3425.72	3696.34	4055.98	4429.68	4793.30
17	1109.31	1225.08	1375.72	1596.39	1873.27	2159.93	2440.72
18	1830.26	1950.02	2096.53	2340.59	2660.59	2997.32	3329.90
19	2636.23	2701.87	2730.96	2788.38	2893.65	3009.76	3125.24

附表17 1978—1986年分行业R&D生产性资本存量（1978年价）

单位：亿元

年份 行业	1978	1979	1980	1981	1982	1983	1984	1985	1986
1	20.46	26.11	30.88	34.26	35.79	35.82	36.38	37.99	40.69
2	5.47	6.98	8.25	9.15	9.56	9.57	9.72	10.15	10.87
3	90.51	115.52	136.62	151.58	158.33	158.48	160.92	168.07	180.02
4	2.31	2.95	3.48	3.87	4.04	4.04	4.10	4.29	4.59
5	2.60	3.32	3.92	4.35	4.55	4.55	4.62	4.83	5.17
6	0.04	0.05	0.06	0.07	0.07	0.07	0.08	0.08	0.08
7	3.99	5.09	6.02	6.68	6.98	6.99	7.09	7.41	7.94
8	0.05	0.06	0.07	0.08	0.08	0.08	0.08	0.09	0.09
9	2.15	2.75	3.25	3.60	3.76	3.77	3.83	4.00	4.28
10	0.50	0.64	0.76	0.84	0.88	0.88	0.89	0.93	1.00
11	0.09	0.11	0.13	0.15	0.15	0.15	0.16	0.16	0.18
12	0.05	0.06	0.07	0.08	0.08	0.08	0.08	0.09	0.09
13	37.12	47.38	56.03	62.17	64.93	64.99	66.00	68.93	73.83
14	4.15	5.30	6.27	6.95	7.26	7.27	7.38	7.71	8.26
15	0.39	0.49	0.58	0.65	0.68	0.68	0.69	0.72	0.77
16	0.02	0.02	0.03	0.03	0.03	0.03	0.03	0.03	0.04
17	6.93	8.84	10.46	11.60	12.12	12.13	12.32	12.86	13.78
18	0.52	0.66	0.78	0.87	0.90	0.90	0.92	0.96	1.03
19	6.16	7.86	9.30	10.31	10.77	10.78	10.95	11.44	12.25

附表 18　1987—1995 年分行业 R&D 生产性资本存量（1978 年价）

单位：亿元

年份 行业	1987	1988	1989	1990	1991	1992	1993	1994	1995
1	43.94	46.59	48.21	47.55	47.03	47.16	49.43	50.99	54.47
2	11.74	12.45	12.88	13.35	14.31	14.80	15.91	16.89	17.28
3	194.41	206.10	213.29	218.48	228.11	239.01	260.78	268.10	277.37
4	4.96	5.26	5.44	5.64	6.20	6.98	8.10	8.67	9.54
5	5.58	5.92	6.13	6.44	6.88	8.01	9.57	11.26	12.88
6	0.09	0.10	0.10	0.10	0.09	0.10	0.11	0.11	0.11
7	8.57	9.09	9.40	9.93	10.24	11.15	12.59	13.34	14.40
8	0.10	0.11	0.11	0.13	0.14	0.19	0.26	0.34	0.33
9	4.62	4.90	5.07	5.30	5.85	6.76	8.04	9.77	12.04
10	1.08	1.14	1.18	1.12	1.15	1.19	1.30	1.49	1.48
11	0.19	0.20	0.21	0.20	0.18	0.16	0.14	0.14	0.16
12	0.10	0.11	0.11	0.13	0.14	0.19	0.25	0.33	0.33
13	79.73	84.53	87.47	89.26	92.89	94.84	100.84	121.33	125.87
14	8.92	9.45	9.78	10.21	10.25	10.63	11.48	11.91	12.47
15	0.83	0.88	0.91	1.02	1.09	1.24	1.45	1.53	1.56
16	0.04	0.04	0.04	0.04	0.04	0.04	0.04	0.03	0.02
17	14.88	15.78	16.33	18.13	18.75	20.09	22.32	24.31	26.38
18	1.11	1.18	1.22	1.24	1.29	1.34	1.44	1.67	1.69
19	13.23	14.02	14.51	13.79	15.28	17.41	20.52	23.54	35.46

附表 19　1996—2004 年分行业 R&D 生产性资本存量（1978 年价）

单位：亿元

年份 行业	1996	1997	1998	1999	2000	2001	2002	2003	2004
1	57.73	61.44	64.30	71.97	85.66	102.86	125.99	129.91	134.23
2	18.32	19.88	22.84	25.23	26.47	23.23	18.88	13.65	8.73
3	299.37	326.97	347.16	336.72	322.20	283.39	232.33	173.37	129.95
4	9.31	10.87	11.22	11.66	13.12	15.10	17.38	14.65	12.39
5	14.61	17.10	18.75	21.00	23.54	25.44	25.42	21.62	17.38

续表

年份 行业	1996	1997	1998	1999	2000	2001	2002	2003	2004
6	0.12	0.10	0.10	0.09	0.10	0.16	0.17	0.15	0.13
7	15.30	16.51	17.47	19.27	23.08	23.99	25.65	21.51	17.74
8	0.32	0.25	0.18	0.11	0.05	0.02	0.01	0.00	0.00
9	13.81	14.56	16.15	17.54	18.58	19.27	17.42	15.72	14.22
10	1.39	1.20	1.00	0.72	0.49	0.47	0.60	0.94	1.13
11	0.18	0.19	0.21	0.23	0.28	0.28	0.31	0.26	0.20
12	0.31	0.25	0.17	0.11	0.05	0.02	0.01	0.00	0.03
13	131.70	142.21	158.11	233.86	342.66	517.43	743.89	1071.94	1420.29
14	13.31	16.13	19.59	24.13	31.05	34.81	39.87	43.42	40.33
15	1.64	3.29	5.24	7.48	10.40	13.44	15.76	14.38	11.49
16	0.02	0.02	0.02	0.06	0.07	0.08	0.09	0.74	1.37
17	28.40	31.37	34.26	41.25	53.57	66.33	87.66	84.09	81.96
18	1.74	1.81	2.01	3.51	4.09	4.65	5.47	5.00	4.41
19	40.42	46.40	52.04	46.07	37.60	31.92	27.76	21.21	17.66

附表20 2005—2013年分行业R&D生产性资本存量（1978年价）

单位：亿元

年份 行业	2005	2006	2007	2008	2009	2010	2011	2012	2013
1	142.01	151.11	171.50	204.24	260.69	318.08	377.87	445.73	506.93
2	4.77	2.32	1.22	0.89	1.59	2.34	4.69	7.00	9.44
3	97.39	75.96	67.73	68.14	78.35	94.90	115.84	139.96	175.11
4	10.71	8.97	7.89	9.66	12.01	14.91	16.49	16.75	17.93
5	13.18	9.09	6.81	5.78	6.39	7.57	8.21	8.78	9.41
6	0.10	0.06	0.03	0.01	0.01	0.00	0.00	0.04	0.04
7	13.99	11.79	11.87	13.87	17.57	22.13	23.18	25.66	26.09
8	0.00	0.00	0.00	0.00	0.00	0.00	0.00	0.00	0.00
9	11.17	8.89	10.82	16.46	22.95	30.30	37.34	45.92	50.95
10	1.00	0.83	0.60	0.43	0.32	0.24	0.23	0.23	0.22
11	0.13	0.08	0.04	0.09	0.07	0.07	0.06	0.04	0.03

续表

年份 行业	2005	2006	2007	2008	2009	2010	2011	2012	2013
12	0.05	0.05	0.08	0.09	0.10	0.12	0.15	0.17	0.19
13	1794.72	2191.05	2611.26	3032.60	3609.58	4197.62	4841.46	5595.66	6437.18
14	38.31	37.05	37.99	43.51	53.12	69.41	88.26	107.22	121.96
15	8.42	5.33	2.75	1.17	0.44	0.63	0.72	0.75	0.88
16	1.79	1.97	2.63	3.35	3.82	4.38	4.95	5.56	6.30
17	78.56	74.21	73.39	77.69	90.76	109.96	127.41	145.63	167.78
18	4.19	4.12	4.47	6.23	8.20	9.70	11.72	14.88	19.24
19	15.21	13.64	14.17	15.86	18.67	21.76	25.15	29.15	31.55

附表 21　2014—2020 年分行业 R&D 生产性资本存量（1978 年价）

单位：亿元

年份 行业	2014	2015	2016	2017	2018	2019	2020
1	574.15	641.58	708.22	768.21	824.67	899.57	944.42
2	10.50	11.31	11.79	11.96	12.13	10.84	9.57
3	202.29	228.70	253.34	273.91	291.90	301.21	313.47
4	16.70	15.59	14.85	14.43	14.34	11.53	8.93
5	10.40	11.47	12.69	13.93	15.13	16.98	17.15
6	0.04	0.04	0.03	0.02	0.02	0.01	0.01
7	25.80	25.74	26.16	26.87	27.92	28.77	30.38
8	0.00	0.00	0.00	0.00	0.00	0.00	0.00
9	54.02	57.00	59.92	62.47	65.28	67.39	79.21
10	0.19	0.17	0.16	0.15	0.16	0.15	0.17
11	0.01	0.00	0.00	0.00	0.00	0.00	0.00
12	0.19	0.19	0.18	0.18	0.18	0.16	0.15
13	7284.41	8148.50	8999.13	9752.82	10449.16	11225.12	12017.38
14	137.94	152.98	167.03	179.59	191.97	209.72	224.08
15	0.86	0.80	0.75	0.73	0.72	0.57	0.42
16	8.23	10.28	12.36	14.28	15.97	19.20	19.58
17	189.54	211.37	233.11	252.88	271.33	291.76	296.05

续表

年份 行业	2014	2015	2016	2017	2018	2019	2020
18	23.66	28.20	32.59	36.28	39.34	42.51	42.05
19	33.49	35.57	37.71	39.67	41.75	43.96	47.96

附表22 1978—1986年分行业其他机器和设备生产性资本存量（1978年价） 单位：亿元

年份 行业	1978	1979	1980	1981	1982	1983	1984	1985	1986
1	6.04	7.15	8.33	9.04	9.95	10.92	12.17	13.69	15.22
2	51.00	60.33	70.31	76.33	83.97	92.20	102.70	115.52	128.49
3	487.67	576.88	672.27	729.80	802.92	881.61	981.97	1104.53	1228.57
4	157.27	186.04	216.80	235.35	258.93	284.31	316.67	356.20	396.20
5	5.82	6.88	8.02	8.71	9.58	10.52	11.72	13.18	14.66
6	8.92	10.55	12.29	13.35	14.68	16.12	17.96	20.20	22.47
7	115.83	137.02	159.67	173.34	190.71	209.40	233.23	262.34	291.80
8	6.96	8.23	9.59	10.41	11.45	12.58	14.01	15.76	17.52
9	154.48	182.74	212.95	231.18	254.34	279.26	311.05	349.87	389.17
10	4.07	4.81	5.60	6.08	6.69	7.35	8.19	9.21	10.24
11	3.43	4.06	4.73	5.14	5.65	6.21	6.91	7.77	8.65
12	1.19	1.41	1.64	1.78	1.96	2.15	2.40	2.69	3.00
13	7.97	9.42	10.98	11.92	13.12	14.40	16.04	18.04	20.07
14	15.64	18.50	21.56	23.41	25.75	28.28	31.50	35.43	39.40
15	0.30	0.35	0.41	0.45	0.49	0.54	0.60	0.68	0.75
16	4.04	4.78	5.57	6.05	6.66	7.31	8.14	9.16	10.18
17	4.07	4.81	5.61	6.08	6.69	7.35	8.19	9.21	10.24
18	11.68	13.82	16.10	17.48	19.23	21.12	23.52	26.46	29.43
19	21.07	24.92	29.04	31.53	34.68	38.08	42.42	47.71	53.07

附表23 1987—1995年分行业其他机器和设备
生产性资本存量（1978年价）　　　　　单位：亿元

年份 行业	1987	1988	1989	1990	1991	1992	1993	1994	1995
1	17.15	19.39	20.66	21.70	23.20	25.60	29.16	33.47	36.69
2	144.73	163.64	174.33	183.14	195.78	216.03	246.08	282.51	309.66
3	1383.84	1564.63	1666.86	1751.11	1871.98	2065.65	2352.99	2701.27	2960.84
4	446.27	504.57	537.54	564.71	603.69	666.15	758.81	871.13	954.84
5	16.51	18.67	19.89	20.89	22.33	24.65	28.07	32.23	35.33
6	25.31	28.61	30.48	32.02	34.23	37.77	43.03	49.40	54.14
7	328.68	371.62	395.90	415.91	444.62	490.62	558.87	641.59	703.24
8	19.74	22.32	23.78	24.98	26.70	29.46	33.56	38.53	42.23
9	438.35	495.62	528.00	554.69	592.98	654.32	745.34	855.67	937.89
10	11.54	13.04	13.90	14.60	15.61	17.22	19.62	22.52	24.68
11	9.74	11.01	11.73	12.33	13.18	14.54	16.56	19.01	20.84
12	3.38	3.82	4.07	4.27	4.57	5.04	5.74	6.59	7.22
13	22.61	25.56	27.23	28.60	30.58	33.74	38.44	44.13	48.37
14	44.38	50.18	53.46	56.16	60.04	66.25	75.47	86.64	94.97
15	0.85	0.96	1.02	1.07	1.14	1.26	1.44	1.65	1.81
16	11.47	12.97	13.82	14.52	15.52	17.12	19.51	22.39	24.54
17	11.54	13.05	13.90	14.60	15.61	17.22	19.62	22.52	24.69
18	33.15	37.48	39.93	41.95	44.84	49.48	56.37	64.71	70.93
19	59.78	67.59	72.00	75.64	80.86	89.23	101.64	116.69	127.90

附表24 1996—2004年分行业其他机器和设备
生产性资本存量（1978年价）　　　　　单位：亿元

年份 行业	1996	1997	1998	1999	2000	2001	2002	2003	2004
1	40.58	48.45	55.57	62.47	69.56	77.55	85.69	96.88	117.31
2	342.46	388.08	427.39	462.03	497.38	537.92	579.41	636.13	747.94
3	3274.46	3646.82	3967.99	4480.58	5008.99	5607.08	6224.45	7462.96	9166.85
4	1055.97	1251.28	1462.19	1634.15	1811.07	2010.30	2213.18	2433.99	2850.04

续表

年份 行业	1996	1997	1998	1999	2000	2001	2002	2003	2004
5	39.07	43.86	48.00	53.32	58.79	65.00	71.40	83.01	97.73
6	59.88	68.53	74.41	81.69	89.15	97.64	106.36	122.06	153.36
7	777.73	868.34	940.82	1007.91	1076.18	1155.10	1236.16	1358.56	1511.75
8	46.71	54.12	56.82	59.08	61.32	64.00	66.70	71.16	81.29
9	1037.23	1200.54	1502.65	1693.70	1890.65	2111.95	2337.43	2454.86	2518.57
10	27.30	31.97	37.25	41.11	45.07	49.54	54.10	58.21	63.44
11	23.05	22.47	23.75	39.38	55.70	73.84	92.73	142.72	206.58
12	7.99	9.86	11.02	13.48	16.03	18.87	21.78	28.00	38.42
13	53.49	57.31	60.83	64.11	67.43	71.36	75.45	82.34	94.82
14	105.02	131.27	164.02	185.23	207.09	231.52	256.22	269.72	284.25
15	2.00	2.44	2.86	3.56	4.28	5.08	5.90	7.47	17.03
16	27.14	34.33	40.89	51.06	61.61	73.34	85.35	107.59	135.63
17	27.30	31.14	36.20	46.55	57.30	69.28	81.65	107.40	133.39
18	78.44	80.25	83.18	85.85	88.48	91.82	95.40	102.79	110.37
19	141.45	165.69	185.02	200.57	216.44	234.53	252.92	274.43	326.96

附表25　2005—2013年分行业其他机器和设备
生产性资本存量（1978年价）　　　　　单位：亿元

年份 行业	2005	2006	2007	2008	2009	2010	2011	2012	2013
1	140.11	173.91	223.66	307.41	431.03	571.33	806.89	1110.25	1499.27
2	969.84	1219.84	1537.51	2020.63	2667.22	3383.87	4013.61	4676.90	5293.47
3	11617.21	14591.43	18474.01	23632.74	30293.86	38019.66	46164.76	55748.50	66824.33
4	3460.03	4097.79	4764.38	5560.44	6696.40	7896.53	8584.66	9354.67	10195.36
5	122.29	160.83	206.99	273.48	355.54	452.99	534.03	615.03	714.02
6	204.75	265.46	346.05	477.33	696.68	938.03	1172.97	1487.87	1886.76
7	1754.17	2002.68	2438.67	2949.23	3597.03	4515.20	5145.05	5899.11	6714.45
8	98.98	127.39	167.72	229.25	321.88	417.68	502.44	623.88	749.02
9	2518.97	2520.30	2503.30	2499.06	2553.65	2568.18	2448.06	2376.86	2355.43

续表

年份 行业	2005	2006	2007	2008	2009	2010	2011	2012	2013
10	66.91	73.82	85.09	108.14	135.09	165.15	189.86	221.25	258.04
11	284.38	371.50	476.26	612.96	732.29	910.98	1127.12	1444.59	1812.13
12	51.40	65.67	87.36	125.39	195.79	288.72	386.58	495.74	641.11
13	111.08	134.83	162.00	201.27	266.03	340.73	396.59	506.58	661.00
14	306.07	346.10	396.34	483.44	639.43	847.70	1043.27	1330.82	1715.58
15	23.21	33.22	44.67	63.30	93.04	119.87	154.10	211.53	272.07
16	173.51	214.60	256.97	310.01	375.41	438.97	476.31	534.67	588.12
17	170.72	206.60	249.94	306.17	383.12	467.55	525.24	601.83	693.28
18	125.17	145.68	169.86	205.85	266.72	338.23	399.85	488.25	588.49
19	399.28	480.88	554.32	650.59	747.19	831.68	874.82	923.30	933.09

附表26 2014—2020年分行业其他机器和设备生产性资本存量（1978年价）

单位：亿元

年份 行业	2014	2015	2016	2017	2018	2019	2020
1	1938.57	2489.39	3080.36	3636.88	4211.94	4647.52	4993.34
2	5739.72	5963.54	5918.46	5693.89	5418.26	5190.51	4827.77
3	77943.57	89240.81	99183.37	108178.69	116454.98	123361.75	126525.37
4	11179.97	12275.48	13374.56	14188.18	14518.70	14688.81	15123.24
5	808.14	931.61	997.33	1021.64	1021.88	933.90	828.06
6	2379.58	3058.62	3678.22	4121.62	4270.59	4295.82	4046.66
7	7624.35	8540.90	9191.58	9782.77	10370.08	10550.02	10243.55
8	855.67	962.78	1031.75	1081.99	1102.19	1098.26	1025.00
9	2454.61	2653.44	2908.10	3224.61	3594.25	3989.29	4449.77
10	297.57	325.93	356.76	359.06	384.09	404.55	388.94
11	2182.12	2501.13	2868.13	3197.30	3457.98	3699.20	3747.04
12	928.53	1260.36	1751.94	2194.05	2505.03	2817.97	2980.22
13	875.70	1102.50	1327.96	1566.32	1774.66	1969.63	2106.98
14	2155.49	2688.65	3345.93	4073.61	4718.37	5235.85	5417.71

续表

年份 行业	2014	2015	2016	2017	2018	2019	2020
15	332.25	412.72	487.46	553.86	583.51	599.87	575.47
16	671.62	795.14	905.00	1022.57	1120.98	1206.93	1241.45
17	826.34	971.06	1125.86	1282.62	1439.08	1603.41	1833.05
18	710.52	843.30	981.34	1094.88	1216.94	1313.75	1350.98
19	964.85	1003.83	1046.90	1070.93	1032.60	987.77	929.00

附表27 1978—1986年分行业ICT软件生产性资本存量（1978年价）

单位：亿元

年份 行业	1978	1979	1980	1981	1982	1983	1984	1985	1986
1	0.00	0.00	0.00	0.00	0.00	0.01	0.02	0.03	0.04
2	0.00	0.00	0.00	0.00	0.00	0.05	0.09	0.11	0.15
3	0.00	0.00	0.00	0.00	0.00	0.02	0.03	0.04	0.05
4	0.00	0.00	0.00	0.00	0.00	0.09	0.16	0.20	0.27
5	0.00	0.00	0.00	0.00	0.00	0.00	0.01	0.01	0.01
6	0.00	0.00	0.00	0.00	0.00	0.02	0.04	0.04	0.06
7	0.00	0.00	0.00	0.00	0.00	0.03	0.05	0.06	0.09
8	0.00	0.00	0.00	0.00	0.00	0.16	0.29	0.36	0.49
9	0.00	0.00	0.00	0.00	0.00	0.00	0.00	0.00	0.00
10	0.00	0.00	0.00	0.00	0.00	0.01	0.01	0.01	0.01
11	0.00	0.00	0.00	0.00	0.00	0.04	0.07	0.09	0.11
12	0.00	0.00	0.00	0.00	0.00	0.00	0.00	0.00	0.00
13	0.00	0.00	0.00	0.00	0.00	0.08	0.14	0.18	0.24
14	0.00	0.00	0.00	0.00	0.00	0.02	0.04	0.05	0.07
15	0.00	0.00	0.00	0.00	0.00	0.03	0.06	0.07	0.10
16	0.00	0.00	0.00	0.00	0.00	0.10	0.18	0.23	0.31
17	0.00	0.00	0.00	0.00	0.00	0.12	0.21	0.27	0.37
18	0.00	0.00	0.00	0.00	0.00	0.05	0.09	0.11	0.15
19	0.00	0.00	0.00	0.00	0.00	0.05	0.10	0.12	0.17

附表28 1987—1995年分行业ICT软件生产性资本存量（1978年价）

单位：亿元

年份 行业	1987	1988	1989	1990	1991	1992	1993	1994	1995
1	0.06	0.07	0.07	0.09	0.13	0.18	0.25	0.34	0.49
2	0.21	0.23	0.25	0.30	0.43	0.61	0.82	1.12	1.60
3	0.07	0.58	1.17	1.90	2.81	3.96	5.35	7.29	10.46
4	0.39	0.39	0.39	0.44	0.62	0.88	1.18	1.61	2.31
5	0.02	0.27	0.55	0.91	1.34	1.89	2.56	3.49	5.00
6	0.08	0.13	0.18	0.26	0.38	0.53	0.72	0.98	1.40
7	0.12	0.15	0.17	0.22	0.31	0.44	0.59	0.80	1.15
8	0.69	0.71	0.71	0.81	1.14	1.60	2.16	2.94	4.22
9	0.00	0.00	0.00	0.00	0.00	0.00	0.00	0.00	0.00
10	0.02	0.06	0.10	0.15	0.23	0.32	0.43	0.58	0.84
11	0.16	0.17	0.17	0.19	0.27	0.38	0.52	0.70	1.01
12	0.00	0.00	0.01	0.01	0.02	0.02	0.03	0.04	0.06
13	0.34	0.35	0.36	0.41	0.57	0.81	1.09	1.49	2.13
14	0.10	0.11	0.11	0.13	0.19	0.26	0.36	0.49	0.70
15	0.14	0.15	0.15	0.18	0.25	0.35	0.47	0.64	0.92
16	0.44	0.46	0.48	0.56	0.80	1.12	1.51	2.06	2.96
17	0.52	0.53	0.53	0.61	0.85	1.20	1.62	2.21	3.17
18	0.22	0.24	0.27	0.34	0.48	0.67	0.91	1.24	1.78
19	0.24	0.37	0.52	0.73	1.07	1.50	2.03	2.76	3.97

附表29 1996—2004年分行业ICT软件生产性资本存量（1978年价）

单位：亿元

年份 行业	1996	1997	1998	1999	2000	2001	2002	2003	2004
1	0.67	0.74	0.93	1.23	1.71	2.99	5.00	10.88	15.25
2	2.21	2.20	2.48	3.09	4.25	7.43	12.38	15.46	16.52
3	14.39	27.97	40.56	55.92	74.56	129.26	172.80	225.49	251.13
4	3.19	2.35	1.65	1.27	1.62	2.86	5.51	12.15	17.05

续表

年份 行业	1996	1997	1998	1999	2000	2001	2002	2003	2004
5	6.89	13.53	22.93	34.45	48.09	83.97	132.38	170.52	186.70
6	1.93	2.97	5.48	8.67	12.58	22.10	39.48	54.12	61.41
7	1.59	1.88	2.60	3.63	5.10	8.94	15.12	25.90	33.15
8	5.81	4.40	2.93	1.97	2.31	4.04	6.62	8.96	10.12
9	0.00	0.00	0.68	1.52	2.48	4.43	10.16	22.91	32.31
10	1.15	2.08	4.39	7.26	10.64	18.72	34.12	53.93	66.30
11	1.39	1.09	0.93	0.93	1.27	2.23	4.21	6.09	7.13
12	0.08	0.14	0.61	1.19	1.86	3.30	6.99	9.59	10.82
13	2.94	2.30	1.64	1.27	1.55	2.71	4.38	5.59	6.07
14	0.96	0.86	0.73	0.69	0.87	1.51	2.15	2.65	2.83
15	1.26	1.04	0.94	0.98	1.33	2.33	4.18	5.81	6.65
16	4.07	3.60	3.15	3.14	4.07	7.08	10.87	17.19	21.26
17	4.37	3.35	2.18	1.38	1.54	2.66	3.80	8.40	11.87
18	2.45	2.64	2.75	3.13	4.06	7.04	9.60	10.77	10.69
19	5.46	8.40	10.97	14.36	18.98	32.89	43.64	53.85	57.72

附表30 2005—2013年分行业ICT软件生产性资本存量（1978年价）

单位：亿元

年份 行业	2005	2006	2007	2008	2009	2010	2011	2012	2013
1	19.68	23.98	39.04	46.91	59.92	79.75	106.47	99.29	87.06
2	18.00	21.28	22.49	23.59	28.58	39.46	53.17	63.94	66.87
3	291.84	350.13	468.00	533.32	667.96	900.57	1206.46	1244.10	1323.30
4	21.84	26.58	42.43	53.77	71.92	98.56	132.22	141.02	141.59
5	208.90	248.44	290.18	338.77	442.71	622.82	840.56	1042.17	1199.97
6	69.32	82.49	97.07	105.97	130.42	177.76	238.80	265.76	285.36
7	40.69	49.18	72.37	96.49	135.18	191.45	258.22	314.59	425.23
8	11.51	13.72	16.72	20.25	27.08	38.29	51.70	64.54	77.56
9	41.18	50.05	78.61	219.89	419.77	673.90	924.73	1563.81	2401.44

续表

年份 行业	2005	2006	2007	2008	2009	2010	2011	2012	2013
10	78.87	94.77	128.85	199.57	308.97	461.42	627.31	902.19	1150.22
11	8.18	9.76	11.97	19.14	30.40	46.25	63.06	95.82	134.03
12	11.93	14.12	15.01	20.82	31.12	46.93	63.97	96.89	152.45
13	6.73	7.98	9.00	13.20	20.22	30.57	41.66	62.97	111.56
14	3.16	3.76	4.49	6.88	10.74	16.27	22.17	33.43	44.31
15	7.56	9.01	10.81	13.33	18.12	25.87	34.98	45.11	52.91
16	25.80	31.14	45.11	60.83	86.04	122.61	165.55	206.32	235.78
17	15.52	18.97	31.86	47.38	70.38	101.57	137.31	175.63	217.63
18	11.44	13.52	14.17	15.96	20.64	29.42	39.83	52.73	64.96
19	65.56	78.34	99.03	137.33	200.86	294.63	399.72	552.22	724.76

附表31 2014—2020年分行业ICT软件生产性资本存量（1978年价）

单位：亿元

年份 行业	2014	2015	2016	2017	2018	2019	2020
1	82.10	90.47	102.74	107.70	106.54	109.88	112.11
2	72.22	79.85	90.15	84.81	73.37	65.09	59.78
3	1491.77	1750.72	2002.57	2311.87	2408.69	2598.78	2712.19
4	150.25	169.27	192.18	198.96	203.68	222.96	243.34
5	1404.35	1619.41	1841.62	1944.16	1935.01	1968.08	1940.88
6	320.01	368.02	418.98	450.99	459.32	490.69	516.05
7	558.40	685.43	787.99	968.64	1146.14	1393.67	1583.88
8	93.77	109.99	125.45	138.28	158.15	173.62	170.06
9	3302.69	4020.03	4605.25	5383.40	6015.96	7162.51	8244.31
10	1428.71	1668.31	1898.71	2022.96	2131.35	2226.43	2160.88
11	176.05	210.89	241.04	273.07	301.74	348.46	385.99
12	213.92	265.33	305.11	375.62	449.00	550.08	627.69
13	165.49	210.78	243.49	317.27	413.52	535.21	625.53
14	56.27	66.18	75.40	81.48	76.99	78.15	81.90

续表

年份 行业	2014	2015	2016	2017	2018	2019	2020
15	62.53	72.02	81.85	85.48	83.02	84.18	85.10
16	274.04	314.48	357.30	371.81	381.99	423.67	470.72
17	268.31	316.91	361.80	404.17	414.52	445.50	469.74
18	79.43	92.93	105.88	114.79	124.80	136.84	140.80
19	922.01	1096.53	1252.48	1407.97	1669.45	2007.31	2239.03

附表32 1978—1986年分行业ICT硬件生产性资本存量（1978年价）

单位：亿元

年份 行业	1978	1979	1980	1981	1982	1983	1984	1985	1986
1	0.03	0.04	0.05	0.05	0.05	0.05	0.06	0.08	0.09
2	0.49	0.62	0.76	0.86	0.89	0.88	0.97	1.24	1.50
3	35.44	45.09	54.89	62.33	64.61	64.08	70.61	90.10	109.00
4	0.26	0.33	0.41	0.46	0.48	0.48	0.52	0.67	0.81
5	7.09	9.02	10.98	12.47	12.93	12.82	14.13	18.03	21.81
6	0.11	0.14	0.17	0.19	0.20	0.20	0.22	0.28	0.34
7	0.37	0.47	0.57	0.65	0.67	0.67	0.74	0.94	1.14
8	0.01	0.01	0.02	0.02	0.02	0.02	0.02	0.03	0.03
9	0.24	0.30	0.37	0.42	0.43	0.43	0.47	0.60	0.73
10	0.02	0.02	0.03	0.03	0.04	0.03	0.04	0.05	0.06
11	0.04	0.05	0.06	0.07	0.07	0.07	0.07	0.10	0.12
12	0.41	0.53	0.64	0.73	0.76	0.75	0.83	1.05	1.27
13	1.42	1.81	2.20	2.50	2.60	2.57	2.84	3.62	4.38
14	0.05	0.07	0.08	0.09	0.10	0.10	0.11	0.14	0.17
15	0.09	0.12	0.14	0.16	0.17	0.17	0.18	0.23	0.28
16	1.48	1.89	2.30	2.61	2.70	2.68	2.95	3.77	4.56
17	0.05	0.06	0.08	0.09	0.09	0.09	0.10	0.12	0.15
18	0.09	0.12	0.14	0.16	0.17	0.17	0.18	0.23	0.28
19	0.15	0.19	0.23	0.26	0.27	0.26	0.29	0.37	0.45

附表33 1987—1995年分行业ICT硬件生产性资本存量（1978年价）

单位：亿元

年份 行业	1987	1988	1989	1990	1991	1992	1993	1994	1995
1	0.11	0.14	0.16	0.18	0.19	0.21	0.24	0.29	0.36
2	1.73	2.14	2.44	2.66	2.77	3.06	3.49	4.25	5.20
3	125.68	151.74	170.41	183.38	188.51	207.49	235.58	287.21	350.81
4	0.93	0.97	0.96	0.93	0.87	0.89	0.99	1.20	1.46
5	25.15	26.44	26.61	25.95	24.55	25.45	28.23	34.25	41.82
6	0.39	0.94	1.43	1.86	2.17	2.57	3.00	3.68	4.50
7	1.31	1.47	1.57	1.61	1.60	1.72	1.93	2.35	2.87
8	0.04	0.10	0.15	0.20	0.23	0.28	0.32	0.40	0.49
9	0.84	1.51	2.10	2.60	2.94	3.44	3.99	4.89	5.97
10	0.07	0.61	1.09	1.53	1.86	2.26	2.65	3.25	3.98
11	0.13	0.17	0.20	0.22	0.23	0.25	0.29	0.35	0.43
12	1.47	2.78	3.91	4.90	5.58	6.55	7.60	9.31	11.38
13	5.05	5.67	6.03	6.19	6.13	6.58	7.39	9.00	10.99
14	0.19	0.23	0.26	0.28	0.29	0.32	0.37	0.45	0.54
15	0.33	0.37	0.39	0.40	0.40	0.43	0.48	0.59	0.72
16	5.25	5.67	5.83	5.81	5.61	5.90	6.59	8.00	9.77
17	0.17	0.22	0.26	0.29	0.31	0.34	0.39	0.48	0.58
18	0.33	0.39	0.43	0.46	0.47	0.52	0.59	0.72	0.88
19	0.52	0.91	1.26	1.55	1.75	2.04	2.37	2.90	3.54

附表34 1996—2004年分行业ICT硬件生产性资本存量（1978年价）

单位：亿元

年份 行业	1996	1997	1998	1999	2000	2001	2002	2003	2004
1	0.43	0.58	0.87	1.26	1.80	2.49	3.83	4.68	5.77
2	6.34	8.21	10.08	12.62	16.48	21.57	27.40	34.05	42.74
3	428.20	541.93	675.57	856.62	1129.43	1489.89	1979.36	2634.62	3473.95
4	1.78	1.69	3.79	6.49	10.25	15.00	28.90	46.78	68.86

续表

年份 行业	1996	1997	1998	1999	2000	2001	2002	2003	2004
5	51.04	50.43	50.76	52.85	59.59	72.29	96.03	109.92	128.87
6	5.49	8.65	14.57	22.15	32.68	45.73	70.39	82.79	98.60
7	3.50	4.03	4.87	6.02	7.83	10.30	14.40	18.03	22.70
8	0.59	0.94	1.16	1.46	1.89	2.45	2.56	2.59	2.70
9	7.29	11.04	22.49	37.04	57.07	81.81	138.22	174.27	219.26
10	4.85	8.03	10.61	13.99	18.81	24.85	28.84	28.96	29.71
11	0.52	0.69	0.82	0.99	1.27	1.63	1.89	3.34	5.19
12	13.89	21.21	35.07	52.85	77.61	108.39	166.74	205.91	255.51
13	13.41	15.42	17.76	21.13	26.62	34.31	45.01	56.68	71.85
14	0.66	0.85	1.07	1.36	1.81	2.39	3.21	4.56	6.28
15	0.88	1.01	2.41	4.18	6.63	9.68	17.91	28.06	40.60
16	11.93	12.65	13.17	14.21	16.50	20.27	24.82	32.40	42.32
17	0.71	0.95	1.46	2.11	3.03	4.20	6.50	8.33	10.64
18	1.07	1.34	1.70	2.17	2.89	3.83	5.22	6.61	8.40
19	4.32	6.52	8.07	10.16	13.23	17.16	18.91	22.33	27.01

附表35 2005—2013年分行业ICT硬件生产性资本存量（1978年价）

单位：亿元

年份 行业	2005	2006	2007	2008	2009	2010	2011	2012	2013
1	6.92	8.10	7.97	7.35	6.64	6.13	5.98	5.48	5.73
2	52.20	62.43	72.05	77.19	80.68	86.57	94.88	97.52	95.59
3	4385.35	5353.32	6435.41	7429.19	8244.10	9337.70	10651.74	11893.95	13307.78
4	92.53	116.59	142.49	171.15	195.36	226.64	263.10	305.82	342.88
5	149.08	170.66	163.06	151.55	138.57	130.25	129.93	130.37	145.24
6	115.12	132.01	119.03	107.35	94.99	86.26	84.27	90.80	104.27
7	27.71	32.98	35.86	35.86	35.20	35.52	37.17	35.53	44.26
8	2.85	3.09	3.21	3.21	3.18	3.24	3.43	3.42	6.35
9	266.49	314.04	306.14	328.94	346.82	379.91	430.31	539.19	649.99

续表

年份 行业	2005	2006	2007	2008	2009	2010	2011	2012	2013
10	30.58	32.17	26.03	20.18	14.59	9.56	6.13	3.99	8.01
11	7.22	9.39	13.57	15.41	16.78	18.52	20.45	18.87	17.09
12	307.97	361.94	362.28	359.95	352.37	357.23	379.28	411.72	444.10
13	88.28	105.83	120.86	174.56	224.13	284.90	352.67	477.24	628.97
14	8.15	10.12	12.75	14.21	15.30	16.81	18.67	18.90	21.09
15	54.03	67.71	81.76	98.22	112.18	130.28	151.46	177.52	208.87
16	53.18	64.87	79.66	85.57	89.42	95.58	103.87	99.74	99.72
17	13.09	15.62	16.51	16.11	15.43	15.20	15.60	14.69	16.54
18	10.33	12.38	13.91	14.11	14.01	14.30	15.04	14.11	15.06
19	32.26	38.29	46.88	51.18	54.29	58.89	64.76	64.17	66.77

附表36 2014—2020年分行业ICT硬件生产性资本存量（1978年价）

单位：亿元

年份 行业	2014	2015	2016	2017	2018	2019	2020
1	6.15	6.64	7.22	8.44	9.52	10.25	10.81
2	94.81	94.57	95.64	89.51	82.75	75.54	68.73
3	14851.77	16426.82	17974.32	19428.08	21132.66	22361.09	23526.82
4	382.29	421.75	459.40	481.60	513.62	535.82	558.09
5	163.43	182.63	202.21	231.37	268.08	306.94	354.32
6	119.79	135.55	150.60	166.30	192.77	215.69	239.39
7	54.17	64.62	75.17	97.15	125.87	152.70	180.95
8	9.47	12.67	15.74	22.15	29.57	34.67	38.16
9	765.26	878.51	981.30	1056.00	1172.33	1307.48	1490.12
10	12.67	17.53	22.22	32.74	41.64	46.16	47.17
11	15.61	14.39	13.75	13.17	13.38	13.62	14.01
12	482.36	521.68	560.95	580.86	621.64	653.08	686.97
13	783.65	935.89	1073.69	1221.24	1396.85	1567.81	1768.67
14	23.65	26.38	29.25	34.26	38.97	44.69	52.37

续表

年份 行业	2014	2015	2016	2017	2018	2019	2020
15	241.97	275.18	306.59	338.82	357.78	373.46	393.16
16	101.54	104.47	109.36	118.69	134.16	148.94	165.60
17	18.82	21.31	23.96	29.47	33.17	35.88	38.24
18	16.36	17.85	19.58	23.32	27.96	31.48	34.42
19	70.50	74.84	80.08	88.60	107.12	121.70	134.50

附表37 1978—2020年科学研究和技术服务业矿藏勘探
生产性资本存量（1978年价）　　　　　　　单位：亿元

年份	1978	1979	1980	1981	1982	1983	1984	1985	1986
存量	188.72	210.60	233.26	255.12	278.17	301.65	327.15	353.20	378.46
年份	1987	1988	1989	1990	1991	1992	1993	1994	1995
存量	400.33	426.66	451.54	492.28	526.51	556.83	579.78	604.88	628.36
年份	1996	1997	1998	1999	2000	2001	2002	2003	2004
存量	657.36	690.66	724.89	738.53	754.03	770.18	785.57	807.57	828.31
年份	2005	2006	2007	2008	2009	2010	2011	2012	2013
存量	845.04	872.55	911.21	946.64	1004.01	1063.56	1116.53	1187.06	1253.48
年份	2014	2015	2016	2017	2018	2019	2020		
存量	1316.96	1377.95	1423.23	1454.69	1477.46	1486.67	1514.43		

附表38 1978—1986年分行业其他固定资产
生产性资本存量（1978年价）　　　　　　　单位：亿元

年份 行业	1978	1979	1980	1981	1982	1983	1984	1985	1986
1	1.40	1.84	2.43	2.45	2.53	2.64	3.14	4.51	6.28
2	4.39	5.76	7.60	7.66	7.91	8.27	9.81	14.12	19.65
3	20.74	27.22	35.88	36.18	37.36	39.06	46.35	66.67	92.81
4	16.89	22.17	29.22	29.47	30.43	31.81	37.75	54.30	75.58
5	0.65	0.85	1.13	1.14	1.17	1.23	1.46	2.09	2.91

续表

年份\行业	1978	1979	1980	1981	1982	1983	1984	1985	1986
6	1.15	1.51	1.99	2.00	2.07	2.16	2.57	3.69	5.14
7	7.07	9.28	12.23	12.34	12.74	13.32	15.81	22.73	31.65
8	0.67	0.88	1.16	1.17	1.21	1.27	1.50	2.16	3.01
9	1.03	1.36	1.79	1.80	1.86	1.95	2.31	3.32	4.63
10	0.47	0.62	0.82	0.83	0.85	0.89	1.06	1.52	2.12
11	1.53	2.00	2.64	2.66	2.75	2.87	3.41	4.90	6.83
12	0.17	0.22	0.29	0.29	0.30	0.31	0.37	0.53	0.74
13	0.27	0.36	0.47	0.47	0.49	0.51	0.61	0.87	1.22
14	6.87	9.02	11.88	11.98	12.37	12.94	15.35	22.08	30.74
15	0.16	0.21	0.28	0.28	0.29	0.30	0.36	0.51	0.71
16	0.85	1.11	1.46	1.47	1.52	1.59	1.89	2.72	3.78
17	0.26	0.34	0.45	0.45	0.46	0.49	0.58	0.83	1.15
18	1.64	2.16	2.84	2.87	2.96	3.10	3.67	5.29	7.36
19	2.89	3.80	5.01	5.05	5.22	5.45	6.47	9.31	12.95

附表39 1987—1995年分行业其他固定资产生产性资本存量（1978年价）

单位：亿元

年份\行业	1987	1988	1989	1990	1991	1992	1993	1994	1995
1	8.57	10.63	10.88	10.46	10.84	13.51	21.56	29.23	36.51
2	26.81	33.23	34.05	32.71	33.90	42.24	67.44	91.42	114.19
3	126.61	156.96	160.79	154.48	160.10	199.51	318.52	431.78	539.31
4	103.11	127.83	130.95	125.81	130.39	162.48	259.40	351.64	439.21
5	3.97	4.93	5.05	4.85	5.03	6.26	10.00	13.55	16.93
6	7.01	8.69	8.90	8.55	8.86	11.05	17.63	23.90	29.86
7	43.17	53.52	54.83	52.68	54.59	68.03	108.61	147.23	183.89
8	4.10	5.09	5.21	5.01	5.19	6.47	10.32	14.00	17.48
9	6.31	7.83	8.02	7.70	7.98	9.95	15.88	21.53	26.89
10	2.89	3.58	3.67	3.53	3.65	4.55	7.27	9.85	12.31

续表

年份 行业	1987	1988	1989	1990	1991	1992	1993	1994	1995
11	9.31	11.54	11.83	11.36	11.78	14.67	23.43	31.76	39.67
12	1.01	1.26	1.29	1.24	1.28	1.60	2.55	3.46	4.32
13	1.66	2.06	2.11	2.02	2.10	2.61	4.17	5.65	7.06
14	41.93	51.99	53.26	51.17	53.03	66.08	105.50	143.01	178.62
15	0.97	1.21	1.24	1.19	1.23	1.53	2.45	3.32	4.15
16	5.16	6.40	6.55	6.30	6.52	8.13	12.98	17.60	21.98
17	1.57	1.95	2.00	1.92	1.99	2.48	3.96	5.37	6.70
18	10.04	12.44	12.75	12.25	12.69	15.82	25.25	34.23	42.76
19	17.67	21.91	22.44	21.56	22.35	27.85	44.46	60.27	75.28

附表40 1996—2004年分行业其他固定资产生产性资本存量（1978年价） 单位：亿元

年份 行业	1996	1997	1998	1999	2000	2001	2002	2003	2004
1	41.71	47.61	70.71	83.72	97.84	112.34	130.79	138.29	144.94
2	130.47	148.53	154.30	147.04	142.15	141.21	152.42	154.93	155.60
3	616.18	630.17	605.15	564.70	542.95	552.92	619.87	716.47	815.75
4	501.82	558.71	635.63	629.11	632.83	649.75	709.74	673.43	653.75
5	19.34	22.96	25.09	27.13	29.57	32.58	37.81	46.18	46.01
6	34.11	41.44	46.08	49.82	54.18	59.35	68.44	81.92	99.12
7	210.11	250.15	337.95	384.63	435.52	488.33	561.99	597.72	616.30
8	19.97	20.45	20.47	20.58	21.36	23.18	26.98	33.19	36.70
9	30.72	38.48	53.66	58.99	64.63	69.99	78.04	73.27	66.21
10	14.06	15.11	16.58	15.60	14.93	14.70	15.59	13.26	11.28
11	45.32	56.42	63.15	232.66	411.86	603.40	826.46	1407.37	1943.86
12	4.94	6.70	7.81	11.22	14.81	18.59	23.41	34.35	42.05
13	8.07	9.16	11.12	13.45	16.05	18.93	22.84	29.05	32.13
14	204.09	236.94	332.94	410.86	494.98	582.99	694.81	817.48	887.11
15	4.74	4.69	4.74	4.74	4.92	5.36	6.25	7.54	8.40

续表

年份 行业	1996	1997	1998	1999	2000	2001	2002	2003	2004
16	25.11	28.97	33.33	42.19	51.96	62.86	77.39	106.05	122.54
17	7.66	8.24	9.92	10.87	12.06	13.50	15.70	17.64	21.41
18	48.85	44.38	38.96	34.53	32.12	33.14	38.44	48.80	52.96
19	86.01	94.18	113.80	122.50	133.50	147.05	168.71	182.10	187.33

附表41 2005—2013年分行业其他固定资产生产性资本存量（1978年价）

单位：亿元

年份 行业	2005	2006	2007	2008	2009	2010	2011	2012	2013
1	153.47	163.56	175.88	194.81	246.11	288.28	320.45	348.60	371.24
2	174.68	206.11	229.28	257.95	306.04	352.68	375.57	394.26	385.63
3	956.41	1138.70	1372.08	1550.36	1861.87	2200.67	2418.64	2635.75	2766.50
4	647.78	652.33	664.28	661.25	714.89	717.74	663.48	615.50	571.53
5	50.84	50.71	52.02	53.73	57.73	66.68	75.39	78.70	76.71
6	117.25	142.00	166.94	181.14	206.08	239.16	267.31	305.12	337.73
7	670.30	750.64	831.72	953.89	1253.15	1440.71	1442.96	1451.71	1433.76
8	46.31	58.50	74.16	85.67	104.20	128.40	138.94	158.21	168.41
9	61.66	56.23	51.71	50.08	50.03	53.69	50.85	52.41	53.11
10	9.49	8.00	7.43	9.56	13.45	19.48	22.75	32.68	36.68
11	2452.10	2983.16	3490.51	3761.46	3949.57	4561.78	4836.85	5205.83	5519.40
12	54.74	71.03	84.53	94.74	119.90	142.96	159.00	184.71	202.73
13	38.23	41.62	42.54	42.62	49.95	60.07	67.35	79.24	86.38
14	956.03	1055.46	1169.15	1270.02	1730.51	1969.51	1982.37	1984.95	1872.27
15	10.64	12.61	14.23	16.08	22.97	35.57	48.75	57.50	60.72
16	134.60	146.00	147.32	137.26	143.46	144.54	142.89	140.34	138.24
17	25.50	30.59	33.88	37.93	46.95	54.57	58.14	62.72	63.13
18	67.23	76.97	84.70	90.09	108.59	125.20	137.65	153.72	166.68
19	193.07	192.75	189.19	183.86	198.63	216.66	213.61	206.57	185.50

附表 42　2014—2020 年分行业其他固定资产生产性资本存量（1978 年价）

单位：亿元

年份 行业	2014	2015	2016	2017	2018	2019	2020
1	395.14	439.22	508.71	543.68	538.28	509.28	468.26
2	358.05	319.48	282.91	243.49	203.27	179.52	153.13
3	2778.54	2704.69	2672.34	2556.31	2352.36	2209.66	2060.14
4	523.50	508.88	528.85	528.74	490.99	465.30	441.46
5	71.56	67.96	62.12	57.47	49.40	35.57	23.88
6	350.72	357.89	348.61	315.88	259.79	208.08	168.00
7	1369.31	1371.93	1477.09	1587.32	1560.04	1515.04	1475.44
8	163.09	155.69	143.00	125.20	109.63	96.11	86.13
9	51.43	55.86	66.71	79.66	84.99	89.55	99.91
10	36.29	37.13	33.65	30.64	26.87	27.24	29.72
11	5676.39	5756.45	5979.24	6288.09	6739.23	7240.96	7666.85
12	213.88	215.93	233.19	258.73	283.73	312.99	338.06
13	89.72	90.52	97.81	96.35	96.15	104.87	113.93
14	1732.64	1696.52	1840.54	2064.68	2085.57	1990.76	1849.36
15	58.34	53.78	50.26	46.68	39.01	32.18	26.70
16	137.83	135.43	151.57	168.42	166.99	170.33	175.07
17	64.97	72.68	84.18	94.18	98.27	98.60	104.57
18	172.07	171.14	188.37	193.47	191.74	198.21	197.29
19	168.34	154.89	152.17	135.80	107.29	79.54	57.23

附录 4　分行业固定资本服务物量指数

附表 43　1980—1988 年分行业固定资本服务物量指数

年份 行业	1980	1981	1982	1983	1984	1985	1986	1987	1988
1	1.1814	1.1362	1.1005	1.0801	1.0802	1.0995	1.1121	1.1174	1.1146
2	1.1596	1.1328	1.1130	1.1105	1.1126	1.1248	1.1299	1.1287	1.1268
3	1.1624	1.1302	1.1057	1.0951	1.1000	1.1192	1.1230	1.1196	1.1201

续表

年份 行业	1980	1981	1982	1983	1984	1985	1986	1987	1988
4	1.1550	1.1298	1.1115	1.1078	1.1123	1.1277	1.1313	1.1290	1.1263
5	1.1632	1.1378	1.1141	1.1043	1.1076	1.1274	1.1357	1.1291	1.1231
6	1.1392	1.1295	1.1203	1.1111	1.1127	1.1217	1.1207	1.1144	1.1128
7	1.1450	1.1301	1.1181	1.1112	1.1124	1.1212	1.1213	1.1164	1.1142
8	1.1372	1.1290	1.1210	1.1111	1.1159	1.1215	1.1190	1.1129	1.1089
9	1.1508	1.1263	1.1102	1.1058	1.1089	1.1183	1.1159	1.1120	1.1141
10	1.1524	1.1336	1.1186	1.1150	1.1150	1.1232	1.1268	1.1240	1.1266
11	1.1650	1.1363	1.1149	1.1165	1.1185	1.1309	1.1397	1.1400	1.1362
12	1.1520	1.1335	1.1165	1.1079	1.1108	1.1265	1.1306	1.1244	1.1426
13	1.0901	1.0675	1.0440	1.0296	1.0285	1.0360	1.0438	1.0460	1.0424
14	1.1602	1.1348	1.1152	1.1132	1.1150	1.1284	1.1358	1.1350	1.1311
15	1.1571	1.1346	1.1158	1.1087	1.1152	1.1251	1.1306	1.1289	1.1235
16	1.1365	1.1308	1.1233	1.1125	1.1135	1.1203	1.1188	1.1112	1.1067
17	1.1559	1.1327	1.1136	1.0989	1.1018	1.1097	1.1125	1.1104	1.1071
18	1.1340	1.1295	1.1234	1.1124	1.1127	1.1189	1.1162	1.1086	1.1050
19	1.1507	1.1332	1.1187	1.1134	1.1136	1.1219	1.1249	1.1216	1.1193

附表44 1989—1997年分行业固定资本服务物量指数

年份 行业	1989	1990	1991	1992	1993	1994	1995	1996	1997
1	1.0883	1.0547	1.0492	1.0670	1.0978	1.1183	1.1213	1.1119	1.1118
2	1.1034	1.0738	1.0691	1.0809	1.1005	1.1188	1.1245	1.1156	1.1125
3	1.0929	1.0593	1.0565	1.0776	1.1089	1.1277	1.1240	1.1130	1.1004
4	1.0971	1.0630	1.0609	1.0810	1.1113	1.1328	1.1334	1.1176	1.1121
5	1.1002	1.0737	1.0660	1.0760	1.0928	1.1101	1.1233	1.1219	1.0978
6	1.0935	1.0668	1.0621	1.0762	1.0962	1.1080	1.1118	1.1069	1.1240
7	1.0942	1.0682	1.0638	1.0765	1.0947	1.1068	1.1101	1.1055	1.1047
8	1.0889	1.0644	1.0616	1.0765	1.0954	1.1055	1.1093	1.1063	1.0853
9	1.0912	1.0620	1.0603	1.0782	1.1007	1.1131	1.1075	1.0997	1.1127

续表

年份 行业	1989	1990	1991	1992	1993	1994	1995	1996	1997
10	1.1085	1.0813	1.0735	1.0800	1.0928	1.1064	1.1153	1.1124	1.1021
11	1.1124	1.0822	1.0754	1.0835	1.1009	1.1223	1.1337	1.1240	1.1073
12	1.1341	1.0966	1.0804	1.0868	1.1039	1.1205	1.1309	1.1260	1.1615
13	1.0317	1.0207	1.0191	1.0210	1.0287	1.0438	1.0438	1.0360	1.0360
14	1.1067	1.0764	1.0706	1.0814	1.1018	1.1223	1.1314	1.1209	1.1190
15	1.1004	1.0747	1.0708	1.0823	1.1010	1.1174	1.1263	1.1205	1.1504
16	1.0903	1.0682	1.0628	1.0734	1.0881	1.0958	1.1014	1.1023	1.0975
17	1.0886	1.0699	1.0661	1.0754	1.0920	1.1012	1.1054	1.1046	1.0990
18	1.0885	1.0659	1.0612	1.0731	1.0890	1.0961	1.0997	1.0993	1.0389
19	1.1014	1.0761	1.0702	1.0788	1.0926	1.1053	1.1158	1.1129	1.1048

附表45 1998—2006年分行业固定资本服务物量指数

年份 行业	1998	1999	2000	2001	2002	2003	2004	2005	2006
1	1.1445	1.1401	1.1215	1.1256	1.1326	1.1118	1.0840	1.0842	1.0956
2	1.0986	1.0685	1.0556	1.0595	1.0674	1.0615	1.0595	1.0858	1.1130
3	1.0817	1.0823	1.0946	1.1044	1.1162	1.1460	1.1704	1.1793	1.1847
4	1.1141	1.0859	1.0630	1.0674	1.0776	1.0679	1.0667	1.0844	1.0881
5	1.0745	1.0666	1.0675	1.0921	1.1255	1.1092	1.0683	1.0573	1.0734
6	1.1375	1.1224	1.1122	1.1178	1.1381	1.1364	1.1283	1.1299	1.1298
7	1.1304	1.1233	1.0986	1.0985	1.1022	1.0929	1.0812	1.0782	1.0786
8	1.0539	1.0365	1.0382	1.0477	1.0597	1.0706	1.0771	1.0917	1.1142
9	1.1855	1.1424	1.0988	1.0977	1.1050	1.0805	1.0431	1.0232	1.0125
10	1.0927	1.0633	1.0415	1.0529	1.0737	1.0518	1.0099	1.0005	1.0043
11	1.0906	1.6047	1.7110	1.4435	1.3421	1.4440	1.4486	1.3433	1.2944
12	1.2196	1.2781	1.2959	1.2695	1.3001	1.2900	1.2451	1.2131	1.2006
13	1.0377	1.0745	1.1283	1.1680	1.1913	1.2154	1.1939	1.1527	1.1403
14	1.1585	1.1649	1.1416	1.1340	1.1332	1.1302	1.1167	1.1097	1.1094
15	1.1707	1.1411	1.1325	1.1395	1.1654	1.1498	1.1266	1.1296	1.1326

续表

年份 行业	1998	1999	2000	2001	2002	2003	2004	2005	2006
16	1.0956	1.0957	1.0952	1.0974	1.1027	1.1179	1.1178	1.0940	1.0733
17	1.1065	1.1101	1.1126	1.1185	1.1282	1.1090	1.0844	1.0844	1.0809
18	0.9850	0.9848	0.9863	0.9905	0.9973	1.0055	1.0050	1.0036	1.0082
19	1.1061	1.0850	1.0645	1.0698	1.0768	1.0623	1.0448	1.0418	1.0397

附表46 2007—2015年分行业固定资本服务物量指数

年份 行业	2007	2008	2009	2010	2011	2012	2013	2014	2015
1	1.1242	1.1432	1.1976	1.2123	1.2120	1.2113	1.1829	1.1717	1.1713
2	1.1147	1.1111	1.1266	1.1315	1.1098	1.0933	1.0773	1.0564	1.0316
3	1.1864	1.1825	1.1888	1.1941	1.1849	1.1705	1.1553	1.1409	1.1235
4	1.0793	1.0692	1.0839	1.0902	1.0587	1.0400	1.0384	1.0420	1.0495
5	1.0768	1.0724	1.1017	1.1533	1.1694	1.1615	1.1240	1.1052	1.1092
6	1.1223	1.1156	1.1383	1.1555	1.1508	1.1530	1.1488	1.1448	1.1451
7	1.0767	1.0732	1.1004	1.1149	1.0835	1.0590	1.0528	1.0518	1.0526
8	1.1318	1.1383	1.1576	1.1732	1.1609	1.1566	1.1451	1.1144	1.0867
9	1.0067	1.0278	1.0788	1.0830	1.0528	1.1011	1.1795	1.1810	1.1550
10	1.0187	1.0530	1.1425	1.1953	1.1609	1.1994	1.2139	1.1767	1.1478
11	1.2723	1.2239	1.1737	1.1867	1.1981	1.1811	1.1711	1.1537	1.1271
12	1.1612	1.1475	1.1990	1.2147	1.1962	1.2084	1.2070	1.2002	1.1879
13	1.1307	1.1141	1.1427	1.1482	1.1169	1.1280	1.1418	1.1371	1.1307
14	1.1197	1.1302	1.2179	1.2253	1.1469	1.1217	1.1154	1.1138	1.1159
15	1.1355	1.1401	1.1868	1.2288	1.2412	1.2504	1.2202	1.1725	1.1411
16	1.0583	1.0412	1.0473	1.0576	1.0469	1.0400	1.0356	1.0377	1.0456
17	1.0801	1.0868	1.1295	1.1552	1.1311	1.1141	1.1085	1.1129	1.1217
18	1.0087	1.0116	1.0389	1.0615	1.0569	1.0699	1.0816	1.0811	1.0774
19	1.0352	1.0298	1.0147	1.0291	1.0527	1.0490	1.0408	1.0390	1.0398

附表47 2016—2020年分行业固定资本服务物量指数

年份 行业	2016	2017	2018	2019	2020
1	1.1758	1.1668	1.1576	1.1389	1.1109
2	1.0059	0.9914	0.9912	0.9934	0.9899
3	1.1053	1.0930	1.0904	1.0823	1.0643
4	1.0560	1.0507	1.0436	1.0383	1.0375
5	1.0953	1.0582	1.0322	1.0231	1.0159
6	1.1277	1.0959	1.0795	1.0684	1.0534
7	1.0545	1.0622	1.0705	1.0671	1.0553
8	1.0650	1.0604	1.0720	1.0711	1.0574
9	1.1194	1.1082	1.1017	1.1154	1.1286
10	1.1153	1.0710	1.0441	1.0427	1.0134
11	1.1128	1.1046	1.0952	1.0919	1.0851
12	1.1865	1.1944	1.1819	1.1614	1.1340
13	1.1157	1.0917	1.0784	1.0771	1.0763
14	1.1339	1.1503	1.1421	1.1244	1.1072
15	1.1207	1.1084	1.0972	1.0833	1.0701
16	1.0543	1.0627	1.0701	1.0731	1.0692
17	1.1227	1.1243	1.1258	1.1176	1.1080
18	1.0826	1.0907	1.1006	1.1025	1.0879
19	1.0374	1.0336	1.0344	1.0447	1.0432

附录5 分地区生产性资本存量

附表48 1978—1986年各省份住宅建筑生产性资本存量（1978年价）

单位：亿元

年份 地区	1978	1979	1980	1981	1982	1983	1984	1985	1986
北京	56.35	65.76	76.79	85.55	95.89	109.63	124.52	143.50	165.04
天津	50.81	59.29	69.23	77.13	86.45	97.11	107.47	120.74	134.49
河北	107.45	125.39	146.42	163.12	182.84	199.68	217.83	239.90	264.79

续表

年份 地区	1978	1979	1980	1981	1982	1983	1984	1985	1986
山西	49.43	57.68	67.36	75.04	84.11	96.25	110.83	128.67	147.07
内蒙古	30.21	35.25	41.16	45.86	51.40	59.23	68.03	78.31	87.07
辽宁	101.58	118.55	138.43	154.21	172.86	192.36	212.85	240.47	276.11
吉林	40.24	46.96	54.84	61.09	68.48	76.57	85.60	98.20	110.31
黑龙江	89.72	104.70	122.26	136.20	152.67	171.30	189.38	211.17	234.86
上海	104.35	121.77	142.19	158.41	177.56	197.91	217.51	240.79	266.97
江苏	110.32	128.74	150.33	167.47	187.72	216.12	243.98	273.69	319.98
浙江	61.02	71.21	83.15	92.63	103.83	115.59	129.53	150.78	176.28
安徽	49.24	57.46	67.10	74.75	83.79	96.28	109.70	125.84	145.76
福建	34.69	40.48	47.26	52.66	59.02	66.07	73.43	84.46	96.42
江西	35.83	41.81	48.82	54.39	60.96	68.78	76.41	85.02	94.83
山东	124.01	144.72	168.99	188.26	211.02	236.27	266.29	305.01	348.12
河南	78.32	91.40	106.73	118.90	133.28	149.58	168.30	193.76	224.67
湖北	71.33	83.24	97.20	108.29	121.38	136.66	152.67	172.90	192.36
湖南	56.29	65.69	76.71	85.46	95.79	108.97	121.58	137.66	155.62
广东	133.68	156.00	182.16	202.94	227.47	252.79	282.09	321.33	368.38
广西	27.39	31.96	37.32	41.57	46.60	52.55	58.58	67.00	77.45
海南	10.63	12.41	14.49	16.14	18.10	20.11	22.44	25.56	29.31
重庆	28.88	33.70	39.35	43.84	49.14	55.44	62.38	72.36	82.64
四川	84.20	98.26	114.74	127.83	143.28	161.66	181.89	211.00	240.97
贵州	21.69	25.32	29.56	32.93	36.92	41.54	46.48	53.10	58.95
云南	35.67	41.62	48.60	54.14	60.69	66.75	73.81	83.42	94.64
西藏	2.19	2.56	2.99	3.33	3.73	4.28	5.39	6.85	7.71
陕西	41.63	48.59	56.73	63.20	70.85	78.72	87.14	98.46	110.90
甘肃	22.10	25.80	30.12	33.56	37.61	42.35	47.44	53.95	60.95
青海	13.87	16.18	18.90	21.05	23.60	26.37	29.10	32.26	35.55
宁夏	6.55	7.65	8.93	9.95	11.15	12.62	14.38	16.91	19.94
新疆	35.08	40.94	47.80	53.26	59.69	67.00	74.19	82.99	92.69

附表49 1987—1995年各省份住宅建筑生产性资本存量（1978年价）

单位：亿元

年份 地区	1987	1988	1989	1990	1991	1992	1993	1994	1995
北京	192.97	221.33	247.42	273.50	296.76	317.92	356.39	417.01	477.61
天津	148.27	161.92	174.67	185.26	199.53	212.97	228.81	254.11	280.06
河北	295.69	332.64	365.39	387.28	413.98	437.74	467.63	504.08	554.43
山西	165.74	182.04	197.55	212.93	229.15	241.13	259.10	280.11	305.15
内蒙古	95.95	104.88	113.28	121.43	131.61	142.92	166.99	189.13	211.29
辽宁	316.66	361.39	402.61	431.15	459.77	495.01	552.76	614.33	676.03
吉林	124.15	139.31	152.53	164.27	176.93	189.20	209.96	231.05	254.35
黑龙江	260.01	284.83	309.83	329.65	349.61	366.91	393.99	425.85	462.47
上海	299.76	341.37	393.08	441.28	494.84	521.32	572.24	677.91	798.12
江苏	376.57	437.91	471.30	504.12	540.61	605.44	642.72	685.36	751.93
浙江	210.21	247.88	289.66	325.31	363.75	401.95	425.96	462.69	520.65
安徽	166.71	188.09	205.43	221.33	236.13	250.74	265.24	285.50	318.04
福建	110.63	125.82	140.94	155.89	172.36	190.55	213.12	244.07	288.94
江西	104.97	117.27	128.49	137.28	147.19	156.57	169.09	183.05	203.64
山东	401.79	461.27	514.37	557.91	608.91	658.29	702.30	755.84	828.53
河南	253.06	285.67	314.72	341.44	370.66	395.01	421.72	458.67	512.24
湖北	216.51	240.63	259.18	276.70	292.88	311.51	340.32	382.61	437.91
湖南	176.51	198.52	215.33	230.35	247.87	266.46	289.75	317.27	353.97
广东	420.16	488.81	555.49	610.29	672.18	763.76	859.67	984.64	1138.46
广西	89.15	101.85	112.64	121.37	131.63	143.34	167.00	194.22	227.08
海南	33.43	36.82	41.83	47.72	53.83	64.02	78.60	97.90	115.93
重庆	94.46	106.94	119.00	128.89	140.53	151.80	167.40	185.45	208.13
四川	275.44	311.83	346.98	375.82	409.77	442.62	488.22	540.98	607.25
贵州	64.90	72.37	78.15	83.86	89.50	94.54	102.89	112.74	124.65
云南	105.25	117.02	127.85	138.40	150.52	162.32	186.75	212.01	245.07
西藏	8.93	10.12	11.21	12.51	14.31	15.54	18.95	22.54	29.72
陕西	124.57	137.91	152.79	165.68	179.02	188.95	204.24	220.75	241.75
甘肃	68.84	77.42	84.59	91.90	99.22	105.74	115.23	125.90	136.61

续表

年份 地区	1987	1988	1989	1990	1991	1992	1993	1994	1995
青海	39.21	43.25	46.17	48.66	51.00	52.95	57.75	61.53	65.98
宁夏	23.22	26.06	28.77	31.48	34.48	37.25	41.80	47.24	53.16
新疆	102.16	113.11	125.09	136.43	148.89	163.06	192.00	220.75	257.12

附表50 1996—2004年各省份住宅建筑生产性资本存量（1978年价）（三）

单位：亿元

年份 地区	1996	1997	1998	1999	2000	2001	2002	2003	2004
北京	536.81	597.15	661.60	718.57	777.91	828.54	873.71	916.19	1017.35
天津	308.26	338.64	373.56	427.57	466.39	511.07	564.34	623.27	671.76
河北	615.58	693.39	775.49	850.96	949.67	1037.22	1124.75	1220.66	1331.34
山西	330.82	359.39	393.27	427.90	465.11	511.93	565.43	620.47	679.84
内蒙古	232.63	252.59	277.44	324.18	357.52	397.05	454.84	544.77	644.57
辽宁	728.43	791.23	853.94	903.35	969.03	1044.70	1117.23	1191.85	1304.94
吉林	283.10	305.36	334.12	377.38	426.73	477.98	540.23	598.86	648.51
黑龙江	499.28	547.37	597.05	659.97	728.05	805.87	879.13	941.96	995.37
上海	897.89	997.98	1080.93	1158.41	1221.62	1296.70	1367.70	1433.71	1542.70
江苏	829.37	907.96	1004.11	1100.50	1220.39	1344.47	1493.81	1700.30	1942.87
浙江	586.94	649.13	721.48	807.16	915.82	1055.30	1208.60	1370.12	1570.71
安徽	347.24	377.62	413.14	454.46	498.90	553.55	616.72	686.81	760.02
福建	334.35	378.52	433.20	483.27	532.90	586.12	638.03	690.05	764.52
江西	224.86	242.37	268.17	317.37	344.75	376.76	430.93	505.32	587.45
山东	899.02	969.73	1057.08	1149.26	1258.88	1389.18	1569.91	1795.46	2069.24
河南	575.46	638.76	707.56	775.79	845.83	931.83	1028.89	1138.11	1259.33
湖北	489.70	546.63	614.05	689.87	767.77	856.42	949.07	1027.54	1113.56
湖南	395.48	432.04	477.13	548.79	609.48	678.23	755.32	829.50	912.41
广东	1282.22	1404.01	1532.33	1667.19	1824.41	1993.84	2163.58	2345.97	2583.38
广西	261.22	291.01	326.99	362.97	401.04	444.14	490.59	537.54	590.48
海南	134.48	149.98	166.14	186.43	199.73	214.03	227.11	238.22	249.22

续表

年份 地区	1996	1997	1998	1999	2000	2001	2002	2003	2004
重庆	231.52	248.68	274.48	310.52	345.15	385.73	444.59	505.45	574.42
四川	675.61	729.47	797.47	864.57	948.83	1039.84	1143.55	1236.19	1335.12
贵州	138.13	151.99	171.90	198.00	224.03	259.96	307.29	351.74	389.46
云南	278.44	317.96	371.02	417.98	470.41	521.13	577.76	631.98	688.10
西藏	34.72	40.03	46.15	62.87	73.59	87.04	103.08	120.07	132.13
陕西	263.39	287.34	324.40	369.92	421.39	478.94	546.64	622.11	696.54
甘肃	153.71	171.23	196.15	223.43	259.11	299.95	346.78	391.16	427.41
青海	73.13	81.34	91.89	102.30	119.04	139.74	166.30	188.60	203.00
宁夏	59.49	66.60	75.70	90.74	104.68	120.35	138.38	159.39	175.88
新疆	295.57	338.31	393.40	440.46	502.05	562.32	632.61	705.05	759.75

附表 51　2005—2013 年各省份住宅建筑生产性资本存量（1978 年价）

单位：亿元

年份 地区	2005	2006	2007	2008	2009	2010	2011	2012	2013
北京	1122.05	1232.46	1356.49	1425.54	1495.25	1557.41	1639.04	1720.51	1808.01
天津	733.08	802.62	892.14	994.94	1140.43	1320.57	1514.21	1722.37	1949.84
河北	1478.92	1666.98	1915.65	2162.71	2545.04	2981.64	3430.13	3932.35	4472.60
山西	753.06	842.73	956.78	1067.46	1229.88	1415.07	1612.85	1850.10	2130.64
内蒙古	794.88	979.94	1217.83	1439.70	1739.62	2056.01	2388.06	2726.08	3084.15
辽宁	1465.46	1684.50	1993.19	2314.09	2755.62	3273.48	3780.62	4336.89	4966.70
吉林	721.34	829.15	983.16	1139.85	1345.19	1554.21	1740.09	1952.55	2159.25
黑龙江	1060.94	1143.60	1255.06	1360.70	1526.47	1730.77	1940.40	2193.07	2472.66
上海	1671.24	1783.66	1917.37	2018.92	2133.47	2213.47	2291.84	2352.96	2410.88
江苏	2234.61	2559.09	2946.30	3328.06	3803.10	4305.53	4954.81	5653.04	6415.77
浙江	1805.15	2045.67	2289.36	2494.62	2731.53	2962.77	3300.44	3675.51	4084.92
安徽	858.55	1004.70	1214.37	1445.55	1763.17	2116.62	2464.19	2867.89	3339.28
福建	846.84	951.77	1109.49	1261.10	1442.13	1648.63	1922.19	2251.79	2635.73
江西	688.92	807.15	950.52	1104.91	1318.34	1563.68	1812.20	2091.92	2410.19

续表

年份 地区	2005	2006	2007	2008	2009	2010	2011	2012	2013
山东	2427.33	2820.07	3271.46	3710.76	4249.54	4836.42	5556.68	6314.51	7154.96
河南	1440.87	1675.30	2002.15	2326.68	2760.28	3198.11	3663.37	4155.55	4715.60
湖北	1214.55	1343.05	1511.51	1684.88	1934.22	2229.02	2560.11	2969.28	3447.97
湖南	1021.32	1149.17	1315.75	1498.39	1762.49	2044.89	2391.51	2768.18	3212.79
广东	2852.96	3138.85	3450.38	3730.02	4085.44	4462.50	4893.28	5316.11	5781.87
广西	666.18	751.41	866.27	980.81	1140.55	1344.17	1554.13	1787.62	2058.82
海南	261.16	274.53	293.25	316.13	352.11	393.66	443.21	499.21	558.56
重庆	660.52	764.09	904.71	1048.62	1239.93	1462.18	1704.31	1951.17	2226.67
四川	1460.15	1623.77	1832.82	2045.95	2383.54	2769.17	3203.55	3698.24	4241.55
贵州	430.90	474.22	528.04	581.60	658.70	738.82	864.58	1027.65	1238.84
云南	770.29	869.35	986.38	1101.28	1259.57	1443.62	1631.37	1846.87	2108.30
西藏	144.67	157.87	173.20	187.53	203.63	220.03	239.31	260.52	286.36
陕西	788.72	904.80	1069.02	1247.93	1490.58	1776.89	2089.46	2466.74	2902.97
甘肃	468.12	514.07	571.01	627.26	704.90	804.84	929.02	1076.96	1261.64
青海	219.50	240.54	263.70	283.97	311.05	342.90	388.18	443.72	504.86
宁夏	194.86	215.11	237.96	262.39	297.36	341.92	391.43	448.55	514.73
新疆	823.72	892.00	965.65	1033.93	1121.39	1219.61	1347.29	1502.41	1684.50

附表52 2014—2020年各省份住宅建筑生产性资本存量（1978年价）

单位：亿元

年份 地区	2014	2015	2016	2017	2018	2019	2020
北京	1871.32	1904.50	1939.72	1960.81	1983.24	2010.57	2029.37
天津	2165.05	2385.43	2626.49	2777.72	2858.77	2970.61	3077.34
河北	5017.15	5577.47	6220.34	6822.68	7429.34	8071.07	8729.28
山西	2401.65	2693.61	2994.78	3060.85	3125.54	3200.78	3287.21
内蒙古	3465.11	3732.50	4041.51	4273.14	4392.34	4512.06	4604.33
辽宁	5517.21	5853.52	5900.64	5914.45	5899.27	5876.23	5845.57

续表

年份 地区	2014	2015	2016	2017	2018	2019	2020
吉林	2359.42	2558.22	2796.47	3002.27	3195.12	3343.15	3491.17
黑龙江	2675.13	2852.64	3029.64	3181.99	3302.78	3421.03	3554.71
上海	2455.04	2485.27	2515.35	2529.35	2533.19	2543.92	2555.95
江苏	7197.07	7986.15	8821.64	9568.85	10311.79	11106.60	11891.76
浙江	4496.40	4936.63	5433.25	5857.01	6223.60	6700.37	7189.82
安徽	3834.15	4358.07	4968.43	5511.77	6084.99	6719.52	7382.33
福建	3037.49	3472.47	3958.49	4448.48	4980.23	5560.54	6091.35
江西	2754.10	3137.23	3584.69	4042.56	4536.70	5073.38	5666.96
山东	8017.29	8861.93	9826.12	10756.12	11706.50	12563.14	13398.78
河南	5323.22	5974.73	6792.32	7586.21	8432.33	9388.37	10397.21
湖北	3976.97	4558.63	5250.97	5874.44	6540.39	7305.47	7878.96
湖南	3678.42	4204.64	4836.22	5482.69	6160.89	6940.37	7792.04
广东	6262.29	6763.72	7310.40	7839.95	8361.63	8979.10	9631.80
广西	2343.38	2653.18	3012.03	3391.38	3800.28	4236.47	4681.48
海南	623.86	685.50	756.54	829.07	882.70	933.21	986.85
重庆	2508.48	2818.18	3185.08	3536.88	3865.00	4219.76	4574.80
四川	4790.34	5347.74	5984.68	6608.56	7271.49	8016.16	8813.48
贵州	1477.47	1754.30	2088.71	2445.36	2846.50	3244.22	3650.98
云南	2375.81	2681.50	3067.24	3485.82	3944.18	4446.58	4976.67
西藏	314.43	345.52	383.50	425.32	470.01	514.99	558.66
陕西	3333.38	3761.43	4228.68	4709.32	5235.26	5780.86	6324.11
甘肃	1465.95	1678.09	1918.00	2024.26	2113.49	2209.05	2313.30
青海	573.86	643.16	721.77	796.47	869.51	938.16	991.03
宁夏	586.15	657.67	730.08	791.22	830.46	861.99	890.74
新疆	1884.72	2088.45	2298.40	2527.19	2659.75	2806.78	2990.84

附表53 1978—1986年各省份非住宅建筑和构筑物生产性资本存量（1978年价） 单位：亿元

地区\年份	1978	1979	1980	1981	1982	1983	1984	1985	1986
北京	116.51	131.58	147.06	167.23	187.19	210.50	238.92	269.77	300.95
天津	105.04	118.64	132.59	150.77	168.78	186.79	206.48	227.89	247.47
河北	222.15	250.91	280.41	318.87	356.94	385.18	419.55	454.85	490.00
山西	102.20	115.43	129.00	146.69	164.21	184.80	212.65	241.69	268.29
内蒙古	62.46	70.54	78.84	89.65	100.35	113.63	130.45	147.16	159.66
辽宁	210.03	237.21	265.10	301.46	337.46	370.36	409.27	453.93	505.38
吉林	83.21	93.97	105.03	119.43	133.69	147.35	164.54	184.99	202.34
黑龙江	185.50	209.50	234.14	266.25	298.04	329.53	363.87	398.95	432.65
上海	215.74	243.66	272.32	309.67	346.64	380.98	418.16	455.52	492.66
江苏	228.08	257.60	287.90	327.38	366.47	414.69	467.81	515.77	583.06
浙江	126.15	142.48	159.24	181.08	202.70	222.54	249.08	283.66	320.74
安徽	101.81	114.98	128.51	146.13	163.58	184.78	210.40	236.61	265.51
福建	71.71	80.99	90.52	102.93	115.22	127.13	141.12	159.03	176.28
江西	74.07	83.66	93.50	106.32	119.01	132.23	146.74	160.60	174.58
山东	256.39	289.57	323.63	368.01	411.95	454.62	511.81	574.64	636.82
河南	161.94	182.89	204.40	232.43	260.19	287.75	323.41	364.77	409.59
湖北	147.48	166.56	186.15	211.68	236.96	262.81	293.27	326.01	353.73
湖南	116.39	131.45	146.91	167.05	187.00	209.34	233.33	259.36	285.15
广东	276.38	312.15	348.86	396.71	444.08	486.76	542.51	606.09	674.01
广西	56.62	63.95	71.47	81.27	90.97	101.04	112.52	126.17	141.31
海南	21.99	24.83	27.75	31.56	35.33	38.72	43.16	48.22	53.62
重庆	59.71	67.43	75.36	85.70	95.93	106.59	119.81	136.06	150.90
四川	174.09	196.63	219.75	249.89	279.72	310.81	349.36	396.74	439.99
贵州	44.85	50.66	56.62	64.38	72.07	79.89	89.29	100.03	108.35
云南	73.74	83.28	93.08	105.84	118.48	128.67	142.08	157.61	173.72
西藏	4.54	5.12	5.73	6.51	7.29	8.22	10.36	12.76	14.00
陕西	86.08	97.22	108.65	123.55	138.31	151.59	167.59	185.88	203.69
甘肃	45.70	51.62	57.69	65.60	73.43	81.44	91.14	101.68	111.72

续表

年份 地区	1978	1979	1980	1981	1982	1983	1984	1985	1986
青海	28.67	32.38	36.19	41.16	46.07	50.76	55.92	61.01	65.66
宁夏	13.55	15.30	17.10	19.45	21.77	24.25	27.61	31.74	36.16
新疆	72.53	81.92	91.55	104.11	116.54	128.89	142.55	156.74	170.56

附表54 1987—1995年各省份非住宅建筑和构筑物
生产性资本存量（1978年价） 单位：亿元

年份 地区	1987	1988	1989	1990	1991	1992	1993	1994	1995
北京	336.10	372.27	401.12	431.64	457.75	489.93	546.16	619.93	686.07
天津	264.03	280.42	293.10	303.40	317.98	337.16	357.36	384.23	408.22
河北	527.45	573.26	607.40	628.63	654.91	687.48	724.57	758.50	804.07
山西	291.34	311.34	327.43	344.15	361.38	378.04	401.69	422.56	445.11
内蒙古	170.38	181.21	189.71	198.26	209.17	226.32	262.04	287.49	309.94
辽宁	555.79	612.38	657.31	687.71	716.93	769.97	852.72	921.18	981.10
吉林	219.32	238.24	252.14	264.76	278.14	296.16	325.47	348.06	370.36
黑龙江	462.98	492.90	518.41	538.11	556.76	579.41	613.66	643.68	674.48
上海	532.67	584.95	642.89	699.56	762.53	800.15	871.67	1000.19	1134.09
江苏	654.44	733.24	767.62	802.93	841.78	945.61	993.80	1034.46	1098.23
浙江	363.73	412.46	460.61	503.61	549.95	611.59	643.85	684.26	746.20
安徽	291.61	318.57	336.95	354.38	369.70	391.01	409.04	428.92	461.02
福建	193.97	213.17	229.80	247.15	266.21	295.07	327.93	364.77	415.25
江西	186.81	202.04	213.74	222.78	232.85	246.21	262.64	276.26	296.05
山东	703.86	779.55	837.75	886.45	943.84	1019.63	1077.43	1131.18	1200.61
河南	444.58	485.59	516.74	546.45	578.63	614.52	649.26	687.51	741.14
湖北	383.35	413.12	431.68	449.65	464.84	491.34	530.32	577.17	634.58
湖南	310.96	338.50	355.83	371.60	390.02	417.70	449.34	478.21	514.55
广东	738.21	826.06	900.66	963.75	1035.08	1183.85	1324.97	1474.63	1644.88
广西	155.91	172.03	183.71	193.28	204.60	222.72	258.16	291.03	327.60
海南	58.73	62.88	68.45	75.54	82.82	99.73	122.25	146.92	167.75
重庆	165.60	181.34	194.50	205.50	218.54	235.77	257.92	278.03	301.44

续表

年份 地区	1987	1988	1989	1990	1991	1992	1993	1994	1995
四川	482.86	528.76	567.15	599.22	637.24	687.48	752.23	811.04	879.47
贵州	115.51	124.74	130.55	136.53	142.12	149.09	160.28	170.41	181.64
云南	186.60	201.10	212.35	223.76	236.87	254.49	290.32	319.39	354.97
西藏	15.53	17.06	18.27	19.82	22.04	23.99	29.27	33.79	42.43
陕西	220.43	236.80	252.73	266.81	280.99	294.85	315.17	331.41	350.68
甘肃	121.44	132.18	139.70	147.79	155.61	165.13	178.12	189.28	198.87
青海	70.05	74.95	77.72	79.99	81.87	84.11	90.41	93.50	96.75
宁夏	40.29	43.87	46.82	49.92	53.36	57.66	64.31	70.68	76.93
新疆	181.93	195.33	208.06	220.57	234.19	255.99	299.19	333.07	372.88

附表55 1996—2004年各省份非住宅建筑和构筑物
生产性资本存量（1978年价） 单位：亿元

年份 地区	1996	1997	1998	1999	2000	2001	2002	2003	2004
北京	757.85	827.00	899.76	954.73	1012.43	1059.19	1099.37	1148.93	1278.40
天津	438.93	470.57	507.51	562.54	599.90	644.23	699.07	775.30	837.26
河北	871.77	957.54	1047.38	1118.69	1218.62	1305.36	1392.85	1515.46	1658.30
山西	471.93	500.60	535.41	566.28	600.48	645.98	699.67	769.48	845.42
内蒙古	334.16	354.99	381.68	431.04	464.52	505.12	567.27	686.81	819.46
辽宁	1036.48	1101.72	1165.25	1203.85	1262.35	1332.40	1399.10	1489.55	1632.56
吉林	403.34	425.70	455.98	499.56	550.54	603.47	669.45	745.35	808.83
黑龙江	710.84	759.51	809.36	868.20	934.02	1011.57	1084.56	1163.25	1229.44
上海	1254.90	1369.50	1459.30	1531.05	1586.23	1655.00	1718.95	1796.61	1932.30
江苏	1185.88	1269.31	1373.38	1464.27	1583.26	1706.29	1859.18	2127.57	2444.83
浙江	827.03	897.73	979.79	1067.64	1182.44	1332.08	1497.30	1708.31	1971.79
安徽	492.76	523.82	560.73	599.47	642.12	696.59	761.33	851.52	946.03
福建	472.07	524.25	588.93	641.01	692.49	747.63	801.03	867.16	963.51
江西	319.50	336.55	364.06	416.00	442.18	473.84	531.82	630.37	739.35
山东	1276.76	1347.83	1438.63	1522.64	1627.77	1756.55	1944.94	2238.62	2597.75
河南	815.14	884.83	960.00	1025.05	1092.51	1178.43	1277.58	1417.88	1574.45

续表

年份 地区	1996	1997	1998	1999	2000	2001	2002	2003	2004
湖北	694.32	757.35	832.74	909.28	988.71	1080.52	1177.39	1277.70	1388.22
湖南	562.43	600.82	649.45	723.58	784.87	855.36	935.89	1031.34	1138.61
广东	1820.51	1957.19	2098.94	2230.49	2388.45	2558.85	2728.76	2958.25	3261.17
广西	370.05	404.44	446.09	482.97	522.29	567.14	615.78	676.12	744.30
海南	191.52	210.04	228.97	250.67	263.97	278.23	290.88	304.08	316.85
重庆	328.77	346.15	374.32	411.10	446.24	488.09	551.44	631.05	721.52
四川	959.37	1015.13	1087.83	1149.83	1232.43	1322.33	1427.26	1543.18	1667.49
贵州	196.69	211.28	233.45	260.39	287.38	325.94	378.00	436.80	486.31
云南	395.24	441.48	504.43	553.40	608.98	662.12	722.22	792.40	864.82
西藏	48.89	55.42	62.85	82.12	94.15	109.26	127.34	150.07	165.94
陕西	373.76	398.35	439.51	485.88	539.55	600.13	672.82	772.11	869.81
甘肃	218.78	238.07	266.58	294.66	332.79	376.74	427.77	486.10	533.20
青海	104.43	113.02	124.52	134.50	152.14	174.44	203.75	233.26	251.97
宁夏	84.50	92.67	103.21	119.61	134.67	151.60	171.27	199.04	220.55
新疆	420.22	470.74	536.34	585.40	651.82	716.13	792.14	887.11	957.26

附表56 2005—2013年各省份非住宅建筑和构筑物
生产性资本存量（1978年价）　　　　　　单位：亿元

年份 地区	2005	2006	2007	2008	2009	2010	2011	2012	2013
北京	1372.54	1459.72	1536.41	1580.13	1612.15	1640.82	1702.90	1749.41	1793.21
天津	893.03	949.63	1009.47	1096.91	1208.25	1358.40	1548.66	1726.23	1906.19
河北	1796.46	1957.63	2135.46	2350.93	2653.82	3024.74	3470.07	3906.03	4341.11
山西	912.70	988.03	1067.48	1162.42	1288.63	1443.89	1639.43	1845.37	2073.39
内蒙古	971.49	1142.78	1328.49	1533.59	1781.87	2059.23	2396.60	2697.12	2992.65
辽宁	1780.20	1967.05	2189.85	2473.44	2824.39	3267.95	3774.79	4262.03	4778.13
吉林	877.15	971.62	1085.95	1226.57	1391.11	1568.71	1751.60	1934.01	2096.11
黑龙江	1284.16	1347.20	1417.30	1501.04	1622.27	1787.18	1988.21	2199.68	2416.63
上海	2042.09	2119.06	2187.86	2248.89	2302.73	2330.70	2375.35	2385.91	2385.72
江苏	2726.63	3010.15	3290.06	3626.00	3997.00	4416.34	5063.83	5671.10	6287.05

续表

年份\地区	2005	2006	2007	2008	2009	2010	2011	2012	2013
浙江	2199.94	2409.53	2579.77	2751.41	2923.49	3101.66	3427.81	3740.97	4056.02
安徽	1039.57	1169.33	1327.51	1539.13	1800.06	2109.34	2461.67	2822.14	3216.14
福建	1040.05	1129.09	1242.91	1374.70	1513.06	1683.19	1953.89	2241.38	2555.32
江西	840.04	946.89	1055.00	1195.73	1370.17	1584.02	1835.11	2083.30	2346.80
山东	2948.31	3296.41	3627.07	4017.22	4441.78	4937.37	5658.93	6320.70	7003.17
河南	1748.95	1956.04	2200.27	2492.55	2842.02	3215.98	3681.16	4110.11	4565.43
湖北	1480.44	1587.64	1704.01	1851.84	2043.39	2288.25	2613.52	2967.44	3355.01
湖南	1241.74	1351.48	1470.63	1631.66	1841.57	2080.70	2427.69	2757.54	3122.18
广东	3505.67	3733.70	3927.03	4140.44	4379.27	4655.62	5049.65	5371.98	5699.55
广西	816.35	889.24	971.38	1070.73	1195.19	1367.55	1575.33	1777.55	1997.52
海南	325.19	332.78	341.24	356.82	380.13	410.23	455.39	499.60	542.99
重庆	805.33	897.26	1002.48	1132.39	1286.89	1479.03	1723.21	1940.47	2166.37
四川	1778.74	1912.85	2054.17	2233.60	2494.56	2816.47	3246.15	3675.10	4114.03
贵州	525.83	562.66	600.28	646.20	705.69	771.39	896.69	1040.40	1215.75
云南	943.13	1028.69	1111.30	1209.72	1331.07	1483.21	1665.41	1847.77	2055.59
西藏	177.96	189.21	199.74	211.58	222.91	235.08	252.64	268.94	287.47
陕西	959.11	1062.08	1185.39	1348.21	1545.94	1795.34	2112.02	2449.45	2814.29
甘肃	571.24	609.81	649.01	696.62	755.47	838.40	961.10	1089.29	1239.70
青海	267.21	285.00	300.64	317.23	336.87	362.07	406.07	453.26	501.26
宁夏	238.59	255.77	271.41	292.21	319.01	356.23	404.94	454.06	507.14
新疆	1015.52	1070.03	1115.14	1166.66	1224.21	1295.20	1412.24	1535.82	1671.37

附表57 2014—2020年各省份非住宅建筑和构筑物生产性资本存量（1978年价）　　　单位：亿元

年份\地区	2014	2015	2016	2017	2018	2019	2020
北京	1821.64	1820.25	1817.12	1830.42	1871.65	1916.78	1948.35
天津	2087.45	2267.97	2455.10	2624.69	2747.10	2905.60	3050.71
河北	4810.38	5280.80	5795.38	6490.56	7374.82	8268.83	9151.58
山西	2307.98	2555.14	2795.29	2863.64	2962.71	3070.29	3187.46

续表

年份 地区	2014	2015	2016	2017	2018	2019	2020
内蒙古	3328.60	3549.16	3790.30	4050.46	4224.86	4389.05	4507.47
辽宁	5255.83	5522.25	5512.08	5511.19	5504.73	5481.83	5443.96
吉林	2263.54	2423.98	2607.82	2841.18	3122.91	3329.68	3527.79
黑龙江	2577.09	2708.76	2829.29	2996.93	3179.06	3349.02	3532.90
上海	2381.22	2363.12	2341.73	2344.72	2367.33	2397.00	2426.50
江苏	6961.83	7622.77	8281.42	9133.84	10211.29	11310.84	12355.20
浙江	4395.00	4747.66	5123.98	5597.83	6129.08	6787.50	7438.76
安徽	3657.66	4114.21	4621.04	5253.78	6084.93	6964.27	7848.59
福建	2907.71	3282.06	3680.80	4252.15	5024.94	5832.12	6544.11
江西	2651.21	2983.12	3352.31	3884.37	4597.34	5338.24	6128.10
山东	7751.54	8459.81	9226.46	10292.63	11667.25	12849.78	13957.72
河南	5096.44	5652.96	6323.02	7245.27	8471.90	9796.97	11143.99
湖北	3816.68	4314.99	4883.21	5607.72	6575.73	7639.99	8410.58
湖南	3530.93	3984.61	4505.61	5259.02	6241.55	7322.31	8461.05
广东	6071.92	6451.72	6843.49	7439.41	8210.80	9079.03	9961.92
广西	2245.44	2510.25	2803.32	3245.22	3838.86	4444.97	5040.93
海南	596.21	645.07	699.59	783.88	864.90	938.10	1012.72
重庆	2413.01	2678.16	2977.72	3384.95	3860.16	4350.93	4823.57
四川	4589.42	5060.10	5573.12	6296.92	7263.51	8300.94	9370.61
贵州	1428.04	1670.01	1949.67	2366.36	2944.83	3494.93	4038.08
云南	2283.86	2541.03	2853.90	3340.31	4004.92	4702.69	5413.00
西藏	309.43	333.26	361.36	408.41	472.91	535.20	593.71
陕西	3196.67	3566.14	3948.28	4506.08	5266.59	6021.44	6745.43
甘肃	1418.38	1599.22	1793.91	1912.59	2043.69	2177.45	2317.74
青海	559.83	616.75	678.12	763.08	868.72	963.90	1034.72
宁夏	568.66	628.40	685.13	754.51	811.84	855.89	894.49
新疆	1834.66	1996.22	2152.62	2412.68	2608.73	2816.29	3066.11

附表58 1978—1986年各省份R&D生产性资本存量（1978年价）

单位：亿元

年份 地区	1978	1979	1980	1981	1982	1983	1984	1985	1986
北京	37.63	48.03	56.80	63.02	65.55	66.64	68.43	72.52	76.28
天津	5.92	7.55	8.93	9.91	10.42	10.28	11.26	12.59	13.70
河北	5.10	6.51	7.69	8.54	9.03	9.05	8.93	9.05	8.98
山西	3.20	4.08	4.82	5.35	5.59	5.39	5.36	5.56	6.67
内蒙古	2.33	2.98	3.52	3.90	4.08	4.03	3.90	3.93	4.19
辽宁	10.00	12.76	15.09	16.75	17.65	17.86	17.84	18.10	20.18
吉林	4.56	5.82	6.89	7.64	8.03	7.98	7.80	8.03	8.58
黑龙江	5.87	7.49	8.86	9.83	10.39	10.34	10.28	10.37	10.80
上海	15.10	19.28	22.79	25.29	26.39	27.00	27.48	28.82	32.74
江苏	9.12	11.64	13.76	15.27	15.83	15.36	15.16	15.79	17.30
浙江	2.54	3.24	3.84	4.26	4.64	4.89	5.15	5.55	6.33
安徽	2.81	3.58	4.24	4.70	4.88	4.80	4.95	5.34	5.54
福建	1.89	2.41	2.85	3.16	3.29	3.23	3.54	3.89	4.31
江西	2.07	2.65	3.13	3.47	3.65	3.65	3.85	4.25	4.67
山东	5.33	6.80	8.05	8.93	9.31	9.20	9.15	9.35	10.78
河南	5.04	6.43	7.60	8.44	8.86	8.84	8.95	9.18	9.95
湖北	8.21	10.48	12.39	13.75	14.52	14.97	15.09	15.64	15.29
湖南	5.05	6.45	7.62	8.46	8.84	8.97	9.01	9.42	10.08
广东	6.37	8.13	9.61	10.66	11.18	11.22	11.37	12.12	13.56
广西	3.24	4.13	4.89	5.42	5.56	5.53	5.52	5.60	5.63
海南	0.44	0.56	0.67	0.74	0.78	0.78	0.79	0.84	0.94
重庆	2.48	3.16	3.74	4.15	4.33	4.30	4.44	4.55	4.78
四川	14.42	18.41	21.77	24.16	25.23	25.05	25.88	26.54	27.87
贵州	2.29	2.93	3.46	3.84	3.95	3.74	3.71	3.86	4.04
云南	3.45	4.40	5.20	5.77	6.03	6.12	6.25	6.76	7.20
西藏	0.19	0.24	0.29	0.32	0.38	0.35	0.31	0.29	0.33
陕西	11.02	14.07	16.63	18.46	19.05	18.69	18.66	19.07	19.52
甘肃	4.32	5.52	6.53	7.24	7.52	7.20	7.39	7.77	7.99

续表

年份\地区	1978	1979	1980	1981	1982	1983	1984	1985	1986
青海	0.84	1.07	1.27	1.40	1.46	1.44	1.51	1.53	1.72
宁夏	0.63	0.80	0.95	1.05	1.07	1.01	0.95	0.98	1.19
新疆	2.04	2.61	3.08	3.42	3.48	3.40	3.35	3.44	3.82

附表59 1987—1995年各省份R&D生产性资本存量（1978年价）

单位：亿元

年份\地区	1987	1988	1989	1990	1991	1992	1993	1994	1995
北京	82.33	86.98	88.10	86.90	85.77	84.91	86.58	89.47	93.88
天津	15.34	16.55	16.78	16.27	15.48	14.83	14.68	14.71	15.62
河北	9.30	9.45	9.07	8.98	9.45	10.40	11.84	13.90	15.44
山西	7.31	7.88	8.19	8.20	8.12	7.87	7.77	7.86	7.90
内蒙古	4.44	4.62	4.68	4.57	4.39	4.53	4.56	4.85	4.86
辽宁	22.20	24.33	28.96	32.18	34.83	37.00	39.24	39.85	39.70
吉林	9.26	9.63	10.21	10.49	10.75	10.05	11.53	12.26	12.89
黑龙江	11.17	11.48	11.27	11.06	11.18	11.10	11.09	11.54	12.25
上海	36.51	38.76	41.23	42.93	45.07	47.70	52.18	58.78	64.60
江苏	18.97	20.22	20.90	22.46	25.72	29.27	37.27	45.43	50.07
浙江	7.27	8.12	8.42	8.79	9.46	10.78	12.56	13.37	15.14
安徽	5.95	6.37	6.53	6.67	7.02	7.56	8.25	8.94	9.50
福建	4.60	4.66	4.59	4.51	4.61	4.78	5.01	5.43	5.72
江西	4.99	5.32	5.50	5.48	5.42	5.71	6.14	6.64	7.25
山东	11.51	12.49	13.82	15.60	18.41	21.36	25.66	28.50	30.49
河南	10.52	10.67	10.82	11.10	11.89	13.07	14.45	16.02	18.52
湖北	15.59	15.58	15.49	15.71	16.80	18.68	22.07	24.67	27.54
湖南	10.51	11.81	11.76	11.74	12.06	12.69	15.65	16.24	17.03
广东	15.64	16.97	18.43	19.53	20.81	22.03	24.91	28.00	30.09
广西	5.86	5.92	5.87	5.71	5.60	6.18	7.15	7.89	8.53
海南	1.08	1.24	1.32	1.28	1.15	1.09	0.96	0.88	0.89

续表

年份地区	1987	1988	1989	1990	1991	1992	1993	1994	1995
重庆	5.11	5.62	5.77	6.02	6.55	7.08	7.63	8.09	8.56
四川	29.80	32.72	33.63	35.05	38.13	41.27	44.46	47.11	49.88
贵州	4.23	4.19	3.95	3.76	3.74	3.84	3.89	4.02	4.08
云南	7.67	7.73	7.60	7.25	6.91	6.56	6.81	7.56	7.57
西藏	0.37	0.40	0.40	0.38	0.33	0.28	0.23	0.19	0.18
陕西	20.79	21.62	22.84	23.70	24.92	25.69	27.04	28.07	29.40
甘肃	8.14	8.42	8.09	7.77	7.75	7.62	7.87	8.28	8.79
青海	1.85	2.04	2.08	2.00	1.84	1.81	1.71	1.65	1.63
宁夏	1.39	1.54	1.64	1.69	1.71	1.69	1.67	1.74	1.74
新疆	4.41	4.50	4.44	4.26	4.06	3.85	3.71	3.78	4.07

附表60 1996—2004年各省份R&D生产性资本存量（1978年价）

单位：亿元

年份地区	1996	1997	1998	1999	2000	2001	2002	2003	2004
北京	100.04	111.99	123.28	148.54	173.60	201.32	238.98	277.50	319.09
天津	16.80	18.94	20.80	22.18	26.04	29.66	34.50	40.93	49.17
河北	16.78	17.82	18.50	20.51	25.00	29.15	35.26	41.34	46.91
山西	8.42	8.82	9.93	11.24	12.44	13.81	16.00	17.99	21.29
内蒙古	4.72	4.88	4.70	4.37	4.44	4.74	5.32	6.28	7.40
辽宁	40.23	42.20	43.08	46.08	50.58	58.83	71.49	84.98	101.23
吉林	14.05	15.09	15.75	15.79	16.85	18.88	23.79	28.30	33.80
黑龙江	12.94	14.05	15.93	18.67	20.27	23.35	26.81	32.05	36.44
上海	70.69	81.44	89.54	93.36	99.56	109.27	123.64	139.89	162.98
江苏	55.02	60.35	65.92	71.37	81.46	97.32	118.78	145.52	182.53
浙江	17.85	19.63	21.55	22.59	29.12	37.75	49.44	65.40	88.75
安徽	10.27	12.00	13.39	15.43	19.27	23.12	27.74	33.20	38.46
福建	6.35	7.50	8.87	11.28	16.41	21.64	26.63	34.31	42.07
江西	7.40	7.62	7.91	8.70	9.62	10.40	12.32	15.37	18.87
山东	33.02	37.24	42.16	47.10	55.69	66.43	83.90	102.29	126.10

续表

年份 地区	1996	1997	1998	1999	2000	2001	2002	2003	2004
河南	20.77	22.07	23.41	24.39	27.50	31.51	35.31	39.63	44.62
湖北	29.10	32.06	35.04	39.66	43.70	48.07	54.91	61.75	66.43
湖南	18.04	18.53	18.38	19.62	21.87	25.66	29.70	33.95	38.60
广东	33.89	40.55	48.83	66.59	91.54	124.53	158.72	191.65	221.74
广西	9.44	9.37	9.15	7.97	8.69	9.35	10.37	11.95	13.31
海南	0.89	0.93	1.08	1.57	1.60	1.63	1.73	1.75	1.93
重庆	8.96	9.61	10.38	10.95	12.13	13.17	14.78	17.38	20.95
四川	52.19	53.14	53.83	56.46	59.39	66.42	73.98	84.89	91.92
贵州	4.10	4.21	4.41	4.68	5.12	5.93	6.84	8.06	9.14
云南	7.88	8.54	9.20	9.55	9.88	10.48	11.57	12.68	13.79
西藏	0.18	0.20	0.23	0.22	0.26	0.28	0.38	0.41	0.45
陕西	30.40	32.67	35.38	41.09	49.75	58.58	68.79	78.36	88.34
甘肃	9.70	10.58	11.25	12.08	12.12	12.42	13.36	14.52	15.73
青海	1.64	1.72	1.85	1.82	1.87	1.88	2.15	2.46	2.86
宁夏	1.80	1.87	2.01	1.96	2.09	2.18	2.37	2.63	2.99
新疆	4.42	4.95	5.12	5.18	5.18	5.12	5.11	5.13	5.72

附表61 2005—2013年各省份R&D生产性资本存量（1978年价）

单位：亿元

年份 地区	2005	2006	2007	2008	2009	2010	2011	2012	2013
北京	363.94	407.00	453.36	489.43	545.83	609.37	669.48	739.04	815.54
天津	60.09	73.83	89.13	108.50	130.75	155.89	185.23	219.88	259.85
河北	54.23	63.52	73.64	84.49	99.95	114.39	131.79	153.40	177.29
山西	24.51	29.28	35.99	43.62	54.56	64.18	74.81	86.34	99.14
内蒙古	9.26	11.85	15.72	20.72	29.31	38.19	48.62	60.02	71.86
辽宁	117.61	131.46	147.22	161.34	182.71	207.06	236.94	266.21	299.13
吉林	38.84	42.49	46.76	49.26	57.58	62.23	67.27	74.79	82.36
黑龙江	43.02	49.85	56.93	65.69	78.42	89.87	98.29	107.33	116.91
上海	189.87	221.52	256.27	288.88	332.08	370.69	414.29	462.22	516.87

续表

年份 地区	2005	2006	2007	2008	2009	2010	2011	2012	2013
江苏	225.07	275.38	333.46	405.28	495.58	588.90	689.67	808.54	937.83
浙江	119.23	157.69	201.82	246.96	297.92	350.02	401.87	463.29	528.48
安徽	44.01	50.97	58.97	69.85	88.10	107.03	129.81	160.46	198.10
福建	49.49	57.97	67.62	78.03	94.50	113.07	135.33	162.44	192.26
江西	23.35	29.07	36.11	44.09	53.95	62.97	70.49	78.84	88.76
山东	157.65	190.88	234.18	290.29	359.63	438.71	525.43	626.06	733.63
河南	51.19	61.59	74.82	89.00	113.50	138.50	165.58	195.39	226.82
湖北	73.76	83.37	94.28	109.31	137.56	168.56	201.68	239.59	280.63
湖南	43.51	48.87	57.29	71.47	93.79	117.32	143.09	173.58	204.54
广东	248.62	281.10	324.74	374.79	454.41	542.41	646.96	765.54	897.33
广西	14.83	16.60	18.70	22.34	28.94	37.09	46.54	57.31	67.87
海南	1.94	2.08	2.31	2.59	3.39	4.25	5.52	7.21	8.83
重庆	25.84	30.84	37.02	44.02	54.35	65.70	78.77	95.05	111.27
四川	100.64	108.47	120.36	131.92	154.73	180.75	204.28	232.86	263.84
贵州	10.47	12.22	13.32	14.99	18.12	21.03	24.15	27.63	31.34
云南	16.83	19.10	21.93	24.85	28.77	32.60	37.14	43.04	49.83
西藏	0.47	0.49	0.55	0.71	0.91	1.07	1.12	1.25	1.43
陕西	96.76	103.77	112.63	121.83	140.38	158.57	176.47	197.35	223.27
甘肃	17.93	20.64	23.09	25.84	29.48	32.66	35.66	40.02	44.63
青海	3.16	3.45	3.72	3.84	4.74	5.88	7.24	8.52	9.67
宁夏	3.29	3.93	5.01	5.83	7.20	8.40	9.85	11.48	13.24
新疆	6.29	7.21	8.31	10.33	13.46	16.77	20.35	24.45	28.68

附表 62　2014—2020 年各省份 R&D 生产性资本存量（1978 年价）

单位：亿元

年份 地区	2014	2015	2016	2017	2018	2019	2020
北京	889.94	969.43	1043.22	1097.08	1164.97	1264.31	1345.64
天津	298.87	338.89	372.72	378.44	377.95	365.93	351.13

续表

年份 地区	2014	2015	2016	2017	2018	2019	2020
河北	202.18	229.52	255.54	281.83	305.28	331.35	357.65
山西	108.67	112.56	113.84	114.02	115.59	118.41	123.13
内蒙古	81.95	92.16	101.26	103.74	102.76	102.82	102.84
辽宁	322.98	327.72	326.67	325.57	322.55	325.39	332.65
吉林	90.03	98.25	104.09	104.72	100.78	100.39	100.01
黑龙江	123.04	126.77	127.62	124.55	117.63	111.94	109.75
上海	575.43	637.15	702.15	765.50	827.34	895.22	951.87
江苏	1069.63	1203.69	1340.88	1459.81	1565.71	1676.34	1774.36
浙江	596.46	670.64	746.23	813.38	880.33	959.92	1039.22
安徽	236.49	275.30	311.97	348.28	383.13	423.04	468.47
福建	223.52	255.74	290.06	325.60	363.93	409.08	453.78
江西	99.53	112.12	127.85	146.21	167.41	194.80	221.87
山东	841.57	950.72	1053.92	1143.05	1176.94	1164.88	1155.36
河南	259.17	291.28	324.76	358.96	394.19	437.88	483.83
湖北	323.97	367.89	406.98	445.63	487.00	536.37	576.99
湖南	235.70	268.62	302.65	339.59	377.55	424.89	474.51
广东	1031.16	1173.88	1320.09	1459.01	1600.37	1760.15	1921.47
广西	76.77	82.38	87.42	92.99	96.18	101.29	105.45
海南	10.50	11.85	13.56	14.84	16.14	17.51	19.36
重庆	128.59	150.61	176.98	205.04	231.96	261.13	289.10
四川	296.41	332.20	369.16	404.19	440.80	486.62	543.97
贵州	35.61	40.30	45.78	52.99	62.08	72.80	83.32
云南	56.46	66.08	77.63	89.60	102.54	117.37	131.60
西藏	1.57	1.83	1.89	2.01	2.18	2.39	2.53
陕西	247.80	272.34	294.81	313.41	333.20	353.81	372.88
甘肃	50.06	55.70	60.70	63.67	66.02	68.94	70.20
青海	10.58	10.69	10.93	11.47	11.67	12.28	12.84
宁夏	15.18	17.08	19.24	22.02	24.95	28.56	31.96
新疆	32.58	36.15	39.42	41.19	42.83	43.63	43.21

附表63 1978—1986年各省份其他机器和设备生产性资本存量（1978年价） 单位：亿元

年份 地区	1978	1979	1980	1981	1982	1983	1984	1985	1986
北京	35.08	41.50	48.36	52.49	57.75	64.91	74.27	85.65	97.25
天津	31.63	37.41	43.60	47.33	52.07	57.20	62.71	69.31	74.56
河北	66.89	79.12	92.21	100.10	110.13	116.60	124.73	133.05	140.52
山西	30.77	36.40	42.42	46.05	50.66	57.01	66.67	77.78	87.41
内蒙古	18.80	22.24	25.92	28.14	30.96	35.15	40.95	47.12	50.62
辽宁	63.24	74.80	87.17	94.63	104.11	112.98	123.80	138.14	156.47
吉林	25.05	29.63	34.53	37.49	41.25	45.04	50.20	57.47	62.73
黑龙江	55.85	66.07	76.99	83.58	91.95	100.86	110.38	120.45	129.20
上海	64.96	76.84	89.54	97.21	106.95	116.30	126.01	135.77	144.76
江苏	68.67	81.23	94.67	102.77	113.06	128.22	145.26	160.25	187.11
浙江	37.98	44.93	52.36	56.84	62.54	67.90	75.98	89.10	103.88
安徽	30.65	36.26	42.26	45.87	50.47	57.09	65.65	75.14	86.32
福建	21.59	25.54	29.76	32.31	35.55	38.88	42.91	49.35	55.35
江西	22.30	26.38	30.74	33.37	36.72	40.56	44.75	48.67	52.48
山东	77.20	91.32	106.42	115.52	127.10	139.03	157.05	179.28	200.98
河南	48.76	57.68	67.21	72.96	80.27	88.08	99.23	114.25	131.45
湖北	44.40	52.53	61.21	66.45	73.11	80.55	89.69	100.49	107.92
湖南	35.04	41.45	48.31	52.44	57.69	64.43	71.59	80.21	88.53
广东	83.22	98.44	114.71	124.53	137.01	148.41	164.92	186.56	210.69
广西	17.05	20.17	23.50	25.51	28.07	30.99	34.39	39.17	44.87
海南	6.62	7.83	9.13	9.91	10.90	11.81	13.12	14.84	16.76
重庆	17.98	21.27	24.78	26.90	29.60	32.70	36.84	42.95	48.20
四川	52.42	62.01	72.26	78.44	86.30	95.34	107.41	125.25	140.55
贵州	13.50	15.98	18.62	20.21	22.23	24.48	27.32	31.07	33.25
云南	22.20	26.26	30.61	33.22	36.55	39.07	42.75	47.72	52.93
西藏	1.37	1.62	1.88	2.04	2.25	2.54	3.42	4.55	4.99
陕西	25.92	30.66	35.73	38.79	42.67	46.22	50.68	56.55	61.98
甘肃	13.76	16.28	18.97	20.59	22.65	24.96	27.92	31.50	34.72

续表

年份 地区	1978	1979	1980	1981	1982	1983	1984	1985	1986
青海	8.63	10.21	11.90	12.92	14.21	15.51	16.91	18.28	19.28
宁夏	4.08	4.83	5.62	6.11	6.72	7.45	8.57	10.21	12.05
新疆	21.84	25.83	30.10	32.68	35.95	39.46	43.29	47.51	51.33

附表64 1987—1995年各省份其他机器和设备生产性资本存量（1978年价） 单位：亿元

年份 地区	1987	1988	1989	1990	1991	1992	1993	1994	1995
北京	114.72	131.98	142.17	153.24	162.82	174.67	203.49	239.77	255.37
天津	79.56	84.49	86.59	87.87	93.36	101.48	111.70	138.38	160.75
河北	153.41	172.34	182.21	185.71	195.83	209.67	241.48	279.63	316.57
山西	96.95	103.92	107.30	111.19	116.42	120.35	137.73	149.41	150.34
内蒙古	54.05	57.45	58.87	60.47	64.31	71.72	89.59	107.99	121.07
辽宁	179.01	205.13	220.68	227.83	236.77	259.39	309.17	371.78	400.74
吉林	69.44	77.33	81.08	84.32	89.09	96.27	112.29	131.10	143.03
黑龙江	138.90	148.37	154.12	157.39	162.50	169.98	175.79	187.01	202.04
上海	159.68	183.09	207.47	231.60	263.78	277.74	338.52	401.51	472.01
江苏	223.27	262.73	268.75	275.77	287.43	337.94	375.93	410.58	437.22
浙江	126.50	151.97	173.65	191.55	213.41	242.21	257.62	266.86	274.29
安徽	98.15	110.00	114.73	118.91	122.75	129.42	144.76	158.68	173.71
福建	63.35	72.08	78.09	84.61	93.27	107.23	123.37	143.12	157.72
江西	56.42	62.45	65.58	67.42	70.96	76.37	89.52	106.61	115.13
山东	232.24	268.23	288.47	303.04	326.40	358.42	387.92	422.16	443.58
河南	145.69	163.65	173.01	181.74	193.99	206.89	225.33	258.93	286.42
湖北	119.52	130.95	133.93	137.28	140.66	150.79	178.30	215.11	259.17
湖南	99.38	111.07	114.81	118.02	124.37	135.85	147.39	162.72	177.54
广东	238.67	282.28	312.05	334.79	366.79	444.52	527.72	647.85	716.28
广西	51.61	59.13	62.86	65.37	69.69	77.71	97.55	118.24	131.12
海南	18.99	20.47	22.66	25.80	29.45	38.90	52.11	65.11	76.25

续表

年份 地区	1987	1988	1989	1990	1991	1992	1993	1994	1995
重庆	54.77	61.79	66.24	69.37	74.53	81.67	88.53	97.95	103.50
四川	159.71	180.18	193.14	202.28	217.33	238.12	262.11	294.34	314.40
贵州	35.41	39.03	40.05	41.40	43.06	45.45	52.62	59.41	65.63
云南	57.37	62.94	65.87	69.29	74.87	82.85	94.67	113.45	131.25
西藏	5.75	6.46	6.84	7.38	8.39	9.08	9.37	9.51	10.27
陕西	68.39	74.44	79.54	83.84	89.43	94.31	112.30	126.61	135.98
甘肃	38.68	43.23	45.18	47.62	50.50	54.11	57.51	62.88	68.35
青海	20.58	22.27	22.46	22.55	22.78	23.28	24.17	25.31	25.39
宁夏	14.10	15.65	16.57	17.56	18.91	20.58	22.51	25.11	26.80
新疆	54.74	59.62	63.54	67.66	73.61	84.39	99.23	115.53	128.88

附表65 1996—2004年各省份其他机器和设备生产性资本存量（1978年价）　　　单位：亿元

年份 地区	1996	1997	1998	1999	2000	2001	2002	2003	2004
北京	273.21	307.20	341.70	363.49	386.81	405.90	418.68	443.53	483.07
天津	178.67	213.43	243.04	330.50	357.15	383.84	409.32	434.22	471.80
河北	367.05	429.81	501.50	516.18	579.31	652.83	707.77	819.08	953.27
山西	156.50	170.99	186.57	203.67	229.18	262.90	306.28	379.70	481.46
内蒙古	129.94	142.78	150.80	204.44	214.14	224.87	252.03	316.99	423.38
辽宁	414.15	450.27	494.57	495.15	536.75	578.74	617.89	691.87	829.81
吉林	159.23	171.56	185.55	213.18	227.50	250.41	274.47	310.62	372.90
黑龙江	219.80	252.77	294.52	393.10	426.57	449.69	476.69	519.20	572.38
上海	569.71	662.64	775.41	878.03	975.58	1058.78	1138.54	1198.84	1257.33
江苏	477.98	556.92	636.35	694.52	747.21	825.87	924.92	1125.64	1431.38
浙江	295.43	337.24	395.59	439.85	523.51	610.39	693.73	801.80	948.13
安徽	193.61	221.29	242.95	294.45	331.92	371.61	419.24	495.26	574.96
福建	175.20	216.00	261.64	288.04	339.61	392.42	439.58	479.42	561.34
江西	121.13	140.48	155.90	229.88	245.02	269.45	293.41	342.33	420.39
山东	484.24	544.29	611.37	648.50	756.86	889.54	1065.97	1320.08	1723.53

续表

年份 地区	1996	1997	1998	1999	2000	2001	2002	2003	2004
河南	321.70	369.08	408.45	474.64	531.34	574.71	606.55	687.37	808.64
湖北	316.79	383.38	435.86	459.58	521.48	591.78	651.73	730.86	813.55
湖南	194.95	217.83	237.25	322.73	353.46	388.80	423.20	470.14	536.19
广东	781.17	859.24	946.59	975.57	1049.17	1147.17	1241.59	1393.08	1613.23
广西	143.30	155.16	174.54	176.87	197.51	219.53	243.64	283.79	333.00
海南	86.70	94.60	99.17	137.92	143.98	148.12	157.35	172.00	181.01
重庆	108.73	123.32	146.02	188.20	203.41	225.20	250.50	282.60	335.13
四川	333.41	353.26	399.72	412.18	461.94	513.89	566.45	640.87	741.94
贵州	74.95	88.76	102.80	117.24	135.51	166.35	195.45	234.88	272.86
云南	151.43	177.66	197.76	189.46	206.95	233.61	252.91	284.09	323.51
西藏	11.06	11.24	11.69	31.38	30.68	30.72	31.80	34.54	35.43
陕西	145.92	161.53	177.52	190.54	216.45	248.45	276.26	314.07	368.02
甘肃	79.05	93.92	112.24	118.04	139.22	166.06	193.02	222.65	246.63
青海	27.97	30.79	33.71	38.50	42.65	50.27	56.71	65.39	76.44
宁夏	30.32	35.35	40.10	56.18	62.13	69.25	76.63	86.63	103.06
新疆	143.96	163.98	179.96	183.81	209.51	244.57	279.96	318.75	361.98

附表66 2005—2103年各省份其他机器和设备
生产性资本存量（1978年价） 单位：亿元

年份 地区	2005	2006	2007	2008	2009	2010	2011	2012	2013
北京	542.01	595.45	670.46	777.48	825.84	935.60	999.28	1096.54	1162.68
天津	514.28	568.73	650.58	794.33	1028.01	1294.62	1518.67	1691.42	1887.32
河北	1186.72	1494.29	1873.27	2415.92	3103.05	3775.70	4480.08	5343.49	6303.62
山西	626.72	771.15	951.39	1149.88	1395.68	1648.63	1887.40	2157.41	2472.17
内蒙古	590.46	773.09	1011.60	1338.08	1789.17	2327.74	2788.94	3316.37	4012.32
辽宁	1068.04	1368.81	1749.31	2348.82	3127.71	4035.56	4735.56	5688.27	6665.16
吉林	495.24	653.36	887.00	1286.77	1839.96	2597.27	3019.01	3614.49	4170.47
黑龙江	641.47	736.41	856.51	1049.84	1336.48	1695.01	1929.78	2316.72	2796.40
上海	1295.51	1353.94	1455.47	1517.67	1574.20	1647.34	1642.37	1653.79	1646.57

345

续表

年份 地区	2005	2006	2007	2008	2009	2010	2011	2012	2013
江苏	1836.01	2314.37	2898.73	3662.95	4688.36	5831.07	7541.85	9399.19	11553.85
浙江	1160.15	1382.45	1617.18	1852.05	2100.29	2299.30	2708.17	3212.12	3784.84
安徽	685.67	828.75	1072.44	1367.84	1772.28	2330.76	2852.76	3531.86	4275.29
福建	664.12	768.72	927.49	1163.46	1460.80	1787.67	2078.88	2435.04	2871.42
江西	529.83	660.84	838.50	1165.36	1643.97	2243.18	2678.18	3119.98	3599.21
山东	2304.01	2965.73	3710.72	4539.07	5625.35	6775.59	8060.79	9472.87	11126.44
河南	998.12	1308.75	1766.54	2422.53	3312.81	4362.92	5256.14	6413.77	7837.49
湖北	923.19	1055.91	1235.28	1500.35	1891.67	2400.76	2910.99	3429.00	4056.18
湖南	633.87	736.91	889.90	1123.26	1450.83	1869.63	2220.20	2688.84	3231.77
广东	1937.64	2248.53	2532.92	2833.74	3122.57	3485.48	3904.64	4309.38	4799.48
广西	400.14	511.18	648.49	827.75	1105.98	1463.12	1778.92	2239.14	2811.45
海南	198.64	210.84	219.53	229.04	248.03	280.64	296.61	330.75	366.74
重庆	400.08	473.69	569.09	694.54	842.24	989.73	1102.30	1254.94	1406.71
四川	880.98	1036.71	1251.87	1520.41	1934.89	2353.98	2673.28	3013.51	3422.34
贵州	321.17	370.26	426.90	488.36	555.45	617.40	686.25	728.75	771.98
云南	380.91	452.38	531.86	640.76	778.65	898.69	993.06	1120.63	1242.83
西藏	36.82	37.42	37.30	34.73	36.01	46.88	49.63	60.77	75.87
陕西	438.56	531.57	673.73	842.10	1117.70	1396.02	1621.36	1917.30	2271.50
甘肃	282.63	312.67	352.82	413.92	528.15	668.28	798.86	983.65	1151.75
青海	89.52	99.37	112.51	127.11	151.41	174.84	215.88	265.49	353.54
宁夏	126.83	149.12	182.19	239.81	304.12	380.39	441.28	522.96	632.26
新疆	408.73	461.18	543.54	648.76	755.77	899.24	1075.08	1323.19	1635.40

附表67 2014—2020年各省份其他机器和设备生产性资本存量（1978年价）　　　　单位：亿元

年份 地区	2014	2015	2016	2017	2018	2019	2020
北京	1215.94	1279.38	1345.35	1516.31	1595.53	1601.42	1568.60
天津	2198.01	2556.45	2971.32	3328.49	3701.38	4059.97	4360.84
河北	7275.91	8231.06	9068.12	9824.27	10594.65	11438.12	11723.32

续表

年份 地区	2014	2015	2016	2017	2018	2019	2020
山西	2824.02	3138.29	3366.99	3233.28	3064.62	2860.62	2629.74
内蒙古	4907.90	5340.60	5606.84	5719.12	5599.73	5408.16	5215.21
辽宁	7410.19	7584.03	7029.27	6430.00	5787.10	5039.81	4252.74
吉林	4790.57	5462.45	6029.56	6329.53	6466.99	6259.47	5958.20
黑龙江	3030.97	3310.06	3637.96	4004.88	4378.98	4767.48	4965.39
上海	1586.49	1554.85	1534.79	1530.78	1606.99	1682.51	1753.77
江苏	13882.07	16463.02	19053.76	21734.63	23946.60	25843.00	26568.14
浙江	4483.04	5258.01	6056.79	6840.22	7385.53	7741.38	8155.65
安徽	5129.04	5962.71	6689.23	7556.47	8486.51	9424.96	10039.75
福建	3311.17	3850.15	4322.30	4868.60	5514.80	6143.26	6653.43
江西	3995.18	4336.86	4711.41	5005.04	5247.92	5725.36	6051.15
山东	12913.73	15367.50	17945.20	19698.21	20720.45	20623.19	20217.54
河南	9318.17	10909.15	12249.69	13573.89	14835.72	15747.51	15904.37
湖北	4693.89	5338.97	5907.39	6580.38	7328.85	8151.12	8456.91
湖南	3827.26	4527.59	5074.99	5686.34	6478.83	7321.75	7879.60
广东	5400.39	6218.32	7087.13	8038.18	8918.27	9719.23	10135.77
广西	3415.63	4111.45	4775.18	5278.12	5703.68	6100.65	6434.29
海南	399.74	411.52	433.92	465.55	490.13	478.05	458.35
重庆	1599.14	1824.68	2015.29	2284.63	2539.36	2849.52	3093.95
四川	3769.14	4145.26	4581.48	4999.15	5398.52	5737.01	5938.50
贵州	799.52	838.47	925.16	1015.95	1142.33	1269.21	1385.71
云南	1368.86	1476.99	1553.19	1543.65	1515.72	1483.43	1460.56
西藏	87.57	103.44	131.85	165.61	187.91	196.46	217.24
陕西	2723.07	3131.75	3604.66	3995.16	4287.21	4581.41	4812.06
甘肃	1327.26	1463.68	1570.85	1528.09	1466.19	1397.44	1300.27
青海	441.63	531.19	623.13	716.67	836.06	973.95	1098.80
宁夏	755.62	882.62	1035.32	1134.67	1217.63	1282.83	1346.14
新疆	1988.08	2410.66	2622.91	2719.62	2751.90	2686.52	2597.62

附表68 1978—1986年各省份ICT软件生产性资本存量（1978年价）

单位：亿元

年份 地区	1978	1979	1980	1981	1982	1983	1984	1985	1986
北京	0.00	0.00	0.00	0.00	0.00	0.22	0.40	0.51	0.69
天津	0.00	0.00	0.00	0.00	0.00	0.02	0.04	0.05	0.07
河北	0.00	0.00	0.00	0.00	0.00	0.00	0.01	0.01	0.01
山西	0.00	0.00	0.00	0.00	0.00	0.00	0.00	0.00	0.00
内蒙古	0.00	0.00	0.00	0.00	0.00	0.00	0.00	0.00	0.00
辽宁	0.00	0.00	0.00	0.00	0.00	0.02	0.05	0.06	0.08
吉林	0.00	0.00	0.00	0.00	0.00	0.01	0.02	0.02	0.03
黑龙江	0.00	0.00	0.00	0.00	0.00	0.01	0.01	0.02	0.02
上海	0.00	0.00	0.00	0.00	0.00	0.06	0.11	0.14	0.19
江苏	0.00	0.00	0.00	0.00	0.00	0.03	0.06	0.07	0.10
浙江	0.00	0.00	0.00	0.00	0.00	0.08	0.15	0.19	0.26
安徽	0.00	0.00	0.00	0.00	0.00	0.00	0.01	0.01	0.01
福建	0.00	0.00	0.00	0.00	0.00	0.01	0.02	0.02	0.03
江西	0.00	0.00	0.00	0.00	0.00	0.00	0.01	0.01	0.01
山东	0.00	0.00	0.00	0.00	0.00	0.04	0.08	0.10	0.14
河南	0.00	0.00	0.00	0.00	0.00	0.00	0.00	0.00	0.01
湖北	0.00	0.00	0.00	0.00	0.00	0.00	0.01	0.01	0.01
湖南	0.00	0.00	0.00	0.00	0.00	0.03	0.06	0.07	0.09
广东	0.00	0.00	0.00	0.00	0.00	0.19	0.36	0.45	0.61
广西	0.00	0.00	0.00	0.00	0.00	0.00	0.00	0.00	0.01
海南	0.00	0.00	0.00	0.00	0.00	0.00	0.00	0.00	0.01
重庆	0.00	0.00	0.00	0.00	0.00	0.00	0.01	0.01	0.01
四川	0.00	0.00	0.00	0.00	0.00	0.04	0.08	0.09	0.13
贵州	0.00	0.00	0.00	0.00	0.00	0.00	0.00	0.00	0.01
云南	0.00	0.00	0.00	0.00	0.00	0.01	0.01	0.02	0.02
西藏	0.00	0.00	0.00	0.00	0.00	0.00	0.00	0.00	0.00
陕西	0.00	0.00	0.00	0.00	0.00	0.05	0.09	0.11	0.15
甘肃	0.00	0.00	0.00	0.00	0.00	0.00	0.01	0.01	0.02

续表

年份 地区	1978	1979	1980	1981	1982	1983	1984	1985	1986
青海	0.00	0.00	0.00	0.00	0.00	0.00	0.00	0.00	0.00
宁夏	0.00	0.00	0.00	0.00	0.00	0.00	0.00	0.00	0.00
新疆	0.00	0.00	0.00	0.00	0.00	0.00	0.00	0.00	0.00

附表69　1987—1995年各省份ICT软件生产性资本存量（1978年价）

单位：亿元

年份 地区	1987	1988	1989	1990	1991	1992	1993	1994	1995
北京	0.97	1.26	1.58	2.10	3.03	4.26	5.76	7.85	11.26
天津	0.09	0.12	0.15	0.20	0.29	0.41	0.56	0.76	1.09
河北	0.01	0.02	0.02	0.03	0.04	0.06	0.08	0.11	0.15
山西	0.00	0.00	0.00	0.01	0.01	0.01	0.01	0.02	0.03
内蒙古	0.01	0.01	0.01	0.01	0.02	0.02	0.03	0.04	0.06
辽宁	0.11	0.14	0.18	0.24	0.34	0.48	0.65	0.89	1.28
吉林	0.04	0.05	0.07	0.09	0.12	0.18	0.24	0.32	0.46
黑龙江	0.03	0.04	0.05	0.07	0.10	0.14	0.19	0.26	0.37
上海	0.26	0.34	0.43	0.57	0.82	1.15	1.56	2.12	3.05
江苏	0.14	0.18	0.22	0.29	0.42	0.60	0.81	1.10	1.58
浙江	0.36	0.47	0.59	0.78	1.13	1.58	2.14	2.91	4.18
安徽	0.02	0.02	0.03	0.03	0.05	0.07	0.10	0.13	0.19
福建	0.04	0.06	0.07	0.09	0.14	0.19	0.26	0.35	0.51
江西	0.01	0.02	0.02	0.03	0.04	0.05	0.07	0.10	0.14
山东	0.20	0.26	0.32	0.43	0.62	0.88	1.18	1.61	2.31
河南	0.01	0.01	0.01	0.02	0.03	0.04	0.05	0.07	0.10
湖北	0.01	0.02	0.02	0.03	0.04	0.06	0.08	0.11	0.16
湖南	0.13	0.17	0.22	0.29	0.41	0.58	0.79	1.07	1.54
广东	0.86	1.11	1.39	1.85	2.67	3.75	5.08	6.91	9.92
广西	0.01	0.01	0.01	0.02	0.03	0.04	0.05	0.07	0.10
海南	0.01	0.01	0.01	0.02	0.03	0.04	0.05	0.07	0.10

续表

年份 地区	1987	1988	1989	1990	1991	1992	1993	1994	1995
重庆	0.02	0.03	0.03	0.04	0.06	0.09	0.12	0.17	0.24
四川	0.18	0.23	0.29	0.39	0.56	0.79	1.07	1.45	2.09
贵州	0.01	0.01	0.01	0.02	0.02	0.03	0.04	0.06	0.09
云南	0.03	0.04	0.05	0.07	0.10	0.15	0.20	0.27	0.39
西藏	0.00	0.00	0.00	0.00	0.00	0.00	0.00	0.00	0.00
陕西	0.21	0.28	0.35	0.46	0.66	0.93	1.26	1.72	2.47
甘肃	0.02	0.03	0.04	0.05	0.07	0.10	0.13	0.18	0.25
青海	0.00	0.00	0.00	0.00	0.00	0.00	0.00	0.00	0.00
宁夏	0.00	0.00	0.00	0.00	0.00	0.00	0.01	0.01	0.01
新疆	0.00	0.00	0.01	0.01	0.01	0.02	0.02	0.03	0.04

附表70 1996—2004年各省份ICT软件生产性资本存量（1978年价）

单位：亿元

年份 地区	1996	1997	1998	1999	2000	2001	2002	2003	2004
北京	15.50	20.79	27.66	37.23	50.69	88.33	119.07	162.48	186.66
天津	1.50	2.01	2.68	3.60	4.91	8.55	8.22	10.51	19.82
河北	0.21	0.28	0.38	0.51	0.69	1.21	1.72	2.45	3.08
山西	0.04	0.05	0.07	0.10	0.13	0.23	0.33	0.51	0.56
内蒙古	0.09	0.12	0.16	0.21	0.29	0.50	1.21	1.63	4.81
辽宁	1.76	2.36	3.14	4.23	5.76	10.03	16.21	26.68	35.15
吉林	0.64	0.86	1.14	1.53	2.09	3.63	8.10	12.26	14.30
黑龙江	0.52	0.69	0.92	1.24	1.69	2.94	6.06	9.71	11.37
上海	4.19	5.62	7.48	10.07	13.71	23.89	44.85	59.52	65.39
江苏	2.17	2.91	3.88	5.22	7.11	12.38	40.74	60.57	64.08
浙江	5.76	7.72	10.27	13.83	18.83	32.81	47.41	61.64	76.69
安徽	0.26	0.34	0.46	0.61	0.84	1.46	1.97	3.06	3.70
福建	0.70	0.94	1.24	1.68	2.28	3.97	4.61	11.95	16.78
江西	0.20	0.26	0.35	0.47	0.64	1.11	2.42	3.44	4.38

续表

年份 地区	1996	1997	1998	1999	2000	2001	2002	2003	2004
山东	3.19	4.27	5.69	7.65	10.42	18.16	30.27	47.42	66.67
河南	0.14	0.19	0.25	0.34	0.46	0.81	1.36	2.11	2.20
湖北	0.22	0.29	0.39	0.52	0.71	1.24	0.94	3.32	9.36
湖南	2.12	2.84	3.77	5.08	6.92	12.05	16.15	18.93	15.69
广东	13.66	18.32	24.37	32.80	44.66	77.82	103.20	142.18	155.26
广西	0.14	0.19	0.26	0.35	0.47	0.82	0.94	1.32	1.55
海南	0.14	0.19	0.25	0.33	0.45	0.79	0.89	0.97	0.74
重庆	0.33	0.44	0.59	0.79	1.08	1.88	5.25	8.60	10.66
四川	2.87	3.85	5.13	6.90	9.40	16.38	22.67	32.25	26.94
贵州	0.12	0.16	0.21	0.29	0.39	0.68	2.53	2.21	1.81
云南	0.53	0.71	0.95	1.27	1.73	3.02	4.65	5.17	5.74
西藏	0.00	0.00	0.00	0.00	0.00	0.00	0.00	0.00	0.00
陕西	3.40	4.56	6.07	8.17	11.12	19.37	27.83	24.60	16.86
甘肃	0.35	0.47	0.62	0.83	1.13	1.98	3.17	3.35	2.41
青海	0.00	0.00	0.00	0.00	0.00	0.00	0.00	0.00	0.00
宁夏	0.02	0.02	0.03	0.04	0.06	0.10	0.34	0.52	0.58
新疆	0.06	0.08	0.11	0.14	0.19	0.34	0.30	0.90	1.75

附表71 2005—2013年各省份ICT软件生产性资本存量（1978年价）

单位：亿元

年份 地区	2005	2006	2007	2008	2009	2010	2011	2012	2013
北京	221.70	260.92	330.71	416.86	551.47	744.20	927.65	1111.65	1300.21
天津	26.93	31.94	35.18	42.13	56.77	80.40	107.34	147.42	197.86
河北	3.99	4.60	6.33	8.79	11.72	26.93	36.94	43.36	45.32
山西	0.62	0.81	1.15	1.77	2.69	4.55	6.43	8.50	9.49
内蒙古	4.78	4.15	3.91	4.67	5.28	6.43	6.98	7.92	8.81
辽宁	47.30	53.50	67.48	84.52	141.05	242.18	380.55	557.30	767.90

续表

年份 地区	2005	2006	2007	2008	2009	2010	2011	2012	2013
吉林	15.55	18.41	23.91	28.24	37.87	51.86	66.78	80.02	95.88
黑龙江	12.17	13.00	14.80	16.88	20.35	25.35	29.72	33.76	37.74
上海	82.73	102.56	136.43	165.36	210.78	281.33	392.24	550.56	727.72
江苏	83.11	127.86	198.42	293.13	436.27	656.78	901.24	1178.29	1499.39
浙江	80.63	87.15	96.12	115.85	151.00	209.59	273.80	367.32	508.25
安徽	4.24	5.64	7.90	10.52	13.68	17.12	19.89	22.98	28.42
福建	26.95	36.06	50.99	61.74	93.61	152.92	223.03	291.02	333.62
江西	5.33	6.48	8.30	10.09	11.98	14.03	16.14	17.80	20.22
山东	73.50	73.39	82.17	101.47	153.03	246.33	365.81	489.81	641.46
河南	3.25	6.06	11.82	18.68	26.20	34.34	40.99	47.96	57.44
湖北	12.95	14.98	17.69	25.56	37.97	52.60	63.48	90.96	159.52
湖南	14.90	15.68	18.56	23.90	36.00	50.67	64.93	74.96	83.32
广东	162.05	197.06	265.24	375.00	544.53	753.84	985.47	1220.75	1479.81
广西	2.11	2.96	4.68	6.56	10.10	11.08	13.15	16.22	21.32
海南	0.55	0.39	0.44	0.74	0.85	1.14	1.57	3.27	4.62
重庆	12.78	15.22	18.60	21.33	25.64	37.13	61.21	101.01	147.75
四川	22.19	23.21	45.43	81.83	125.68	185.79	273.23	368.05	470.44
贵州	1.93	2.07	2.84	3.33	5.52	9.45	14.02	18.00	21.67
云南	6.41	6.62	6.62	7.15	8.32	11.90	14.75	17.29	18.62
西藏	0.00	0.00	0.00	0.00	0.00	0.00	0.00	0.00	0.00
陕西	24.44	32.00	36.16	40.00	52.80	76.91	103.97	136.89	186.25
甘肃	1.82	1.88	2.72	3.64	4.73	5.96	6.79	7.12	7.75
青海	0.00	0.00	0.00	0.00	0.00	0.00	0.00	0.04	0.15
宁夏	0.52	0.41	0.39	0.40	0.51	1.01	1.50	1.93	2.36
新疆	2.25	2.19	2.21	3.26	4.64	6.29	8.28	10.33	13.69

附表72 2014—2020年各省份ICT软件生产性资本存量（1978年价）

单位：亿元

年份 地区	2014	2015	2016	2017	2018	2019	2020
北京	1517.24	1721.48	1981.32	2323.58	2704.79	3296.65	3733.92
天津	262.12	313.93	361.42	412.14	468.18	561.90	632.74
河北	49.14	56.25	64.27	73.34	80.98	93.54	103.04
山西	9.26	8.79	8.76	9.42	10.70	13.18	15.14
内蒙古	9.81	10.35	9.48	7.65	5.43	3.57	2.56
辽宁	954.76	1044.95	989.59	849.88	702.43	619.50	592.04
吉林	116.08	136.40	156.40	178.51	173.92	156.39	140.35
黑龙江	42.83	48.02	53.23	59.19	52.56	37.70	25.33
上海	899.01	1051.68	1190.62	1343.32	1475.99	1698.38	1866.76
江苏	1866.47	2197.76	2485.64	2782.58	2901.38	3065.69	3178.62
浙江	691.21	884.87	1078.18	1287.75	1468.43	1731.09	1921.64
安徽	39.22	54.87	73.98	95.85	124.87	169.97	203.69
福建	426.46	531.16	643.07	753.60	816.73	898.51	954.61
江西	23.62	27.16	30.30	33.53	38.63	48.37	56.06
山东	863.04	1092.72	1256.94	1372.35	1446.48	1610.80	1745.23
河南	70.48	84.51	94.06	100.85	102.56	108.49	113.68
湖北	236.45	304.85	369.86	446.41	509.54	593.95	652.84
湖南	95.14	108.73	123.48	140.01	153.85	176.33	193.15
广东	1814.68	2162.62	2525.25	2927.82	3189.18	3547.60	3799.10
广西	25.04	26.44	26.63	27.10	45.98	85.42	117.38
海南	5.65	9.40	16.37	25.96	41.77	66.37	84.81
重庆	201.94	252.99	304.48	360.91	411.04	485.08	538.99
四川	578.44	670.59	758.08	855.84	937.85	1070.53	1169.29
贵州	26.53	32.47	37.35	41.44	46.74	57.26	65.70
云南	18.33	17.11	18.07	21.72	25.31	29.64	32.45
西藏	0.00	0.00	0.00	0.00	0.00	0.00	0.00
陕西	251.30	326.33	399.54	476.03	577.82	748.72	879.47
甘肃	8.71	10.48	12.24	14.11	15.47	17.65	19.29

续表

年份 地区	2014	2015	2016	2017	2018	2019	2020
青海	0.30	0.39	0.40	0.36	0.38	0.52	0.64
宁夏	2.87	3.44	4.04	4.70	5.41	6.57	7.45
新疆	16.20	16.84	16.90	17.52	18.83	21.73	24.02

附表73 1978—1986年各省份ICT硬件生产性资本存量（1978年价）

单位：亿元

年份 地区	1978	1979	1980	1981	1982	1983	1984	1985	1986
北京	4.37	5.53	6.62	7.61	7.96	7.88	8.53	10.04	11.15
天津	3.17	4.03	4.93	5.44	5.49	5.31	5.69	7.11	8.53
河北	0.55	0.70	0.87	1.01	1.06	1.04	1.19	1.58	1.92
山西	0.58	0.74	0.88	0.99	1.01	1.00	1.06	1.23	1.37
内蒙古	0.49	0.52	0.54	0.53	0.46	0.38	0.41	0.65	0.85
辽宁	0.93	1.51	2.29	3.19	3.91	4.55	5.48	7.20	8.73
吉林	0.57	0.72	0.87	0.99	1.03	1.07	1.24	1.62	2.12
黑龙江	1.12	1.42	1.55	1.61	1.51	1.24	1.17	1.44	1.59
上海	10.55	13.36	16.43	18.99	20.01	19.27	19.34	22.08	24.84
江苏	8.05	10.35	12.53	13.99	14.28	13.81	14.84	19.12	24.20
浙江	2.15	2.73	3.31	3.57	3.52	3.24	3.25	4.47	5.94
安徽	0.60	0.76	0.90	1.01	1.03	0.99	1.07	1.39	1.85
福建	0.69	0.88	1.09	1.25	1.31	1.49	2.38	3.74	4.00
江西	0.95	1.21	1.47	1.67	1.73	1.72	1.84	2.33	2.89
山东	1.01	1.28	1.56	1.96	2.20	2.39	2.82	3.84	5.05
河南	0.91	1.16	1.41	1.60	1.66	1.63	1.74	2.05	2.34
湖北	1.57	1.98	2.43	2.77	2.89	2.92	3.16	3.89	4.61
湖南	0.85	1.08	1.29	1.45	1.49	1.43	1.61	2.02	2.50
广东	1.74	2.21	2.72	3.12	3.26	3.83	5.91	9.54	11.87
广西	0.55	0.70	0.83	0.92	0.94	0.92	0.98	1.27	1.62
海南	0.04	0.05	0.06	0.07	0.07	0.09	0.13	0.22	0.27

续表

年份 地区	1978	1979	1980	1981	1982	1983	1984	1985	1986
重庆	0.17	0.21	0.26	0.28	0.28	0.27	0.29	0.35	0.42
四川	2.94	3.73	4.52	4.93	4.91	4.70	4.97	6.15	7.28
贵州	0.68	0.86	1.06	1.22	1.28	1.27	1.38	1.65	2.06
云南	0.50	0.53	0.55	0.54	0.47	0.36	0.35	0.52	0.64
西藏	0.00	0.00	0.00	0.00	0.00	0.00	0.00	0.00	0.00
陕西	1.44	1.81	2.14	2.38	2.40	2.67	3.35	4.55	6.23
甘肃	0.46	0.57	0.69	0.77	0.79	0.79	0.95	1.25	1.81
青海	0.09	0.10	0.11	0.12	0.11	0.10	0.09	0.09	0.10
宁夏	0.05	0.06	0.06	0.06	0.05	0.04	0.05	0.07	0.14
新疆	0.09	0.10	0.11	0.12	0.12	0.11	0.11	0.19	0.24

附表74　1987—1995年各省份ICT硬件生产性资本存量（1978年价）

单位：亿元

年份 地区	1987	1988	1989	1990	1991	1992	1993	1994	1995
北京	11.69	13.56	14.36	16.39	17.96	21.38	26.08	33.57	38.14
天津	9.61	11.07	11.28	11.23	10.88	10.65	11.22	13.79	23.49
河北	2.29	2.83	3.50	3.85	4.34	5.44	6.88	8.17	9.55
山西	1.38	1.46	1.49	1.46	1.36	1.39	1.56	1.51	1.66
内蒙古	1.05	1.30	1.57	1.71	1.65	1.77	1.85	2.06	2.16
辽宁	10.20	12.62	14.24	15.30	14.51	13.60	13.92	14.24	15.49
吉林	2.72	3.18	3.52	3.35	2.96	2.59	2.14	2.06	2.20
黑龙江	1.73	1.94	1.98	1.96	1.85	1.70	1.72	1.84	2.85
上海	26.09	27.35	26.99	26.07	24.62	23.70	22.59	28.51	35.39
江苏	28.47	33.65	36.63	38.10	37.82	41.15	46.28	55.19	63.32
浙江	7.19	8.72	9.87	10.44	10.90	12.44	14.11	17.69	24.14
安徽	2.28	2.75	3.62	3.89	3.98	4.09	4.09	4.45	4.79
福建	4.88	6.58	8.78	10.44	11.56	12.83	16.90	22.09	26.50
江西	3.38	3.96	4.35	4.67	4.66	5.09	5.72	6.06	6.20

续表

年份 地区	1987	1988	1989	1990	1991	1992	1993	1994	1995
山东	5.96	7.15	8.40	9.76	10.37	12.46	15.02	17.69	20.67
河南	2.55	2.98	3.35	3.63	3.67	4.61	6.30	7.25	8.87
湖北	5.22	6.00	6.40	6.28	5.88	5.80	5.98	6.06	6.41
湖南	3.09	3.81	4.39	4.57	4.51	4.49	4.46	4.39	4.32
广东	15.47	20.13	22.79	25.96	29.22	37.51	49.23	69.69	93.57
广西	1.92	2.14	2.27	2.29	2.24	2.30	2.26	2.42	2.58
海南	0.35	0.57	0.60	0.63	0.65	0.58	0.71	0.69	0.67
重庆	0.50	0.70	0.89	1.00	1.05	1.15	1.25	1.44	1.71
四川	8.78	12.12	15.41	17.37	18.22	20.06	21.69	25.13	29.74
贵州	2.33	3.05	3.70	3.99	3.77	3.39	2.92	2.67	2.57
云南	0.70	0.87	0.94	1.14	1.23	1.44	1.46	1.44	1.45
西藏	0.00	0.00	0.00	0.00	0.00	0.00	0.00	0.00	0.00
陕西	7.20	8.73	10.30	11.39	12.65	14.92	16.78	20.23	24.82
甘肃	2.11	2.61	3.16	3.41	3.29	3.16	2.84	2.75	2.56
青海	0.10	0.10	0.10	0.11	0.11	0.11	0.12	0.11	0.10
宁夏	0.15	0.15	0.14	0.13	0.11	0.12	0.12	0.14	0.16
新疆	0.30	0.40	0.47	0.50	0.46	0.37	0.30	0.25	0.20

附表75 1996—2004年各省份ICT硬件生产性资本存量（1978年价）

单位：亿元

年份 地区	1996	1997	1998	1999	2000	2001	2002	2003	2004
北京	44.52	60.78	78.97	110.90	152.46	193.72	241.69	272.78	303.60
天津	41.66	59.13	80.81	105.34	141.81	175.77	215.82	242.39	288.00
河北	10.81	12.25	14.91	17.49	19.68	22.72	27.84	28.20	29.01
山西	1.85	2.03	2.22	2.24	2.52	2.62	2.96	3.18	3.26
内蒙古	1.87	1.88	1.75	1.66	1.56	3.17	5.50	7.86	10.27
辽宁	17.62	19.78	25.61	33.18	43.83	57.05	76.52	93.44	107.16

续表

年份 地区	1996	1997	1998	1999	2000	2001	2002	2003	2004
吉林	2.39	2.97	4.35	6.12	8.98	8.82	8.79	8.22	7.17
黑龙江	3.95	5.52	7.39	9.20	10.77	10.31	10.17	9.11	8.20
上海	42.22	52.63	66.34	84.11	122.77	184.26	266.01	396.58	581.86
江苏	74.18	87.72	102.75	134.11	181.58	252.12	352.28	502.29	716.52
浙江	33.47	43.59	55.88	70.46	89.48	118.11	155.51	198.58	261.70
安徽	4.77	4.95	5.86	7.30	9.24	12.29	16.81	19.67	24.55
福建	32.42	38.72	55.36	76.04	103.61	135.98	182.39	223.54	273.89
江西	6.26	6.67	6.76	6.59	6.69	6.51	6.85	7.51	8.81
山东	24.70	34.22	52.99	80.06	109.60	127.81	153.92	199.47	256.54
河南	10.23	11.47	13.41	16.31	20.15	23.48	29.00	33.85	38.78
湖北	6.81	7.83	10.95	15.58	21.06	26.50	34.30	41.93	44.08
湖南	4.42	5.16	6.84	9.38	13.48	16.10	19.94	22.75	25.10
广东	115.81	148.37	182.51	221.41	297.21	458.40	729.41	1043.74	1417.53
广西	2.69	2.90	3.19	3.69	3.96	4.53	5.56	5.87	6.23
海南	0.68	0.66	0.58	0.60	0.54	0.52	0.56	0.56	0.64
重庆	2.09	2.98	3.20	3.24	3.94	18.49	38.51	54.62	51.98
四川	36.33	44.01	50.04	56.48	65.81	54.00	42.27	31.41	37.15
贵州	2.51	2.65	2.87	3.12	3.80	3.80	4.06	4.14	5.97
云南	1.38	1.48	1.48	2.49	4.05	5.22	6.72	7.59	7.16
西藏	0.00	0.00	0.00	0.00	0.00	0.00	0.00	0.00	0.00
陕西	28.61	33.27	36.85	40.19	44.22	42.52	41.99	40.08	40.13
甘肃	2.27	2.11	2.01	1.99	2.16	2.84	3.94	4.80	4.52
青海	0.08	0.06	0.05	0.05	0.05	0.05	0.05	0.04	0.03
宁夏	0.17	0.17	0.18	0.20	0.26	0.32	0.40	0.38	0.37
新疆	0.18	0.18	0.17	0.16	0.14	0.22	0.33	0.31	0.75

附表 76　2005—2013 年各省份 ICT 硬件生产性资本存量（1978 年价）

单位：亿元

年份 地区	2005	2006	2007	2008	2009	2010	2011	2012	2013
北京	353.53	420.29	492.34	527.11	559.71	582.08	576.58	569.64	573.88
天津	336.84	392.26	420.55	425.19	411.75	405.53	414.05	449.02	520.07
河北	30.32	34.37	36.39	41.93	47.65	59.26	72.47	87.10	109.31
山西	3.66	4.22	6.86	10.98	14.66	19.25	26.27	44.51	64.36
内蒙古	12.77	15.16	17.01	19.70	23.31	22.07	22.99	25.62	27.04
辽宁	114.69	121.53	129.49	140.80	149.81	174.94	203.91	227.65	249.15
吉林	6.19	5.46	5.70	7.28	9.85	12.94	16.44	18.89	22.20
黑龙江	7.34	6.83	6.08	5.74	6.01	6.23	6.41	7.23	8.51
上海	730.21	860.86	994.18	1080.06	1143.86	1234.10	1299.39	1332.07	1340.33
江苏	1006.06	1331.37	1688.00	2076.17	2351.95	2685.10	3070.76	3580.02	4016.41
浙江	312.71	380.82	433.46	479.67	506.31	558.53	604.03	640.62	686.56
安徽	29.10	34.73	42.48	52.61	69.04	92.09	132.41	162.32	207.54
福建	312.85	342.77	359.88	375.65	393.87	434.07	491.02	540.35	596.23
江西	10.98	14.64	20.26	29.13	44.51	68.17	119.79	187.61	264.14
山东	324.87	398.83	477.78	569.09	687.91	811.70	943.20	1012.94	1104.63
河南	41.66	44.88	47.88	55.25	64.52	77.67	121.81	201.91	312.14
湖北	45.99	53.59	59.53	73.91	92.74	113.95	156.21	190.78	239.68
湖南	26.85	27.90	29.60	33.11	37.91	51.01	82.90	132.92	203.10
广东	1836.01	2251.77	2609.56	2940.82	3177.91	3556.01	3984.93	4308.41	4728.39
广西	6.80	7.39	8.29	13.03	16.33	25.05	38.04	62.68	96.94
海南	0.82	1.15	1.45	1.82	2.20	2.31	2.38	4.97	8.28
重庆	45.61	35.45	23.90	17.93	19.91	30.03	73.28	141.74	242.65
四川	48.14	65.51	88.56	120.03	154.76	197.88	281.12	370.07	484.24
贵州	7.70	9.07	10.11	11.23	12.28	13.38	14.32	14.32	15.41
云南	6.14	5.09	4.03	3.35	3.05	2.97	3.44	4.18	5.53
西藏	0.00	0.00	0.00	0.00	0.00	0.00	0.00	0.00	0.00
陕西	39.61	39.54	39.85	43.01	45.13	49.41	59.67	71.35	84.73
甘肃	4.35	4.05	3.81	3.68	3.66	4.02	4.59	5.45	7.16

续表

年份 地区	2005	2006	2007	2008	2009	2010	2011	2012	2013
青海	0.03	0.06	0.16	0.22	0.24	0.29	1.23	1.99	3.07
宁夏	0.34	0.33	0.27	0.54	0.82	0.82	2.07	3.05	3.61
新疆	1.16	1.61	2.02	2.25	2.36	2.63	3.02	3.61	2.97

附表77 2014—2020年各省份ICT硬件生产性资本存量（1978年价）

单位：亿元

年份 地区	2014	2015	2016	2017	2018	2019	2020
北京	591.48	599.14	609.91	620.49	673.73	730.33	795.40
天津	575.29	608.61	610.77	574.44	542.42	506.57	488.06
河北	134.00	158.51	179.54	203.33	205.96	207.99	209.88
山西	86.89	108.61	132.58	156.86	187.58	210.39	231.67
内蒙古	29.81	30.88	30.45	32.35	38.19	41.09	44.61
辽宁	262.05	252.03	228.03	207.32	195.15	193.44	201.22
吉林	24.35	26.30	27.83	28.33	26.11	23.48	21.21
黑龙江	10.08	11.62	12.97	13.28	13.31	13.14	13.08
上海	1346.71	1342.88	1326.48	1331.95	1379.91	1386.64	1412.98
江苏	4461.31	4887.91	5236.67	5460.66	5634.84	5557.80	5517.94
浙江	750.49	821.28	904.88	1011.93	1165.06	1337.58	1506.78
安徽	276.30	358.65	450.15	550.02	649.45	724.17	788.51
福建	641.25	687.79	738.82	817.34	955.41	1088.69	1221.76
江西	350.32	435.88	526.96	615.20	711.77	814.64	911.43
山东	1202.19	1316.65	1413.74	1464.32	1380.66	1223.86	1075.56
河南	441.00	597.36	735.24	859.60	958.69	1010.73	1053.16
湖北	293.46	350.46	426.96	480.89	550.92	608.11	660.11
湖南	274.49	350.08	414.96	461.24	485.52	530.79	575.07
广东	5197.97	5717.25	6298.77	6949.10	7962.94	8916.72	9854.87
广西	143.96	205.00	267.37	328.94	348.20	350.57	346.63
海南	9.48	10.32	10.09	9.01	7.52	6.18	5.34

续表

年份 地区	2014	2015	2016	2017	2018	2019	2020
重庆	364.94	486.88	621.96	737.99	859.92	965.67	1061.85
四川	599.12	675.62	731.77	790.80	903.78	1024.33	1152.06
贵州	15.94	24.99	40.53	68.27	98.63	121.23	139.95
云南	6.56	7.85	12.18	19.27	35.02	54.54	73.19
西藏	0.03	0.05	0.05	0.04	0.03	0.02	0.01
陕西	98.68	120.37	153.56	194.28	235.60	280.73	321.22
甘肃	8.81	10.68	13.06	15.75	18.59	21.51	24.23
青海	4.87	8.03	12.24	14.45	18.28	21.64	24.45
宁夏	5.23	8.83	14.09	20.05	24.70	28.59	31.50
新疆	7.20	12.77	18.42	24.28	31.93	35.82	38.76

附表78 1978—1986年各省份矿藏勘探生产性资本存量（1978年价）

单位：亿元

年份 地区	1978	1979	1980	1981	1982	1983	1984	1985	1986
北京	4.27	4.76	5.27	5.77	6.29	6.82	7.40	7.99	8.56
天津	1.28	1.42	1.58	1.73	1.88	2.04	2.21	2.39	2.56
河北	14.40	16.07	17.79	19.46	21.22	23.01	24.96	26.94	28.87
山西	5.14	5.73	6.35	6.94	7.57	8.21	8.90	9.61	10.30
内蒙古	7.18	8.02	8.88	9.71	10.59	11.48	12.45	13.44	14.40
辽宁	11.84	13.22	14.64	16.01	17.46	18.93	20.53	22.16	23.75
吉林	5.25	5.86	6.49	7.09	7.74	8.39	9.10	9.82	10.52
黑龙江	4.56	5.08	5.63	6.16	6.71	7.28	7.90	8.52	9.13
上海	0.39	0.44	0.48	0.53	0.58	0.63	0.68	0.73	0.78
江苏	4.41	4.92	5.45	5.96	6.50	7.05	7.64	8.25	8.84
浙江	3.47	3.87	4.28	4.68	5.11	5.54	6.01	6.49	6.95
安徽	6.80	7.59	8.40	9.19	10.02	10.87	11.79	12.72	13.63
福建	4.24	4.73	5.24	5.73	6.25	6.78	7.35	7.94	8.50
江西	9.53	10.64	11.78	12.89	14.05	15.24	16.53	17.84	19.12

续表

年份地区	1978	1979	1980	1981	1982	1983	1984	1985	1986
山东	6.93	7.74	8.57	9.37	10.22	11.08	12.02	12.97	13.90
河南	7.09	7.91	8.76	9.58	10.45	11.33	12.29	13.27	14.22
湖北	6.61	7.38	8.17	8.93	9.74	10.56	11.46	12.37	13.25
湖南	8.46	9.45	10.46	11.44	12.48	13.53	14.67	15.84	16.97
广东	7.58	8.45	9.36	10.24	11.17	12.11	13.13	14.18	15.19
广西	6.85	7.64	8.46	9.26	10.09	10.95	11.87	12.82	13.73
海南	0.27	0.30	0.33	0.36	0.39	0.43	0.46	0.50	0.53
重庆	1.88	2.09	2.32	2.54	2.77	3.00	3.25	3.51	3.76
四川	11.58	12.92	14.31	15.65	17.07	18.51	20.07	21.67	23.22
贵州	5.67	6.33	7.01	7.67	8.36	9.07	9.83	10.62	11.38
云南	7.97	8.90	9.85	10.78	11.75	12.74	13.82	14.92	15.99
西藏	2.21	2.46	2.73	2.98	3.25	3.53	3.82	4.13	4.42
陕西	7.86	8.77	9.71	10.62	11.58	12.56	13.62	14.71	15.76
甘肃	8.90	9.93	11.00	12.04	13.12	14.23	15.43	16.66	17.85
青海	6.97	7.78	8.62	9.43	10.28	11.15	12.09	13.05	13.98
宁夏	1.50	1.67	1.85	2.03	2.21	2.40	2.60	2.80	3.01
新疆	7.65	8.54	9.46	10.34	11.28	12.23	13.26	14.32	15.34

附表79 1987—1995年各省份矿藏勘探生产性资本存量（1978年价）

单位：亿元

年份地区	1987	1988	1989	1990	1991	1992	1993	1994	1995
北京	8.68	8.80	8.95	9.06	9.11	8.86	8.55	8.19	7.75
天津	2.69	4.37	6.69	9.53	9.98	13.09	15.22	17.67	20.71
河北	29.98	32.15	34.88	38.79	41.38	43.34	44.36	47.03	50.62
山西	10.91	11.59	11.96	12.22	13.09	13.21	13.16	13.03	12.78
内蒙古	15.68	16.67	17.23	17.64	19.08	19.10	18.91	18.62	18.16
辽宁	25.15	26.62	27.84	30.49	32.71	34.51	35.78	37.42	39.23

续表

年份 地区	1987	1988	1989	1990	1991	1992	1993	1994	1995
吉林	11.20	11.93	12.51	13.77	14.72	15.70	16.29	16.78	17.14
黑龙江	9.71	10.30	11.38	13.48	14.38	16.22	18.27	20.24	22.57
上海	0.82	0.99	1.11	1.19	1.27	1.32	1.38	2.19	3.49
江苏	9.35	9.90	10.39	11.01	11.97	12.30	12.50	12.84	13.06
浙江	7.34	7.78	8.02	8.18	8.86	8.91	8.82	8.70	8.52
安徽	14.46	15.37	15.91	16.29	17.66	17.81	17.70	17.47	17.09
福建	9.01	9.55	9.85	10.12	11.00	11.05	10.96	10.82	10.57
江西	20.25	21.48	22.22	22.76	24.38	24.38	24.13	23.82	23.22
山东	14.76	15.80	17.56	21.65	22.90	26.78	29.93	33.31	36.95
河南	15.22	16.19	17.20	19.66	20.96	22.16	23.36	24.48	25.59
湖北	14.03	14.83	15.42	16.21	17.38	17.69	17.72	17.71	17.58
湖南	18.01	19.12	19.71	20.14	21.84	21.88	21.71	21.48	21.08
广东	16.09	17.67	20.60	24.26	25.55	27.68	29.75	32.35	36.51
广西	14.49	15.27	15.74	15.94	17.11	17.11	17.25	17.27	17.07
海南	0.57	0.66	0.73	0.81	1.02	1.06	1.08	1.10	1.13
重庆	3.98	4.21	4.39	4.78	5.11	5.38	5.57	5.73	5.84
四川	24.54	25.98	27.12	29.49	31.53	33.20	34.39	35.39	36.06
贵州	12.03	12.72	13.11	13.36	14.33	14.33	14.12	13.89	13.53
云南	16.90	17.97	18.56	19.15	20.78	20.85	20.66	20.41	19.99
西藏	4.69	5.01	5.18	5.28	5.77	5.76	5.69	5.59	5.49
陕西	16.68	17.63	18.27	18.84	20.35	22.18	22.20	22.07	21.70
甘肃	18.82	19.69	20.64	22.54	23.86	25.22	26.60	27.63	28.14
青海	14.74	15.49	16.04	16.75	17.81	18.03	17.97	17.98	17.96
宁夏	3.17	3.51	3.60	3.69	4.03	4.04	4.02	3.98	3.92
新疆	16.40	17.38	18.71	25.18	26.57	33.65	41.74	49.69	54.93

附表 80　1996—2004年各省份矿藏勘探生产性资本存量（1978年价）

单位：亿元

年份 地区	1996	1997	1998	1999	2000	2001	2002	2003	2004
北京	7.58	7.44	7.65	10.06	11.34	11.39	11.56	11.91	12.26
天津	23.97	27.55	30.89	34.48	38.32	42.28	45.74	48.48	50.80
河北	53.86	57.53	60.13	59.54	58.38	56.60	55.31	54.26	53.54
山西	12.57	12.39	12.25	11.67	11.10	10.54	9.99	9.47	9.20
内蒙古	17.74	17.33	16.98	16.04	15.05	14.01	13.02	12.06	11.70
辽宁	40.99	43.02	44.60	45.00	44.95	44.39	43.99	43.18	42.73
吉林	17.72	18.41	19.27	19.91	20.72	21.66	22.54	24.31	25.83
黑龙江	25.51	28.77	32.34	35.47	38.29	40.67	42.66	46.29	50.14
上海	4.87	6.39	7.81	8.06	8.35	8.65	9.13	9.61	10.04
江苏	13.69	14.42	15.54	15.71	15.89	16.07	16.14	16.49	16.91
浙江	8.45	8.40	8.47	8.16	8.03	8.07	8.39	8.86	8.49
安徽	16.70	16.33	15.93	15.08	14.25	13.44	12.78	12.16	11.87
福建	10.33	10.10	9.88	9.34	8.82	8.32	7.77	7.27	6.83
江西	22.61	22.01	21.37	19.87	18.41	16.98	15.64	14.36	13.13
山东	41.48	46.50	51.93	55.25	59.42	64.30	68.59	72.74	75.35
河南	27.08	28.76	30.64	31.34	32.39	33.73	34.64	35.99	37.33
湖北	17.51	17.48	17.49	16.89	16.45	16.18	16.12	15.82	15.42
湖南	20.92	20.81	20.95	19.81	18.64	17.42	16.19	15.21	14.33
广东	40.46	44.84	48.26	49.83	51.77	53.98	55.39	55.87	56.40
广西	16.74	16.43	15.94	14.98	14.07	13.22	12.55	11.91	11.29
海南	1.19	1.26	1.36	1.34	1.31	1.27	1.23	1.19	1.13
重庆	6.07	6.33	6.69	6.42	6.16	5.89	5.62	5.36	6.24
四川	37.45	39.08	41.32	42.56	43.35	43.60	42.67	42.18	42.75
贵州	13.14	12.77	12.37	11.53	10.73	9.98	9.29	8.66	8.21
云南	19.84	19.73	19.91	19.78	19.65	19.50	19.37	19.95	20.33
西藏	5.37	5.25	5.09	4.81	4.54	4.28	4.06	3.89	3.72
陕西	21.99	22.37	23.49	22.42	21.32	20.21	21.30	24.47	25.76
甘肃	28.21	28.37	27.85	28.81	30.73	33.57	33.04	32.58	33.37

续表

年份 地区	1996	1997	1998	1999	2000	2001	2002	2003	2004
青海	18.09	18.29	18.61	18.56	18.07	17.09	17.24	17.73	17.93
宁夏	3.92	3.94	4.04	3.84	3.63	3.41	3.22	3.00	2.90
新疆	61.30	68.35	75.84	81.96	89.91	99.48	110.39	122.30	132.40

附表81 2005—2013年各省份矿藏勘探生产性资本存量（1978年价）

单位：亿元

年份 地区	2005	2006	2007	2008	2009	2010	2011	2012	2013
北京	12.07	12.04	12.80	13.13	13.04	27.19	32.42	40.73	50.52
天津	51.52	52.95	54.74	56.91	59.38	57.72	56.12	54.06	51.67
河北	54.02	57.32	62.71	65.31	67.39	70.29	73.41	76.86	80.93
山西	9.66	10.41	10.90	11.55	12.89	15.67	18.52	21.50	24.88
内蒙古	11.49	12.83	17.45	26.72	37.54	44.78	50.32	53.73	56.85
辽宁	41.84	41.89	41.82	41.75	42.01	42.44	42.16	41.88	41.24
吉林	27.23	29.25	30.59	32.27	33.93	34.38	34.97	35.37	35.93
黑龙江	53.68	56.84	58.50	59.44	61.31	61.80	61.77	61.82	62.24
上海	10.11	10.23	11.16	11.01	11.67	13.60	14.41	14.81	15.24
江苏	17.26	17.58	17.06	17.60	18.27	19.18	20.04	20.98	22.08
浙江	8.12	7.75	7.45	7.27	7.07	8.22	9.19	10.38	11.51
安徽	11.74	11.44	11.40	11.35	11.57	14.72	17.18	19.87	22.47
福建	6.47	6.18	5.96	5.89	5.83	6.61	7.53	8.82	10.44
江西	12.11	10.99	10.10	9.35	8.89	10.96	12.12	13.89	15.18
山东	77.35	78.94	77.32	78.65	80.73	84.91	88.50	90.64	93.91
河南	37.85	37.66	36.69	37.03	39.32	41.00	47.45	62.25	70.50
湖北	15.07	14.69	13.90	13.92	14.14	15.33	15.86	17.91	20.11
湖南	13.44	12.66	11.95	11.36	10.84	12.94	15.04	17.21	19.85
广东	56.82	57.24	57.36	58.30	63.23	61.16	59.56	58.11	57.15
广西	10.72	10.13	9.63	9.20	8.89	10.00	11.01	12.43	14.25
海南	1.08	1.02	1.17	1.33	1.54	1.78	2.01	2.33	2.79
重庆	7.57	8.19	8.27	8.28	8.45	9.59	10.47	11.94	13.91

续表

年份 地区	2005	2006	2007	2008	2009	2010	2011	2012	2013
四川	44.09	45.76	66.68	73.37	79.65	83.56	86.01	88.37	92.65
贵州	7.89	7.60	7.47	7.30	7.55	8.64	9.88	11.10	13.24
云南	21.33	24.32	23.78	23.79	24.36	25.99	27.27	31.03	33.51
西藏	3.58	3.43	3.30	3.46	3.66	3.80	4.02	4.48	4.79
陕西	27.05	28.44	29.56	31.04	37.32	42.20	53.23	64.08	74.19
甘肃	33.82	34.17	34.47	35.17	36.79	36.05	35.80	36.25	36.76
青海	17.98	18.27	18.85	19.44	20.18	21.90	23.57	29.26	31.67
宁夏	2.91	3.10	3.22	3.55	4.09	5.72	6.70	7.80	8.95
新疆	139.15	149.23	154.94	161.91	172.46	171.44	170.00	167.17	164.07

附表 82　2014—2020 年各省份矿藏勘探生产性资本存量（1978 年价）

单位：亿元

年份 地区	2014	2015	2016	2017	2018	2019	2020
北京	58.82	68.63	78.04	87.13	95.26	101.87	110.76
天津	49.21	46.67	44.16	41.63	38.98	36.25	33.81
河北	85.23	89.12	93.04	95.77	98.01	99.36	102.04
山西	30.19	33.20	35.15	36.18	37.03	37.58	38.40
内蒙古	59.68	63.53	65.51	65.79	65.77	65.25	64.62
辽宁	41.31	41.16	40.75	40.11	39.42	38.58	38.26
吉林	36.92	37.55	39.02	38.55	37.85	36.88	36.13
黑龙江	62.81	62.85	62.58	61.21	59.53	57.49	55.97
上海	16.19	16.51	16.59	17.50	18.28	18.86	19.85
江苏	23.72	26.11	27.85	28.94	29.85	30.45	31.56
浙江	12.86	13.53	15.98	18.43	20.63	22.41	24.90
安徽	25.47	29.23	31.77	33.59	35.19	36.40	38.12
福建	12.23	14.01	15.05	15.85	16.57	17.12	17.92
江西	17.23	19.30	20.92	22.35	23.67	24.73	26.26
山东	97.01	101.03	103.43	103.48	103.05	101.97	102.18
河南	71.37	71.77	71.78	71.55	71.09	70.30	69.94

续表

年份地区	2014	2015	2016	2017	2018	2019	2020
湖北	23.53	28.12	31.44	33.82	35.94	37.61	40.04
湖南	22.61	25.78	28.21	30.09	31.82	33.19	35.17
广东	56.12	55.33	55.53	56.25	56.69	56.67	57.79
广西	15.82	17.50	19.35	20.69	21.90	22.86	24.26
海南	3.24	3.54	3.77	3.87	3.96	4.01	4.10
重庆	16.78	20.18	21.79	22.07	22.26	22.31	22.47
四川	98.62	104.22	107.66	109.59	110.81	110.95	111.92
贵州	16.55	19.76	22.62	25.15	27.44	29.29	31.82
云南	35.26	37.27	38.32	38.20	37.91	37.34	36.98
西藏	5.01	5.25	5.24	5.38	5.50	5.56	5.70
陕西	81.03	86.69	91.34	101.49	110.44	117.48	127.05
甘肃	38.35	39.02	40.30	41.00	41.44	41.48	42.19
青海	33.25	34.49	34.94	35.16	35.23	35.06	35.14
宁夏	9.92	10.55	10.88	11.06	11.19	11.25	11.36
新疆	160.62	156.08	150.25	142.83	134.74	126.12	117.75

附表83 1978—1986年各省份其他固定资产生产性资本存量（1978年价）　　　　单位：亿元

年份地区	1978	1979	1980	1981	1982	1983	1984	1985	1986
北京	2.27	2.98	3.93	3.96	4.09	4.49	5.60	8.30	11.69
天津	2.05	2.69	3.54	3.57	3.69	3.86	4.43	6.18	8.17
河北	4.33	5.68	7.49	7.55	7.80	7.53	8.26	10.90	14.45
山西	1.99	2.62	3.45	3.48	3.59	3.95	5.13	7.71	10.55
内蒙古	1.22	1.60	2.11	2.12	2.19	2.46	3.16	4.62	5.83
辽宁	4.09	5.37	7.08	7.14	7.38	7.52	8.65	12.37	18.07
吉林	1.62	2.13	2.81	2.83	2.92	3.02	3.59	5.37	7.17
黑龙江	3.62	4.75	6.26	6.31	6.51	6.79	7.78	10.56	13.97
上海	4.21	5.52	7.27	7.34	7.58	7.76	8.71	11.58	15.32
江苏	4.45	5.84	7.69	7.76	8.01	8.96	10.93	14.81	22.37

续表

年份地区	1978	1979	1980	1981	1982	1983	1984	1985	1986
浙江	2.46	3.23	4.25	4.29	4.43	4.52	5.43	8.54	12.74
安徽	1.98	2.61	3.43	3.46	3.58	3.98	5.00	7.27	10.45
福建	1.40	1.83	2.42	2.44	2.52	2.61	3.04	4.61	6.48
江西	1.44	1.90	2.50	2.52	2.60	2.75	3.20	4.29	5.71
山东	5.00	6.56	8.65	8.72	9.00	9.34	11.41	16.85	23.58
河南	3.16	4.14	5.46	5.51	5.69	5.94	7.21	10.84	15.84
湖北	2.87	3.77	4.97	5.02	5.18	5.45	6.46	9.21	11.99
湖南	2.27	2.98	3.92	3.96	4.09	4.43	5.21	7.39	10.10
广东	5.39	7.07	9.32	9.40	9.71	9.85	11.67	17.11	24.58
广西	1.10	1.45	1.91	1.93	1.99	2.10	2.47	3.65	5.33
海南	0.43	0.56	0.74	0.75	0.77	0.78	0.93	1.36	1.96
重庆	1.16	1.53	2.01	2.03	2.10	2.22	2.69	4.14	5.74
四川	3.39	4.45	5.87	5.92	6.11	6.48	7.85	12.07	16.73
贵州	0.87	1.15	1.51	1.53	1.58	1.66	1.97	2.90	3.72
云南	1.44	1.89	2.49	2.51	2.59	2.55	2.94	4.23	5.98
西藏	0.09	0.12	0.15	0.15	0.16	0.18	0.29	0.53	0.65
陕西	1.68	2.20	2.90	2.93	3.02	3.07	3.53	5.06	6.94
甘肃	0.89	1.17	1.54	1.55	1.60	1.69	2.02	2.92	3.97
青海	0.56	0.73	0.97	0.98	1.01	1.04	1.18	1.57	2.03
宁夏	0.26	0.35	0.46	0.46	0.48	0.51	0.64	1.02	1.52
新疆	1.41	1.86	2.45	2.47	2.55	2.66	3.06	4.20	5.62

附表84 1987—1995年各省份其他固定资产生产性资本存量（1978年价） 单位：亿元

年份地区	1987	1988	1989	1990	1991	1992	1993	1994	1995
北京	16.79	20.85	21.42	21.13	21.36	24.71	47.65	84.84	100.78
天津	10.32	11.87	11.69	10.82	11.51	14.59	27.00	34.92	45.61
河北	19.86	25.53	26.59	24.98	25.43	29.55	38.71	47.85	59.17

续表

年份 地区	1987	1988	1989	1990	1991	1992	1993	1994	1995
山西	13.58	15.19	14.69	13.71	13.97	15.84	27.57	35.20	40.81
内蒙古	7.12	7.96	7.69	7.23	7.84	10.70	19.12	25.74	34.06
辽宁	25.41	32.13	33.33	31.10	30.11	36.67	64.24	87.75	109.00
吉林	9.51	11.56	11.58	10.99	11.27	13.67	22.02	28.96	39.89
黑龙江	18.01	20.98	21.14	19.83	19.83	22.87	31.17	39.36	44.60
上海	21.00	27.47	31.17	33.17	38.57	41.99	101.91	149.67	195.35
江苏	32.87	42.31	40.85	37.46	35.87	51.00	65.83	78.66	90.31
浙江	19.26	25.29	27.82	28.08	30.30	38.00	49.37	61.95	72.86
安徽	14.05	16.85	16.58	15.46	14.95	17.21	25.97	32.34	39.50
福建	9.03	11.22	11.69	11.66	12.69	16.93	27.12	36.87	44.90
江西	7.32	9.02	9.21	8.74	9.02	10.87	16.10	21.46	24.44
山东	33.29	42.11	43.38	41.46	43.08	52.41	64.06	73.73	83.74
河南	20.59	25.02	25.12	23.88	24.73	28.96	43.97	57.92	74.64
湖北	16.08	19.17	18.69	17.47	16.97	20.60	42.54	65.54	94.40
湖南	13.70	16.71	16.46	15.35	15.57	19.34	27.66	36.26	45.60
广东	33.77	44.66	47.82	47.17	50.50	73.77	116.38	169.97	214.49
广西	7.43	9.29	9.42	8.84	8.98	11.40	18.25	24.65	31.15
海南	2.69	3.08	3.32	3.55	4.15	7.16	13.19	17.94	21.78
重庆	7.81	9.51	9.73	9.24	9.66	11.89	19.66	26.81	34.98
四川	22.76	27.74	28.37	26.95	28.16	34.68	55.10	73.89	95.40
贵州	4.63	5.60	5.48	5.21	5.30	6.23	10.36	14.49	19.20
云南	7.75	9.32	9.37	9.04	9.69	12.34	20.51	27.07	34.75
西藏	0.86	0.98	0.95	0.94	1.11	1.36	1.39	1.67	1.92
陕西	9.28	10.99	11.39	11.06	11.55	13.20	22.80	28.36	35.71
甘肃	5.32	6.49	6.48	6.27	6.46	7.64	10.00	12.92	16.25
青海	2.61	3.14	3.05	2.81	2.69	2.95	4.79	6.18	8.57
宁夏	2.11	2.46	2.45	2.32	2.41	2.94	4.01	4.80	5.65
新疆	7.10	8.52	8.88	8.86	9.77	13.36	22.94	31.07	37.58

附表 85　1996—2004 年各省份其他固定资产生产性资本存量（1978 年价）

单位：亿元

年份 地区	1996	1997	1998	1999	2000	2001	2002	2003	2004
北京	113.22	123.26	145.94	151.88	178.39	187.94	198.10	232.04	318.20
天津	52.15	56.23	63.86	72.27	69.95	73.47	76.47	99.61	118.33
河北	67.20	80.62	98.01	113.81	133.53	150.76	171.09	198.60	215.16
山西	43.02	46.42	54.26	52.40	60.15	71.38	86.55	102.02	105.67
内蒙古	39.77	43.22	42.69	47.18	47.74	52.25	69.67	97.94	109.91
辽宁	120.00	124.27	124.71	120.81	124.18	133.15	160.22	186.88	225.95
吉林	44.29	47.87	49.69	49.04	49.67	57.15	64.10	72.69	79.26
黑龙江	47.70	51.59	57.81	79.90	87.85	104.05	113.92	119.69	121.82
上海	238.05	287.87	338.25	370.82	409.53	429.87	445.08	434.63	462.60
江苏	99.17	107.04	127.24	136.61	154.17	185.98	260.64	387.44	481.12
浙江	84.70	104.06	138.44	174.19	220.62	286.40	383.41	498.22	584.86
安徽	45.35	49.40	52.84	56.18	66.37	72.99	90.39	115.83	147.87
福建	49.73	55.96	65.96	73.64	80.95	90.43	106.82	127.90	155.38
江西	26.28	25.77	24.45	31.25	35.79	44.74	63.20	78.94	97.82
山东	91.31	101.45	111.67	124.84	137.20	153.97	196.45	266.60	331.64
河南	84.90	94.25	110.47	128.37	141.75	158.38	174.89	205.67	217.51
湖北	121.68	141.62	171.87	197.99	227.26	258.38	305.01	340.68	337.62
湖南	54.55	54.68	62.17	76.85	84.66	106.36	131.44	157.98	177.23
广东	229.89	229.93	248.03	271.79	314.03	335.44	361.76	429.85	496.49
广西	33.60	34.86	37.31	38.55	47.39	59.53	81.48	107.97	124.31
海南	24.86	26.29	28.25	29.21	31.07	31.78	32.10	33.22	32.44
重庆	42.83	41.90	46.17	50.48	52.88	62.29	77.35	112.37	153.53
四川	116.09	127.31	141.85	147.35	151.64	163.56	192.06	254.32	292.85
贵州	22.22	25.65	28.11	32.71	38.22	57.08	73.67	91.93	100.64
云南	39.13	48.09	59.56	67.01	75.01	81.37	90.83	108.17	118.07
西藏	2.03	2.53	2.81	6.16	5.97	6.07	5.15	4.20	3.45
陕西	40.60	40.38	46.59	51.28	59.62	73.52	97.55	122.24	137.23
甘肃	20.57	27.84	33.71	34.79	40.59	46.00	52.57	58.91	58.11

续表

年份 地区	1996	1997	1998	1999	2000	2001	2002	2003	2004
青海	10.33	11.92	12.92	14.89	13.82	16.19	17.78	18.82	19.74
宁夏	7.01	8.51	9.52	11.84	13.98	17.51	20.41	23.98	26.51
新疆	41.07	42.52	46.26	50.27	54.21	62.18	75.53	89.72	92.14

附表86 2005—2013年各省份其他固定资产生产性资本存量（1978年价） 单位：亿元

年份 地区	2005	2006	2007	2008	2009	2010	2011	2012	2013
北京	403.17	499.39	590.69	626.01	739.84	834.21	832.78	814.79	782.34
天津	138.12	161.81	190.83	224.38	296.46	375.22	411.64	439.93	437.82
河北	239.73	275.94	322.64	368.21	461.32	556.75	593.88	615.24	638.46
山西	108.54	114.94	125.31	137.25	190.12	235.38	258.82	279.71	293.63
内蒙古	128.20	146.21	165.02	187.29	230.54	272.40	272.26	270.59	261.11
辽宁	287.48	357.95	419.29	461.58	519.72	590.59	637.30	704.06	703.62
吉林	92.86	124.86	164.40	195.75	234.73	260.78	260.73	263.02	248.25
黑龙江	124.77	131.48	141.05	154.53	181.29	215.74	228.33	233.83	218.51
上海	487.30	530.14	554.85	571.76	580.25	565.72	508.97	454.64	414.66
江苏	580.62	665.82	746.06	799.68	883.66	989.59	1044.64	1097.95	1125.65
浙江	649.50	703.56	751.62	753.35	793.14	837.03	887.15	1007.56	1133.94
安徽	186.53	231.36	290.56	339.77	417.12	498.82	533.00	552.98	545.59
福建	200.88	283.68	376.43	423.54	488.61	585.35	603.24	622.89	633.23
江西	122.34	148.15	170.71	198.15	256.07	322.05	347.13	367.91	369.32
山东	419.05	508.31	577.24	634.64	727.88	832.06	871.34	940.94	961.54
河南	236.39	266.03	288.82	317.38	375.93	471.25	536.82	620.71	678.99
湖北	334.26	331.58	341.12	353.96	426.28	501.38	552.35	595.93	624.09
湖南	201.68	231.15	271.63	299.49	376.07	461.77	513.98	579.12	620.31
广东	549.98	587.02	631.87	651.22	705.96	781.11	818.67	858.00	899.70
广西	141.18	167.12	201.33	231.45	300.33	363.50	390.76	405.55	392.31
海南	30.81	32.30	32.71	34.92	41.44	51.51	56.67	66.78	92.30

续表

年份 地区	2005	2006	2007	2008	2009	2010	2011	2012	2013
重庆	202.43	255.94	301.00	324.94	380.12	434.43	440.12	458.47	473.24
四川	349.74	418.31	489.47	536.29	616.37	664.47	656.64	645.28	632.48
贵州	105.91	114.53	123.85	133.40	148.34	183.85	202.46	244.56	270.65
云南	141.59	166.46	198.82	226.50	277.06	313.51	319.66	338.28	361.17
西藏	3.71	3.51	3.00	2.44	3.19	3.51	3.80	5.18	6.31
陕西	156.67	177.53	199.16	225.21	281.04	342.68	356.08	359.40	350.46
甘肃	57.15	58.48	65.64	72.69	86.93	98.15	105.13	114.07	123.72
青海	19.58	19.45	20.06	20.59	25.22	26.96	28.88	33.31	37.37
宁夏	28.29	30.88	32.89	33.51	38.52	42.94	43.54	46.28	48.79
新疆	91.89	93.06	93.50	92.61	100.53	105.64	106.18	111.60	116.80

附表87 2014—2020年各省份其他固定资产生产性资本存量（1978年价）   单位：亿元

年份 地区	2014	2015	2016	2017	2018	2019	2020
北京	727.48	746.66	803.99	838.20	792.55	717.28	642.08
天津	420.91	407.99	397.68	398.82	405.83	411.50	415.71
河北	659.74	679.62	701.78	684.69	632.58	593.40	587.87
山西	292.28	299.49	308.99	270.34	228.62	194.35	166.20
内蒙古	251.60	223.26	227.78	235.45	222.32	226.05	225.06
辽宁	639.24	531.59	401.60	294.24	238.67	218.96	216.93
吉林	230.08	222.97	224.04	212.56	202.70	191.27	192.05
黑龙江	191.98	163.38	148.98	138.39	128.50	133.49	129.92
上海	391.44	391.36	420.63	457.40	461.59	456.24	460.62
江苏	1117.16	1074.04	1097.13	1141.86	1168.36	1202.29	1244.59
浙江	1236.57	1318.81	1426.96	1530.75	1629.11	1672.05	1674.08
安徽	503.97	454.68	435.14	456.55	478.16	512.93	544.43
福建	640.60	658.13	715.02	765.93	766.42	749.74	736.97
江西	364.23	358.76	363.87	362.52	355.70	343.95	324.01

续表

年份 地区	2014	2015	2016	2017	2018	2019	2020
山东	949.02	933.02	921.16	916.76	901.82	923.64	964.96
河南	707.85	749.79	794.08	835.98	812.77	792.10	768.61
湖北	610.64	593.09	589.29	614.51	618.63	621.94	591.53
湖南	648.91	653.77	693.50	694.12	661.26	618.35	570.46
广东	930.91	980.94	1100.17	1247.74	1393.40	1527.67	1663.47
广西	363.68	343.23	357.86	382.45	396.18	431.35	451.54
海南	106.93	133.85	160.72	171.06	165.62	150.73	136.54
重庆	479.89	491.79	512.37	509.72	518.74	513.83	511.24
四川	625.11	617.33	649.52	676.05	680.55	690.25	642.10
贵州	283.18	284.52	305.59	322.01	329.10	346.35	348.00
云南	368.10	370.53	391.36	408.50	406.78	415.74	422.64
西藏	7.41	8.48	11.33	14.52	18.90	22.20	25.71
陕西	333.21	323.88	364.49	422.40	454.25	467.96	475.32
甘肃	122.51	122.22	128.49	124.11	117.45	113.22	107.80
青海	38.61	43.78	47.36	52.15	55.76	68.07	71.69
宁夏	47.74	47.91	53.98	62.56	64.48	62.68	59.91
新疆	120.81	137.23	146.46	172.42	176.80	174.23	163.12

附录6 分地区固定资本服务物量指数

附表88 1980—1988年分地区固定资本服务物量指数

年份 地区	1980	1981	1982	1983	1984	1985	1986	1987	1988
北京	1.1708	1.1341	1.1044	1.0975	1.1101	1.1254	1.1268	1.1333	1.1329
天津	1.1564	1.1312	1.1113	1.1025	1.1012	1.1115	1.1083	1.0920	1.0818
河北	1.1504	1.1295	1.1138	1.0919	1.0792	1.0866	1.0863	1.0910	1.1038
山西	1.1515	1.1297	1.1132	1.1176	1.1393	1.1540	1.1407	1.1177	1.0925

续表

年份\地区	1980	1981	1982	1983	1984	1985	1986	1987	1988
内蒙古	1.1498	1.1283	1.1118	1.1201	1.1393	1.1449	1.1164	1.0879	1.0777
辽宁	1.1546	1.1321	1.1148	1.1024	1.0980	1.1116	1.1278	1.1326	1.1291
吉林	1.1533	1.1301	1.1125	1.1028	1.1048	1.1261	1.1215	1.1076	1.1062
黑龙江	1.1517	1.1295	1.1132	1.1063	1.1011	1.1021	1.0984	1.0902	1.0815
上海	1.1591	1.1336	1.1119	1.0968	1.0883	1.0921	1.0952	1.0995	1.1131
江苏	1.1555	1.1311	1.1115	1.1169	1.1258	1.1208	1.1393	1.1621	1.1564
浙江	1.1521	1.1299	1.1131	1.1019	1.1074	1.1420	1.1610	1.1715	1.1742
安徽	1.1509	1.1295	1.1131	1.1203	1.1349	1.1404	1.1420	1.1345	1.1184
福建	1.1515	1.1300	1.1134	1.1056	1.1086	1.1344	1.1367	1.1287	1.1284
江西	1.1506	1.1292	1.1127	1.1087	1.1074	1.1054	1.1013	1.0930	1.0940
山东	1.1510	1.1302	1.1144	1.1066	1.1150	1.1337	1.1334	1.1339	1.1364
河南	1.1517	1.1299	1.1135	1.1068	1.1135	1.1343	1.1444	1.1252	1.1098
湖北	1.1540	1.1306	1.1127	1.1074	1.1087	1.1176	1.1062	1.0991	1.0987
湖南	1.1522	1.1297	1.1126	1.1134	1.1141	1.1176	1.1180	1.1151	1.1126
广东	1.1514	1.1301	1.1139	1.1023	1.1068	1.1281	1.1353	1.1309	1.1418
广西	1.1526	1.1294	1.1111	1.1061	1.1067	1.1214	1.1354	1.1348	1.1273
海南	1.1510	1.1300	1.1142	1.1026	1.1049	1.1250	1.1332	1.1294	1.1055
重庆	1.1525	1.1300	1.1131	1.1092	1.1161	1.1393	1.1382	1.1257	1.1210
四川	1.1560	1.1304	1.1104	1.1042	1.1116	1.1357	1.1357	1.1246	1.1218
贵州	1.1528	1.1299	1.1116	1.1041	1.1072	1.1235	1.1112	1.0861	1.0895
云南	1.1508	1.1286	1.1117	1.0938	1.0903	1.1108	1.1185	1.1035	1.0922
西藏	1.1455	1.1255	1.1126	1.1152	1.1880	1.2500	1.1676	1.1181	1.1194
陕西	1.1583	1.1307	1.1085	1.0931	1.0917	1.1084	1.1130	1.1065	1.0965
甘肃	1.1540	1.1292	1.1098	1.1011	1.1059	1.1196	1.1173	1.1084	1.1052
青海	1.1478	1.1274	1.1118	1.1031	1.0976	1.0965	1.0890	1.0818	1.0817
宁夏	1.1509	1.1288	1.1114	1.1082	1.1228	1.1537	1.1684	1.1571	1.1247
新疆	1.1499	1.1289	1.1127	1.1064	1.1026	1.1052	1.1033	1.0909	1.0858

附表89 1989—1997年分地区固定资本服务物量指数

地区\年份	1989	1990	1991	1992	1993	1994	1995	1996	1997
北京	1.0989	1.0736	1.0666	1.0663	1.1091	1.1744	1.1565	1.1135	1.1121
天津	1.0648	1.0437	1.0459	1.0639	1.0826	1.1118	1.1320	1.1305	1.1234
河北	1.0886	1.0527	1.0454	1.0560	1.0690	1.0820	1.0930	1.1037	1.1169
山西	1.0652	1.0504	1.0525	1.0509	1.0709	1.0870	1.0711	1.0629	1.0685
内蒙古	1.0603	1.0453	1.0545	1.0782	1.1389	1.1589	1.1264	1.1014	1.0812
辽宁	1.1056	1.0663	1.0477	1.0638	1.1098	1.1324	1.1096	1.0770	1.0670
吉林	1.0833	1.0570	1.0543	1.0634	1.0974	1.1157	1.1079	1.1032	1.0841
黑龙江	1.0665	1.0476	1.0403	1.0445	1.0577	1.0698	1.0729	1.0715	1.0815
上海	1.1184	1.1051	1.1014	1.0769	1.1049	1.1816	1.1890	1.1626	1.1384
江苏	1.0950	1.0446	1.0472	1.0959	1.1040	1.0741	1.0790	1.0883	1.0963
浙江	1.1498	1.1144	1.1008	1.1117	1.0911	1.0735	1.0925	1.1127	1.1204
安徽	1.0851	1.0550	1.0482	1.0534	1.0655	1.0738	1.0881	1.0934	1.0864
福建	1.1082	1.0876	1.0874	1.1054	1.1286	1.1455	1.1523	1.1434	1.1385
江西	1.0811	1.0522	1.0480	1.0583	1.0780	1.0943	1.0911	1.0798	1.0728
山东	1.1082	1.0733	1.0695	1.0833	1.0803	1.0719	1.0751	1.0784	1.0818
河南	1.0896	1.0645	1.0642	1.0678	1.0736	1.0895	1.1081	1.1141	1.1089
湖北	1.0679	1.0424	1.0392	1.0518	1.0955	1.1395	1.1632	1.1591	1.1363
湖南	1.0799	1.0471	1.0500	1.0676	1.0833	1.0901	1.0973	1.1051	1.0907
广东	1.1286	1.0912	1.0829	1.1279	1.1573	1.1645	1.1633	1.1279	1.0991
广西	1.0957	1.0587	1.0566	1.0798	1.1397	1.1712	1.1510	1.1295	1.1044
海南	1.0962	1.1111	1.1171	1.1790	1.2535	1.2516	1.1977	1.1547	1.1190
重庆	1.0976	1.0683	1.0658	1.0800	1.0988	1.1111	1.1128	1.1096	1.0831
四川	1.0995	1.0698	1.0665	1.0799	1.0983	1.1104	1.1118	1.1091	1.0874
贵州	1.0725	1.0467	1.0458	1.0483	1.0742	1.0978	1.1005	1.1014	1.1020
云南	1.0752	1.0567	1.0633	1.0760	1.1174	1.1431	1.1392	1.1315	1.1322
西藏	1.0871	1.0716	1.1007	1.0983	1.1210	1.1455	1.1772	1.1715	1.1285
陕西	1.0837	1.0683	1.0630	1.0626	1.0826	1.0963	1.0898	1.0869	1.0794
甘肃	1.0808	1.0599	1.0598	1.0613	1.0726	1.0820	1.0807	1.1002	1.1240
青海	1.0590	1.0322	1.0291	1.0295	1.0531	1.0649	1.0580	1.0789	1.0931

续表

年份 地区	1989	1990	1991	1992	1993	1994	1995	1996	1997
宁夏	1.0866	1.0666	1.0707	1.0790	1.0989	1.1139	1.1041	1.1081	1.1186
新疆	1.0814	1.0776	1.0775	1.0976	1.1569	1.1701	1.1451	1.1320	1.1250

附表90 1998—2006年分地区固定资本服务物量指数

年份 地区	1998	1999	2000	2001	2002	2003	2004	2005	2006
北京	1.1184	1.1105	1.1079	1.1071	1.0955	1.0924	1.1201	1.1401	1.1290
天津	1.1234	1.1547	1.1351	1.0997	1.1012	1.1090	1.1118	1.1034	1.1033
河北	1.1232	1.0970	1.0930	1.0997	1.0870	1.0932	1.1006	1.1096	1.1310
山西	1.0809	1.0755	1.0747	1.0935	1.1081	1.1191	1.1185	1.1179	1.1233
内蒙古	1.0707	1.1215	1.1168	1.0811	1.1204	1.1917	1.2130	1.2150	1.2207
辽宁	1.0696	1.0509	1.0505	1.0708	1.0803	1.0879	1.1063	1.1361	1.1563
吉林	1.0735	1.0922	1.1024	1.1047	1.1164	1.1207	1.1085	1.1171	1.1566
黑龙江	1.0938	1.1235	1.1146	1.0913	1.0875	1.0787	1.0685	1.0623	1.0701
上海	1.1207	1.0971	1.0814	1.0793	1.0808	1.0757	1.0847	1.0902	1.0796
江苏	1.1052	1.1007	1.0999	1.1155	1.1477	1.1908	1.2004	1.1913	1.1837
浙江	1.1304	1.1331	1.1425	1.1682	1.1799	1.1784	1.1722	1.1550	1.1352
安徽	1.0838	1.0944	1.1022	1.1017	1.1124	1.1322	1.1369	1.1391	1.1572
福建	1.1520	1.1394	1.1232	1.1243	1.1207	1.1165	1.1271	1.1388	1.1492
江西	1.0762	1.1523	1.1359	1.0828	1.1195	1.1639	1.1810	1.1789	1.1754
山东	1.0910	1.0909	1.0964	1.1100	1.1333	1.1694	1.1876	1.1938	1.1868
河南	1.1035	1.1021	1.0940	1.0894	1.0903	1.1048	1.1145	1.1235	1.1515
湖北	1.1286	1.1158	1.1093	1.1135	1.1140	1.1055	1.0864	1.0733	1.0782
湖南	1.0851	1.1352	1.1319	1.1085	1.1173	1.1142	1.1085	1.1106	1.1162
广东	1.0916	1.0875	1.0962	1.1194	1.1321	1.1386	1.1393	1.1326	1.1209
广西	1.0983	1.0882	1.0876	1.1051	1.1143	1.1240	1.1186	1.1181	1.1329
海南	1.0911	1.1214	1.1005	1.0550	1.0515	1.0520	1.0460	1.0388	1.0401
重庆	1.0860	1.1230	1.1110	1.1170	1.1589	1.1771	1.1746	1.1703	1.1640
四川	1.0810	1.0754	1.0733	1.0836	1.0896	1.1039	1.1011	1.1003	1.1134

续表

年份地区	1998	1999	2000	2001	2002	2003	2004	2005	2006
贵州	1.1097	1.1235	1.1270	1.1596	1.1902	1.1757	1.1382	1.1055	1.0969
云南	1.1450	1.1153	1.0983	1.1038	1.0994	1.1033	1.0995	1.1077	1.1241
西藏	1.1232	1.3220	1.2564	1.1279	1.1401	1.1481	1.1192	1.0820	1.0709
陕西	1.0964	1.1118	1.1214	1.1348	1.1447	1.1452	1.1314	1.1224	1.1299
甘肃	1.1321	1.1149	1.1208	1.1451	1.1444	1.1350	1.1043	1.0803	1.0783
青海	1.0969	1.0986	1.1041	1.1316	1.1541	1.1448	1.1047	1.0750	1.0721
宁夏	1.1208	1.1703	1.1673	1.1360	1.1372	1.1451	1.1328	1.1111	1.1053
新疆	1.1288	1.1099	1.1058	1.1186	1.1205	1.1239	1.1013	1.0754	1.0706

附表91 2007—2015年分地区固定资本服务物量指数

年份地区	2007	2008	2009	2010	2011	2012	2013	2014	2015
北京	1.1218	1.0923	1.0891	1.1070	1.0802	1.0581	1.0538	1.0478	1.0489
天津	1.1043	1.1123	1.1487	1.1728	1.1503	1.1269	1.1130	1.1054	1.0992
河北	1.1441	1.1458	1.1735	1.1850	1.1584	1.1403	1.1316	1.1224	1.1113
山西	1.1279	1.1251	1.1522	1.1677	1.1458	1.1349	1.1320	1.1214	1.1073
内蒙古	1.2137	1.2013	1.2103	1.2119	1.1736	1.1432	1.1314	1.1331	1.0995
辽宁	1.1641	1.1654	1.1847	1.2020	1.1756	1.1570	1.1464	1.1146	1.0603
吉林	1.1874	1.1951	1.2162	1.2201	1.1536	1.1211	1.1124	1.0987	1.0964
黑龙江	1.0811	1.0885	1.1186	1.1467	1.1268	1.1169	1.1187	1.0878	1.0579
上海	1.0750	1.0601	1.0507	1.0469	1.0342	1.0282	1.0308	1.0316	1.0323
江苏	1.1708	1.1557	1.1603	1.1654	1.1657	1.1640	1.1521	1.1404	1.1273
浙江	1.1161	1.0907	1.0843	1.0881	1.0997	1.1200	1.1268	1.1227	1.1167
安徽	1.1862	1.1931	1.2066	1.2185	1.1859	1.1596	1.1504	1.1411	1.1286
福建	1.1646	1.1522	1.1464	1.1642	1.1544	1.1424	1.1361	1.1314	1.1285
江西	1.1697	1.1775	1.2193	1.2374	1.1884	1.1507	1.1360	1.1237	1.1114
山东	1.1655	1.1466	1.1542	1.1611	1.1524	1.1440	1.1336	1.1264	1.1238
河南	1.1752	1.1787	1.1996	1.2071	1.1744	1.1584	1.1546	1.1445	1.1359
湖北	1.0923	1.1045	1.1413	1.1718	1.1603	1.1502	1.1480	1.1416	1.1283

续表

年份 地区	2007	2008	2009	2010	2011	2012	2013	2014	2015
湖南	1.1262	1.1366	1.1701	1.1923	1.1740	1.1622	1.1535	1.1425	1.1333
广东	1.1063	1.0915	1.0953	1.1066	1.1063	1.0987	1.0938	1.0965	1.1003
广西	1.1470	1.1466	1.1771	1.2043	1.1735	1.1502	1.1443	1.1353	1.1297
海南	1.0417	1.0512	1.0791	1.1087	1.1125	1.1169	1.1354	1.1276	1.1140
重庆	1.1579	1.1461	1.1538	1.1673	1.1530	1.1380	1.1317	1.1257	1.1211
四川	1.1285	1.1278	1.1484	1.1613	1.1420	1.1296	1.1232	1.1165	1.1041
贵州	1.0960	1.0945	1.1068	1.1257	1.1399	1.1574	1.1592	1.1475	1.1354
云南	1.1234	1.1181	1.1344	1.1406	1.1193	1.1098	1.1136	1.1081	1.0992
西藏	1.0656	1.0629	1.0647	1.0754	1.0779	1.0842	1.0939	1.0953	1.0964
陕西	1.1429	1.1520	1.1804	1.1983	1.1732	1.1550	1.1495	1.1424	1.1281
甘肃	1.0852	1.0931	1.1187	1.1426	1.1411	1.1473	1.1497	1.1429	1.1269
青海	1.0749	1.0703	1.0842	1.0980	1.1146	1.1406	1.1485	1.1442	1.1355
宁夏	1.1027	1.1089	1.1353	1.1553	1.1452	1.1368	1.1413	1.1394	1.1292
新疆	1.0699	1.0667	1.0769	1.0848	1.0863	1.1034	1.1169	1.1221	1.1282

附表92　2016—2020年分地区固定资本服务物量指数

年份 地区	2016	2017	2018	2019	2020
北京	1.0616	1.0633	1.0531	1.0535	1.0474
天津	1.0922	1.0749	1.0536	1.0495	1.0479
河北	1.1013	1.0948	1.0931	1.0895	1.0787
山西	1.0939	1.0426	1.0050	1.0052	1.0048
内蒙古	1.0648	1.0577	1.0353	1.0185	1.0130
辽宁	0.9940	0.9657	0.9694	0.9691	0.9697
吉林	1.0909	1.0743	1.0602	1.0385	1.0196
黑龙江	1.0550	1.0566	1.0536	1.0504	1.0456
上海	1.0364	1.0369	1.0335	1.0350	1.0358
江苏	1.1142	1.1039	1.0925	1.0804	1.0648

续表

年份 地区	2016	2017	2018	2019	2020
浙江	1.1109	1.1020	1.0886	1.0819	1.0747
安徽	1.1188	1.1208	1.1239	1.1222	1.1088
福建	1.1263	1.1274	1.1299	1.1225	1.1024
江西	1.1088	1.1149	1.1222	1.1229	1.1144
山东	1.1185	1.1017	1.0881	1.0681	1.0498
河南	1.1262	1.1195	1.1178	1.1097	1.0924
湖北	1.1204	1.1223	1.1256	1.1257	1.0958
湖南	1.1271	1.1277	1.1327	1.1311	1.1193
广东	1.1034	1.1018	1.0990	1.0973	1.0888
广西	1.1287	1.1270	1.1273	1.1223	1.1076
海南	1.1158	1.1055	1.0855	1.0592	1.0441
重庆	1.1185	1.1166	1.1126	1.1055	1.0937
四川	1.1005	1.1047	1.1088	1.1089	1.0987
贵州	1.1431	1.1634	1.1776	1.1642	1.1359
云南	1.1049	1.1208	1.1342	1.1325	1.1211
西藏	1.1108	1.1259	1.1339	1.1230	1.1054
陕西	1.1231	1.1255	1.1269	1.1206	1.1039
甘肃	1.1147	1.0764	1.0417	1.0384	1.0361
青海	1.1258	1.1166	1.1161	1.1140	1.0934
宁夏	1.1243	1.1093	1.0806	1.0552	1.0423
新疆	1.1067	1.0884	1.0719	1.0483	1.0458

参考文献

（按照正文中文献引用顺序排列）

[1] OECD, *Measuring Capital OECD Manual-Measurement of Capital Stocks, Consumption of Fixed Capital and Capital Services*, France: OECD Publishing, 2009.

[2] Hotelling, H., "A General Mathematical Theory of Depreciation", *Journal of the American Statistical Association*, Vol. 20, No. 151 (1925).

[3] 孙琳琳、任若恩：《资本投入测量综述》，《经济学（季刊）》2005年第4期。

[4] 曾五一、任涛：《关于资本存量核算的若干基本问题研究》，《统计研究》2016年第9期。

[5] 王春云：《固定资本服务核算的国际研究新进展及启示》，《统计学报》2020年第1期。

[6] 王亚菲、王春云：《中国行业层面信息与通信技术固定资本服务核算》，《统计研究》2017年第12期。

[7] 姬卿伟：《中国固定资本服务测算及其稳健性研究》，《统计研究》2017年第10期。

[8] 王春云、王亚菲：《数字化资本回报率的测度方法及应用》，《数量经济技术经济研究》2019年第12期。

[9] 王开科、曾五一：《关于资本利用率宏观测算指标与方法的研究》，《统计研究》2022年第7期。

[10] Jorgenson, D. W., "Capital Theory and Investment Behavior", *American Economic Review*, No. 2 (1963).

[11] Griliches, Z., "Capital Stock in Investment Functions: Some Problems of Concept and Measurement", in *Measurement in Economics*, C. Christ, et al. (eds.), Stanford: Stanford University Press, 1963, reprinted as pp. 123–143 in Griliches, Z., *Technology, Education and Productivity*, New York: Basil Blackwell, 1988.

[12] Diewert, E. W., "Exact and Superlative Index Numbers", *Journal of Econo-*

metrics, Vol. 4, No. 2 (1976).

[13] Harper, M. J., et al., "Rates of Return and Capital Aggregation Using Alternative Rental Prices", in *Technology & Capital Formation*, 1990.

[14] Inklaar, R., "The Sensitivity of Capital Services Measurement: Measure All Assets and the Cost of Capital", *Review of Income and Wealth*, No. 2 (2010).

[15] Jorgenson, D. W., et al., "Information Technology and US Productivity Growth: Evidence from a Prototype Industry Production Account", *Chapters*, 2011.

[16] Diewert, W. E, Lawrence, D. A., *Progress in Measuring the Price and Quantity of Capital*, Cambridge: MIT Press, 2000.

[17] Biatour, B., et al., "Capital Services and Total Factor Productivity Measurements: Impact of Various Methodologies for Belgium", *Working Paper*, *Federal Planning Bureau of Belgium*, 2007.

[18] Schreyer, P., et al., "OECD Capital Services Estimates: Methodology and a First Set of Results", *Working Papers*, *OECD Statistics*, 2003.

[19] Ester, G. S., "Capital Services Estimates in Portuguese Industries, 1977–2003", *Portuguese Economic Journal*, Vol. 9, No. 1 (2010).

[20] Oulton, N., Wallis, G., "Capital Stocks and Capital Services: Integrated and Consistent Estimates for the United Kingdom, 1950–2013", *Economic Modelling*, Vol. 54, No. C (2016).

[21] Wei, X. I., Cheng, X., "The Difference of Capital Input and Productivity in Service Industries: Based on Four Stages Bootstrap-DEA Model", *Journal of Systems Science and Information*, Vol. 6, No. 4 (2018).

[22] Gumpert, M., "Regional Economic Disparities Under the Solow Model", *Quality and Quantity*, No. 3 (2019).

[23] 李京文等:《生产率与中美日经济增长研究》,中国社会科学出版社 1993 年版。

[24] 汪向东:《资本投入度量方法及其在中国的应用》,《数量经济技术经济研究》1996 年第 12 期。

[25] 张军:《增长、资本形成与技术选择:解释中国经济增长下降的长期因素》,《经济学(季刊)》2002 年第 1 期。

[26] 张军、章元:《对中国资本存量 K 的再估计》,《经济研究》2003 年第 7 期。

[27] 单豪杰:《中国资本存量 K 的再估算:1952~2006 年》,《数量经济技术经济研究》2008 年第 10 期。

［28］李治国、唐国兴：《资本形成路径与资本存量调整模型——基于中国转型时期的分析》，《经济研究》2003年第2期。

［29］黄勇峰、任若恩：《中美两国制造业全要素生产率比较研究》，《经济学（季刊）》2002年第4期。

［30］孙琳琳、任若恩：《我国行业层次固定资本服务量的测算（1981~2000年）》，《山西财经大学学报》2008年第4期。

［31］王益煊、吴优：《中国国有经济固定资本存量初步测算》，《统计研究》2003年第5期。

［32］席玮、李昂：《工业行业固定资本服务测度与生产效率差异》，《价格理论与实践》2016年第12期。

［33］Wang, L., Szirmai, A., "Capital Inputs in the Chinese Economy: Estimates for the Total Economy, Industry and Manufacturing", *Journal Economic Review*, Vol. 23, No. 1 (2012).

［34］Gao, Y. N., et al., "Input-Output-Based Genuine Value Added and Genuine Productivity in China's Industrial Sectors (1995–2010)", *The Singapore Economic Review*, Vol. 63, No. 2 (2018).

［35］徐忠、贾彦东：《中国潜在产出的综合测算及其政策含义》，《金融研究》2019年第3期。

［36］彭素静、王开科：《数字化基础设施资本服务测算：2002—2019》，《统计学报》2022年第4期。

［37］叶樊妮：《资本存量与固定资本服务核算研究》，西南财经大学博士学位论文，2009年。

［38］Schreyer, P., et al., "Cost of Capital Services and the National Accounts", *AEG Meeting Paper on National Accounts*, No. 7 (2005), SNA/M1.05/04.

［39］"SNA的修订与中国国民经济核算体系改革"课题组：《SNA关于固定资本服务的测算及对国民账户的影响》，《统计研究》2013年第5期。

［40］OECD, "A Proposed Framework for Digital Supply-Use Tables", http://www.oecd.org/officialdocuments/publicdisplaydocumentpdf/?cote=SDD/CSSP/WPNA (2018) 3&Doc Language=En, 2018.

［41］杨仲山、张美慧：《数字经济卫星账户：国际经验及中国编制方案的设计》，《统计研究》2019年第5期。

［42］向书坚、吴文君：《中国数字经济卫星账户框架设计研究》，《统计研究》2019年第10期。

［43］张军扩：《"七五"期间经济效益的综合分析——各要素对经济增长贡

献率测算》,《经济研究》1991 年第 4 期。

[44] 贺菊煌:《我国资产的估算》,《数量经济技术经济研究》1992 年第 8 期。

[45] Chow, G. C., "Capital Formation and Economic Growth in China", *The Quarterly Journal of Economics*, Vol. 108, No. 3 (1993).

[46] 古明明、张勇:《中国资本存量的再估算和分解》,《经济理论与经济管理》2012 年第 12 期。

[47] Wang, Y., Yao, Y. D., "Sources of China's Economic Growth 1952-1999: Incorporating Human Capital Accumulation", *China Economic Review*, Vol. 14, No. 1 (2003).

[48] 何枫等:《我国资本存量的估算及其相关分析》,《经济学家》2003 年第 5 期。

[49] 徐杰等:《中国资本存量的重估》,《统计研究》2010 年第 12 期。

[50] 贾润崧、张四灿:《中国省际资本存量与资本回报率》,《统计研究》2014 年第 11 期。

[51] 王开科等:《"效率—年限"模式选择与中国的生产性资本存量核算》,《统计研究》2021 年第 3 期。

[52] 曾五一、赵昱焜:《关于中国总固定资本存量数据的重新估算》,《厦门大学学报（哲学社会科学版）》2019 年第 2 期。

[53] 朱发仓等:《一种 R&D 资本平均服务寿命的估计方法及应用研究》,《数量经济技术经济研究》2019 年第 2 期。

[54] Holz, C. A., "New Capital Estimates for China", *China Economic Review*, No. 2 (2006).

[55] 林仁文、杨熠:《中国的资本存量与投资效率》,《数量经济技术经济研究》2013 年第 9 期。

[56] 陈昌兵:《可变折旧率估计及资本存量测算》,《经济研究》2014 年第 12 期。

[57] 王开科、曾五一:《资本回报率宏观核算法的进一步改进和再测算》,《统计研究》2020 年第 9 期。

[58] Bai, C. E., et al., "The Return to Capital in China", *Brookings Papers and Economic Activity*, Vol. 37, No. 2 (2006).

[59] 孙琳琳、任若恩:《转轨时期我国行业层面资本积累的研究——资本存量和资本流量的测算》,《经济学（季刊）》2014 年第 3 期。

[60] 朱发仓:《工业 R&D 价格指数估计研究》,《商业经济与管理》2014 年

1 期。

［61］江永宏、孙凤娥:《研发支出资本化核算及对 GDP 和主要变量的影响》,《统计研究》2016 年第 4 期。

［62］王开科:《R&D 资本存量估计:1995~2017》,《税务与经济》2018 年第 5 期。

［63］陈诗一:《中国工业分行业统计数据估算:1980—2008》,《经济学(季刊)》2011 年第 3 期。

［64］Brandt, L., et al.,"Creative Accounting or Creative Destruction? Firm-Level Productivity Growth in Chinese Manufacturing", *Journal of Development Economics*, Vol. 97, No. 2 (2012).

［65］张天华、张少华:《中国工业企业全要素生产率的稳健估计》,《世界经济》2016 年第 4 期。

［66］吴利学等:《中国制造业生产率提升的来源:企业成长还是市场更替?》,《管理世界》2016 年第 6 期。

［67］张勋、徐建国:《中国资本回报率的再测算》,《世界经济》2014 年第 8 期。

［68］Hsieh, C. T., Klenow, P. J., "Misallocation and Manufacturing TFP in China and India", *Quarterly Journal of Economics*, Vol. 124, No. 4 (2009).

［69］李玉红等:《企业演化:中国工业生产率增长的重要途径》,《经济研究》2008 年第 6 期。

［70］郭鹏飞、罗玥琦:《中国信息通信技术分行业资本存量的估算》,《统计与决策》2018 年第 13 期。

［71］詹宇波等:《中国信息通信技术制造业资本存量度量:1995—2010》,《世界经济文汇》2014 年第 4 期。

［72］Jorgenson, D. W., Motohashi, K., "Information Technology and the Japanese Economy", *Journal of the Japanese & International Economies*, Vol. 19, No. 4 (2005).

［73］庄雷、王云中:《中国区域信息网络基础设施投资效应的实证研究》,《技术经济》2015 年第 4 期。

［74］Miyagawa, T., et al., "The IT Revolution and Productivity Growth in Japan", *Journal of Japanese International Economics*, Vol. 18, No. 3 (2004).

［75］Schreyer, P., "The Contribution of Information and Communication Technology to Output Growth: A Study of the G7 Countries", *Working Paper*, OECD, No. 2000/2.

[76] Ahmad, N., et al., "Can Potential Mismeasurement of the Digital Economy Explain the Post-crisis Slowdown in GDP and productivity growth?", *Working Paper*, OECD, No. 2017/09.

[77] Statistics Canada, "Measuring Investment in Data, Databases and Data Science: Conceptual Framework", https://www150.statcan.gc.ca/n1/pub/13-605-x/2019001/article/00008-eng.htm, 2019a-6-24.

[78] Canada Statistics, "The Value of Data in Canada: Experimental Estimates", https://www150.statcan.gc.ca/n1/pub/13-605-x/2019001/article/00009-eng.htm, 2019b-7-10.

[79] 徐翔等：《数据生产要素研究进展》，《经济学动态》2021年第4期。

[80] 李花菊：《关于数据资产核算》，《中国统计》2021年第2期。

[81] 李静萍：《数据资产核算研究》，《统计研究》2020年第11期。

[82] 许宪春等：《数据资产统计与核算问题研究》，《管理世界》2022年第2期。

[83] 张二华、原鹏飞：《基于核算视角的企业部门固定资本存量估算》，《统计研究》2018年第11期。

[84] 蔡跃洲、付一夫：《全要素生产率增长中的技术效应与结构效应》，《经济研究》2017年第1期。

[85] Leontief, W., "Introduction to a Theory of the Internal Structure of Functional Relationships", *Econometrica*, Vol. 15, No. 4 (1947).

[86] Fisher, F. M., "Embodied Technical Chang and the Existence of an Aggregate Capital Stock", *The Review of Economic Studies*, Vol. 32, No. 4 (1965).

[87] Hulten, C. R., *The Measurement of Capital*, Chicago: University of Chicago Press, 1991.

[88] Jorgenson, D. W., et al., *Information Technology and the American Growth Resurgence*, Cambridge: The MIT Press, 2005.

[89] Jorgenson, D. W., Landefeld, J. S., "A New Architecture for the U.S. National Accounts", *Review of Income and Wealth*, Vol. 55, No. 1 (2009).

[90] Colecchia, A., Schreyer, P., "ICT investment and Economic Growth in the 1990s: Is the United States a Unique Case? A Comparative Study of Nine OECD Countries", *Review of Economic Dynamics*, Vol. 5, No. 2 (2002).

[91] 孙川：《中国省际信息通信技术资本存量估算》，《统计研究》2013年第3期。

[92] 杨晓维、何昉：《信息通信技术对中国经济增长的贡献——基于生产性

资本存量的测算》,《经济与管理研究》2015年第11期。

[93] 孙早、刘李华:《信息化提高了经济的全要素生产率吗——来自中国1979—2014年分行业面板数据的证据》,《经济理论与经济管理》2018年第5期。

[94] 牛新星、蔡跃洲:《中国信息通信技术产业的全要素生产率变化与发展模式——基于ICT细分行业增长来源核算的实证分析》,《学术研究》2019年第11期。

[95] 蔡跃洲、张钧南:《信息通信技术对中国经济增长的替代效应与渗透效应》,《经济研究》2015年第12期。

[96] 薛俊波、王铮:《中国17部门资本存量的核算研究》,《统计研究》2007年第7期。

[97] 田友春:《中国分行业资本存量估算:1990~2014年》,《数量经济技术经济研究》2016年第6期。

[98] 徐淑丹:《中国城市的资本存量估算和技术进步率:1992~2014年》,《管理世界》2017年第1期。

[99] Goldsmith, R. W., "A Perpetual Inventory of National Wealth", NBER Studies in Income and Wealth, Vol. 14, New York: National Bureau of Economic Research, 1951.

[100] Manyika, J., et al., "Big Data: The Next Frontier for Innovation, Competition, and Productivity", McKinsey Global Institute, 2011-06, https://www.mckinsey.com/~/media/mckinsey/business%20functions/mckinsey%20digital/our%20insights/big%20data%20the%20next%20frontier%20for%20innovation/mgi_big_data_full_report.pdf.

[101] Harberger, Arnold C., *Perspective on Capital and Technology in Less Developed Countries*, London: Croom Helm, 1978.

[102] Hall, R., Jones, C., "Why do Some Countries Produce So Much More Output per Worker than Others?", *The Quarterly Journal of Economics*, Vol. 114, No. 1 (1999).

[103] 黄勇峰等:《中国制造业资本存量永续盘存法估计》,《经济学(季刊)》2002年第2期。

[104] 曹跃群等:《中国固定资本服务估算》,《统计研究》2012年第12期。

[105] Kohli, U., "Production Theory, Technological Change, and the Demand for Imports", *European Economic Review*, Vol. 18, No. 2 (1982).

[106] 顾乃华、李江帆:《中国服务业技术效率区域差异的实证分析》,《经济研究》2006年第1期。

[107] 张军等:《中国省际物质资本存量估算:1952—2000》,《经济研究》2004 年第 10 期。

[108] 金戈:《中国基础设施资本存量估算》,《经济研究》2012 年第 4 期。

[109] 吴明娥等:《中国省际公共资本投入效率差异及影响因素》,《数量经济技术经济研究》2016 年第 6 期。

[110] 王恕立、胡宗彪:《中国服务业分行业生产率变迁及异质性考察》,《经济研究》2012 年第 4 期。

[111] 蔡晓陈:《中国资本投入:1978~2007——基于年龄—效率剖面的测量》,《管理世界》2009 年第 11 期。

[112] Jorgenson, D. W., Griliches, Z., " The Explanation of Productivity Change", *Review of Economic Studies*, Vol. 34, No. 7 (1967).

[113] 方文全:《中国的资本回报率有多高?——年份资本视角的宏观数据再估测》,《经济学(季刊)》2012 年第 2 期。

[114] 许捷、柏培文:《中国资本回报率嬗变之谜》,《中国工业经济》2017 年第 7 期。

[115] 柏培文、许捷:《中国省际资本回报率与投资过度》,《经济研究》2017 年第 10 期。

[116] 柏培文、许捷:《中国三大产业的资本存量、资本回报率及其收敛性:1978—2013》,《经济学(季刊)》2018 年第 3 期。

[117] 徐现祥等:《中国省区三次产业资本存量估计》,《统计研究》2007 年第 5 期。

[118] Schreyer, P., "Measuring Productivity:Measurement of Aggregate and Industry-level Productivity Growth", in *OECD Manual* 2001, Paris: OECD Publishing, 2001.

[119] 李宾:《我国资本存量估算的比较分析》,《数量经济技术经济研究》2011 年第 12 期。

[120] 宗振利、廖直东:《中国省际三次产业资本存量再估算:1978—2011》,《贵州财经大学学报》2014 年第 3 期。

[121] 王亚君、孙巍:《基于资本品效率几何递减模式的我国服务业资本存量测算》,《数理统计与管理》2017 年第 6 期。

[122] 白重恩、张琼:《中国的资本回报率及其影响因素分析》,《世界经济》2014 年第 10 期。

[123] 经济合作与发展组织:《OECD 生产率测算手册——基于总量层次和产业层次生产率增长的测算》,科学技术文献出版社 2008 年版。

[124] 孙琳琳、任若恩:《中国资本投入和全要素生产率的估算》,《世界经济》2005年第12期。

[125] Hwang, J. C., "Forms and Rates of Economic and Physical Depreciation by Type of Assets in Canadian Industries", *Journal of Economic and Social Measurement*, No. 3 (2002).

[126] Baldwin, J., et al., "OECD Workshop on Productivity Measurement", in *Estimating Depreciation Rates for the Productivity Accounts*, Madrid Spain, 2005.

[127] Hulten, C. R., Wykoff, F. C., "The Measurement of Economic Depreciation", in *Depreciation, Inflation, and the Taxation of Income from Capital*, Washington D C: The Urban University Press, 1981.

[128] Oliner, S. D., "Constant-Quality Price Change, Depreciation, and Retirement of Mainframe Computers", in *Price Measurements and Their Uses*, Murray, F., et al. (eds.), Chicago: University of Chicago Press, 1993.

[129] Geske, M. J., et al., "Why do Computers Depreciate?", in *Hard-to-Measure Goods and Services: Essays in Honor of Zvi Griliches*, Chicago: University of Chicago Press, 2007.

[130] Doms, M. E., et al., "How Fast do Personal Computers Depreciate? Concepts and New Estimates", *NBER Working Paper*, 2004.

[131] Diewert, E., "The Measurement of Business Capital, Income and Performance", *A Tutorial Presented at the University Autonoma of Barcelona*, 2005.

[132] Huang, N., Diewert, E., "Estimation of R&D Depreciation Rates: A Suggested Methodology and Preliminary Application", *Canadian Journal of Economics*, No. 2 (2011).

[133] Epstein L., Denny, M., "Endogenous Capital Utilization in a Short-Run Production Model: Theory and an Empiral Application", *Journal of Econometrics*, Vol. 12, No. 2 (1980).

[134] Pakes, A., Griliches, Z., "Estimating Distributed Lags in Short Panels with an Application to the Specification of Depreciation Patterns and Capital Stock Constructs", *Review of Economic Studies*, No. 2 (1982).

[135] Nadiri, M. I., Prucha, I. R., "Estimation of the Depreciation Rate of Physical and R&D Capital in the US Total Manufacturing Sector", *Economic Inquiry*, No. 1 (1996).

[136] Doms, M. E., "Estimating Capital Efficiency Schedules within Production Functions", *Economic Inquiry*, No. 1 (1996).

[137] Biatour, B., et al.,"Capital Services and Total Factor Productivity Measurements: Impact of Various Methodologies for Belgium", *Federal Planning Bureau of Belgium Working Paper*, 2007.

[138] Diewert, W. E.,"Aggregation Problems in the Measurement of Capital", in *The Measurement of Capital*, Dan Usher (ed.), Chicago, IL: University of Chicago Press, 1980.

[139] Diewert, W. E., *Issues in the Measurement of Capital Services, Depreciation, Asset Price Changes, and Interest Rates*, Chicago: University of Chicago Press, 2005.

[140] 许宪春、郑学工:《改革研发支出核算方法更好地反映创新驱动作用》,《国家行政学院学报》2016年第5期。

[141] 许宪春等:《中国分行业全要素生产率估计与经济增长动能分析》,《世界经济》2020年第2期。

[142] 朱发仓、祝欣茹:《中国基础设施资本存量净额与固定资本消耗估计研究》,《数量经济技术经济研究》2020年第6期。

[143] 世界银行:《2021年世界发展报告:让数据创造更好生活(概述)》,2021年。

[144] 世界银行:《2016年世界发展报告:数字红利》,清华大学出版社2017年版。

[145] Oulton, N.,"ICT and Productivity Growth in the United Kingdom", *Bank of England Working Papers*, Vol. 18, No. 3 (2001).

[146] Oliner, S. D., Sichel, D. E.,"The Resurgence of Growth in the Late 1990s: Is Information Technology the Story?", *Journal of Economic Perspectives*, Vol. 14, No. 4 (2000).

[147] Van Ark, B., et al.,"ICT Investments and Growth Accounts for the European Union 1980-2000", 2002.

[148] Jorgenson, D. W., Stiroch, K. J.,"Raising the Speed Limit: US Economic Growth in the Information Age", *Brookings Papers on Economic Activity*, Vol. 1 (2000).

[149] 孙琳琳等:《信息化对中国经济增长的贡献:行业面板数据的经验证据》,《世界经济》2012年第2期。

[150] 许宪春、张美慧:《中国数字经济规模测算研究——基于国际比较的视角》,《中国工业经济》2020年第5期。

[151] 王华:《中国GDP数据修订与资本存量估算:1952—2015》,《经济科学》2017年第6期。

[152] 王开科、薛梅林：《投入成本、生产率调整与 R&D 产出价格指数测算》，《统计与信息论坛》2020 年第 6 期。

[153] 高敏雪：《研发资本化与 GDP 核算调整的整体认识与建议》，《统计研究》2017 年第 4 期。

[154] Goto, A., Suzuki, K., "R&D Capital, Rate of Return on R&D Investment and Spillover of R&D in Japanese Manufacturing Industries", *Review of Economics and Statiatics*, Vol. 71, No. 4 (1989).

[155] Reinsdorf, M., Cover, M., "Measurement of Capital Stocks, Consumption of Fixed Capital Services", *Report on a Presentation to the Central American Ad Hoc Group on National Accounts*, 2005.

[156] 许宪春：《准确理解中国的收入、消费和投资》，《中国社会科学》2013 年第 2 期。

[157] 朱天等：《中国的投资数据有多准确?》，《经济学（季刊）》2017 年第 3 期。

[158] 国家统计局国民经济核算司：《中国非经济普查年度国内生产总值核算方法》，中国统计出版社 2008 年版。

[159] 朱发仓：《工业 R&D 价格指数研究》，《商业经济与管理》2014 年第 1 期。

[160] 江永宏、孙凤娥：《中国 R&D 资本存量测算：1952—2014 年》，《数量经济技术经济研究》2016 年第 7 期。

[161] Maddison, A., "Standardized Estimates of Fixed Capital Stock: A Six Country Comparison", in *Essays on Innovation, Natural Resources and the International Economy*, Zoboli, R. (ed.), Ravenna, Italy: Studio AGE, 1993.

[162] 杨林涛等：《多视角下 R&D 资本化测算方法比较与应用》，《数量经济技术经济研究》2015 年第 12 期。

[163] 叶宗裕：《中国省际资本存量估算》，《统计研究》2010 年第 12 期。

[164] 杨玉玲、郭鹏飞：《省际第三产业资本存量：框架、检验及动态轨迹》，《数量经济技术经济研究》2017 年第 10 期。

[165] 中国信息通信研究院：《中国数字经济发展白皮书（2020）》，2020 年。

[166] OECD, *Handbook on Deriving Capital Measures of Intellectual Property Products*, 2009.

[167] Australian Bureau of Statistics, "Australian System of Nation Accounts: Concepts, Sources and Methods, 2020-2021 Financial Year", 2021.

[168] 吕光明：《中国劳动收入份额的测算研究：1993—2008》，《统计研究》

2011 年第 12 期。

［169］谭晓鹏、钞小静：《中国要素收入分配再测算》，《当代经济科学》2016 年第 6 期。

［170］Feenstra, R. C., et al., "The Next Generation of the Penn World Table", *American Economic Review*, Vol. 105, No. 10 (2015).

［171］李宾、曾志雄：《中国全要素生产率变动的再测算：1978—2007 年》，《数量经济技术经济研究》2009 年第 3 期。

［172］许宪春：《中国国民经济核算中的若干重要指标与有关统计指标的比较》，《世界经济》2014 年第 3 期。

［173］王开科等：《数字经济发展改善了生产效率吗》，《经济学家》2020 年第 10 期。

［174］Corrado, C., et al., *Measuring Capital in the New Economy*, Chicago: University of Chicago Press, 2005.

［175］文豪、李洪月：《中国的无形资产投资及其国际比较》，《宏观经济研究》2013 年第 12 期。

［176］田侃等：《中国无形资产测算及其作用分析》，《中国工业经济》2016 年第 3 期。

［177］Miller, H. G., Mork, P., "From Data to Decisions: A Value Chain for Big Data", *It Professional*, Vol. 15, No. 1 (2013).

［178］UNCTAD, "Digital Economy Report 2019", 2019.

［179］OECD, "A Roadmap Toward a Common Framework for Measuring the Digital Economy", 2020.

［180］Nguyen, D., Paczos, M., "Measuring the Economic Value of Data and Cross-border Data Flows a Business Perspective", https://www.oecdilibrary.org/docserver/634599 5een.pdf?expires = 1616053476&id = id&accname = guest&checksum = AAF9CA57FD6 45 AA8 EEEA62D1F58BBCC9.

［181］徐翔、赵墨非：《数据资本与经济增长路径》，《经济研究》2020 年第 10 期。

［182］高敏雪等：《国民经济核算原理与中国实践》，中国人民大学出版社 2018 年版。

［183］Ahmad, N., "Introducing Capital Services into the Production Account", *AEG Meeting Paper on National Accounts*, No. 12 (2004), SNA/M2. 04/15.

［184］蔡昉：《中国经济增长如何转向全要素生产率驱动型》，《中国社会科学》2013 年第 1 期。

［185］胡晨沛、章上峰：《基于时空异质弹性生产函数模型的区域全要素生产率再测度》，《统计与信息论坛》2019 年第 6 期。

［186］Solow,"Technical Change and the Aggregate Production Function", *The Review of Economics and Statistics*, Vol. 39, No. 3 (1957).

［187］刘云霞等：《关于中国全要素生产率测度的研究——基于一阶差分对数模型和有效资本存量的再测算》，《统计研究》2021 年第 12 期。

［188］孙凤娥、江永宏：《中国研发资本测算及其经济增长贡献》，《经济与管理研究》2017 年第 2 期。

［189］龚敏等：《中国资本利用率、企业税负与结构调整：基于内生化资本利用率的视角》，《学术月刊》2016 年第 10 期。

［190］余淼杰等：《工业企业产能利用率衡量与生产率估算》，《经济研究》2018 年第 5 期。

［191］Taubman, P., Wilkinson, M., "User Cost, Capital Utilization, and Investment Theory", *International Economic Review*, Vol. 11, No. 2 (1970).

［192］Calvo, G. A., "Efficient and Optimal Utilization of Capital Services", *American Economic Review*, Vol. 65, No. 1 (1975).

［193］杨光：《中国设备利用率与资本存量的估算》，《金融研究》2012 年第 12 期。

［194］Smith, K., "Risk and the Optimal Utilization of Capital", *Review of Economic Studies*, Vol. 37, No. 2 (1970).

［195］Lucas, R., "Capacity, Overtime, and Empirical Production Function", *American Economic Review*, Vol. 60, No. 2 (1990).

［196］Licandro, O., et al., "Optimal Growth under Endogenous Depreciation, Capital Utilization and Maintenance Costs", *Investigaciones Economicas, Fundación SEPI*, Vol. 25, No. 3 (2001).

［197］Rumbos, B., Auernheimer, L., "Endogenous Capital Utilization in a Neoclassical Growth Model", *Atlantic Economic Journal*, Vol. 29, No. 2 (2001).

［198］Dalgaard, C., "Idle Capital and Long-run Productivity", *Contributions to Macroeconomics*, Vol. 3, No. 1 (2003).

［199］Chatterjee, S., "Capital Utilization, Economic Growth and Convergence", *Journal of Economic Dynamics and Control*, Vol. 29, No. 12 (2005).

［200］Shapiro, M., "Capital Utilization and Capital Accumulation: Theory and Evidence", *Journal of Applied Econometrics*, Vol. 1, No. 3 (1986).

［201］Orr, J., "The Average Workweek of Capital in Manufacturing, 1952 -

1984", *Journal of the American Statistical Association*, Vol. 84, No. 405 (1989).

[202] Beaulieu, J., Mattey. J., "The Workweek of Capital and Capital Utilization in Manufacturing", *Journal of Productivity Analysis*, Vol. 10, No. 2 (1998).

[203] Marc-André, L., "Capital Utilization and Habit Formation in a Small Open Economy Model", *Canadian Journal of Economics*, Vol. 37, No. 3 (2004).

[204] 李春吉：《我国规模以上工业行业资本利用率影响因素分析》，《南京财经大学学报》2017年第3期。

[205] 马红旗、申广军：《规模扩张、"创造性破坏"与产能过剩：基于钢铁企业微观数据的实证分析》，《经济学（季刊）》2021年第1期。

[206] 李金昌：《统计测度：统计学迈向数据科学的基础》，《统计研究》2015年第8期。

[207] Greenwood, J., Huffman, H. G. W., "Investment, Capacity Utilization, and the Real Business Cycle", *American Economic Review*, Vol. 78, No. 3 (1988).

[208] Wen, Y., "Capacity Utilization under Increasing Returns to Scale", *Journal of Economic Theory*, Vol. 81, No. 1 (1998).

[209] Wang, H. J., "Production Smoothing When Bank Loan Supply Shifts: The Role of Variable Capacity Utilization Production Smoothing", *Journal of Money, Credit and Banking*, Vol. 33, No. 3 (2001).

[210] Kirkley, J., et al., "Capacity and Capacity Utilization in Common-pool Resource Industries", *Environmental and Resource Economics*, Vol. 22, No. 1 (2002).

[211] 周泽将、徐玉德：《技术独董能否抑制企业产能过剩？》，《财政研究》2017年第11期。

[212] 关阳、王开科：《供给侧结构性改革下中国资本回报率变动：理论基础与现实证据》，《经济学家》2021年第9期。

[213] 杨伟民：《适应引领经济发展新常态 着力加强供给侧结构性改革》，《理论参考》2016年第2期。

[214] 闫坤、刘陈杰：《供给侧结构性改革呼唤2.0升级版》，《经济参考报》2019年7月24日。

[215] 张军：《资本形成、工业化与经济增长：中国的转轨特征》，《经济研究》2002年第6期。

后　记

本书是在国家社科基金青年项目"我国固定资本服务核算的理论、方法及其实证研究（20CTJ003）"最终成果基础上修改而来的，并在国家社科基金重大项目"资本存量核算理论、方法研究与相关数据库建设（15ZDB135）"研究基础上进一步扩展，是对固定资本存量核算的延伸。在整个研究过程中，得到了我的博士导师、厦门大学曾五一教授的大力支持和帮助，也借此著作向辛勤培育并一直支持我的恩师表示感谢。

研究过程中，部分内容已在《统计研究》《经济学家》《统计学报》等刊物上发表，其间还获得了一项省部级社科成果奖，丰富了固定资本服务核算的理论研究体系。本书作者如下：绪论，王开科；第一章，王开科；第二章，王开科、王春云（北京工商大学）；第三章，王开科；第四章，王开科、王春云；第五章，王开科、彭素静、李祚娟；第六章和第七章，王开科、关阳、薛梅林；第八章，王开科、何强（国家统计局统计科学研究所）、王春云；第九章，王开科；第十章，王开科、关阳、章贵军（福建师范大学）、吴国兵（中国人民银行）；第十一章，王开科。王开科负责全书的框架设计和文稿修改、定稿。

本书得到了山东财经大学学术专著出版计划的资助，在此特别感谢学校科研处领导和工作人员的支持和帮助。在出版过程中，人民出版社编辑曹春老师、朱蔚老师为书稿的出版付出了大量时间和精力，做了十分细致认真的校稿和勘误工作。在此一并表示感谢。

2023 年 7 月 1 日

于济南

责任编辑:曹　春

图书在版编目(CIP)数据

我国固定资本服务核算的理论、方法及其实证研究/王开科 等 著. —北京：人民出版社,2024.5
ISBN 978-7-01-026360-1

Ⅰ.①我…　Ⅱ.①王…　Ⅲ.①资本-经济核算-研究-中国　Ⅳ.①F222.33

中国国家版本馆CIP数据核字(2024)第039637号

我国固定资本服务核算的理论、方法及其实证研究
WOGUO GUDING ZIBEN FUWU HESUAN DE LILUN FANGFA JIQI SHIZHENG YANJIU

王开科 等 著

人民出版社 出版发行
(100706　北京市东城区隆福寺街99号)

北京汇林印务有限公司印刷　新华书店经销

2024年5月第1版　2024年5月北京第1次印刷
开本:710毫米×1000毫米 1/16　印张:25.75
字数:380千字

ISBN 978-7-01-026360-1　定价:150.00元

邮购地址 100706　北京市东城区隆福寺街99号
人民东方图书销售中心　电话 (010)65250042　65289539

版权所有·侵权必究
凡购买本社图书,如有印制质量问题,我社负责调换。
服务电话:(010)65250042